नक्षत्र: ज्योतिष का दिव्य आयाम भाग 1 (अश्विनी से अश्लेषा)

चेतना, कर्म, और जीवन का सूक्ष्म खगोलीय विज्ञान

आचार्य राजेश पुरी

notionpress.com

INDIA • SINGAPORE • MALAYSIA

ISBN

Hardcase 979-8-90479-112-4
Paperback 979-8-90479-111-7

समर्पण

परम पूज्य गुरूदेव Dr. मनीष शर्मा जी को समर्पित

जिनकी दिव्य उपस्थिति, उच्च चेतना, और कृपा-ऊर्जा ने मेरे जीवन, साधना और ज्ञान-यात्रा को एक नई दिशा, एक नया प्रकाश और एक नया अर्थ प्रदान किया।

गुरूदेव आप वह शक्ति हैं जिनके आशीर्वाद से कर्म की गाँठें खुलती हैं,आत्मा का बोझ हल्का होता है, और साधक अपने वास्तविक स्वरूप को पहचानता है।

यह पुस्तक आपकी प्रेरणा, आपके मार्गदर्शन और आपकी कृपा का ही विस्तार है। मेरे हृदय का प्रत्येक शब्द, मेरे अनुभव का प्रत्येक सत्यऔर इस पुस्तक का प्रत्येक अध्याय सब आपके चरणों में नत है।

आपकी दीक्षा, आपका संरक्षण और आपके द्वारा प्रदान की गई ऊर्जा दीप्ति ही इस पुस्तक की वास्तविक शक्ति है।

गुरूदेव जो कुछ भी हूँ जो कुछ भी जानता हूँ और जो कुछ भी इस पुस्तक में प्रकट हुआ है वह सब आपकी अनुकम्पा का प्रसाद है।

गुरूदेव चरणों में अनंत विनम्र प्रणाम।

आचार्य राजेश पुरी

अंतर्वस्तु

प्रस्तावना

जब मनुष्य ने पहली बार आकाश की ओर दृष्टि उठाई, तब उसने केवल तारों की चमक नहीं देखी उसने अपने अस्तित्व का प्रतिबिंब देखा। अनादि काल से भारतीय ऋषि-मुनियों ने इस दिव्य आकाश को केवल भौतिक विस्तार नहीं माना, बल्कि इसे चेतना, कर्म और जीवन के रहस्यों का जीवित ग्रंथ समझा। इसी दिव्य ज्ञान का एक अत्यंत सूक्ष्म और गूढ़ आयाम है नक्षत्र विज्ञान।

नक्षत्र केवल तारों के समूह नहीं हैं, वे समय के सूक्ष्म बिंदु हैं, जो मानव जीवन की धड़कनों से जुड़े हुए हैं। प्रत्येक नक्षत्र एक विशिष्ट ऊर्जा, एक विशिष्ट चेतना और एक विशिष्ट उद्देश्य का प्रतिनिधित्व करता है। जब कोई जीव इस पृथ्वी पर जन्म लेता है, तब वह केवल शरीर नहीं धारण करता, बल्कि वह उस क्षण की आकाशीय ऊर्जा नक्षत्र की छाप को भी अपने भीतर समाहित करता है। यही कारण है कि नक्षत्र को "जन्म की आत्मा" कहा गया है।

वैदिक ज्योतिष में राशि शरीर का प्रतीक है, तो नक्षत्र आत्मा का। राशि हमें बाहरी जीवन का स्वरूप देती है, जबकि नक्षत्र हमारे भीतर के स्वभाव, प्रवृत्तियों, संस्कारों और जीवन की दिशा को निर्धारित करते हैं। इस दृष्टि से नक्षत्रों का अध्ययन केवल भविष्य जानने का साधन नहीं, बल्कि स्वयं को जानने की एक आध्यात्मिक यात्रा है।

यह ग्रंथ "नक्षत्र ज्योतिष का दिव्य आयाम" इसी उद्देश्य से लिखा गया है कि साधक, विद्यार्थी और जिज्ञासु सभी नक्षत्रों के इस गहन विज्ञान को सरल, स्पष्ट और व्यावहारिक रूप में समझ सकें। इसमें

अश्विनी से लेकर रेवती तक सभी नक्षत्रों का विस्तारपूर्वक वर्णन किया गया है उनकी प्रकृति, देवता, स्वामी, शक्ति, चारों चरणों का नवांश सहित विश्लेषण, जातक के गुण, महिलाओं की विशेषताएँ, विभिन्न भावों और ग्रहों में प्रभाव, शुभ और वर्जित कार्य, स्वास्थ्य, मनोवृत्ति तथा आध्यात्मिक अर्थ।

इस ग्रंथ की विशेषता यह है कि इसमें केवल शास्त्रीय विवरण ही नहीं, बल्कि प्रत्येक बिंदु को जीवन के व्यावहारिक संदर्भों से जोड़कर समझाया गया है। नक्षत्रों को इस प्रकार प्रस्तुत किया गया है कि पाठक केवल पढ़े ही नहीं, बल्कि अनुभव भी करे अपने भीतर और अपने जीवन में।

यह पुस्तक उन सभी के लिए है

- जो ज्योतिष को केवल गणना नहीं, बल्कि चेतना का विज्ञान मानते हैं,
- जो अपने जीवन के मूल कारणों को समझना चाहते हैं,
- और जो आत्मज्ञान की दिशा में एक कदम आगे बढ़ना चाहते हैं।

अंततः नक्षत्र हमें यह सिखाते हैं कि हम केवल परिस्थितियों के परिणाम नहीं हैं, बल्कि एक दिव्य योजना का हिस्सा हैं। प्रत्येक नक्षत्र एक संदेश देता है, एक मार्ग दिखाता है और जब हम उस मार्ग को समझ लेते हैं, तब जीवन केवल संघर्ष नहीं रहता, बल्कि एक सजग और उद्देश्यपूर्ण यात्रा बन जाता है।

ईश्वर से यही प्रार्थना है कि यह ग्रंथ आपके जीवन में प्रकाश, स्पष्टता और आंतरिक जागृति का कारण बने।

लेखक

आचार्य राजेश पुरी

लेखक परिचय

राजेश पुरी

राजेश पुरी का जीवन प्रारंभ से ही सामान्य न होकर जिज्ञासा, खोज और गूढ़ ज्ञान की ओर उन्मुख रहा है। बचपन से ही उनकी रुचि रहस्यमयी एवं गुप्त विद्याओं में रही, जिसने उन्हें जीवन के सूक्ष्म आयामों को समझने की प्रेरणा दी। यही आंतरिक जिज्ञासा आगे चलकर उन्हें ज्योतिष विज्ञान के गहन अध्ययन और अनुसंधान की ओर ले गई।

युवावस्था में उन्होंने भारतीय वायु सेना में अपनी सेवाएँ प्रदान कीं, जहाँ अनुशासन, समर्पण और धैर्य उनके व्यक्तित्व का अभिन्न अंग बने। इस अनुभव ने उनके भीतर स्थिरता और सूक्ष्म अवलोकन की क्षमता को और भी प्रखर किया, जो आगे चलकर उनके ज्योतिषीय दृष्टिकोण में स्पष्ट रूप से परिलक्षित होती है।

वायु सेना से सेवा निवृत्ति के पश्चात उन्होंने पूर्णतः ज्योतिष शास्त्र की गहराइयों में प्रवेश किया और इसे केवल एक भविष्यवाणी की विधा न मानकर, जीवन और चेतना को समझने का विज्ञान माना। उन्होंने निरंतर अध्ययन, अभ्यास और अनुभव के माध्यम से एक कुशल ज्योतिषी के रूप में अपनी सेवाएँ प्रदान करनी प्रारंभ कीं।

अपने अनुभवों के दौरान उन्होंने यह गहराई से अनुभव किया कि वर्तमान समय में ज्योतिष को अनेक स्थानों पर सतही और व्यावसायिक दृष्टि से प्रस्तुत किया जा रहा है। विशेष रूप से, कुंडली विश्लेषण के बाद जो उपाय बताए जाते हैं, वे अक्सर जटिल, महंगे या अव्यावहारिक होते

हैं, जिन्हें साधारण व्यक्ति अपनाने में असमर्थ रहता है। इसी समस्या के समाधान हेतु उन्होंने मानव मन और उसकी कार्यप्रणाली को समझने के लिए सम्मोहन (Hypnosis) और मानसिक विज्ञान का अध्ययन एवं अभ्यास किया। इस मार्ग पर आगे बढ़ते हुए उन्हें उनके गुरु डॉ. मनीष शर्मा जी का सानिध्य प्राप्त हुआ, जिसने उनके जीवन और कार्य को एक नई दिशा प्रदान की।

गुरु के मार्गदर्शन में उन्होंने यह समझा कि केवल ग्रहों का विश्लेषण ही पर्याप्त नहीं है, बल्कि व्यक्ति की मानसिक स्थिति, आंतरिक ऊर्जा और चेतना का संतुलन ही वास्तविक परिवर्तन का आधार है। इसके पश्चात उन्होंने ज्योतिष, सम्मोहन और आध्यात्मिक ऊर्जाओं के समन्वय से लोगों की समस्याओं का समाधान करना प्रारंभ किया।

आज राजेश पुरी जी ने कुंडली विश्लेषण और ऊर्जात्मक कार्य के माध्यम से हजारों लोगों के जीवन में सकारात्मक परिवर्तन लाने का कार्य किया है। वे इसे अपनी उपलब्धि नहीं, बल्कि ईश्वर और गुरु कृपा का परिणाम मानते हैं, और स्वयं को केवल एक माध्यम समझते हैं।

उनका उद्देश्य मात्र भविष्य बताना नहीं, बल्कि व्यक्ति को उसके जीवन के वास्तविक स्वरूप, उसकी आंतरिक शक्ति और उसके कर्म पथ से परिचित कराना है। उनका विश्वास है "जब व्यक्ति स्वयं को समझ लेता है, तब उसके जीवन की दिशा स्वतः स्पष्ट हो जाती है।"

आशीर्वचन

मानव जीवन एक गहन रहस्य है, जिसे समझने के लिए केवल बाहरी ज्ञान पर्याप्त नहीं होता। इसके लिए उस सूक्ष्म दृष्टि की आवश्यकता होती है, जो ब्रह्मांड, चेतना और कर्म के बीच के संबंध को अनुभव कर सके। वैदिक ज्योतिष, विशेष रूप से नक्षत्र विज्ञान, इसी सूक्ष्म ज्ञान का आधार है।

"नक्षत्र: ज्योतिष का दिव्य आयाम" एक ऐसा ग्रंथ है, जो नक्षत्रों के माध्यम से जीवन के आंतरिक आयामों को समझने का सशक्त प्रयास करता है। इस ग्रंथ के लेखक राजेश कुमार पुरी मेरे शिष्य हैं, और मैंने उन्हें निकट से साधना, अध्ययन और अनुभव के मार्ग पर निरंतर आगे बढ़ते हुए देखा है।

उनकी जिज्ञासा, समर्पण और सत्य की खोज की तीव्र इच्छा ने उन्हें केवल ज्योतिष का विद्यार्थी नहीं, बल्कि एक साधक के रूप में स्थापित किया है। उन्होंने ज्योतिष को केवल भविष्यवाणी का साधन नहीं माना, बल्कि इसे मन, ऊर्जा और चेतना के संतुलन का माध्यम बनाया है।

इस ग्रंथ में नक्षत्रों का जो गहन और व्यवस्थित विश्लेषण प्रस्तुत किया गया है विशेष रूप से उनके चरणों, नवांश, मानसिक प्रवृत्तियों और आध्यात्मिक अर्थ के संदर्भ में वह इस बात का प्रमाण है कि लेखक ने इस विषय को केवल पढ़ा ही नहीं, बल्कि उसे आत्मसात भी किया है।

यह पुस्तक उन सभी जिज्ञासुओं और साधकों के लिए अत्यंत उपयोगी सिद्ध होगी, जो नक्षत्रों के माध्यम से स्वयं को समझना चाहते

हैं। यह केवल ज्ञान नहीं देती, बल्कि आत्मचेतना की ओर अग्रसर होने की प्रेरणा भी प्रदान करती है।

मेरा आशीर्वाद है कि यह ग्रंथ अधिक से अधिक लोगों के जीवन में प्रकाश, संतुलन और जागृति का कारण बने।

डा. मनीष शर्मा
(FOUNDER SECOND SIGHT FOUNDATION)

ज्योतिष का प्रारंभिक परिचय

ज्योतिष शास्त्र केवल ग्रह-नक्षत्रों की गणना मात्र नहीं है, बल्कि यह ब्रह्मांड और मानव जीवन के बीच सूक्ष्म संबंधों को समझने की एक गहन एवं विज्ञान-सम्मत कला है। प्राचीन ऋषि-मुनियों ने हजारों वर्षों के निरीक्षण, ध्यान और अनुभव के माध्यम से यह जाना कि आकाश में स्थित ग्रह, नक्षत्र और राशियाँ केवल भौतिक पिंड नहीं हैं, बल्कि वे ऊर्जा के ऐसे केंद्र हैं, जो पृथ्वी पर जीवन की संरचना और उसके प्रवाह को प्रभावित करते हैं।

मानव शरीर, मन और चेतना ब्रह्मांड से अलग नहीं हैं; वे उसी ब्रह्मांडीय ऊर्जा का एक अंश हैं। इसी कारण जब कोई ग्रह या नक्षत्र विशेष स्थिति में होता है, तो उसकी सूक्ष्म तरंगें मनुष्य के विचार, भावनाओं, निर्णयों और कर्मों पर प्रभाव डालती हैं।

विशेष रूप से चन्द्रमा को ज्योतिष में अत्यंत महत्वपूर्ण स्थान दिया गया है, क्योंकि यह सीधे मानव मन, भावनाओं, स्मृति और मानसिक संतुलन का प्रतिनिधित्व करता है। चन्द्रमा जिस नक्षत्र में स्थित होता है, वही नक्षत्र व्यक्ति के मूल स्वभाव, मानसिक प्रवृत्ति और आंतरिक चेतना का आधार बनता है। इसलिए नक्षत्र को "मन का सूक्ष्म मानचित्र" भी कहा जाता है।

ज्योतिष का मूल उद्देश्य केवल भविष्यवाणी करना नहीं है, बल्कि यह व्यक्ति को स्वयं की पहचान, सही निर्णय लेने की क्षमता, और जीवन के अनुकूल समय का चयन करने की समझ प्रदान करता है। यह हमें

यह सिखाता है कि जीवन में जो घटनाएँ घटती हैं, वे केवल संयोग नहीं, बल्कि हमारे पूर्व कर्मों और वर्तमान ग्रह-नक्षत्रीय स्थितियों का परिणाम हैं।

इस प्रकार ज्योतिष हमें यह समझने में सहायता करता है कि

- कब प्रयास करना उचित है,
- कब धैर्य रखना आवश्यक है,
- और कब दिशा परिवर्तन करना लाभकारी होगा।

और इस सम्पूर्ण प्रणाली में नक्षत्र सबसे सूक्ष्म, गहन और सटीक भूमिका निभाते हैं।

भचक्र में नक्षत्रों का विभाजन

भचक्र (Zodiac) 360° का एक पूर्ण वृत्त है, जिसे 12 राशियों में विभाजित किया गया है। परंतु जब हम इस वृत्त को और अधिक सूक्ष्मता से समझते हैं, तो इसे 27 नक्षत्रों में विभाजित किया जाता है। प्रत्येक नक्षत्र लगभग 13°20' (तेरह अंश बीस कला) का क्षेत्र घेरता है।

यह 27 नक्षत्र मिलकर सम्पूर्ण 360° भचक्र को पूर्ण करते हैं और प्रत्येक नक्षत्र को आगे चार चरणों (पादों) में विभाजित किया जाता है। प्रत्येक चरण 3°20' का होता है और यह नवांश से गहराई से जुड़ा होता है।

नक्षत्रों का निर्धारण मुख्यतः चन्द्रमा की स्थिति के आधार पर किया जाता है। जिस नक्षत्र में जन्म के समय चन्द्रमा स्थित होता है, वही व्यक्ति का जन्म नक्षत्र कहलाता है। यही नक्षत्र व्यक्ति के मानसिक स्वरूप, भावनात्मक प्रवृत्तियों और जीवन की आंतरिक दिशा को निर्धारित करता है।

प्रत्येक नक्षत्र के साथ कुछ विशेष तत्व जुड़े होते हैं, जैसे:

उसका स्वामी ग्रह (जो उसकी ऊर्जा को नियंत्रित करता है),

उसका देवता (जो उसकी चेतना का प्रतीक है),

उसका प्रतीक (Symbol) (जो उसके स्वभाव को दर्शाता है),

उसकी प्रकृति (Nature) (चर, स्थिर, उग्र, मृदु आदि),

तथा उसका गुण और तत्व (सत्त्व, रजस, तमस/अग्नि, जल, वायु, पृथ्वी)।

इन सभी तत्वों का समन्वय यह निर्धारित करता है कि वह नक्षत्र जीवन के किस क्षेत्र में किस प्रकार का प्रभाव उत्पन्न करेगा।

इस प्रकार, जहाँ राशियाँ जीवन का स्थूल ढांचा प्रदान करती हैं, वहीं नक्षत्र उस ढांचे के भीतर की सूक्ष्म गतिविधियों और ऊर्जा प्रवाह को नियंत्रित करते हैं।

नक्षत्र का महत्व

नक्षत्र ज्योतिष शास्त्र का सबसे सूक्ष्म और प्रभावशाली आधार हैं। ये केवल भविष्य बताने का माध्यम नहीं, बल्कि जीवन की गहराई को समझने की कुंजी हैं।

व्यक्तित्व निर्धारण ➔ प्रत्येक नक्षत्र व्यक्ति के स्वभाव, सोचने के तरीके, निर्णय क्षमता और व्यवहार को गहराई से प्रभावित करता है।

यह बताता है कि व्यक्ति अंतर्मुखी होगा या बहिर्मुखी, साहसी होगा या संवेदनशील, स्थिर होगा या परिवर्तनशील।

मानसिक स्थिति और भावनाएँ

चन्द्रमा के माध्यम से नक्षत्र सीधे मन पर प्रभाव डालते हैं।

व्यक्ति की भावनात्मक प्रतिक्रियाएँ, उसकी कल्पना शक्ति, स्मृति और मानसिक संतुलन नक्षत्र के अनुसार परिवर्तित होते हैं।

स्वास्थ्य

नक्षत्र शरीर के विभिन्न अंगों और रोग प्रवृत्तियों से जुड़े होते हैं।

कुछ नक्षत्र ऊर्जा और रोग प्रतिरोधक क्षमता प्रदान करते हैं, जबकि कुछ नक्षत्र मानसिक तनाव या विशेष रोगों की प्रवृत्ति दिखाते हैं।

करियर और शिक्षा

प्रत्येक नक्षत्र विशेष प्रकार की प्रतिभा और रुचि प्रदान करता है।

किसी व्यक्ति के लिए कौन सा क्षेत्र चिकित्सा, कला, व्यापार, प्रशासन, शोध या आध्यात्म उपयुक्त होगा, यह नक्षत्रों से समझा जा सकता है।

विवाह और संबंध

विवाह में नक्षत्र मिलान अत्यंत महत्वपूर्ण माना गया है।

नक्षत्र यह निर्धारित करते हैं कि दो व्यक्तियों के बीच मानसिक, भावनात्मक और ऊर्जात्मक सामंजस्य कैसा रहेगा।

आध्यात्मिक विकास

नक्षत्र साधना, ध्यान, मंत्र और योग के लिए उपयुक्त समय और दिशा प्रदान करते हैं।

कुछ नक्षत्र विशेष रूप से आध्यात्मिक जागरण, ध्यान और आंतरिक परिवर्तन के लिए अनुकूल होते हैं।

मुहूर्त में नक्षत्र का महत्व

मुहूर्त का अर्थ है किसी कार्य को प्रारंभ करने के लिए सर्वाधिक अनुकूल समय का चयन।

इस चयन में नक्षत्र की भूमिका अत्यंत महत्वपूर्ण होती है, क्योंकि प्रत्येक नक्षत्र की अपनी विशिष्ट ऊर्जा और प्रकृति होती है।

यदि कोई कार्य उस नक्षत्र में प्रारंभ किया जाए जो उसकी प्रकृति के अनुकूल हो, तो उस कार्य की सफलता की संभावना कई गुना बढ़ जाती है।

शुभ कार्यों में नक्षत्र का प्रयोग

विवाह

गृह प्रवेश

यात्रा प्रारंभ

व्यापार आरंभ

नामकरण, संस्कार

दीक्षा और साधना

इन सभी कार्यों के लिए नक्षत्र का चयन अत्यंत सावधानी से किया जाता है।

नक्षत्र और कार्य की प्रकृति

कुछ नक्षत्र मृदु (शांत) होते हैं जो विवाह, प्रेम और सामाजिक कार्यों के लिए उपयुक्त हैं।

कुछ नक्षत्र चर (गतिशील) होते हैं जो यात्रा और परिवर्तन से जुड़े कार्यों के लिए श्रेष्ठ होते हैं।

कुछ नक्षत्र उग्र या तीक्ष्ण होते हैं जो साहसिक, शत्रु-विनाश या कठिन कार्यों के लिए उपयुक्त होते हैं।

गलत नक्षत्र का प्रभाव

यदि किसी कार्य को अनुपयुक्त नक्षत्र में आरंभ किया जाए, तो

बाधाएँ उत्पन्न होती हैं

कार्य में विलंब होता है

अपेक्षित परिणाम नहीं मिलते

इसलिए मुहूर्त निर्धारण में नक्षत्र का सही चयन सफलता की कुंजी माना गया है।

समापन विचार

ज्योतिष और विशेष रूप से नक्षत्र विज्ञान हमें यह समझाते हैं कि जीवन केवल बाहरी घटनाओं का क्रम नहीं है, बल्कि यह एक सूक्ष्म, संगठित और चेतनात्मक व्यवस्था है।

नक्षत्र हमें हमारे भीतर छिपी प्रवृत्तियों, शक्तियों और सीमाओं से परिचित कराते हैं। वे हमें यह सिखाते हैं कि जीवन को समझने के लिए केवल बाहर देखना पर्याप्त नहीं, बल्कि भीतर की चेतना को भी जानना आवश्यक है।

जब हम नक्षत्रों के इस विज्ञान को समझते हैं, तब हम केवल भविष्य नहीं देखते हम स्वयं को देखना प्रारंभ करते हैं।

01. अश्विनी नक्षत्र

पौराणिक कथा(Mythological Story)

अश्विनी नक्षत्र के अधिष्ठाता देवता अश्विनी कुमार हैं जिन्हें देवताओं के वैद्य कहा जाता है।वे दिव्य चिकित्सक, पुनरुत्थानकर्ता और चिर-यौवन के प्रतीक हैं।उनकी उत्पत्ति स्वयं में एक गूढ़ और अद्भुत कथा है।

सूर्यदेव की पत्नी संज्ञा (विवस्वत मनु की माता) सूर्य के तेज़ को अधिक सहन नहीं कर पाती थीं। एक दिन वे सूर्य के कठोर तेज से व्याकुल होकर अपने पिता विश्वकर्मा के पास चली गईं। संज्ञा ने अपने स्थान पर अपनी छाया (प्रत्युशा/छाया/सावर्णा) को खड़ा किया और कहा:"तुम सूर्य की सेवा करो, जब तक मैं तपस्या कर अपनी शक्ति बढ़ा न लूँ। "किंतु संज्ञा के जाने का रहस्य सूर्य को पता न चला। कुछ समय बाद सूर्यदेव को संदेह हुआ कि यह संज्ञा नहीं, कोई और है। उनकी छाया-पत्नी (छाया) का व्यवहार बदलने लगा था विशेषकर संतान-पुत्रों के प्रति पक्षपात दिखाई देता था।सूर्य ने योगदृष्टि से खोज की और संज्ञा के असली ठिकाने का पता लगाने निकल पड़े। संज्ञा सूर्य से बचने के लिए: अपनी आकृति बदल कर एक घोड़ी (Ashwa) बन गईं और उत्तरी प्रदेशों में जाकर रहने लगीं सूर्यदेव उनके पीछे गए और स्वयं घोड़े का रूप धारण कर लिया। घोड़े के रूप में जब सूर्य ने संज्ञा को प्राप्त किया तभी उनके यहाँ जुड़वाँ संतानों का जन्म हुआ: अश्विनी कुमार (नासत्य और दस्य) इन्हें "अश्विनौ" भी कहा जाता है, अर्थ "घोड़े से उत्पन्न देव जुड़वाँ।"

अश्विनी कुमार ➔ देवताओं के चिकित्सक, उपचार और पुनर्जीवन के देव, मानव और पशुओं के वैद्य, अमृत प्रदान करने वाले, अस्त-व्यस्त शरीर को स्वस्थ बनाने वाले, पुनर्जीवन की शक्ति रखने वाले इनका स्वभाव गति, चमक, यौवन और आरोग्यता का प्रतीक है। ऋग्वेद में इनके लिए 50 से अधिक सूक्त हैं। उन्हें "स्वर्गीय घुड़सवार" कहा गया है। उन्होंने कई चमत्कारिक उपचार किए

च्यवन ऋषि को युवावस्था लौटाना ➔ राजा शर्याति के अथर्व वेदज्ञ ऋषि च्यवन अत्यंत वृद्ध हो चुके थे। अश्विनी कुमारों ने उन्हें दिव्य औषधि देकर फिर से युवा बना दिया। यही कहानी "च्यवनप्राश" के जन्म का आधार है।

विश्वपाल का घाव भरना ➔ युद्ध में घायल दिव्य योद्धा विश्वपाल को अश्विनौ ने तुरंत पुनर्जीवित किया।

भीष्म और पांडवों को रथ-चिकित्सा ➔ महाभारत में युद्ध के दौरानवे घोड़ों के उपचार और तेज़ गति से वाहनों को सशक्त करने के लिए पूजित हैं।

अंधे-बहरों को ठीक करना ➔ ऋग्वेद के अनुसार, उन्होंने ऐसे कई लोगों की दृष्टि, श्रवण और शक्ति लौटाई। इसी कारण अश्विनी नक्षत्र के जातक अच्छे चिकित्सक, वैद्य, हीलर या ऊर्जा-चिकित्सक बनते हैं।

देवताओं की सभा (देवसभा) में अश्विनी कुमारों को पहले स्थान नहीं दिया जाता था क्योंकि वे "घोड़े के रूप में जन्मे" थे अर्थात् पूर्णतया देव नहीं माने जाते थे। क्योंकि" उनका जन्म मिश्रित प्रकृति से हुआ है एक देव (सूर्य) और एक पशु रूप (घोड़ी) "इसलिए उन्हें "अर्ध-देव" माना गया। परंतु तत्पश्चात देवराज इंद्र ने नियम बदला एक बार अश्विनी कुमारों ने अत्यंत महान उपचार कार्य किए जिसके बाद ऋषियों ने कहा"जो सर्वप्राणियों को जीवन दे वह देवसभा में बैठने के योग्य है।"तब इंद्र ने उन्हें देवसभा में स्थान प्रदान किया।यह "सम्मान पुनर्स्थापना" आध्यात्मिक रूप से अत्यंत महत्वपूर्ण कहानी है।

इस कथा के गहरे अर्थ:

घोड़े का रूप = गति, आरंभ, शक्ति ➔ अश्विनी में अपार ऊर्जा, तीव्र गति और क्रिया-मुखी स्वभाव इसी से आता है।

सूर्य+संज्ञा = चेतना+विवेक ➔ अश्विनी जातक उच्च बुद्धिमत्ता और आध्यात्मिक तेज रखते हैं। उपचार और नवजीवन: अश्विनी जातक जन्मजात "हीलर" होते हैं: स्पर्श से ऊर्जा देना सलाह से आराम देना, लोगों के दर्द को तुरंत समझना

देवसभा में निष्कासन = पहचान का संघर्षअश्विनी जातकों को अपने जीवन में कई बार "स्वीकार्यता संघर्ष" का सामना होता है।

पुनर्स्वीकृति = आध्यात्मिक उत्थान ➔ समय के साथ इनका मूल्य दुनिया पहचानती है

अचानक पद, सम्मान, प्रसिद्धि मिलती है।

सामन्यपरिचय

"अश्विनी" शब्द संस्कृत के 'अश्व' (घोड़ा) से बना है, जिसका अर्थ है - घोड़े से उत्पन्न या घोड़े की संतान। यह नक्षत्र तेज़ी, ऊर्जा, साहस, चिकित्सा और नवप्रारंभ का प्रतीक है।

खगोल विज्ञान (Astronomy) ➔ नक्षत्र सीमा: 0°00' से 13°20' मेष राशि (Aries) में स्थित। मुख्य तारे (Stars in Astronomy) ➔ β Arietis (Sheratan) & γ Arietis (Mesartim)

ये दो प्रमुख तारे मिलकर अश्विनी नक्षत्र का निर्माण करते हैं।

स्वामी ग्रह (Lord Planet) ➔ केतु (Ketu) एक रहस्यमयी, आध्यात्मिक और मुक्तिदाता ग्रह है। इसका प्रभाव नक्षत्र को रहस्यमय आकर्षण, तीव्र अंतर्ज्ञान और आंतरिक चिकित्सा शक्ति प्रदान करता है।

प्रतीक (Symbol) ➔ घोड़े का सिर (Horse's Head): यह प्रतीक गति, साहस, रोमांच और त्वरित क्रिया का द्योतक है। यह नक्षत्र जन्मजात पथप्रदर्शक और अग्रणी प्रवृत्ति देता है।

देवता (Presiding Deity) ➔ अश्विनी कुमार देवताओं के वैद्य या चिकित्सक। वे स्वास्थ्य, पुनर्जीवन, नवजीवन, चिकित्सा और उपचार के प्रतीक हैं।इनकी कृपा से जातक में आरोग्य, पुनरुत्थान और दूसरों को चंगा करने की क्षमता पाई जाती है।

गुण (Guna) ➔ सात्त्विक/देवगुण (Sattvika/Deva Guna):

इस गुण के कारण जातक में दया, सेवा, प्रेरणा और ईश्वरीय शक्ति का संचार रहता है। ये लोग दूसरों की सहायता करने में आनंद पाते हैं।

तत्व (Element) ➔ अग्नि तत्व (Fire Element):

अग्नि तत्व उन्हें उष्णता, उत्साह, आत्मविश्वास और कार्यशीलता देता है। वे कभी स्थिर नहीं रहते, हमेशा कुछ न कुछ करने की इच्छा रखते हैं।

वर्ण (Caste/Varna) ➔ वैश्य वर्ण (Merchant/Trader Class):

यह वर्ण उन्हें व्यापारिक, संवादक और सामाजिक व्यवहार में कुशल बनाता है। वे प्रगति और अवसरों के प्रति सजग रहते हैं।

प्रकृति (Nature) ➔ उग्र प्रकृति (Aggressive/Fiery Nature)

इनमें ऊर्जा, साहस और क्रियाशीलता बहुत अधिक होती है। कभी-कभी यह आवेगशील या अधीर स्वभाव में भी बदल सकता है।

गण (Temperament/Gana) ➔ देव गण (Divine Temperament)

देव गण के जातक सहृदय, उदार, मददगार और आध्यात्मिक प्रवृत्ति वाले होते हैं।

योनि (Animal Symbol) ➔ घोड़ा (Horse):

यह योनि स्वतंत्रता, त्वरित गति, रोमांच और ऊर्जा का प्रतीक है। ऐसे जातक बंधन नहीं पसंद करते और जीवन में गतिशीलता चाहते हैं।

लिंग (Gender) ➔ पुरुष लिंग (Male)

यह नक्षत्र साहस, नेतृत्व, और निर्णायक शक्ति का सूचक है।

शक्ति (Power/Shakti) ➔ शीघ्र व्यापनी शक्ति अर्थात् किसी भी कार्य को तुरंत पूरा करने की क्षमता।यह शक्ति जातक को त्वरित निर्णय और क्रिया में सफलता देती है।

दिशा (Direction) ➔ पूर्व दिशा (East)

पूर्व दिशा नए आरंभ, प्रकाश और ज्ञान का प्रतीक है जो इस नक्षत्र की प्रकृति के अनुरूप है।

रंग (Color) ➔ भूरा या सुनहरा (Brown/Golden Yellow)

यह रंग जीवंतता, स्वास्थ्य और चमक का प्रतीक है।

स्वभाव (Nature) ➔ चर स्वभाव (Movable/Active) इस नक्षत्र के लोग गतिशील, उत्साही और कार्यशील होते हैं वे एक स्थान पर टिकना नहीं चाहते।

प्रवृत्ति (Ayurvedic Constitution):- वात प्रवृत्ति (Vata Nature)

इस नक्षत्र के जातक सामान्यतः वात प्रधान होते हैं, तेज़ दिमाग, सक्रिय शरीर, लेकिन बेचैनी और अधीरता का भी भाव होता है।

जीवन पर प्रभाव (Impact of on Life)

अश्विनी नक्षत्र मेष राशि का प्रथम नक्षत्र है और पूरे नक्षत्र मंडल का आरंभ भी इसी से होता है। इसलिए यह "आरंभ, क्रिया, गति और नवजीवन" का प्रतीक है। यह नक्षत्र उस प्रथम स्पंदन की तरह है जो सृष्टि को गति देता है। इसलिए जिनका जन्म इस नक्षत्र में होता है, वे स्वयं जीवन में गति, प्रेरणा और पहल करने वाले होते हैं।

व्यक्तित्व (Personality) ➔ अश्विनी नक्षत्र मेष राशि का प्रथम नक्षत्र है, और इसी कारण इसका व्यक्तित्व "आरंभ, गति, साहस और नवजीवन" का प्रतिनिधित्व करता है। अश्विनी जातक सृष्टि के पहले स्पंदन की तरह ऊर्जावान, अग्रणी, साहसी और सदैव सक्रिय होते हैं।

जन्मजात ऊर्जा और गति ➔ अश्विनी जातकों की सबसे बड़ी पहचान है, तेज़ी + उत्साह + सदैव गतिशीलता ये कहीं भी टिककर नहीं रहते। हमेशा कुछ करने, कहीं जाने या नया प्रयोग करने की इच्छा। इनकी जीवनशैली में "एक्शन" अनिवार्य है। इनके भीतर घोड़े जैसा उच्च ऊर्जा स्तर होता है। वे जल्दी उठते, जल्दी चलते, जल्दी निर्णय लेते और जल्दी परिणाम चाहते हैं।

नेतृत्व और पहल करने की क्षमता (Natural Leadership & Initiative) ➔ यह नक्षत्र"पहला कदम उठाने" की क्षमता देता है। इसलिए अश्विनी जातक भीड़ से पहले दौड़ लगाने वाले होते हैं। किसी भी कार्य की शुरुआत में सबसे आगे। नेतृत्व स्वाभाविक, प्रशिक्षण से नहीं। आदेश नहीं; दिशा देना पसंद करते हैं। संकट के क्षणों में तुरंत कार्य करने की क्षमता। वे "Doers" होते हैं बातें कम, काम ज्यादा।

साहस और निर्भीकता (Courage & Boldness) ➔ घोड़े की योनि और मेष का उग्र स्वभाव उन्हें निर्भीक बनाता है। कठिन परिस्थितियों में घबराते नहीं। जोखिम उठाने में माहिर। डर से प्रेरित नहीं, बल्कि चुनौती से प्रेरित होते हैं। अनजान रास्ते चुनने में विश्वास रखते हैं। इस कारण ये जीवन में असाधारण उपलब्धियाँ हासिल कर सकते हैं।

सरल, निष्कपट और सीधे-सीधे (Honest, Straightforward & Innocent):- इनका मन और व्यवहार सीधा होता है जो सोचते हैं वही कहते हैं दिमाग और दिल में छल-कपट नहीं, मासूमियत और बालसुलभ जिज्ञासा, किसी के बारे में नकारात्मक नहीं सोचते, राज़ छिपाने में अच्छे नहीं क्योंकि उनके स्वभाव में सीधापन है, लोग उनकी इसी ईमानदारी से आकर्षित होते हैं।

आकर्षक व्यक्तित्व (Magnetic Presence) अश्विनी जातक प्रायः सुंदर आँखें, तेजस्वी चेहरा और चुंबकीय आभा रखते हैं, व्यक्तित्व दमदार और प्रभावी उपस्थिती, चाल-ढाल, बोलने का तरीका और ऊर्जा प्रभावित करती है, लोगों का ध्यान सहज ही आकर्षित कर लेते हैं, इनका करिश्मा दैवीय लगता है जो अश्विनी देवताओं का आशीर्वाद है।

रोमांटिक और संवेदनशील भावनाएँ (Romantic & Sensitive Heart) ➔ साहसी बाहरी व्यक्तित्व के पीछे एक गहरा संवेदनशील दिल छिपा होता है, प्रेम में सच्चे, वफ़ादार और समर्पित, लेकिन स्वतंत्रता में बाधा पसंद नहीं करते, दिल से प्रेम करते हैं, दिमाग से नहीं, यदि प्रेम मिल जाए, तो आजीवन निष्ठावान रहते हैं।

अधीरता और आवेग (Impatience & Impulsiveness) ➔ अश्विनी नक्षत्र का यही सबसे बड़ा संघर्ष है, काम तुरंत करना चाहते हैं, धीमा माहौल इन्हें चिड़चिड़ा बनाता है, कई बार जल्दबाज़ी में निर्णय ले लेते हैं, अधूरे काम छोड़ने की प्रवृत्ति, इनके भीतर की गति इतना प्रबल है कि नियंत्रण सीखना पड़ता है।

स्वतंत्रता प्रेमी स्वभाव (Freedom-Loving Nature) ➔ इनकी आत्मा बंधन सहन नहीं करती, बंधन, रोक-टोक और दबाव सहन नहीं करते, नौकरी में बहुत नियम पसंद नहीं स्वतंत्र कार्य अधिक अनुकूल,संबंधों और परिवार में "स्पेस" आवश्यक. वे तब चमकते हैं जब उन्हें स्वतन्त्रता दी जाए।

नवोन्मेषी और आविष्कारक मानसिकता (Innovative & Inventive) ➔ केतु का प्रभाव उन्हें साधारण से परे सोचने की क्षमता देता है, अचानक नए विचार आते हैंपुराने ढर्रे पसंद नहीं, प्रयोग करने में आनंद। नई चीज़ें सीखने में तेज, इसलिए वे वैज्ञानिक, आविष्कारक, चिकित्सक या सुधारक बन सकते हैं।

उपचार और सेवा का भाव (उपचार & Service Instinct) ➔ अश्विनी देवताओं के वैद्य का गुण इनके भीतर गहराई से अंकित होता है। दूसरों की तकलीफ़ तुरंत महसूस करते हैं। मदद करने में पीछे नहीं हटते, किसी के दर्द को कम करना इनका स्वभाव है। प्राकृतिक उपचार, ऊर्जा-चिकित्सा, वैकल्पिक चिकित्सा की ओर आकर्षित होते हैं ये जन्मजात "हीलर्स" होते हैं।

सामाजिक व्यवहार (Social Behavior) ➔ सामाजिक रूप से ये हास्यप्रिय, मिलनसार, सरल और हंसमुख होते हैं इनकी उपस्थिति किसी भी सभा को ऊर्जा से भर देती है।

जल्दी पुनर्जीवन' (Fast Recovery Ability) ➔ अश्विनी जातक गिरते हैं, पर बहुत जल्दी संभल जाते हैं। हार से सीखना, तुरंत नई शुरुआत करना, कभी टूटे रहना नहीं यह इनके जीवन का सबसे बड़ा वरदान है।

मानसिक और भावनात्मक स्वभाव-(Mental & Emotional Nature)

अश्विनी नक्षत्र की मानसिकता अग्नि, गति और केतु की गूढ़ ऊर्जा का मिश्रण होती है। यही कारण है कि इनका मन असाधारण रूप से सक्रिय, तेज़, संवेदनशील और अंतर्ज्ञानी होता है। इनके भीतर निरंतर विचारों का प्रवाह चलता रहता है, जो इन्हें जीवन में आगे बढ़ने के लिए प्रेरित करता है, पर कभी-कभी इन्हें भीतर से बेचैन भी कर देता है।

अत्यधिक सक्रिय और विद्युत-वेग जैसा मन (Highly Active & Electric Mind) ➔ अश्विनी जातकों का मन एक क्षण भी स्थिर नहीं रहता यह तीव्रता कभी-कभी दूसरों को चौंका देती है, सोचने की गति सामान्य लोगों से कई गुना तेज, किसी विषय पर लंबे समय तक टिकना कठिन, मन एक विचार से दूसरे विचार पर बहुत तेजी से जाता है, इनका मानसिक ढाँचा "सदैव गति" पर आधारित होता है।

स्वाभाविक अंतर्ज्ञान (Natural Intuition) ➔ केतु की उपस्थिति इन्हें गहन अंतर्ज्ञान देती हैइनका मन अक्सर बिना कारण जाने ही सही दिशा चुन लेता है। स्थितियों को तुरंत समझ लेना, लोगों के इरादों को जल्दी पकड़ लेना, बिना प्रयास आध्यात्मिक समझ विकसित होना। इनकी अंतर्ज्ञान-शक्ति निर्णय लेने में बड़ा रोल निभाती है।

भावनाएँ गहरी, पर व्यक्त करने में सरल (Deep Feelings, Simple Expression) ➔ अश्विनी जातकों की भावनाएँ सतही नहीं होतींवे गहरी, ईमानदार और हृदयगत होती हैं, किसी से जुड़ें तो पूरे दिल से, भावनाएँ छिपाने की प्रवृत्ति बिल्कुल कम, दिल का दर्द जल्दी बाहर आ जाता है, गुस्सा भी जल्दी और स्पष्ट रूप से प्रकट होता है, ये भावनाओं में छल नहीं करते दिखावा इनके स्वभाव में नहीं।

मानसिक बेचैनी और अधीरता (Restlessness & Impatience) ➔ मन की गति तेज़ होने के कारण इन्हें स्थिरता कठिन लगती है, धीमे वातावरण में मानसिक तनाव, प्रतीक्षा करना इनके लिए सबसे बड़ा

संघर्ष, काम टालना पसंद नहींतुरंत शुरू करने की इच्छा, यह बेचैनी इन्हें आगे बढ़ाती भी है और कभी-कभी परेशान भी करती है।

भावनात्मक ईमानदारी (Emotional Sincerity) ➔ इनका भावनात्मक स्वभाव अत्यंत सच्चा होता है, यदि प्रेम होगा, तो सच्चा और शुद्ध, यदि नापसंद होगा, तो सीधे-सीधे दिख जाएगा, दिखावों, औपचारिकताओं और झूठी प्रशंसा से दूरी, इनके भाव दिमाग नहीं, दिल से निकलते हैं।

दूसरों की पीड़ा से तुरंत जुड़ जाना (Empathic Response) ➔ अश्विनी देवताओं की तरह इनमें दूसरों की पीड़ा को शीघ्र महसूस करने की क्षमता है, किसी का दर्द देखकर तुरंत प्रतिक्रिया, बचपन से ही संवेदनशीलता प्रबल, दूसरों की मदद करने में भावनात्मक तृप्ति मिलती है, ये भावनात्मक रूप से "हीलर" मानसिकता वाले होते हैं।

भावनाओं में उतार-चढ़ाव (Emotional Swings) ➔ वात प्रकृति और अग्नि तत्व होने के कारण भावनाएँ तेजी से बदलती हैं, मूड तेज़ी से बदलना, एक पल अत्यधिक उत्साहदूसरे पल शांत, विचारों के परिवर्तन के साथ भावनाओं का परिवर्तन, इनके लिए भावनात्मक संतुलन एक सीखता हुआ कौशल होता है।

स्वतंत्र मानसिकता (Independent Psyche) ➔ इनका मन किसी भी प्रकार के दबाव या बंधन से तुरंत प्रतिक्रिया देता है, मानसिक स्वतंत्रता की तीव्र आवश्यकता, किसी की दखलअंदाज़ी इनके विचार-प्रवाह को बाधित करती है, अपने विचारों और मतों पर स्वतन्त्र रहना पसंद करते हैं, इनके मन को खुली हवा चाहिएबंधन इनका स्वभाव नहीं।

आंतरिक आशावाद (Inner Optimism) ➔ अश्विनी जातकों की भावनाओं में स्वाभाविक सकारात्मकता होती है, कितनी भी कठिन परिस्थिति हो, जल्दी संभल जाते हैं, नकारात्मकता को दिल में लंबे समय तक नहीं रखते, भविष्य के प्रति हमेशा आशावादी, इनकी मानसिक ऊर्जा ही इन्हें हर गिरावट के बाद खड़ा कर देती है।

मानसिक तनाव और ओवरथिंकिंग (Stress & Overthinking Patterns) ➔ केतु की मानसिक अशांति और मेष की गति कभी-कभी

तनाव पैदा करती है, ज़रूरत से ज़्यादा सोचना, ऊर्जा को सही दिशा न मिले तो चिंता की प्रवृत्ति, भविष्य की कल्पनाओं में बहना, इनके लिए ध्यान, सांस-व्यायाम और प्रकृति से जुड़ाव अत्यंत लाभकारी होता है।

करियर और पेशा- (Career & Professional Nature)

अश्विनी नक्षत्र का स्वभाव ऊर्जा, गति, पहल और उपचार का है।इसलिए इनके करियर में तेज़ी, नवप्रवर्तन, स्वतंत्रता और कार्रवाई मुख्य भूमिका निभाती है। अश्विनी जातक ऐसे कार्यों में श्रेष्ठ होते हैं जहाँ त्वरित निर्णय लेना पड़े गति और क्रियाशीलता जरूरी हो लोगों की मदद या उपचार शामिल हो। नई शुरुआत या प्रोजेक्ट लॉन्चिंग हो। एक जगह बैठकर काम न करना पड़े स्वतंत्रता और नवोन्मेष की आवश्यकता हो।

त्वरित निर्णय और कार्रवाई वाले करियर (Action-Oriented Careers) ➔ अश्विनी जातकों की गति और फुर्ती उन्हें ऐसे कार्यों में सफल बनाती है जहाँ तुरंत प्रतिक्रिया की आवश्यकता हो।

उपयुक्त क्षेत्र ➔ पायलट, सेना/पुलिस/कमांडो, फायर ब्रिगेड, एडवेंचरस्पोर्ट्स/ट्रेकिंग गाइड, रेसिंग (कार, बाइक, घुड़सवारी), आपातकालीन सेवाओं से जुड़ा कार्यइन भूमिकाओं में वे प्राकृतिक रूप से चमकते हैं क्योंकि उनका दिमाग और शरीर एक साथ सक्रिय होते हैं।

चिकित्सा, उपचार और हेल्थकेयर (उपचार & Medical Professions) ➔ अश्विनी कुमार देवताओं के वैद्य हैं, इसलिए जातक में उपचार का दिव्य गुण जन्म से होता है।

उपयुक्त क्षेत्र ➔ डॉक्टर (विशेष रूप से आपातकालीन, सर्जरी, आंख, न्यूरो), नर्सिंग, पैरामेडिकल, आयुर्वेद, सिद्ध, होम्योपैथी, ऊर्जा-चिकित्सा (Reiki, Pranic, Chakra उपचार), योग-थेरेपी, फिजियोथेरेपी, मानसिक चिकित्सक/काउंसलरये लोग केवल इलाज ही नहीं करते उपस्थिति और ऊर्जा से भी हीलिंग देते हैं।

यात्रा, परिवहन और मोबिलिटी सेक्टर(Travel, Transport & Mobility) ➔ अश्विनी का प्रतीक घोड़ा यात्रा का कारक है इसलिए ये गति कार्यों में विशेषज्ञ होते हैं।

उपयुक्त क्षेत्र ➔ पर्यटन उद्योग, हॉस्पिटैलिटी, ट्रैवल गाइड/टूर मैनेजर, लॉजिस्टिक्स/ट्रांसपोर्ट मैनेजमेंट, एयरलाइंस/रेलवे/कैब सेवाएँ, वाहन उद्योग से जुड़े कार्य। इनके लिए "चलते रहना" खुद एक प्रेरणा है।

अनुसंधान, नवाचार और तकनीकी क्षेत्र (Research, Innovation & Tech) ➔ केतु इन्हें असाधारण आविष्कारक मानसिकता देता है। ये लोग "नया सोचने" और "पुराने ढांचे तोड़ने" में माहिर होते हैं।

उपयुक्त क्षेत्र ➔ वैज्ञानिक अनुसंधान, टेक्नोलॉजीडेवलपमेंट, AI, Robotics, Space Research, प्रोडक्टइन्नोवेशन, इंजीनियरिंग, बायोटेक/जेनेटिक्स इनके भीतर "नई चीज़ बनाने" की प्रवृत्ति स्वाभाविक होती है।

उद्यमशीलता और स्वतंत्र व्यवसाय (Entrepreneurship & Independent Ventures) ➔ अश्विनी जातक नौकरी में बंधकर नहीं रह सकते। उनके भीतर "खुद कुछ शुरू करने" की प्राकृतिक इच्छा होती है।

उपयुक्त क्षेत्र ➔ स्टार्टअप, फ्रीलांसिंग, क्रिएटिवबिज़नेस, कंसल्टिंग, ट्रेनिंग/कोचिंग, ट्रेडिंग/डीलिंग इनका दिमाग तेज़ी से काम करता है और वे मौके को पहचानने में माहिर होते हैं।

मनोरंजन, मीडिया और सार्वजनिक जीवन (Entertainment & Media) ➔ इनका तेजस्वी आभा, ऊर्जा और चुंबकीय व्यक्तित्व इन्हें आकर्षक बनाता है।

उपयुक्त क्षेत्र ➔ अभिनय, एंकरिंग/होस्टिंग, मोटिवेशनलस्पीकिंग, सोशल मीडिया कंटेंटक्रिएशन, मॉडलिंग, पब्लिक रिलेशनइनकी आवाज़, चेहरे का भाव और ऊर्जा तुरंत दर्शकों का ध्यान खींचती है।

पशु, प्रकृति से संबंधित गतिविधियाँ (Animal & Nature-Related Work) ➔ घोड़े की योनि उन्हें पशुओं के साथ सहज बना देती है।

उपयुक्त क्षेत्र ➔ पशु चिकित्सक, हॉर्सराइडिंगट्रेनर, फार्म मैनेजमेंट, वन विभाग/फॉरेस्ट सर्विस, नेचर गाइड ये लोग प्राकृतिक वातावरण में सबसे अधिक जीवंत महसूस करते हैं।

प्रोजेक्ट लॉन्चिंग और शुरुआती चरणों में विशेषज्ञ(Initiation Specialists) ➔ अश्विनी नक्षत्र "आरंभ" का नक्षत्र है। इसलिए जातक किसी भी नए प्रोजेक्ट के शुरुआती चरण में बहुत तेज़ प्रदर्शन करते हैं। प्रोजेक्ट लॉन्च, विचार निर्माण, नई टीम स्थापित करना, क्रिएटिव शुरुआत, समस्याओं का त्वरित समाधान इनकी ताकत "काम का आरंभ" है, "पूरा करना" नहीं इसलिए इन्हें ऐसे काम अधिक उपयुक्त हैं जिनमें शुरुआती ऊर्जा की जरूरत हो।

अन्वेषण, खोज और रिस्क-टेकिंगप्रोफेशन (Exploration & Risk-Taking Roles) ➔ इनका मन अज्ञात दुनिया के प्रति अत्यधिक आकर्षित होता है।

उपयुक्त क्षेत्र ➔ जासूसी/इन्वेस्टिगेशन, रिस्क-मैनेजमेंट, पर्वतारोहण/खोज अभियान, पुरातत्व, जीवविज्ञान/फील्ड रिसर्च ये नई जगहों, नए लोगों और नए अनुभवों के खोजकर्ता होते हैं। कुल मिलाकर अश्विनी जातक ऐसे पेशों में उत्कृष्ट होते हैं जिनमें गति हो, त्वरित निर्णय की ज़रूरत हो, स्वतंत्रता हो, उपचार या सहायता का कार्य हो, नवाचार या नया निर्माण शामिल हो, लोगों के साथ डायरेक्ट संवाद हो, यात्रा और मूवमेंट हो

आर्थिक स्थिति(Financial Aspects)

अश्विनी नक्षत्र का स्वामी केतु और राशि स्वामी मंगल दोनों ग्रह वित्तीय मामलों में तेज़ उतार-चढ़ाव, अचानक लाभ, अचानक हानि जैसी स्थितियाँ पैदा करते हैं।इसलिए इनकी आर्थिक यात्रा स्थिर नहीं बल्कि गतिशील होती है।

अश्विनी जातकों में धन कमाने का स्वाभाविक टैलेंट होता है। अवसर को तुरंत पकड़ लेते हैं। तेजी से निर्णय लेते हैं। जोखिम उठाने की हिम्मत रखते हैं। नए क्षेत्रों में हाथ आज़माने की मानसिकता। यह गुण

इन्हें जीवनभर धन कमाने में सक्षम बनाता है। वे पारंपरिक रास्तों से धन कमाने में सीमित नहीं, बल्कि अनूठे और नए मार्ग चुनते हैं।

अश्विनी जातकों के जीवन में धन स्थिरता प्रारंभिक समय में कम होती है, युवावस्था में ज्यादा उतार-चढ़ाव, अचानक लाभ अचानक खर्च, धन आता भी तेज़ है और जाता भी तेज़ये लोग स्थिर चलन की बजाय फास्टफ्लोइंग फाइनेंस में विश्वास रखते हैं।

35 वर्ष के बाद आर्थिक स्थिति अधिक सुधरती है 30-35 के बाद इनकी बुद्धि और निर्णय-क्षमता परिपक्व होने लगती है, जिससे धन ठहरने लगता है।

जोखिम लेने की प्रवृत्ति (Risk-Taking Nature) ➔ अश्विनी का स्वभाव "तेज़ और साहसी" होता है। वे उच्च जोखिम वाले क्षेत्रों में आकर्षित होते हैं शेयर बाज़ार, ट्रेडिंग, स्टार्टअप इनका पसंदीदा क्षेत्रकई बार बिना सोचे निवेश कर देते हैंपर सही जोखिम लेने से बड़े लाभ भी प्राप्त करते हैं यदि जोखिम को सही दिशा मिले, तो ये लोग बहुत बड़े आर्थिक लाभ अर्जित कर सकते हैं।

धन का प्रवाह और खर्च (Spending Pattern) ➔ इनका खर्च आमतौर पर उदार होता है। दोस्तों, परिवार और प्रियजनों पर खर्च करने में पीछे नहींरहते। जीवन को बड़े स्तर पर जीने की इच्छा रखते हैं। यात्राओं, मनोरंजन और साहसिक गतिविधियों पर खर्च करने वाले। कभी-कभी आवेग में खरीदारी कर लेते हैं। इनके लिए पैसा "चलने वाली ऊर्जा" है, "संचय की वस्तु" नहीं।

धन प्रबंधन शैली (Money Management Style) ➔ अश्विनी जातक धन के मामले में कमाते बहुत हैं पर बचत तभी कर पाते हैं जब स्वयं पर संयम करते हैं। रणनीति बनाकर चलने में शुरू में कठिनाई होती है। स्वतंत्र आय या स्वतंत्र व्यवसाय इन्हें धनवान बनाता है। जब जीवन में ठहराव आता है तो धन प्रबंधन कौशल भी विकसित हो जाता है।

मध्य आयु के बाद आर्थिक स्थिरता (Financial Stability After Mid-Life) ➔ केतु की वजह से अश्विनी जातकों को जीवन में कई बार

अचानक धन प्राप्ति होती है। बड़े अनुबंध, विरासत में लाभ, अचानक किसी निवेश से लाभ जैसे अवसर प्राप्त हो सकते हैं। लेकिन अचानक खर्च भी उतनी ही तेजी से हो सकते हैं इसलिए इन्हें संयम और संतुलन सीखना आवश्यक है।

अश्विनी जातकों के लिए आदर्श धन स्रोत

व्यवसाय:- ट्रेडिंग, चिकित्सा/उपचार, यात्रा से जुड़े कार्य, प्रशिक्षण व परामर्श, नवाचार/तकनीकी आविष्कार, नौकरी से पैसा आएगा, पर सीमित। इनकी सच्ची क्षमता स्वतंत्र कमाई में खुलती है। अश्विनी जातक दिल के उदार होते हैं। मदद करने में धन खर्च करने में संकोच नहीं करते, दोस्तों को आर्थिक सहायता देना, चिकित्सा या सेवा से जुड़े कार्य में दान करना इन्हे अच्छा लगता है। इनकी उदारता ही इन्हें समाज का प्रिय बनाती है।

अश्विनी जातकों के लिए धन का स्थायी लाभ तभी आता है जब जल्दबाज़ी कम करें, निवेश सोच-समझकर करें, भावनाओं से प्रभावित न हों, एक स्थिर करियर या व्यवसाय चुनें, अपने जोखिम को दिशा दें जब ये बात समझ लेते हैं, तब इनका आर्थिक जीवन तेज़ी से ऊपर उठता है।

प्रेम, विवाह और दांपत्य जीवन

अश्विनी नक्षत्र प्रेम और संबंधों में साहस, गहराई, निष्ठा और स्वतंत्रता का अनूठा मेल प्रस्तुत करता है। ये लोग दिल से प्रेम करते हैं, परंतु स्वतंत्रता से समझौता नहीं करते। इनका प्रेम उतना ही तेज़ और प्रबल होता है जितना उनका स्वभाव।

प्रेम जीवन (Love Life) ➔ प्रेम में तेज़ी और स्वतःस्फूर्तता अश्विनी जातक आकर्षण को तेजी से महसूस करते हैं। दिल खुलने में देर नहीं लगती जब किसी की ओर खिंचते हैं, तो तुरंत और गहराई से खिंचते हैं। पहला कदम खुद उठाते हैं। इजहार में झिझक नहीं करते, प्रेम में साहसी और निर्भीक होते हैं। इनका प्रेम स्वाभाविक और उत्साही होता है। ये प्रेम में बहुत समर्पित होते हैं, लेकिन भावनात्मक और मानसिक स्वतंत्रता

इनके लिए जरूरी है। पार्टनर का अत्यधिक नियंत्रण इन्हें खटकता है बंधन या जबरन नियम उन्हें असहज करते हैं स्वतंत्रता मिलने पर सबसे ज्यादा प्रेमपूर्ण हो जाते हैं इनके लिए प्रेम का अर्थ है स्वीकृति + स्पेस + सम्मान। दिल से प्रेम, दिमाग से नहीं, भावनाओं में ये अत्यंत ईमानदार होते हैं। यदि प्रेम है तो बिल्कुल साफ़-साफ़ महसूस होगा, यदि प्रेम नहीं है, तो दिखावे की क्षमता नहीं रखते। उनके प्रेम में दिखावा या चालाकी के लिए जगह नहीं होती।

अश्विनी जातक ऐसे साथी की ओर आकर्षित होते हैं जो आकर्षक/करिश्माई हो, ऊर्जा से भरा हो, साहसी, सक्रिय और आत्मविश्वासी हो, जीवन में गति पसंद करता हो, भावनात्मक रूप से सीधा और सच्चा हो, उन्हें कमजोर, अत्यधिक निर्भर या सुस्त साथी पसंद नहीं आते।

विवाह जीवन (Marriage Life) ➔ अश्विनी नक्षत्र की शादी की यात्रा कुछ विशिष्ट चरणों से गुजरती है

पहला चरण विवाह का निर्णय ➔ अश्विनी जातक प्रेम विवाह की ओर अधिक झुकते हैं विवाह में अचानक निर्णय संभव है। दिल की आवाज़ पर तुरंत चलना परिवार या समाज क्या कहे, इसकी कम परवाह करते हैं। यदि सही साथी मिले, तो निर्णय तेज़ होता है।

दूसरा चरण विवाह के शुरुआती वर्ष ➔ शादी के बाद शुरू के कुछ वर्ष भावनाएँ प्रबल होती हैं, आकर्षण गहरा होता है, रोमांटिक ऊर्जा उच्च स्तर पर होती है, नए पन का उत्साह होता है।साथ ही स्वभाव में आवेग और व्यक्तिगत स्पेस की आवश्यकता रहती है, यदि इस समय साथी समझदारी दिखाए, तो संबंध बहुत मजबूत बनता है।

तीसरा चरण मध्यम वैवाहिक जीवन ➔ 35 वर्ष के बाद स्थिरता बढ़ती है, भावनाएँ परिपक्व होती हैं, ज़िम्मेदारियाँ समझ में आने लगती हैं, घर-परिवार और करियर दोनों में संतुलन, अश्विनी जातक अच्छे जीवनसाथी सिद्ध होते हैं, क्योंकि इस उम्र में उनका आवेग बुद्धि में बदल जाता है।

वैवाहिक स्वभाव (Marital Nature) ➔ समर्पित लेकिन स्वतंत्रताप्रेमी:- ये सम्बन्ध को बहुत महत्व देते हैं लेकिन अपनी पहचान को दबा कर जी नहीं सकते। वफादार, ईमानदार, देखभाल करने वाले, दिल से जुड़े हुए परंतु दखलअंदाज़ी, अत्यधिक निगरानी, संदेह और बंधन सहन नहीं। संबंध को चलाने के लिए साथी को संतुलन बनाए रखना होता है।

संवाद और स्पष्टता ➔ ये भावनाएँ छिपा नहीं पाते। जो महसूस होता है तुरंत कह देते हैं।इसका लाभ गलतफहमियाँ कम पारदर्शिता अधिक

चुनौती ➔ कभी-कभी आवेग में कड़वी बात कह देना, भावुक लेकिन स्थायी प्रेम। अश्विनी जातक प्रेम में एक बार दिल लगा लें तो लंबे समय तक जुड़े रहते हैं, साथी के लिए त्याग करते हैं, जीवन भर वफादार रहते हैं पर यदि कभी गहरा अपमान हो जाए, तो इन्हें मनाना कठिन होता है।

शारीरिक आकर्षण और निकटता ➔ अश्विनी नक्षत्र उग्र और अग्नि प्रधान है, इसलिए इनकी दांपत्य ऊर्जा प्रबल, भावनात्मक, स्वाभाविक, उत्साहपूर्ण होती है। वे भावनात्मक और शारीरिक दोनों तरीकों से जुड़ते हैं।

साथी के लिए आवश्यक गुण ➔ अश्विनी जातक के लिए ऐसा साथी उपयुक्त है जो आकर्षक व्यक्तित्व रखता हो, आत्मविश्वासी हो, अत्यधिक संवेदनशील न हो, स्वतंत्र हो, जीवन में गति चाहे, ईमानदार और स्पष्टवादी होऐसा साथी इनका संतुलन बनाता है।

संभावित चुनौतियाँ (Possible Challenges)

1. अधीरता:- तुरंत प्रतिक्रिया से झगड़े बढ़ सकते हैं।
2. स्वतंत्रता की मांग:- साथी इसे "दूरी" समझकर गलतफहमी में आ सकता है।
3. आवेग:- कभी-कभी गुस्सा या त्वरित निर्णय।
4. जल्दी आकर्षित होना:- युवा अवस्था में संबंधों की अनिश्चितता।
5. गलत व्यक्ति पर भरोसा:- दिल की सच्चाई कभी-कभी गलत दिशा में जा सकती है।लेकिन ये सभी चुनौतियाँ उम्र और समझदारी के साथ कम होती हैं।

अश्विनी जातक के विवाह के लिए अनुकूल नक्षत्र

सबसे सामंजस्यपूर्ण नक्षत्र ➔ मंगल आधारित नक्षत्र, अग्नि राशि के नक्षत्र, देव गण के नक्षत्र ➔ फुर्तीले, साहसी, स्वतंत्रता-प्रेमी साथी

विशेष रूप से: ➔ अश्विनी - मैत्रीभरणी - अच्छा मेलकृतिका - संतुलित मूल - अग्नि समानताज्येष्ठा - रहस्यमयी जुड़ाव स्वाती - स्वतंत्रता समानता

पारिवारिक जीवन: (Family Life)

अश्विनी जातक परिवार में ऊर्जा, गति, सच्चाई और स्वतंत्रता का अनूठा मिश्रण लाते हैं।इनकी उपस्थिति घर में उत्साह और जीवंतता पैदा करती हैलेकिन कई बार इनकी आवेगपूर्ण शैली परिवार में असंतुलन भी ला सकती है।

बचपन और माता-पिता से संबंध (Relationship with Parents)

बचपन में ऊर्जा और बेचैनी ➔ अश्विनी बच्चे बहुत तेज, सक्रिय और जिज्ञासु होते हैं। कई बार माता-पिता को इनकी गति को समझ पाना कठिन हो जाता है। खेल, बाहर भागना, यात्रा, नई चीज़ें देखना ये सब इनके लिए जीवन है। बचपन में स्थिर रहना इनके लिए कठिन रहता है। पढ़ाई में भी तेज दिमाग, पर लंबे समय तक ध्यान टिकाना मुश्किल। माता या पिता से गहरा भावनात्मक लगाव होता है। जातक का किसी एक माता या पिता से विशेष गहरा संबंध होता है अक्सर माँ से प्रेम और पिता से प्रेरणा की भावना जुड़ी होती है।

घर में स्वतंत्रता की खोज ➔ ये बचपन से ही अपनी जगह, स्पेस और स्वतंत्रता चाहते हैं। अत्यधिक नियंत्रण इन पर उल्टा प्रभाव डालता है।

परिवार में भूमिका (Role in the Family) ➔ अश्विनी जातक उत्साह बढ़ाने वाले, प्रेरक, समस्या-समाधान करने वाले, संकट में तुरंत खड़े हो जाने वाले होते हैं। वे परिवार के लिए “एक्शनपर्सन” होते हैं जहाँ तुरंत निर्णय चाहिए, वे आगे आते हैं।

पीढ़ीगत सुधारकर्ता (Generational Reformer) ➔ अश्विनी जातक परिवारों में अक्सर नई सोच, नई दिशा, पुराने ढाँचों को बदलना, व्यवस्थित करने की क्षमता लेकर आते हैं। वे परंपरा तोड़कर नया मार्ग बनाने वाले बनते हैं।

भाई-बहनों के साथ संबंध (Relationship with Siblings) ➔ मित्रतापूर्ण और जीवंत संबंध वे अपने भाई-बहनों के साथ दोस्ती जैसा संबंध रखते हैं। एक साथ यात्राएँ, खेल, हँसी-मज़ाक ये सब इनके संबंध का हिस्सा है। कभी-कभी अपने निर्णय खुद लेने की आदत, तुरंत प्रतिक्रिया देने की आदत, अधीरता के कारण भाई-बहनों से टकराव हो सकता है। लेकिन यह स्थायी नहीं होता।ये दिल से साफ़ होते हैं, इसलिए रिश्ते जल्दी सामान्य हो जाते हैं।

गृहस्थ जीवन व वातावरण (Home Environment) ➔ अश्विनी जातकों के कारण घरजीवंत, ऊर्जावान, तेज़ गति वाला, उत्साहपूर्णहो जाता है। ये घर में हँसी-मज़ाक, नई योजनाएँ, बाहर घूमने की योजना, सबकी समस्याओं में सहायता जैसा वातावरण बनाते हैं। साफ-सुथरा, खुला और व्यवस्थित स्थान पसंद होता है।ये लोग तंग, भीड़भाड़ या अत्यधिक शांत जगहें पसंद नहीं करते। इनका मन खुलापन चाहता है इसलिए घर में खुली जगह, हवा-रोशनी, सजावट, गति इनकी पसंद होती है।

जीवनसाथी और परिवार के प्रति व्यवहार (Behavior Toward Spouse & Family) ➔ खरे और ईमानदार साथी के प्रति स्पष्ट, वफादार, दिल से समर्पित, भावनाओं में सच्चे परंतु स्वतंत्रता की तीव्र इच्छा वे विवाह के बाद भी व्यक्तिगत स्पेस, अपने शौक, अपनी दिशा को बनाए रखना चाहते हैं। यदि साथी इन्हें समझ ले, तो दांपत्य जीवन बेहद सुंदर हो जाता है। परिवार की सुरक्षा और सहायता अश्विनी जातक अपने परिवार के लिए किसी भी हद तक जाने वाले होते हैं। उनमें "प्रोटेक्शन" की भावना बहुत प्रबल होती है।

संतान से संबंध (Relationship with Children) ➔ अश्विनी जातक उत्कृष्ट माता-पिता बनते हैं, विशेषकर तब जब बच्चों को स्वतंत्रता दें,

जिज्ञासा और ऊर्जा को सकारात्मक दिशा दें वे बच्चों से दोस्ती करते हैं, दबाव नहीं डालते। बच्चों के लिए प्रेरणा बनते हैं। वे अपने बच्चों के लिए प्रेरक, मार्गदर्शक और खेलने वाले माता-पिता होते हैं।

संभावित संघर्ष ➔ कभी-कभी अधीरता, तेज़ प्रतिक्रिया, अधिक ऊर्जा के कारण बच्चों के साथ विवाद भी हो सकता है। लेकिन इन्हें अपनी गलती स्वीकार करने में कोई दिक्कत नहीं होती इसलिए घर का वातावरण जल्दी सामान्य हो जाता है।

पारिवारिक चुनौतियाँ (Family-Related Challenges) ➔ अश्विनी जातकों की कुछ कमजोरियाँ पारिवारिक जीवन में दिखाई दे सकती हैं:

गुस्सा और आवेग- छोटी-छोटी बातों पर तुरंत प्रतिक्रिया।

अपने निर्णय को सर्वोपरि मानना- खुद की इच्छा दूसरों पर थोपने की प्रवृत्ति।

अत्यधिक स्वतंत्रता प्रेम- कभी-कभी यह दूरी जैसा दिखता है।

मानसिक बेचैनी- घर के धीमे माहौल से ऊब।

परंपरा से बंधना पसंद नहीं- परिवार की पुरानी बातें इन्हें सीमित लगती हैं।

पारिवारिक जीवन के सकारात्मक पहलू (Strengths in Family Life)

ऊर्जा ➔ घर को जीवंत बनाते हैं।

सुरक्षात्मक ➔ परिवार की सुरक्षा में आगे।

उदारता ➔ आखिरी तक देने वाले वाले होते हैं।

स्पष्टवादिता ➔ गलतफहमियाँ कम

देखभाल ➔ बच्चों और साथी की जरूरतों पर ध्यान

स्वास्थ्य और शारीरिक संरचना(Health & Physical Constitution)

अश्विनी नक्षत्र का स्वभाव तेज़, सक्रिय, ऊर्जावान और अग्नि-प्रधान है। इसलिए इनके शरीर में भी वही गुण स्पष्ट रूप से दिखाई देते हैं चुस्ती, गति, आकर्षण, चमक और मजबूत जीवनी शक्ति।

शारीरिक संरचना (Physical Appearance) ➔ अश्विनी जातकों की काया में "घोड़े जैसी ऊर्जा और चुस्ती" दिखाई देती है। इनकी उपस्थिति बहुत आकर्षक होती है।

मुख्य विशेषताएँ ➔ आँखेंबहुत चमकदार, चुंबकीय और जीवंत, आँखों में तेज़ और सतर्कता की झलक, अक्सर हल्की लालिमा (अग्नि तत्व के कारण)

चेहरा- तेजस्वी, आकर्षक, साफ़ नैन-नक्श, मुस्कान मन मोह लेने वाली

शरीर- फुर्तीला, हल्का-सुडौल, मांसपेशियाँ टोंड बहुत अधिक थकान नहीं दिखाई देती बाल्यावस्था की फुर्ती उम्र बढ़ने पर भी बनी रहती है

त्वचा- हल्की लालिमा, चमकदार, गर्म तासीर

चलने का ढंग तेज़, आत्मविश्वासी और ऊर्जा से भरा जहाँ जाते हैं, लोगों को पता चल जाता है कि कोई ऊर्जावान व्यक्ति आया है अश्विनी जातकों की चेहरे की ऊर्जा इतनी प्रबल होती है कि वे भीड़ में अलग दिखाई देते हैं।

शारीरिक ऊर्जा स्तर (Vitality & Stamina) ➔ अश्विनी जातक अत्यधिक ऊर्जावान होते हैं। कम नींद में भी सक्रिय होते हैं, जल्दी थकते नहीं खेल-कूद, यात्रा और मूवमेंट पसंद बचपन से ही शरीर में तेजी और हल्कापन होता है ये लोग बैठे-बैठे काम नहीं कर सकते शरीर लगातार गति चाहता है।

अश्विनी जातकों का प्रमुख वात-अग्नि संतुलन होता है ➔ वात (Vata): तेज़ गति, जल्दी उत्तेजना, चंचलता, मानसिक गतिविधि अधिक, अनियमित दिनचर्या अग्नि (Pitta/Agni): तीव्र पाचन, तेज़ सोच, गर्म तासीर, दृढ़ता इस मिश्रित प्रवृत्ति के कारण ये पतले, तेज़ और स्फूर्तिवान दिखाई देते हैं।

स्वास्थ्य की कमजोरियाँ (Health Vulnerabilities) ➔ अश्विनी जातकों का शरीर बेहद मजबूत होता है, लेकिन कुछ विशिष्ट समस्याएँ समय-समय पर देखी जाती हैं

सिर से संबंधित समस्याएँ ➔ क्योंकि अश्विनी मेष के आरंभ में होता है (सिर का क्षेत्र): सिरदर्द, माइग्रेन, आंखों में जलन, माथे में भारीपन, तनाव के कारण सिर में दबाव हो सकता है।

वात दोष से उत्पन्न दिक्कतें ➔ अनिद्रा, बेचैनी, चक्कर, नसों में खिंचाव, हड़बड़ी में चोट लगना, गैस/अपच

अचानक लगने वाली चोटे ➔ अश्विनी जातक आवेगी और तेज़ गति वाले होते हैं इस कारण गिरना, कटना, जलना, दुर्घटनाएँ, स्पोर्ट्स इंजरी इनके जीवन में सामान्य से अधिक हो सकती हैं।

पाचन ➔ तेज़ पाचन के बावजूद अनियमित खान-पान से एसिडिटी, गैस, भूख अनियमित, ज्यादा ऊर्जावान चीज़ें खाने की प्रवृत्ति

मानसिक स्वास्थ्य ➔ मानसिक गति बहुत तेज़ होने से ओवरथिंकिंग, बेचैनी, तनाव, नींद कम होना अधीरता, ध्यान और योग इनके लिए अत्यंत महत्वपूर्ण हैं।

रोगों से जल्दी उबरने की क्षमता (Fast Recovery Ability) ➔ अश्विनी नक्षत्र की सबसे खास बात बीमारी लगेगी भी तो जल्दी ठीक हो जाएंगे।

चूंकि अश्विनी कुमार देवताओं के वैद्य हैं इसलिए नक्षत्र में स्वाभाविक हीलिंग शक्ति होती है। शरीर की मरम्मत क्षमता बहुत तेज़ होती है। इनके अंदर पुनर्जीवन (Regeneration) की अद्भुत शक्ति होती है।

अश्विनी जातक स्वास्थ्य बनाए रखने के लिए ➔ खुले स्थान, लंबी यात्रा, तेज़ वर्कआउट, स्पोर्ट्स, सुबह की हवा, प्राकृतिक वातावरण को बेहद पसंद करते हैं। इनका शरीर स्थिर जीवनशैली सहन नहीं कर पाता।

स्वास्थ्य सुधार और उपाय (Health Tips & Alignment)

शरीर के लिए ➔ नियमित व्यायाम, कार्डियो-आधारित गतिविधिया, स्ट्रेच और योग, गर्म भोजन, हल्का और पौष्टिक भोजन, अधिक जल

मन के लिए ➔ ध्यान (Meditation), श्वसन अभ्यास, ज़मीन से जुड़ने वाली गतिविधियाँ, पर्याप्त नींद, दिनचर्या स्थिर रखना

ऊर्जा संतुलन के लिए ➔ लाल, पीला, स्वर्ण रंग उपयोग, सूर्य नमस्कार, मसाज (विशेषकर तेल की मालिश), मस्तक और पैर की मालिश

लंबी आयु का संकेत (Longevity Indications) ➔ अश्विनी जातक सक्रिय जीवन जीते हैं। बीमारी से जल्दी ठीक होते हैं, अपने स्वास्थ्य का ध्यान रखते हैं, मानसिक रूप से मजबूत होते हैं इसलिए सामान्यतः अच्छी और स्वस्थ आयु प्राप्त करते हैं।

मानसिक-आध्यात्मिक विकास (Spiritual & Psychological Growth)

अश्विनी नक्षत्र जन्म से ही ऊर्जा, गति, जिज्ञासा और नवप्राण का प्रतीक है। लेकिन इसका आध्यात्मिक स्वरूप इससे भी गहरा है यह नक्षत्र "चिकित्सा, पुनर्जन्म, अंतर्ज्ञान और मोक्ष की दिशा" का प्रतिनिधित्व करता है। केतु एक ऐसा ग्रह है जो व्यक्ति को भ्रम तोड़कर सत्य की ओर ले जाता है। इसलिए अश्विनी जातकों की आध्यात्मिक यात्रा एक अनूठी, परिवर्तनकारी और अत्यंत गहरी प्रक्रिया होती है।

मन का आंतरिक ढांचा (Inner Mental Framework) ➔ अश्विनी जातकों का मन तीव्र, अस्थिर और अंतर्ज्ञानी होता है।

मुख्य विशेषताएँ ➔ विचारों की गति, बहुत तेज़ होते हैं, तुरंत प्रतिक्रिया देने वाले, चीज़ों का सार पकड़ने की सहज क्षमता होती है, अनावश्यक विवरणों से दूरी, अनुभव आधारित सीखने की प्रवृत्ति, मन में कभी शांति, कभी तूफ़ान इनका मन तर्क से अधिक अनुभव का अनुसरण करता है।

मन की आध्यात्मिक प्रवृत्ति ➔ अस्थिरता के नीचे छिपी "गहरी मौन ऊर्जा" आंतरिक आवाज़ सुनने की क्षमता, समाधि जैसी अनुभूति अचानक मिलना, अदृश्य शक्तियों के प्रति सहज आकर्षण, इनका मन सामान्य व्यक्ति की तुलना में कई स्तरों पर काम करता है।

मानसिक विकास के चरण (Stages of Psychological Growth) ➔ अश्विनी जातकों का मानसिक विकास तीन प्रमुख चरणों में होता है:

पहला चरण: ऊर्जा और आवेग का युग (0-30 वर्ष): मन उग्र, तेज़ और अनियंत्रित, तीव्र भावनाएँ, आवेग में निर्णय, नई-नई दिशाओं में भटकाव, गलत लोगों पर भरोसा, आत्म-पहचान का संघर्ष यह चरण "ऊर्जा के विस्फोट" जैसा होता है।

दूसरा चरण: जागृति और पहचान (30-40 वर्ष): मन स्पष्ट होने लगता है, अनुभवों का सार उभरता है, आवेग कम होता है, भीतर की आवाज़ अधिक सुनाई देती है, जीवन का उद्देश्य धीरे-धीरे स्पष्ट, यहाँ जातक समझता है कि उसकी असली शक्ति गति नहीं, बल्कि दिशा है।

तीसरा चरण:- परिपक्वता और आत्मिक विकास (40+ वर्ष): मानसिक शांति, भावनाओं का संतुलन, आत्मज्ञान की आभा, चिकित्सा-ऊर्जा का विकास, आध्यात्मिकता की ओर ठोस झुकाव यह चरण जातक को गहरी अंतर्दृष्टि और प्रबुद्धता देता है।

आध्यात्मिक प्रवृत्ति (Spiritual Nature) ➔ केतु की दृष्टि- माया से मुक्ति

अश्विनी नक्षत्र आध्यात्मिकता का मूल सार मुक्ति (Release) है। इसलिए जातक के भीतर जीवनभर एक यात्रा चलती है क्या सत्य है?, मैं कौन हूँ?, मेरा उद्देश्य क्या है? यह खोज इन्हें धीरे-धीरे आध्यात्मिक मार्ग पर ले जाती है।

अश्विनी कुमारों का प्रभाव उपचार और सेवा ➔ यह नक्षत्र उपचार का प्रतीक है। इसलिए जातक में प्राकृतिक रूप से उपचार ऊर्जा, दूसरों की पीड़ा महसूस करने की शक्ति, सेवा करने की प्रवृत्ति, प्राकृतिक चिकित्सा में रुचि होती है इनकी आध्यात्मिकता सेवा-आधारित होती है। अग्नि तत्व शुद्धिकरण अश्विनी की अग्नि आत्मा में शुद्धि लाती है।

क्रोध ➔ साहसउग्रता ➔ शक्तिबेचैनी ➔ जागृतिआवेग ➔ कर्मयोग

आध्यात्मिकता इनकी उग्र ऊर्जा को पवित्र दिशा देती है।

अंतर्ज्ञान और दिव्य शक्ति (Intuition & Psychic Sensitivity) ➔ अश्विनी जातक जन्म से: Clairaudience (अंतःश्रवण), Déj ➔ vu, तीव्र पूर्वाभास, ऊर्जा और वाइब्रेशन को महसूस करना, सपनों में सूचना प्राप्त करना, जैसी क्षमताओं वाले होते हैं। केतु इन्हें "अदृश्य संसार" के प्रति जागरूक बनाता है।

मनोवैज्ञानिक चुनौतियाँ (Psychological Challenges) ➔ अश्विनी जातकों की मानसिक-आध्यात्मिक यात्रा चुनौतियों से भरी होती है:

आवेग- भावनाएँ और क्रिया एक साथ उठते हैं। मन की बेचैनी- शांत बैठना कठिन। पहचान का संकट- कई वर्षों तक "मैं क्या चाहता हूँ?" का संघर्ष। गलत लोगों पर भरोसा- दिल की सच्चाई कभी-कभी हानि कर सकती है। आत्मक्रोध- खुद की गलतियों पर अत्यधिक प्रतिक्रिया। अचानक मानसिक थकान- ऊर्जा गिरने पर गहरा अकेलापन महसूस हो सकता है।

अश्विनी जातक जब मानसिक रूप से विकसित हो जाते हैं वे भीतर बहुत शांत हो जाते हैं। उनकी ऊर्जा अत्यधिक उपचारक बन जाती है। उनका अंतर्ज्ञान अविश्वसनीय रूप से तेज़ हो जाता है। वे आध्यात्मिक रूप से बेहद परिपक्व हो जाते हैं। वे "करुणा + शक्ति + शांति" का अद्भुत मेल बन जाते हैं।

अश्विनी जातक का आध्यात्मिक (Path of Spiritual Growth) ➔

कर्मयोग (Action-Based Spirituality) ➔ उनकी आध्यात्मिकता क्रिया में निहित होती है, मौन में नहीं। वे "काम करके" बढ़ते हैं।

उपचार-आधारित आध्यात्मिकता (उपचार Spirituality) ➔ दूसरों की मदद, सलाह, उपचार इनसे इन्हें आंतरिक शांति मिलती है।

गति-आधारित साधना (Movement Meditation) ➔ यात्रा, चलते-फिरते ध्यान, योग इनसे गहराई मिलती है।

अंतर्ज्ञान आधारित साधना ➔ ध्यान में गहरी आवाज़ सुनने की क्षमता।

आध्यात्मिक जागृति के संकेत (Signs of Spiritual Awakening) ➔ अश्विनी जातकों में जागृति के समय अचानक मानसिक शांति, जीवन के उद्देश्य की स्पष्टता, लोगों को पढ़ने की शक्ति, गहरी अंतर्दृष्टि, कम चीज़ों में संतोष, प्रेम और सेवा की भावना बढ़ना, ईगो का पतन ये परिवर्तन अत्यंत स्पष्ट और वास्तविक होते हैं।

मानसिक-आध्यात्मिक विकास के लिए उपयुक्त साधन ➔ प्राणायाम, सूर्य नमस्कार, मौन ध्यान, डायनामिक मेडिटेशन, यात्रा ध्यान, ऊर्जा उपचार साधना, रेकी/प्राणिक हीलिंग, प्रकृति में लंबी सैर

मंत्र: "ॐ केतवेनमः" एवं "ॐ अश्विनी कुमाराभ्यां नमः"

विशेष ज्योतिषीय योग, शुभ-अशुभ अवधि और ज्योतिषीय उपाय

अश्विनी नक्षत्र मेष राशि का आरंभ हैइसलिए इससे जुड़े योग, शुभ समय और दोष भी आरंभ, क्रिया, गति, उपचार और अचानक घटनाओं को संकेत देते हैं।

अश्विनी नक्षत्र से जुड़े प्रमुख ज्योतिषीय योग (Special Yogas Related to Ashwini)

यहाँ वे योग बताए गए हैं जो जन्मकुंडली में अश्विनी नक्षत्र होने पर विशेष प्रभाव देते हैंचाहे चंद्रमा हो, लग्न हो, सूर्य हो या प्रमुख ग्रह।

केतु-मंगल योग (Ketu-Mars Influence) ➔ क्योंकि नक्षत्र स्वामी केतु और राशि स्वामी मंगल है, यह योग जातक में तीव्र ऊर्जा, जोखिम क्षमता, योद्धा स्वभाव, तेज़ उपचार, अचानक निर्णय, अदृश्य ज्ञान (अंतर्ज्ञान), जन्मजात हीलिंग क्षमता देता है यदि यह योग शुभ हो जातक नेतृत्व, करियर और चिकित्सा क्षेत्र में चमकता है। दोषग्रस्त हो दुर्घटना, आवेग, गुस्सा और मानसिक बेचैनी बढती है।

अश्विनी-सूर्य योग (Ashwini + Sun) ➔ यदि सूर्य अश्विनी में हो व्यक्तित्व अत्यंत प्रभावशाली, जीवन में बड़े पद, सरकारी कार्यों में सफलता, प्रसिद्धि और जन मान्यता, नेतृत्व की अद्भुत क्षमता यह योग "राजयोग" जैसा प्रभाव देता है।

अश्विनी-चंद्र योग (Moon in Ashwini) ➔ चंद्रमा अश्विनी में होने पर मन तेज़, अंतर्ज्ञान बहुत शक्तिशाली। स्वतंत्र विचार, भावनाओं में निष्ठा, मानसिक बेचैनी, यात्रा की प्रबल इच्छा, यदि चंद्रमा मजबूत हो व्यक्ति अत्यंत आकर्षक और लोकप्रिय होता है।

अश्विनी-मंगल योग (Ashwini + Mars) ➔ यह योग अद्भुत स्पीड, तेज़ प्रगति, खेल-कूद में उत्कृष्टता, हथियार, आर्मी, पुलिस, खेल, साइकलिंग, रेसिंग में करियर देता है दोष होने पर ➔ गुस्सा, झगड़े, चोट।

अश्विनी-बुध योग (Ashwini + Mercury) ➔ बोलने की अद्भुत कला, सेल्स, मार्केटिंग, मीडिया में सफलता, ह्यूमर और चालाकी, तेज निर्णय दोष होने पर ➔ भ्रम, मानसिक अस्थिरता, ओवर-थिंकिंग।

अश्विनी-बृहस्पति योग (Ashwini + Jupiter) ➔ अत्यंत शुभ, आध्यात्मिक ज्ञान, जीवन में गुरुकृपा, धन और समृद्धि, परिवारिक सुख यह उत्कृष्ट योग माना जाता है।

विशेष शुभ अवधि (Highly Auspicious Periods)

सूर्य/बृहस्पति की शुभ दशा

सम्मान, पद, सफलता, सही निर्णय, मार्गदर्शन और अवसर जब लग्न, चंद्र या दशा मजबूत हो अचानक उन्नति, नई शुरुआत में सफलता, पहचान और प्रसिद्धि

शुक्र महादशा - विकास, सुख, आकर्षण

सूर्य महादशा - प्रतिष्ठा, नेतृत्व

चंद्र महादशा - परिवार, संतुलन

बृहस्पति महादशा - ज्ञान, शांति, आध्यात्मिकता

अशुभ अवधि/चुनौतियाँ (Inauspicious Periods/Challenges)

मंगल की अशुभ दृष्टि होने पर ➔ चोट, दुर्घटना, ऑपरेशन, गुस्सा, झगड़े।

सावधानी: वाहन, हथियार, आग से दूरी।

शनि की दृष्टि या शनि-केतु संबंध ➔ जीवन में बाधाएँ, आत्मविश्वास में कमी, टालमटोल, स्वास्थ्य चुनौतियाँ इस स्थिति में जातक सबसे अधिक मानसिक दबाव महसूस करता है।

केतु महादशा - प्रारंभिक अस्थिरता

मंगल महादशा (दोष हो तो) - क्रोध, दुर्घटना

राहु महादशा - भ्रम, उतार-चढ़ाव

शनि महादशा - कर्मफल, देरी, स्वास्थ्य

अनुभूत समस्याएँ (Common Life Challenges) ➔ अश्विनी नक्षत्र जातकों को अक्सर निम्न समस्याएँ होती हैं: अधीरता, गलत व्यक्ति पर भरोसा, अचानक चोट/दुर्घटना, करियर में अचानक उतार-चढ़ाव, मानसिक बेचैनी, गुस्सा, संबंधों में तेज़प्रतिक्रिया। भ्रम की स्थिति (केतु), आध्यात्मिक भटकावइनके प्रबंध के लिए नीचे उपाय दिए गए हैं।

अश्विनी नक्षत्र के दौरान शुभ कार्य और शुभ मुहूर्त (Auspicious Activities)

अश्विनी नक्षत्र उत्तम आरंभ का नक्षत्र है। किसी भी नई शुरुआत, क्रिया और साहसिक प्रयास के लिए श्रेष्ठ।

शुभ कार्य जो अश्विनी में सर्वश्रेष्ठ हैं नए प्रोजेक्ट का आरंभ, नई नौकरी/व्यवसाय शुरू करना, पहली यात्रा, चिकित्सा या आयुर्वेदिक इलाज शुरू करना, वाहन खरीदना, घर की मरम्मत/रीकंस्ट्रक्शन, अचानक निर्णय लेना, उपचार, ऑपरेशन, सर्जरी, हथियार/उपकरण खरीदना, शिक्षा का नया अध्याय शुरू करना, पहला इंटरव्यू, साहसिक प्रयास - एडवेंचर, रेस, खेल प्रतियोगिता

अश्विनी नक्षत्र का नियम है "जो जल्दी शुरू करना है, वह अश्विनी में करें।"

अशुभ कार्य (Inauspicious Activities) ➔ कुछ कार्य अश्विनी के लिए अनुकूल नहीं बहुत गंभीर, धीमे या प्लान्ड कार्य, विवाह (परंपरा अनुसार स्थिरता के लिए शुभ नहीं), स्थायी खरीद-फरोख्त, अत्यधिक भावुक निर्णय, कानूनी मामलों का आरंभ, लंबे अनुबंध। आक्रामक स्वभाव वाले लोगों से मुलाकात

क्योंकि अश्विनी ऊर्जा तेज़ और अग्नि-प्रधान है इसलिए स्थिरता वाले कार्य बाद के नक्षत्र में बेहतर।

अश्विनी नक्षत्र के ज्योतिषीय उपाय (Astrological Remedies) ➔ ये उपाय अश्विनी नक्षत्र की गति + उपचार + केतु की आध्यात्मिक ऊर्जा को संतुलित करते हैं।

मंत्र उपाय (Mantra Remedies)

1. केतु मंत्र ➔ "ॐ केतवे नमः"- प्रतिदिन 108 बार (सुबह/शाम)
2. अश्विनी कुमार मंत्र: "ॐ अश्विनी कुमाराभ्यां नमः"- यह उपचार-ऊर्जा को सक्रिय करता है।
3. आदित्य मंत्र (Sun Support): क्योंकि अश्विनी को सूर्य भी बल देता है: ➔ "ॐ सूर्यायनमः"

रत्न उपाय (Gemstone Remedies)

शुभ रत्न: क्रिसोबेरिल (Cat's Eye) - केतु का रत्न (परंतु यह केवल योग्य ज्योतिषी की जांच के बाद ही धारण करें।)

वैकल्पिक रत्न गोमेद (Hessonite) - केवल सावधानी से, पीला पुखराज (यदि बृहस्पति शुभ दाता हो)

दान और सेवा (Charity Remedies)

केतु को प्रसन्न करने के श्रेष्ठ उपाय ➔ कुत्ते को भोजन देना, अनाथालय में दान, साधुओं को भोजन अंधे-बहरों (Hearing impaired) की सहायता, कुष्ठ रोगियों की सेवा, नीले/काले कंबल का दान

व्यवहारिक उपाय (Behavioural Remedies)

निर्णय लेने में 24 घंटे का नियम, अचानक गुस्सा आने पर ब्रेक लेना, शरीर पर तेज़ी को संतुलित करने के लिए योग, हड़बड़ी में वाहन न चलाना, नींद को प्राथमिकता देना

आध्यात्मिक उपाय ➔ ध्यान, मौन साधना, प्राणायाम, सूर्य नमस्कार, प्रकृति में समय, ऊर्जा-चिकित्सा सीखना

प्रतिदिन सूर्योदय देखना: यह अश्विनी की अग्नि-ऊर्जा को संतुलित करता है।

सप्ताह में एक बार पैरों पर तेल की मालिश यह वात दोष संतुलित करता है।

यात्रा करना: अश्विनी का मन तभी संतुलित रहता है जब गति बनी रहे।

किसी की मदद/उपचार करना: अश्विनी कुमार की कृपा से हीलिंग शक्ति बढ़ती है।

चरणोंका विस्तृत विवरण (Padas)

अश्विनी नक्षत्र के चारों चरण मेष राशि के पहले 13°20' तक फैले हुए हैं। प्रत्येक चरण की ऊर्जा अलग ग्रह द्वारा नियंत्रित होती है, इसलिए व्यक्तित्व में भिन्न-भिन्न गुण दिखाई देते हैं। नीचे चारों चरण का विस्तृत विवेचन प्रस्तुत है:

प्रथमचरण (1st pada) मेष नवांश (0º-3º20' मेष) ➔ स्वामी: मंगल (Mars) इस चरणमें मंगल की अग्नि ऊर्जा सबसे तीव्ररूप में व्यक्त होती है।

मुख्य विशेषताएँ ➔ अत्यधिक शारीरिक रूप से सक्रिय, अद्भुत साहस, तेज़ निर्णय क्षमता, शुरूआत करने में अग्रणी, आत्मविश्वासी परंतु आवेगी, परिणामों पर सोचे बिना कार्य करने की प्रवृत्ति, मन अस्थिर और बेचैन, दूसरों की आलोचना करने की आदत

मनोवैज्ञानिक-व्यवहारिक स्वभाव ➔ यह चरण जन्मजात "ट्रेलब्लेज़र" (पथप्रदर्शक) तैयार करता है। इनमें तेज़ गति, उग्रता और साहस सबसे ज़्यादा दिखते हैं।

शारीरिक संकेत ➔ बड़े और चमकदार नेत्र, छोटी या चौड़ी नाखून, दाँतों में अनियमितता, पुरुष मोटे या भारी दिख सकते हैं।

पेशेगत योग ➔ नेतृत्व पद, सेना/पुलिस, खेल, साहसिक गतिविधियाँ, उच्च ऊर्जा वाले पेशे

विशेष संकेत ➔ यदि लग्न या बृहस्पति इस चरण में हों ➔ जातक दीर्घायु और उच्च पद प्राप्त करता है।

द्वितीय चरण (2nd pada) ➔ वृषभ नवांश (3º20'-6º40' मेष) ➔ स्वामी शुक्र (Venus) इस चरण की ऊर्जा मंगल की तीव्रता को संतुलित करके व्यक्ति में व्यावहारिकता, सौंदर्य बोध और संसाधन निर्माण क्षमता विकसित करती है।

मुख्य विशेषताएँ ➔ व्यावहारिक, धरातलीय और संसाधन संपन्न, सौम्य, रचनात्मक, कलात्मक, कल्पनाशील और आविष्कारशील, भौतिक संसार को सुंदर बनाने की क्षमता, परिश्रम से सफलता

नकारात्मक पक्ष ➔ तीखे भोजन और शराब की ओर आकर्षण, गलत संबंधों में उलझने की प्रवृत्ति, वित्तीय अस्थिरता (बार-बार गिरावट-उठान), स्वार्थी या महत्वाकांक्षी स्वभाव

पेशागत योग ➔ वैज्ञानिक, दार्शनिक, साहित्यकार, सौंदर्य, कला और डिज़ाइन क्षेत्र, विदेश व्यापार

व्यवहारिक संकेत ➔ बहुत तेज़ चलना, अधिक घूमना, समुद्री यात्रा या विदेशी देशों से कार्य-संबंध, पुरुषों में मोटापा और छोटी नाखून यहाँ भी सामान्य है।

तृतीय चरण (3rd pada) ➔ मिथुन नवांश (6º40'-10º मेष) ➔ स्वामी: बुध (Mercury) यह चरण अश्विनी की ऊर्जा को मानसिक गति, बुद्धिमत्ता और संचार-कौशल प्रदान करता है।

मुख्य विशेषताएँ ➔ अत्यधिक बुद्धिमान, गणित, तर्क, विश्लेषण में निपुण, उत्कृष्ट शिक्षक, सलाहकार या वक्ता, हास्य-बोध प्रबल, चीज़ों को तुरंत समझ जाना, बहुमुखी प्रतिभा

पेशागत योग: ➔ शिक्षक/प्रोफेसर, वैज्ञानिक, दार्शनिक, लेखक, ज्योतिषी, आध्यात्मिक विद्‌वान

सामाजिक प्रवृत्ति ➔ अपने प्रभावशाली स्वभाव से लोगों को आकर्षित करते हैं। अच्छे मित्र वही बनते हैं जो इन्हें प्रभावित कर दें समुद्री यात्रा और विदेश से संबंध

शारीरिक लक्षण ➔ वही लक्षण जैसे 2nd चरण में मोटापन, छोटी नाखून, बड़ी आँखें

चतुर्थ चरण (4th pada) ➔ कर्क नवांश (10º-13º20' मेष) ➔ स्वामी: चंद्रमा (Moon) यह अश्विनी का सबसे उपचारात्मक और संवेदनशील भाग है। यही वह चरण है जहाँ अश्विनी कुमारों की पूर्ण चिकित्सा शक्ति सक्रिय होती है।

मुख्य विशेषताएँ ➔ अत्यधिक संवेदनशील, सहानुभूतिपूर्ण, लोगों की भावनाएँ तुरंत समझ लेना, गहरी अंतर्ज्ञान शक्ति, सामूहिक चेतना से जुड़ाव, भावनात्मक बुद्धिमत्ता उच्च स्तर की

पेशागत योग ➔ डॉक्टर, सर्जन, सरकारी अधिकारी, उच्च प्रशासनिक पद, आध्यात्मिक मार्गदर्शक, प्रकृति/पशु प्रेम से जुड़े कार्य

विशेषकर 12°-13° पर जन्मे जातक: चिकित्सा, सरकार, नेतृत्व या प्रतिष्ठित पदों पर पहुँचते हैं।

शारीरिक संकेत ➔ चेहरे या सिर पर कोई जन्मचिन्ह/तिल/दागशरीर पतला और कठोर, पशु-प्रेमी

यद्यपि चंद्रमा नक्षत्र-फल का प्रमुख कारक है, किन्तु लग्न, सूर्य, अन्य ग्रह और कोण भी किसी नक्षत्र के पद में स्थित होते हैं। इसका अर्थग्रह जिस चरण में बैठता है, उसकी ऊर्जा ग्रह के प्रभाव को बदल देती है। ग्रह और नक्षत्र-स्वामी (केतु) के संबंध से ग्रह का अंतिम फल निश्चित होता है। इसलिए पद-विश्लेषण जटिल लेकिन अत्यंत सटीक ज्योतिषीय परिणाम देता है।

महिलाएँ - सम्पूर्ण विश्लेषण (Complete Nature of Women)

अश्विनी नक्षत्र में जन्मी महिलाएँ जीवन में ऊर्जा, स्वतंत्रता, सुंदरता, उपचार शक्ति और साहस का अद्भुत मेल होती हैं। वे आकर्षक, जीवंत, तेज़-दिमाग और गहराई से अंतर्ज्ञानी होती हैं इनकी प्रकृति को समझना आसान नहीं होता परंतु एक बार समझ लिया जाए तो पता चलता है कि अश्विनी स्त्री वास्तव में विशिष्ट और असाधारण होती है।

आभा (Aura) ➔ इनकी उपस्थिति में एक चमक और चुंबकत्व होता है।लोग इन्हें देखकर ही प्रभावित हो जाते हैं मानो कोई तेजस्वी ऊर्जा चल कर आ रही हो।

शारीरिक लक्षण ➔ बड़ी, चमकदार आँखें, सुंदर, स्पष्ट और आकर्षक चेहरा, ऊर्जा से भरी चाल, पतला या एथलेटिक शरीर, चेहरे पर तेज और मासूमियत का मिश्रण, बाल घने और चमकदार ये महिलाएँ प्राकृतिक रूप से ध्यान आकर्षित करती हैं,चाहे चाहे वे साधारण वस्त्र ही क्यों न पहनें।

आंतरिक व्यक्तित्व (Inner Personality) ➔ अश्विनी नक्षत्र की स्त्री जन्मजात स्वतंत्र, स्पष्टवादी और कर्मशील होती है।

मुख्य गुण ➔ अत्यंत साहसी, निर्णय लेने में तेज, किसी से डरने वाली नहीं, हर काम में पहले कदम उठाने की क्षमता, अत्यधिक आत्मविश्वास, किसी पर निर्भर रहना पसंद नहीं, जीवन में नई चीज़ें

सीखने की तीव्र इच्छा, उनकी मानसिकता "मैं खुद कर सकती हूँ" वाली होती है। भीतर से अत्यंत संवेदनशील, भावनाएँ गहरी पर छिपी हुई, लोगों के दर्द को तुरंत महसूस कर लेती हैं, अंतर्ज्ञान बहुत प्रबलकिसी की नीयत तुरंत समझ जाती हैं केतु उन्हें "सूक्ष्म जगत" की समझ देता है।

स्वतंत्रता की प्रबल इच्छा (Strong Desire for Freedom) ➔ ये महिलाएँ रिश्तों में भी स्वतंत्रता चाहती हैं। कोई रोक-टोक पसंद नहीं, आदेश देना या दबाव डालना बिलकुल पसंद नहीं, अपनी पहचान और जीवन को लेकर स्पष्ट, घर में भी अपनी व्यक्तिगत जगह चाहती हैं, जो भी साथी इन्हें समझता है वह देखता है कि स्वतंत्रता पाकर ये महिलाएँ अत्यंत प्रेमपूर्ण और वफादार होती हैं।

प्रेम और रोमांटिक जीवन (Love & Romance) ➔ अश्विनी स्त्री भावुक नहीं, बल्कि सच्ची और ईमानदार प्रेमिका होती है। उनके प्रेम की विशेषताएँ खुलकर प्रेम करना, संबंध में समर्पित, पार्टनर की सुरक्षा करना, जलन कम लेकिन वफादारी उच्च, प्रेम में रोमांच और गहराई चाहना, वे संबंधों में ड्रामा नहीं करतीं साफ और सीधे प्यार की भाषा बोलती हैं। आत्मविश्वासी, स्पष्टवादी, सशक्त व्यक्तित्व, स्वतंत्र सोच वाला, ऊर्जा से भरा अत्यधिक भावुक या निर्भर पुरुष पसंद नहीं उनके पुरुष में "मर्दानगी + स्थिरता + सम्मान" तीनों चाहिए।

विवाह और दांपत्य जीवन (Marriage & Married Life)

विवाह के बाद स्वभाव ➔ परिवार के प्रति समर्पित, घर-परिवार को संभालने में दक्ष, बच्चों के लिए प्रेरणा का स्रोत, पति का सम्मान करती हैं पर अपनी पहचान कभी नहीं छोड़तीं

चुनौतियाँ ➔ यदि साथी अत्यधिक नियंत्रक हो, यदि घर का माहौल बहुत धीमा या बंधनकारी हो, यदि साथी ईमानदार न हो, यदि भावनात्मक संवाद कम हो इन स्थितियों में उनका आवेग या गुस्सा बढ़ सकता है।

दांपत्य ऊर्जा ➔ वे उग्र भी हैं और संवेदनशील भी। उनका प्रेम गहरा, ईमानदार और शारीरिक रूप से अत्यंत शक्तिशाली होता है।

करियर और कार्य-क्षमता (Career & Skills) ➔ अश्विनी स्त्रियाँ किसी भी काम में "पहला कदम" उठाने में पीछे नहीं रहतीं।

उपयुक्त क्षेत्र ➔ चिकित्सा/नर्सिंग/होलिस्टिक हीलिंग, स्पोर्ट्स, पुलिस, सेना, फैशन/मॉडलिंग, अभिनय, मीडिया, यात्राएँ, पर्यटन, व्यावसायिक क्षेत्र, शिक्षा, परामर्श, विज्ञान, अनुसंधान, इनमें नेतृत्व क्षमता जन्मजात होती है।

मानसिक-भावनात्मक संरचना (Mental & Emotional Nature) ➔ भावनाएँ अंदर गहरी आसानी से टूटती नहीं, दूसरों को ठीक करने की क्षमता, कभी-कभी बेचैनी या चिंता, भावनाओं को व्यक्त करने में कठिनता, अति-संवेदनशील, पर बाहरी रूप में मजबूत, वे लोगों को समझने में माहिर होती हैं लेकिन खुद को बहुत कम प्रकट करती हैं।

आध्यात्मिक प्रवृत्ति (Spiritual Inclination) ➔ केतु इन महिलाओं को आध्यात्मिक रूप से अत्यंत उन्नत बनाता है।

विशेष गुण ➔ अंतर्ज्ञान शक्तिशाली, अदृश्य जगत की समझ, ऊर्जा-हीलिंग, ध्यान, मंत्र, ग्रहों में महारत, आध्यात्मिक अनुभव जल्दी प्राप्त होना, दूसरों की ऊर्जा को महसूस करना, वे प्राकृतिक रूप से "हीलर" होती हैं।

संभावित चुनौतियाँ (Challenges) ➔ आवेग, गुस्सा, अधीरता, अचानक निर्णय, गलत रिश्तों में फँसना, परिवार की कठोर सीमाओं से संघर्ष लेकिन उम्र बढ़ने के साथ उनकी ऊर्जा बहुत संतुलित हो जाती है।

विशेष आध्यात्मिक-ऊर्जा (Divine Energy) ➔ अश्विनी स्त्रियाँ जन्मजात उपहार लेकर आती हैं

उपचारक क्षमता ➔ स्पर्श, शब्द या उपस्थिति से ही दूसरों को ठीक कर देती हैं।

नेतृत्व गुण ➔ स्थिति संभालने में माहिर।

गति और पहल ➔ नए काम शुरू करने वाली।

आत्म पहचान ➔ स्वयं को खोने नहीं देतीं।

सूर्य नक्षत्र अश्विनी (Sun in Ashwini Nakshatra)

अश्विनी नक्षत्र में सूर्य का होना व्यक्ति को तेज़, साहसी, अग्रणी, तेजस्वी, स्वतंत्र, चुंबकीय और अत्यधिक कर्मशील बनाता है।ऐसे लोग जीवन में किसी भी क्षेत्र में "आरंभ करने वाले अग्रदूत" बनते हैं। सूर्य अश्विनी में हो तो जातक में "नेतृत्व + गति + प्रतिष्ठा" तीनों विशेष रूप से दिखते हैं।

जीवन पर प्रभाव (Impact on Life) ➔ अश्विनी नक्षत्र में सूर्य का प्रभाव पूरे जीवन को तेज, सक्रिय और घटनापूर्ण बना देता है। मुख्य जीवन प्रभाव: जीवन में अचानक घटनाएँ, तेजी से उन्नति और तेजी से बदलाव, बड़ी शुरुआतें और साहसिक निर्णय, जल्दी प्रसिद्धि या पहचान, स्वतंत्र मार्ग बनाना, आलोचना के बावजूद आगे बढ़ना, जीवन में कई बार "पुनरारंभ"सूर्य + केतु का संयोजन जीवन में "आध्यात्मिक जागृति के झटके" लाता है।

व्यक्तित्व (Personality) ➔ अश्विनी सूर्य जातक का व्यक्तित्व आकर्षक, प्रभावशाली और ऊर्जावान होता है, अत्यंत आत्मविश्वासी, तेज़ गति से काम करने वाला, नेतृत्व करने में निपुण, चुंबकीय उपस्थिति, तीव्र बुद्धि, सच्चाई और स्पष्टवादिता, अपनी पहचान को लेकर बहुत सजग, साहसी और अग्रदूत (Pioneer) ऐसे लोग आत्मसम्मान और स्वतंत्रता को सर्वोपरि रखते हैं।

मानसिक और भावनात्मक स्वभाव (Mental & Emotional Nature) ➔ सूर्य मेष और अश्विनी में अत्यंत प्रबल होता है इससे मानसिक प्रकृति उग्र, तेज और साहसी बनती है।

मानसिक विशेषताएँ ➔ तेज़ निर्णय क्षमता, किसी बात को देर तक मन में नहीं रखते, अतिशीघ्र प्रतिक्रिया, अत्यधिक मानसिक ऊर्जा, कभी-कभी क्रोध, हार से घृणा, आत्मचेतना और उद्देश्य प्रधानता

भावनात्मक विशेषताएँ ➔ दिल से ईमानदार, संबंधों में सच्चाई की अपेक्षा, स्वतंत्रता प्राथमिक, भावनाएँ गहरी लेकिन नियंत्रित, विश्वास होने पर अत्यंत समर्पित, धोखे से बहुत आहत

करियर और पेशा (Career & Profession) ➔ अश्विनी में सूर्य व्यक्ति को नेतृत्व, प्रतिष्ठा और प्रशासनिक शक्ति देता है।

उपयुक्त करियर क्षेत्र ➔ सरकारी सेवा/प्रशासन/उच्च पद, सेना, पुलिस, फायर सेवा, चिकित्सा (विशेषकर सर्जरी), खेल, एथलेटिक्स, स्टार्टअप और उद्‌यमिता, मीडिया, सार्वजनिक मंच, मोटिवेशन, इंजीनियरिंग, टेक्निकल क्षेत्रों, तेज़ निर्णय वाले कार्य, यात्रा और ट्रांसपोर्ट, रिसर्च, साइंस, इनोवेशन

कार्यशैली ➔ स्वयं नियंत्रण में रहकर काम करना, टीम का नेतृत्व करना, तेज़ गति से प्रोजेक्ट पूरा करना, नए विचारों के साथ आगे बढ़ना, अश्विनी-सूर्य जातक अक्सर स्वयं मालिक (Entrepreneur) बनते हैं।

आर्थिक स्थिति (Financial Situation) ➔ तेज़ी से धन कमाने की क्षमता, जोखिम लेकर भी लाभ कमाते हैं, अचानक आय अचानक खर्च, स्वतंत्र आय स्रोत बनाना 30 के बाद धन स्थिरता: नेतृत्व की वजह से कमाई बढ़ती हैसूर्य यहां "धन अर्जन की क्षमता" को काफी बढ़ाता है।

प्रेम, विवाह और दांपत्य जीवन (Love, Marriage & Married Life)

प्रेम जीवन ➔ आकर्षण जल्दी होता है, प्रेम में पहल स्वयं करते हैं, भावनाएँ गहरी लेकिन नियंत्रित, ईमानदार और साफ़ दिल, साथी से सम्मान की अपेक्षा

विवाह ➔ स्वतंत्रता चाहने वाला स्वभाव, साथी पर नियंत्रण नहीं करते, लेकिन पार्टनर की वफादारी और सम्मान जरूरी, प्रारंभिक जीवन में संबंधों में उतार-चढ़ाव, विवाह देर से अधिक सफल

दांपत्य चुनौती ➔ क्रोध या आवेग, स्पेस की मांग, भावनाएँ सीधे कहना, अत्यधिक स्पष्टवादिता

दांपत्य लाभ ➔ वफादार, समर्पित, परिवार की रक्षा करने वाला, बच्चों के लिए प्रेरक

पारिवारिक जीवन (Family Life) ➔ सकारात्मक प्रभाव ➔ परिवार का नेतृत्व, माता-पिता की सहायता, भाई-बहनों का मार्गदर्शन, चुनौती में साथ देना, घर में ऊर्जा और गति लाना

चुनौतियाँ ➔ बचपन में मानसिक बेचैनी, पिता से विचारों में मतभेद, परिवार की परंपराओं से संघर्ष, अत्यधिक स्वतंत्रता के कारण दूरी, उम्र बढ़ने के साथ पारिवारिक संबंध बेहतर होते हैं।

स्वास्थ्य और शारीरिक संरचना (Health & Physical Structure)

शारीरिक विशेषताएँ ➔ तेजस्वी चेहरा, चमकदार आँखें, एथलेटिक शरीर, तेज़ चाल

ऊर्जावान व्यक्तित्व

स्वास्थ्य चुनौतियाँ ➔ सिरदर्द, तनाव, हार्टबीट तेज़, चोट/दुर्घटना, अग्नि या गर्मी संबंधी समस्याएँ, पाचन संबंधी दिक्कत, सूर्य अश्विनी में जीवन भर अच्छी ऊर्जा देता है,, लेकिन आवेग के कारण दुर्घटनाओं का योग रहता है।

मानसिक-आध्यात्मिक विकास (Spiritual & Psychological Growth) ➔ अश्विनी + सूर्य = शुद्ध अग्नि + आत्मबोध

आध्यात्मिक गुण ➔ उच्च आत्मचेतना, कर्मयोगी स्वभाव, अंतर्ज्ञान तेज़, सेवा और चिकित्सा में रुचि, ऊर्जा-हीलिंग में प्रतिभा, प्रकृति और सूर्य ऊर्जा से जुड़ाव

विकास के तीन चरण

0-30 वर्ष: आवेग, संघर्ष, ऊर्जा विस्फोट

30-40 वर्ष: परिपक्वता, मानसिक स्पष्टता

40+ वर्ष: आध्यात्मिक जागृति, संतुलन, नेतृत्वये जातक उम्र के साथ "चिकित्सा और आत्मज्ञान" में आगे बढ़ते हैं।

चारों चरणों में सूर्य का प्रभाव (Effect of Sun in All 4 Padas)

प्रथम चरण (1st Pada) (0°-3°20' मेष) मेष नवांश) ➔ अत्यंत साहसी, उग्र स्वभाव, तेज़ उन्नति, स्पोर्ट्स/सेना/पुलिस में सफलता, गुस्सा अधिक

द्वितीय चरण (2nd Pada) (3°20'-6°40' मेष) वृषभ नवांश) ➔ स्थिर करियर, कला और डिजाइन की क्षमता, व्यवहारिकता, भौतिक संपन्नता, संबंधों में संघर्ष भी संभव

तृतीय चरण (3rd Pada) (6°40'-10° मेष) मिथुन नवांश) ➔ महान वक्ता, मीडिया/शिक्षा/मार्केटिंग, तेज़ दिमाग, बुद्धिमत्ता उच्च, कई काम एक साथ

चतुर्थ चरण (4th Pada) (10°-13°20' मेष कर्क नवांश) ➔ भावनात्मक नेतृत्व, चिकित्सा योग, उच्च पद, जनता का प्रेम, परिवार की जिम्मेदारी

सूर्य नक्षत्र में होने पर महिलाएँ (Women with Sun in Ashwini)

➔ अश्विनी सूर्य स्त्री अत्यंत शक्तिशाली, आकर्षक और स्वतंत्र होती है।

व्यक्तित्व ➔ तेजस्वी चेहरा, अत्यधिक आत्मविश्वासी, खूबसूरत ऊर्जा, नेतृत्व क्षमता

स्वभाव ➔ साफ़, स्पष्ट, ईमानदार, स्वतंत्रता प्रेमी, जल्दी निर्णय लेने वाली

प्रेम ➔ साथी में शक्ति, सम्मान, ईमानदारी चाहती है, प्रेम में साहसी और सक्रिय

विवाह ➔ साथी को समान स्तर का होना चाहिए, नियंत्रित होना पसंद नहीं, विवाह बाद भी करियर जारी रखना चाहती है

करियर ➔ डॉक्टर, पुलिस, अधिकारी, ट्रेनर, मोटिवेशनल स्पीकर, सर्वश्रेष्ठ नेता

चुनौती ➔ आवेग, गुस्सा, अत्यधिक स्वतंत्रता

आध्यात्मिकता ➔ हीलर, सूर्य ऊर्जा से शक्तिशाली, अंतर्ज्ञान प्रबल

लग्न नक्षत्र अश्विनी **(as Ascendant/Birth Star)**

अश्विनी लग्न का अर्थ हैजन्म के क्षण में पूर्वी क्षितिज (लग्न) अश्विनी नक्षत्र के क्षेत्र में था।इससे जातक की पूरी व्यक्तित्व संरचना, बाहरी व्यवहार, जीवन के आरंभ, शरीर, स्वास्थ्य, गति और प्रतिक्रियाशीलता निर्धारित होती है।

अश्विनी लग्न नक्षत्र वाले लोग जन्मजात ➔ तेज, साहसी, ऊर्जावान, गतिशील, स्वाभाविक नेता, अग्रणी, उपचारकर्ता (Healer), और पहल करने वाले होते हैं।

जीवन पर प्रभाव (Impact on Life) ➔ अश्विनी लग्न जीवन को तेज गति और घटनाओं से भर देता है।मुख्य प्रभाव: जीवन में अचानक शुरुआतें, बड़े बदलाव, स्वयं अपना मार्ग बनाना, बार-बार नए अवसर मिलना, बाधाएँ आते ही तुरंत समाधान, कई बार स्थान परिवर्तन/यात्रा, जीवन में दोहराव "गिरना-उठना-दौड़ना-जीतना", अश्विनी लग्न जातक जीवनभर "पहले कदम" उठाते हैं।

व्यक्तित्व (Personality) ➔ अश्विनी लग्न का व्यक्तित्व अत्यंत आकर्षक और प्रभावशाली होता है।

व्यक्तित्व के प्राकृतिक गुण ➔ चुंबकीय आभा, तेज चाल और तेजी से कार्य, ऊर्जा भरा शरीर, आत्मविश्वास, साफ़ और सीधा स्वभाव, नेतृत्व क्षमता, तुरंत निर्णय लेना, सक्रिय और गतिशील

आकर्षण ➔ इनकी उपस्थिति कहीं भी तुरंत ध्यान आकर्षित करती है।, ये लोग देखने में भी तेजस्वी, साहसी और चमकदार लगते हैं।

मानसिक और भावनात्मक स्वभाव (Mental & Emotional Nature)

मानसिक संरचना ➔ तेज़ दिमाग, तुरंत प्रतिक्रिया, चीज़ों को तुरंत समझने की क्षमता, मन बेचैन और हर समय सक्रिय, साहसी सोच, जोखिम उठाने की प्रवृत्ति

भावनात्मक संरचना ➔ भावनाएँ साफ़ और सच्ची, दिखावा नहीं, भावनाएँ कम बोलते हैं पर गहरी रखते हैंगुस्सा आए तो तुरंत व्यक्त, दिल पर चोट लगे तो देर तक न भूलने की प्रवृत्ति, भावनाएँ तेज़, सच्ची और बिना दोगलापन होती हैं।

करियर और पेशा (Career & Profession) ➔ अश्विनी लग्न व्यक्ति को तेज़ गति, आरंभ, साहस और नेतृत्व की आवश्यकता वाले करियर में श्रेष्ठ बनाता है।

उपयुक्त करियर ➔ सेना, पुलिस, फायर ब्रिगेड, डॉक्टर (विशेषकर सर्जन), एथलीट/रेसिंग, पायलट/एयरफोर्स, हीलिंग: योग, आयुर्वेद,

प्राणिक, इंजीनियरिंग, विज्ञान अनुसंधान, स्टार्टअपफाउंडर, मीडिया, संचार, सरकार/प्रशासन, यात्रा और परिवहन क्षेत्र

कार्यशैली ➔ तेजी से शुरुआत करना, निर्णय तुरंत लेना, टीम को आगे बढ़ाना, जोखिम उठाना, नवाचार करनाइनका जीवन पेशे में "उर्जा + गति + नेतृत्व" का मेल दिखाता है।

आर्थिक स्थिति (Financial Condition) ➔ अश्विनी लग्न जातक धन कमाने में सक्षम होते हैं। धन तेजी से आता है, खर्च भी तेजी से, युवावस्था में उतार-चढ़ाव, 30-35 के बाद स्थिरता स्वयं का कार्य धन का सबसे बड़ा माध्यम, अचानक लाभ के योग (केतु प्रभाव)

धन स्रोत ➔ व्यवसाय, नेतृत्व, चिकित्सा, सरकारी कार्य, तकनीकी क्षेत्र, ट्रेडिंग अश्विनी लग्न जातक जीवन में अंत में अच्छी आर्थिक स्थिति प्राप्त करते हैं।

प्रेम, विवाह और दांपत्य जीवन (Love, Marriage & Married Life)

प्रेम ➔ आकर्षण तुरंत, प्रेम में पहल स्वयं, सच्चा और स्पष्ट प्रेम, नाटक-ड्रामा पसंद नहीं, वफादार और संरक्षक

विवाह ➔ पहले विवाह में चुनौतियाँ संभव, साथी से सम्मान की अपेक्षा, स्वतंत्रता की आवश्यकता, दांपत्य में ऊर्जा और जुनून जीवनसाथी को ईमानदार और मजबूत होना चाहिए

दांपत्य सुख ➔ 28-32 के बाद अधिक स्थिर, परिवार की अच्छी देखभाल, ईमानदारी और संवाद से संबंध मजबूत

चुनौतियाँ ➔ गुस्सा, आवेग, जल्दी निर्णय लेना, स्पेस की माँग, अहं का टकरावलेकिन सही साथी मिलने पर जीवन अत्यंत सुंदर होता है।

पारिवारिक जीवन (Family Life) ➔ अश्विनी लग्न जातक परिवार में अग्रणी, जिम्मेदार, प्रोटेक्टिव, समस्या समाधानकर्ता होते हैं।

सकारात्मक पक्ष ➔ परिवार का सम्मान, माता-पिता की मदद, भाई-बहनों के मार्गदर्शक, सभी को ऊर्जा देना

चुनौतियाँ ➔ बचपन में बेचैनी, पिता से विचारों का टकराव, स्वतंत्रता प्रेम के कारण गलतफहमियाँ, परंतु उम्र के साथ पारिवारिक जीवन मधुर होता जाता है।

स्वास्थ्य और शारीरिक संरचना (Health & Physical Structure)

शारीरिक बनावट ➔ तेजस्वी चेहरा, चमकदार आँखें, तेज चाल, फिट शरीर, मजबूत मांसपेशियाँ

सामान्य स्वास्थ्य ➔ अत्यंत ऊर्जा, शरीर तेज़ी से ठीक होता है

स्वास्थ्य चुनौतियाँ ➔ सिरदर्द, तनाव, अनिद्रा, दुर्घटनाओं का योग, अग्नि तत्व की अधिकता, पाचन समस्याएँ

मानसिक-आध्यात्मिक विकास (Spiritual & Psychological Growth) ➔ अश्विनी लग्न जातक धीरे-धीरे महान आध्यात्मिक समझ वाले बनते हैं।

आध्यात्मिक विशेषताएँ ➔ हीलिंग एनर्जी, सूक्ष्म अनुभूति, अंतर्ज्ञान, प्रकृति से जुड़ाव, आध्यात्मिक जागृति 35 के बाद, योग, ध्यान, प्राणायाम में रुचि

आध्यात्मिक यात्रा ➔ शुरुआत बेचैनी, बीच में: प्रश्न, संघर्ष, अंत में गहरा आत्मज्ञान, ऊर्जा चेतना का विकासकेतु इन लोगों को "भौतिकता के पार का सत्य" देखने की क्षमता देता है।

चारों चरणों में अश्विनी लग्न का प्रभाव (Effect of 4 Padas)

प्रथम चरण (1st Pada) (मेष नवांश, 0°-3°20') ➔ अत्यधिक ऊर्जा, धैर्य कम, नेतृत्व प्रबल, मार्शलआर्ट्स, सेना, पुलिस

द्वितीय चरण(2nd Pada) (वृषभ नवांश, 3°20'-6°40') ➔ आकर्षक, स्थिरता, कला और सौंदर्य का विकास, वित्त में रुचि

तृतीय चरण(3rd Pada) (मिथुन नवांश, 6°40'-10°) ➔ अत्यंत बुद्धिमान, वक्तृत्व कौशल, मीडिया, शिक्षण, मार्केटिंग

चतुर्थ चरण(4th Pada) (कर्क नवांश, 10°-13°20') ➔ भावनात्मक संवेदनशीलता, हीलिंग क्षमता, जनता का प्रेम, प्रशासनिक पद

अश्विनी लग्न नक्षत्र में जन्मी महिलाएँ (Women with Ashwini as Ascendant)

व्यक्तित्व ➔ बेहद सुंदर, स्वतंत्र, तेजस्वी, ऊर्जा से भरी, आकर्षक आभा

स्वभाव ➔ साहसी, ईमानदार, अपने निर्णय स्वयं लेने वालीदयालु लेकिन मजबूत

प्रेम-विवाह ➔ मजबूत, आत्मविश्वासी साथी की चाह, स्वतंत्रता ज़रूरी, प्रेम में अत्यंत ईमानदारी

करियर ➔ चिकित्सा, सेना, मॉडलिंग, खेल, मीडिया, उद्‌यमिता

चुनौती ➔ अत्यधिक स्वतंत्रता, गुस्सा, परंपरा से टकराव

आध्यात्मिकता ➔ हीलर, अंतर्ज्ञानी, सूर्य/प्रकृति ऊर्जा से मजबूत

02. भरणी नक्षत्र

पौराणिक कथा (Pauranik Katha)

भरणी नक्षत्र की देवता यम (धर्मराज) हैं जो मृत्यु, न्याय, सत्य, अनुशासन, कर्म-फल और पितृलोक के अधिपति माने जाते हैं।इस नक्षत्र की पौराणिक कथा यम, उनकी बहन यमुना, सूर्य, छाया और मनुष्य के कर्म-फल से जुड़ी है।

कथा का मूल तत्व है“जो बोओगे वही काटोगे, और यम केवल न्याय देते हैं क्रूरता नहीं।”

वेदों में उल्लेख है कियम पहले मनुष्य थे जिन्होंने मृत्यु का अनुभव किया।जब मनुष्यजाति नई-नई थी,किसी को यह नहीं पता था कि मौत के बाद क्या होता है।यम ने,एक दिव्य कर्म के तहत,सबसे पहले मृत्यु को स्वीकार किया और इस संसार से प्रस्थान किया।उनकी आत्म-यात्रा ने: मृत्यु के नियम बनाएमृत आत्माओं के मार्ग को प्रशस्त कियापितृलोक की स्थापना कीइस कारण यम को कहा गया:“प्रेतानांनेताः” आत्माओं के मार्गदर्शक।भरणी नक्षत्र इसी महान परिवर्तन की ऊर्जा को धारण करता है मृत्यु से नए जन्म का द्वार।

पुराणों में कहा गया है यम सूर्य देव और उनकी पत्नी संज्ञा (या छाया) के पुत्र थे।संज्ञा सूर्य के तेज को सहन नहीं कर पाती थींऔर अपना रूप “छाया” बनाकर सूर्य के पास छोड़ गईं।छाया से जन्मे बच्चों में:

यम ➔ सत्य, धर्म, न्याययमुना ➔ पवित्रता, प्रेम और प्रवाह

शनि ➔ तपस्या, कर्म-फल

यम और शनि दोनों “कर्म-फल” और अनुशासन के देवता बने।

भरणी नक्षत्र में यम का प्रभाव इसलिए पड़ा क्योंकियहाँ जीवन का भार (भार ➔ Bharan) और कर्म का न्याय केंद्र में है।

यम का मुख्य कार्य हैमनुष्य के कर्मों का न्याय, सही आत्मा को सही मार्ग देना, पापियों को दंड और सत्पुरुषों को उचित स्थान, जीवन और मृत्यु के बीच संतुलन बनाए रखनायही कारण है कि भरणी नक्षत्रजन्म और मृत्यु दोनों का प्रतिनिधि, भार-वहन (Bharana Shakti), कर्म-फल, अनुशासन और आत्म-नियंत्रण, भावनाओं की तीव्रता, शुद्धिकरणदर्शाता है।

भरणी का प्रतीक है गर्भाशय (Womb) ➔ जो जन्म, सृजन और नए जीवन का द्वार है।यम मृत्यु और पुनर्जन्म के देवता हैं। इन दोनों शक्तियों का मेल समझाता है:“हर जन्म मृत्यु से जुड़ा है, और हर मृत्यु पुनर्जन्म का द्वार खोलती है।”इसलिए भरणी नक्षत्र को जीवन-चक्र की ऊर्जा माना जाता है।भरणी नक्षत्र उस ऊर्जा का प्रतीक है जिसमेंएक व्यक्ति जिम्मेदारियों का भारी बोझ उठाता है जैसे परिवार का भार, कर्म का भार, भावनाओं का भार, संबंधों का भार, जीवन की कठिनाइयों का भार

यम हर आत्मा से उसी के कर्म पूछते हैं उन पर किसी का प्रभाव नहीं पड़ता।इस नक्षत्र के जातक भी जीवनभरसत्य, न्याय, आत्म-संघर्ष, कठिन अनुभवऔर परिवर्तनों के दौरसे गुजरते हैं।उनके भीतर एक “नैतिक न्यायाधीश” बैठा रहता है जो गलत को स्वीकार नहीं करता।

यम द्वारा बनाया गया “पितृलोक”भरणी ऊर्जा का मुख्य आध्यात्मिक आधार है।कथा कहती है कि जब आत्माएँ मरती थीं,तो कोई मार्ग नहीं था। यम ने मार्ग बनाया, द्वार खोला, आत्माओं को सहारा दिया और मार्गदर्शक बनेइसीलिए भरणी नक्षत्र को भी पारगमन (Transition) का नक्षत्र कहा जाता है।

भरणी में जन्मे लोग यम के प्रिय क्योंकि यम सत्य, अनुशासन और न्याय के देवता हैं,इसलिए भरणी जातकसत्यवादी, कर्मप्रधान, आंतरिक रूप से गहरे, अत्यधिक जिम्मेदार, जीवन में उतार-चढ़ाव झेलने वाले, लेकिन हर बार नए रूप में जन्म लेने वालेहोते हैं।उनमे “यम जैसी स्थिरता और न्याय” दिखाई देता है।

भरणी नक्षत्र की पौराणिक शिक्षा (Moral of the Myth) ➔ भरणी नक्षत्र सिखाता है जीवन बोझ भी है और जिम्मेदारी भी हर जन्म का मूल मृत्यु है, हर मृत्यु का आधार पुनर्जन्म है कर्म का फल अवश्य मिलता है अनुशासन से जीवन सुधरता है सत्य की राह कठिन है लेकिन सही है परिवर्तन दर्द देता है लेकिन आत्मा को शुद्ध करता है यही कारण है कि भरणी नक्षत्र वाले लोग तीव्र, गहरे, रहस्यमयी और परिवर्तनकारी जीवन जीते हैं।

सामान्य परिचय (General Introduction)

इसके केंद्र में "जीवन" और "मृत्यु" दोनों का रहस्य निहित है।यह वह शक्ति है जो जीवन को जन्म देती है, उसे पोषण करती है, और समय आने पर समाप्त भी करती है।

खगोल विज्ञान (Astronomy)

भरणी नक्षत्र को खगोलीय दृष्टि से 41 Arietisतारा समूह से जोड़ा जाता है।इसे पश्चिमी खगोल विज्ञान में "41 Ari" कहा जाता है।यह तारा लालिमा युक्त, चमकीले और ऊर्जावान तारों के समूह से बना है, जिससे नक्षत्र में आग, ऊर्जा, यौन प्रवृत्ति, सृजन और विनाश दोनों आते हैं।

नक्षत्र सीमा (Degrees): 13°20′ से 26°40′ - मेष राशि (Aries) ➔ मेष की प्रारंभिक अग्नि के बीच स्थित यह नक्षत्र जन्म, गर्भधारण, परिवर्तन और शुद्धिकरण का प्रतीक है।

स्वामी ग्रह (Lord Planet): शुक्र (Venus) ➔ कामुकता, सौंदर्य, कला, विलासिता, रचनात्मक ऊर्जा, संबंध और भावनात्मक ऊर्जा, आनंद और सुख, अतिरिक्त प्रभा:- मेष में रहने के कारण मंगल का प्रभाव भी बहुत प्रबल होता है।, इसलिए भरणी नक्षत्र में शुक्र + मंगल की संयुक्त ऊर्जा कार्य करती है यही कारण है कि जातक भावुक + उग्र, कामुक + साहसी, सुंदर + आंतरिक शक्ति वाले होते हैं।

प्रतीक (Symbol) ➔ स्त्री का गर्भ/गर्भाशय (Womb) ➔ यह प्रतीक दर्शाता है जीवन की शुरुआत, जन्म, पोषण, सृजन, और अंततः विनाश

दूसरा प्रतीक ➔ मिट्टी का पात्र (Clay Vessel) ➔ यह शरीर, जीवन, और कर्मों का भार वहन करने की क्षमता को दर्शाता है।

देवता (Presiding Deity) ➔ यम= मृत्यु, न्याय और अनुशासन के देवता, यम की ऊर्जा भरणी में तीन प्रमुख प्रभाव देती है आत्मनियंत्रण, अनुशासनऔर कर्तव्य, कर्म फल भोगना, यह नक्षत्र जीवन के गहरे सत्य की ओर ले जाता है "जो बोओगे वही काटोगे।"

गुण (Guna) ➔ राजसिक (Rajas) ➔ राजसिक ऊर्जा देती है तीव्र इच्छाएँ, प्रयास और गतिविधि, तब तक शांति नहीं जब तक लक्ष्य ना मिले, जीवन को गहराई से और तेज़ी से जीने की प्रवृत्ति, इस ऊर्जा के कारण भरणी जातक किसी भी अनुभव को अत्यधिक तीव्रता से जीते हैं।

तत्व (Element) ➔ अग्नि (Fire) ➔ यह तत्व दर्शाता है उग्रता, आवेग, साहस, पवित्रता (शुद्धिकरण), नई शुरुआत, अग्नि + शुक्र का मेल कामुकता और सृजन दोनों को बढ़ाता है।

वर्ण (Varna/Caste) ➔ शूद्र (Worker/Service Class) ➔ यह वर्ण दर्शाता है कि भरणी जातक मेहनती होते हैं, समाज में उपयोगी कार्य करते हैं, सेवा और कर्म को महत्व देते हैं, अनुभवों के द्वारा सीखते हैंलेकिन इसका अर्थ यह नहीं कि वे निम्न स्तर पर हैंबल्कि यह दर्शाता है कि वे जीवन के वास्तविक श्रम और सत्य को समझते हैं।

प्रकृति (Nature) ➔ उग्र (Harsh/Fierce) ➔ भरणी की प्रकृति उग्र मानी गई हैतेज़ भावनाएँ, तीव्र आकर्षण, जल्दी निर्णय, अत्यधिक जीवनानुभव, क्रांति और परिवर्तन लाने की क्षमता, यह नक्षत्र "सृजन और विनाश" दोनों का प्रतिनिधि है।

गण (Temperament) ➔ मनुष्य गण (Human Gana) ➔ मनुष्य गण के जातक व्यावहारिक होते हैं, भावनाओं और बुद्धि का मिश्रण होते हैं, सामाजिक संबंधों में गहराई से जुड़े होते हैं, प्रेम, भोग और परिवार को महत्व देते हैं

योनि (Animal Symbol) ➔ हाथी (Elephant) ➔ हाथी योनि दर्शाती है कामुकता, शक्ति, गर्व, दृढ़ इच्छा शक्ति, वफादारी, वासना की तीव्रतायही कारण है कि यह नक्षत्र यौन रूप से सबसे शक्तिशाली नक्षत्रों में से एक माना जाता है।

लिंग (Gender) ➔ स्त्रीलिंग (Female) ➔ यह स्त्री ऊर्जा: पोषण, सृजन, संवेदनशीलता, प्रेम, गर्भधारण और मातृत्व को दर्शाती है लेकिन इसके साथ ही स्त्रीलिंग ऊर्जा विनाश का पक्ष भी रखती है (जैसे देवी काली) । इसलिए भरणी जातक में सृजन + विनाश दोनों की क्षमता दिखाई देती है।

शक्ति (Shakti/Power) अपभरणी शक्ति (Ap-Bharani Shakti) ➔ अशुद्धियों को हटाने की शक्ति, यह शक्ति भरणी जातक को देती हैजीवन में सफाई, पुराने संबंध तोड़ना, नए जीवन को जन्म देना, कर्मों का नाश, नकारात्मकता को हटानायह नक्षत्र व्यक्तियों की जिंदगी में "कर्म शुद्धि" लाता है।

दिशा (Direction) ➔ दक्षिण (South) ➔ यम की दिशा दक्षिण मानी जाती हैइसका अर्थ हैरहस्य, गहरे अनुभव, परिवर्तन, मृत्यु और पुनर्जन्म, आध्यात्मिक शुद्धि

रंग (Color) ➔ गहरा लाल/रक्त वर्ण (Dark Red) ➔ यह रंग दर्शाता है आवेग, जुनून, जीवन शक्ति, प्रजनन ऊर्जा, रक्त संबंधी कर्मइस रंग का प्रभाव कामुकता और दृढ़ता बढ़ाता है।

स्वभाव ➔ चर स्वभाव (Movable) ➔ भरणी जातक निरंतर बदलते रहते हैं, एक अनुभव से दूसरे तक जाते हैं, स्थिरता कम, गति अधिक, जीवन में कई मोड़, उतार-चढ़ाव, तेजी से आगे बढ़ने की क्षमता

प्रवृत्ति (Ayurvedic Constitution) ➔ प्रमुख पित्त ➔ लक्षणगर्म प्रकृति, क्रोध जल्दी, यौन ऊर्जा अधिक, तेज पाचन, तेज निर्णय, द्वितीयक वात, बेचैनी, अधीरता, तेजी से विचार, कफ कम होता है।

जीवन पर प्रभाव

अत्यंत गहरा, तीव्र और जीवन को बदलने वाला माना गया है।यह नक्षत्र जन्म, मृत्यु, परिवर्तन, शुद्धिकरण की ऊर्जाओं का प्रतिनिधित्व करता हैइसलिए यहाँ जन्म लेने वाले जातकों का जीवन साधारण नहीं होताउन पर हमेशा कर्म, आकर्षण, संघर्ष और पुनर्जन्म जैसी ऊर्जाओं का प्रभाव दिखता है।

व्यक्तित्व (Personality)

भरणी नक्षत्र जीवन की सृजनात्मक ऊर्जा + विनाश की शक्ति + प्रबल यौन आकर्षण + अनुशासन + कर्म अनुभूति इन सभी का विशेष मिश्रण है। इस नक्षत्र में जन्मे लोग साधारण नहीं होते; वे जीवन को सामान्य गति से नहीं, किसी तूफ़ान की तरह, तीव्रता और जुनून के साथ जीते हैं।नीचे इनके व्यक्तित्व के सभी प्रमुख पहलू विस्तार से दिए गए हैं

अत्यंत प्रबल और चुम्बकीय व्यक्तित्व ➔ भरणी जातक जहाँ भी जाते हैं, लोग उन्हें नोटिस करते ही हैंउनका व्यक्तित्व स्वाभाविक रूप से चुम्बकीय (magnetic aura) होता है वे लोगों को आकर्षित करते हैं क्योंकि उनकी चाल में आत्मविश्वास होता है, उनके चेहरे पर चमक होती है, उनकी आवाज़ में शक्ति होती है, उनके नज़र में तीव्रता होती है, उनके पास एक कमान्डिंगप्रेज़ेन्स होती है।

गहरी भावनाएँ और तीव्र प्रेम-ऊर्जा ➔ भरणी जातक दिल से जीते हैं। वे या तो बहुत प्यार करते हैंया बिल्कुल नहीं। उनके लिए प्रेम एक मामूली अनुभव नहीं, बल्किएक खोज, एक यात्रा, एक पूर्ण समर्पण, और गहरा जुनून होता है, उनकी भावनाएँ शांत झील जैसी नहींवे अथाह महासागर जैसी होती हैं।

अत्यधिक यौन ऊर्जा (Strong Sexual Aura) ➔ यह भरणी नक्षत्र की सबसे विशेष बात है। जातकों में जन्म से ही यौन ऊर्जा + आकर्षण + इच्छा की तीव्रता अधिक होती है। यह दो रूपों में दिखाई देती है

शारीरिक आकर्षण

रचनात्मकता (Creativity)
क्योंकि यौन ऊर्जा और सृजन दोनों एक ही स्रोत से आते हैं।इसलिए वे कला में श्रेष्ठ, लुक्स में आकर्षक, बातों में मोहित करने वालेऔर संबंधों में गहराई से जुड़ने वाले होते हैं।

उग्र, साहसी और निडर ➔ भरणी जातक जोखिम लेने से नहीं डरते।वे कठिन हालात से भागते नहीं, उनका सामना करते हैं। जटिल निर्णय, कठिन कर्म, संकट, संघर्षइन सब में भरणी जातक चमकते हैं। उनका साहस कई बार उन्हें दूसरों से आगे खड़ा कर देता है।

"सब या कुछ भी नहीं" वाली सोच भरणी जातक अर्ध-हृदय से कुछ नहीं करते। वे आधा प्रेम नहीं कर सकते, आधा संबंध नहीं निभा सकते, आधा प्रयास नहीं कर सकते उनके लिए हर अनुभव या तो गहरा हो या फिर बिल्कुल खत्म। यह उनकी सबसे बड़ी ताकत और कमजोरी दोनों है।

वफादार परन्तु अधिकारपूर्ण ➔ वे अपने प्रियजनों के प्रति अत्यंत वफादार होते हैं।लेकिन उसी के साथउनमें स्वामित्व की भावना (possessiveness) भी बहुत होती है। वे चाहते हैं कि जो उनका है, वह केवल उनका ही रहे।

बुद्धिमान लेकिन भावनाओं में बह जाने वाले ➔ भरणी जातक बुद्धिमान होते हैं परंतु निर्णय अक्सर दिल से लेते हैं, न कि दिमाग से। वे जल्दी विश्वास करते हैं, लोगों को गहराई से पढ़ लेते हैं पर कभी-कभी गलत लोगों पर भरोसा कर बैठते हैंउनकी भावनाएँ गहरी और रंगीन होती हैं, लेकिन कभी-कभी आवेग में निर्णय ले लेते हैं।

स्वतंत्रता के प्रेमी (Freedom Lovers) ➔ उन्हें किसी प्रकार का बंधन पसंद नहीं।चाहे वहसंबंध का हो, नौकरी का हो, परिवार का दबाव हो, सामाजिक नियम होंवे अपनी शर्तों पर जीना पसंद करते हैं।उनकी आत्मा स्वतंत्र और विद्रोही होती है।

क्रोध तेज़, पर दिल साफ़ ➔ भरणी जातक जल्दी गुस्सा होते हैं, लेकिन जल्दी शांत भी हो जाते हैं।उनका क्रोधदुर्भावना से नहींबल्कि

तीव्रता और सत्यवादी स्वभाव के कारण होता हैउनका दिल कोमल, सीधा और ईमानदार होता है।

नेतृत्व गुण ➔ भरणी जातकों के अंदर जन्मजात नेतृत्व क्षमता होती है।वे भीड़ का हिस्सा नहीं बनना चाहतेवे भीड़ को नेतृत्व देना पसंद करते हैं।निर्णय लेने की क्षमता, जोखिम उठाने का साहस, लोगों को समझने की कला इनसे वे किसी भी टीम के केंद्र-बिंदु बन जाते हैं।

कर्म-प्रधान और जिम्मेदार ➔ यम देवता इनके कर्मों पर विशेष प्रभाव डालते हैं।इसलिए भरणी जातकअपने कर्तव्य को गंभीरता से लेते हैं, गलतियों का सामना करते हैं, कर्मफल जल्दी भोगते हैं, जीवन में बार-बार नई शुरुआत करते हैं, उनका जीवन कर्मों से निर्देशित होता है।

जीवन का अनुभव तीव्र होता है ➔ भरणी जातक का जीवन साधारण गति से नहीं चलताउनकी जिंदगी मेंबड़े परिवर्तन, जीवन-चक्र, उतार-चढ़ाव, प्रेम के उतार, धन की लहरें, आध्यात्मिक जागरण, लगातार चलते रहते हैं।वे हर संकट से एक नए व्यक्तित्व के साथ निकलते हैं।

मानसिक एवं भावनात्मक स्वभाव(Mental & Emotional Nature)

भरणी नक्षत्र के जातकों का मन किसी साधारण मनुष्य की तरह सरल, शांत या रैखिक (linear) नहीं होता बल्कि यह एक गहरी, बहु-स्तरीय और शक्तिशाली मानसिक संरचना से बना होता हैउनका आंतरिक संसार अत्यंत समृद्ध, प्रबल और भावनात्मक रंगों से भरा होता है।

गहराई-प्रधान मानसिकता (Depth-Oriented Mind) ➔ भरणी जातकों का मन सतह पर नहीं जीवित रहता,वे हर अनुभव, हर व्यक्ति और हर भावना को उसकी गहराई तक समझने की कोशिश करते हैं। उन्हें ऊपर-ऊपर की बातें प्रभावित नहीं करतीं उनका मन हमेशा भीतर छिपे सत्य, भावनाओं और इरादों की खोज में रहता है।

तीव्र मानसीक ऊर्जा (Intense Mental Currents) ➔ उनके विचार तेज़, उग्र और लगातार सक्रिय रहते हैं। ध्यान, एकाग्रता और मानसिक सतर्कता स्वाभाविक रूप से उनमें मजबूत होती हैवे किसी भी विषय

पर आधे मन से नहीं, बल्कि पूर्ण मानसिक बल से विचार करते हैं।यह तीव्रता उन्हें अत्यधिक विश्लेषण, अंदरूनी संघर्ष और अचानक मानसिक थकावट तक भी ले जा सकती है।

संवेदनशील लेकिन कठोर दिखने वाले (Sensitive Yet Defensive) ➔ भावनात्मक रूप से वे गहराई से प्रभावित होने वाले लोग हैं, लेकिन वे अपनी संवेदनशीलता को प्रदर्शित नहीं होने देते उनकी मानसिक संरचना में एक "सुरक्षा दीवार" होती है जहाँ वे अपने असली घाव और कमजोरियों को छिपाकर रखते हैं। यदि वे आहत हों, तो अक्सरचुप हो जाते हैं, पीछे हट जाते हैं या धीरे-धीरे खुद को अलग कर लेते हैं इस कारण लोग उन्हें गलत समझ लेते हैं।

अतिशय मानसिक प्रतिक्रिया (Excessive Emotional Response) ➔ जब कोई स्थिति उनके मन को छूती है, तो वह हल्की भावुक प्रतिक्रिया नहीं देतीवह एक मजबूत भावनात्मक विस्फोट उत्पन्न करती है। यह विस्फोट हमेशा क्रोध नहीं होताकभी जुनून, कभी प्रेम, कभी व्याकुलता, कभी मौन का रूप ले सकता है। लेकिन उनकी हर भावना तेज़, स्पष्ट और शक्तिशाली होती है।

मन में द्वंद्व (Inner Conflict) ➔ भरणी जातक स्वभाव से द्वंद्वात्मक मानसिकता रखते हैं उनका मन अक्सर दो दिशाओं में चलता है एक दिशा - आनंद, आकर्षण, संबंध, भोग, दूसरी दिशा - कर्तव्य, अनुशासन, सत्य, न्याय इस कारण वे कई बार अंदर से टूटते भी हैं, लेकिन बाहर से मजबूत बने रहते हैं।

अनुभवात्मक मन (Experiential Mind) ➔ उनकी मानसिकता किताबों या सलाह से नहीं बनती वे अपनी भावनाओं से सीखते हैं।वे कहते हैं"मुझे बताओ मत, मुझे महसूस करने दो।"उनका मन किसी अनुभव को अंदर तक गुज़रने देता है। इसलिए उनका सीखना धीमा नहीं, बल्कि बहुत गहरा होता है।

भावनात्मक जिज्ञासा (Emotional Curiosity) ➔ वे मनुष्य की भावनाओं को समझने में रुचि रखते हैं कौन क्या महसूस करता है,

क्यों करता है, कैसे करता है ये बातें उनके लिए आकर्षक होती हैं।ऐसे लोगमनोविज्ञान, मानवीय व्यवहार, गहरे संबंध रहस्य की ओर सहज झुकाव रखते हैं।

आंतरिक भय (Inner Fears) ➔ बाहर से वे मजबूत हैं, लेकिन भीतर त्यागे जाने का डर, नियंत्रण खोने का भय, अपने प्रियजनों को चोट पहुँचाने का डर, असफलता का बोझ ये भाव उनके भीतर कहीं गहराई में दबे रहते हैंये डर उन्हें सतर्क भी रखते हैं और संवेदनशील भी।

भावनाओं का देर से खुलना (Slow Emotional Opening) ➔ भरणी जातक तुरंत खुलते नहींवे विश्वास बनाने में समय लेते हैं। एक बार खोल दिया, तो उनकी भावनाएँ अत्यंत सच्ची, समर्पित और गहरी होती हैं। परंतु शुरू में उनका मन: हर चीज़ को परखता है, व्यक्ति को जाँचता है, उसके इरादों को पढ़ता है और तभी दरवाज़ा खोलता है वे अपने दिल के द्वार किसी पर भी नहीं खोलते।

छठी इंद्रिय और अंतर्ज्ञान (Intuition) ➔ उनका मन अत्यंत अंतर्ज्ञानी होता है, खासकर लोगों के इरादों को समझने में, झूठ-पहचानने में भविष्य के संकेतों को महसूस करने में और परिस्थितियों की ऊर्जा पढ़ने में वे बिना बोले भी बहुत कुछ समझ लेते हैं। उनका “gut feeling” बहुत मजबूत होता है।

भावनात्मक पुनर्जन्म (Emotional Rebirth) ➔ भरणी जातक एक ही भाव में नहीं रहते। उनकी भावनाएँ एक चरण से दूसरे चरण में विकसित होती रहती हैं।वे जीवन में कई बार भावनात्मक मृत्यु और पुनर्जन्म से गुजरते हैंहर बार पुराने दर्द, पुराने विचार और पुराने संबंधों को छोड़े बिना आगे नहीं बढ़ते। यह पुनर्जन्म उन्हें परिपक्व, मजबूत, और आत्म-जागरूक बनाता है।

आत्म-खोज की तीव्र इच्छा (Strong Desire for Self-Understanding) ➔ उनका मन हमेशा यह जानना चाहता है कि वे कौन हैं। वे खुद को खोजने के लिए तैयार रहते हैं चाहे वह कठिन अनुभवों से क्यों न गुज़रना पड़े। इसलिए वे जीवनभर एक आंतरिक यात्रा पर रहते हैं। भरणी जातकों का मानसिक-भावनात्मक स्वभाव

करियर और पेशा (Career & Profession)

भरणी नक्षत्र कर्म, शक्ति, अनुशासन और परिवर्तन का नक्षत्र है। इस नक्षत्र में जन्म लेने वाले जातक अपने पेशे में साधारण रूप से नहीं बढ़ते उनकी ऊर्जा के कारण उनका करियर हमेशा गति, प्रगति और प्रभाव से भरा होता है। यह नक्षत्र शुक्र (कलात्मकता, आकर्षण, सुंदरता) और मंगल (ऊर्जा, साहस, अग्नि) दोनों का प्रभाव रखता है। इसलिए इनके करियर में हमेशा सृजन + संघर्ष + नेतृत्व + गहराई का मिश्रण देखा जाता है।

नीचे करियर को 8 श्रेणियों में विभाजित करके पूर्ण विवरण दिया गया है।

नेतृत्व और प्रबंधन से जुड़े पेशे ➔ भरणी जातक जन्मजात नेता होते हैं।उनमें निर्णय लेने, टीम को संभालने और दबाव में काम करने की क्षमता होती है।

उपयुक्त करियर ➔ प्रबंधन (Management), प्रशासनिक अधिकारी, कॉर्पोरेटहेड/टीम लीडर, HR विशेषज्ञ, सरकारी अधिकारी, परियोजना प्रबंधक (Project Manager), संचालन प्रबंधक (Operations Head) इन जातकों के पास वह आत्मविश्वास और कड़क व्यक्तित्व होता है जो नेतृत्व में आवश्यक होता है।

कानून, न्याय और अनुशासन से जुड़े करियर ➔ यम देवता का प्रभाव इन्हें न्यायप्रिय, स्पष्ट और नियमों का पालन करने वाला बनाता है।

उपयुक्त करियर ➔ वकील (Lawyer), न्यायालय संबंधी पेशे (Legal Consultant), पुलिस, IPS, सुरक्षा सेवाएँ, सेना/रक्षा क्षेत्र, जाँच अधिकारी (Investigation), सुरक्षा विश्लेषक (Security Analyst) इनकी न्यायबुद्धि और सीधेपन के कारण वे ऐसे करियर में उत्कृष्ट प्रदर्शन करते हैं।

कला, फैशन और रचनात्मक करियर (Creative Fields) ➔ शुक्र की वजह से भरणी जातकों में रचनात्मकता अत्यधिक होती है। वे रचनात्मक क्षेत्रों में तेजी से चमकते हैं।

उपयुक्त करियर ➔ फैशन डिजाइन, इंटीरियर डिजाइन, मेकअप आर्टिस्ट, मॉडलिंग, फिल्म, रंगमंच, अभिनय, संगीत, नृत्य, पेंटिंग,, फोटोग्राफी, क्रिएटिव डायरेक्टरइनकी सौंदर्यबोध और भावनात्मक गहराई इन्हें एक उत्कृष्ट कलाकार बनाती है।

चिकित्सा, जीवविज्ञान और शल्य चिकित्सा ➔ भरणी नक्षत्र "जन्म और मृत्यु" की ऊर्जा का प्रतीक है इससे जातकों में मानव शरीर, जीवन-ऊर्जा, चिकित्सा और स्वास्थ्य के प्रति पैठी हुई समझ होती है।

उपयुक्त करियर ➔ डॉक्टर, स्त्रीरोग विशेषज्ञ (Gynecologist), प्रसूति विशेषज्ञ (Obstetrician), शल्य चिकित्सक (Surgeon), नर्सिंग, फार्मास्युटिकल, जैव विज्ञान (Biology), चिकित्सा शोध (Medical Research), इनका मन "जीवन का आरंभ और अंत" दोनों से गहराई से जुड़ा होता है।

केमिकल, शोध और वैज्ञानिक करियर (Scientific & Technical Fields) ➔ भरणी जातकों के अंदर एक खोजी और विश्लेषणात्मक मन होता है। वे तकनीकी क्षेत्रों में गहराई से काम कर सकते हैं।

उपयुक्त करियर ➔ रसायन इंजीनियर (Chemical Engineer), प्रयोगशाला विशेषज्ञ, माइक्रोबायोलॉजी, खाद्य-तकनीकी, पर्यावरण विज्ञान, शोधकर्ता (Research Scientist), फोरेंसिक विशेषज्ञ उनकी तीव्र मानसिक ऊर्जा उन्हें कठिन और जटिल विषयों में सफल बनाती है।

जल, समुद्री और परिवहन क्षेत्र (Marine & Transport) ➔ भरणी का संबंध जन्म और धारण से है, जो पानी के तत्व से भी जुड़ा है। इस कारण इन्हें जल-आधारित कार्यों में सफलता मिलती है।

उपयुक्त करियर ➔ समुद्री नौसेना (Navy), शिपिंगइंडस्ट्री, समुद्री व्यापार, जल परिवहन, पोर्ट मैनेजमेंट, Hydro Engineeringपानी इनके लिए एक कर्म-तत्व है जिससे जुड़कर वे मजबूत बनते हैं।

व्यवसाय और उद्यमशीलता (Business & Entrepreneurship) ➔ भरणी जातक अपनी शर्तों पर काम करना पसंद करते हैं। वे किसी के अधीन रहकर लंबे समय तक काम नहीं कर पाते। इसलिए उनमें उद्यमशीलता जन्मजात होती है।

उपयुक्त व्यवसाय ➔ पर्यटन, होटल, रिसॉर्ट, कपड़ा, सिल्क, फैशन, सौंदर्य प्रसाधन (Cosmetic Business), मसाले, खाद्य पदार्थ, रियलएस्टेट, डिज़ाइन स्टूडियो, ऑनलाइन ब्रांडिंग, इवेंट मैनेजमेंट उन्हें नए-नए प्रयोग करना पसंद है, जिससे वे व्यवसाय में तेजी से बढ़ते हैं।

गूढ़ विज्ञान, मनोविज्ञान और हीलिंग ➔ भरणी जातक मनुष्य की भावनाओं, जीवन-शक्ति और रहस्यों को समझने में स्वाभाविक रूप से सक्षम होते हैं।

उपयुक्त करियर ➔ मनोवैज्ञानिक (Psychologist), काउंसलर, योग एवं ध्यान शिक्षक, रेकी/ऊर्जा हीलर, ज्योतिषी, टैरोरीडर, तंत्र अध्ययन, प्राणिक हीलिंग, आध्यात्मिक गाइड ये लोग दूसरों की मानसिक और भावनात्मक संरचना को बहुत गहराई से समझ लेते हैं।

पेशेगत ताकत (Professional Strengths) ➔ दबाव में उत्कृष्ट प्रदर्शन, नेतृत्व क्षमता, तीव्र समझ और निर्णय, नवाचार (Creativity + Strategy), दूसरों की भावनाएँ समझने की क्षमता, गहराई से शोध करने की प्रवृत्ति, कठोर परिस्थितियों में धैर्य, काम को पूरा करने का जिद्दी स्वभाव, टीम पर अपना प्रभाव छोड़ना इन गुणों के कारण वे लगभग हर क्षेत्र में मजबूत उपस्थिति बना लेते हैं।

कार्य-शैली (Work Style) ➔ काम को जल्दी और प्रभावी तरीके से पूरा करते हैं आधे-अधूरे काम पसंद नहीं होते, किसी एक कार्य में गहराई तक उतर जाते हैं, भावनात्मक रूप से जुड़े कामों में 100% देते हैं स्वतंत्रता चाहते हैं over-control नहीं सहन कर पाते, लोगों की प्रकृति समझकर टीम संभालते हैं, अनुशासन पसंद करते हैं, लेकिन भावनात्मक कार्यशैली रखते हैं, वे काम में उग्र होते हैं, लेकिन दिल से।

आर्थिक स्थिति (Financial Aspects)

भरणी नक्षत्र की आर्थिक स्थिति में शुक्र (luxury, comfort) + मंगल (आवेग, जोखिम) + यम (कर्म-फल) इन तीन ऊर्जाओं का संयुक्त प्रभाव देखने को मिलता है। इसीलिए उनकी आर्थिक स्थिति मजबूत भी होती

है और उतार-चढ़ाव से भरी भी। यहाँ विस्तार से उनका धन-स्वभाव और आर्थिक जीवन प्रस्तुत है:

धन कमाने की क्षमता (Ability to Earn Money) ➔ भरणी जातक धन कमाने में सक्षम, मेहनती और अवसरों को पहचानने वाले होते हैं। उनमें कमाई की ऊर्जा बहुत तेज़ होती है। वे किसी भी काम में अपनी पूरी ताकत लगा देते हैं इसलिए धन कमाने की गति तेज, शुरुआत में संघर्ष, लेकिन बाद में उन्नति, 33 वर्ष के बाद आय के स्रोत स्थिर होने लगते हैं अपनी प्रतिभा से पैसा कमाने की क्षमता उनका आत्मविश्वास और साहस उन्हें हर स्थिति में कमाई के मार्ग ढूँढने की शक्ति देता है।

आर्थिक उतार-चढ़ाव (Financial Ups & Downs) ➔ यह भरणी नक्षत्र की विशेषता है। जीवन में कई बार बड़ा लाभ और कई बार अचानक हानि, धन आता भी है और तेज़ी से खर्च भी होता है

निवेश में गलतियों की संभावना ➔ क्योंकि उनकी आर्थिक ऊर्जा "चर" (movable) है यानी पैसा उनके पास स्थिर नहीं रहता, बहता है। परंतु उतार-चढ़ाव स्थायी नहीं होते। हर गिरावट के बाद वे फिर से उठ खड़े होते हैं।

खर्च करने का स्वभाव (Spending Habits) ➔ भरणी जातकों का खर्च आम लोगों जैसा नहीं होता उनका खर्च उनकी व्यक्तित्व ऊर्जा को दर्शाता है। सुंदरता, कपड़े, फैशन, गहने पर खर्च, परिवार के लिए खर्च करने में पीछे नहीं हटते, पार्टियों, यात्राओं और जीवन के सुखों पर खर्च, कभी-कभी भावुक होकर अनियोजित पैसे खर्च कर देते हैं, दिखावे और स्टेटस पर भी खर्च करने की प्रवृत्तिवे धन को "जीवन का अनुभव" मानते हैं,इसलिए वह हाथ में आते ही बहने लगता है।

जोखिम लेने की आदत (Risk-Taking Nature) ➔ शुक्र + मंगल का संयोजन उन्हें आर्थिक जोखिम लेने वाला बनाता है। वे अक्सर अपने मन से बड़े निर्णय ले लेते हैं। नए निवेशों में कूद पड़ना, व्यापार में बड़ा कदम उठाना, बड़ी खरीदारी करना, अचानक खर्चकई बार यह जोखिम लाभ देते हैं, लेकिन कई बार बड़ी हानि भी हो सकती है।

आर्थिक जिम्मेदारियाँ (Financial Responsibilities) ➔ भरणी जातक जीवन भर किसी न किसी "भार" या "जिम्मेदारी" को उठाते हैं, जैसे कि परिवार की ज़िम्मेदारी, भाई-बहनों का सहयोग, बुज़ुर्ग माता-पिता की देखभाल, घर-परिवार पर खर्च, बच्चों के लिए त्यागइन जिम्मेदारियों के कारण उनका पैसा स्थिर नहीं रह पाता।

धन-संचय क्षमता (Saving & Wealth Accumulation) ➔ संचय इनके लिए आसान नहीं होता, विशेषकर युवावस्था में। बचत करने की इच्छा होती है लेकिन भावनाओं और आवेग में पैसा खर्च हो जाता है हालाँकि 33+ की उम्र में ये लोग बचत और निवेश में स्थिरता लाना शुरू करते हैं। परिवार की ज़रूरतें इन्हें आर्थिक रूप से अनुशासित बनाती हैं।

संपत्ति और स्थाई धन (Assets & Property) ➔ भरणी जातक देर से ही सहीपर ज़मीन, घर, वाहन और स्थायी संपत्ति बना लेते हैं। 30+ के बाद घर लेने का योग 35+ के बाद जमीन/वाहन अपने नाम पर भूमि-संपत्ति बनाना परिवार को आर्थिक सुरक्षा देनावे अपनी मेहनत से संपत्ति जमा करते हैं, लेकिन बचपन का भाग्य कमजोर हो सकता है।

धन और कर्म (Money & Karma) ➔ क्योंकि यह नक्षत्र यम देवता से जुड़ा है, इसलिए भरणी जातकों का धन कर्मफल से गहराई से संबंधित होता है। मेहनत का फल अवश्य मिलता है, दूसरों का पैसा हड़पने या धोखा देने पर तुरंत दंड मिलता है, गलत कमाई टिकती नहीं, सही मार्ग से कमाया धन बढ़ता है उनका जीवन सिखाता है "धन आएगा भी सत्य से और जाएगा भी सत्य से।

"आर्थिक जीवन का प्रवाह (Financial Timeline)

0-25 वर्ष ➔ संघर्ष, जिम्मेदारियाँ, सीमित धन

25-33 वर्ष ➔ अवसर + जोखिम + उतार-चढ़ाव

33-45 वर्ष: स्थिरता, संपत्ति-निर्माण

45+ वर्ष: वित्तीय सुरक्षा, सम्मान, स्थाई धन भरणी जातक देर से परंतु मज़बूत आर्थिक स्थिति बनाते हैं।

प्रेम, विवाह और दांपत्य जीवन(Love, Marriage, Married Life)

प्रेम जीवन ➔ भरणी नक्षत्र शुक्र (आकर्षण, प्रेम, कामुकता) और मंगल (उर्जा, आवेग, जुनून) के अद्भुत संयोजन से बना है। इसलिए प्रेम जीवन में भरणी जातक अत्यंत विशेष, शक्तिशाली और भावनात्मक रूप से गहरे होते हैं। उनके लिए प्रेम सिर्फ एक रिश्ता नहीं एक जीवन अनुभव, आत्मिक खिंचाव, और ऊर्जा का मिलन होता है।

प्रेम स्वभाव (Love Nature) ➔ भरणी जातकों का प्रेम तीव्र, चुंबकीय, गहरा और अत्यधिक भावनात्मक होता है। जल्दी आकर्षित होते हैं, गहराई से प्रेम करते हैं, अपने साथी को पूरी तरह समर्पित हो जाते हैं, प्रेम को जीवन का अहम हिस्सा मानते हैं, भावनाओं को छिपाते नहीं, अपने संबंध को पूरी शक्ति से निभाते हैंउनका प्रेम स्थूल नहीं, बल्कि जीवन-ऊर्जा की तरह बहता है। वे अपने साथी को महसूस कराना चाहते हैं कि "तुम मेरी दुनिया का केंद्र हो।"

रोमांटिक और कामुक आकर्षण (Romance & Sexual Energy) ➔ भरणी नक्षत्र को ज्योतिष में सबसे शक्तिशाली यौन ऊर्जा वाला नक्षत्र माना जाता है। प्रेम उनके लिए मानसिक + भावनात्मक + शारीरिक तीनों स्तरों का संगम है।

परिणाम ➔ तीव्र आकर्षण, अधिक निकटता की इच्छा, जुनूनी प्रेम, शारीरिक संबंधों में गहराई, साथी के प्रति पूर्ण समर्पण, उनके लिए यौन संबंध केवल शारीरिक नहीं यह एक ऊर्जा आदान-प्रदान है।

भावनात्मक जुड़ाव (Emotional Bonding) ➔ भरणी जातक अपने प्रेमी/जीवनसाथी से केवल संबंध नहीं बनाते,वे आत्मिक कनेक्शन चाहते हैं।वे संबंध में खोजते हैंईमानदारी, सुरक्षा, समर्पण, स्थिरता, गहराई, वफादारी। वे दिल से जुड़े बिना किसी संबंध में नहीं रह सकते।

प्रेम जीवन की चुनौतियाँ ➔ शुक्र + मंगल + यम की ऊर्जा उन्हें प्रेम में उतार-चढ़ाव देती है। अत्यधिक तीव्रता, अधिकार-भाव (possessiveness), ईर्ष्या, भावनात्मक विस्फोट, जल्दी जुड़ना और जल्दी टूटना, गलत लोगों पर भरोसा करना, एक संबंध खत्म होने पर गहरा दर्द, भावनाओं का उबाल कब प्रेम में बदल जाए और कब संघर्ष में कई बार साथी समझ नहीं पाता।

विवाह (Marriage) ➔ विवाह इनके जीवन का महत्वपूर्ण मोड़ होता है। भरणी जातक विवाह को केवल सामाजिक बंधन नहीं, बल्कि आत्मिक जिम्मेदारी और जीवन-प्रतिबद्धता मानते हैं।

विवाह का आयु-काल ➔ 26 से 29 वर्ष के बीच विवाह का योग, 30 के बाद विवाह करने पर अधिक स्थिरता, प्रेम विवाह की संभावना अधिक

विवाह के बाद ➔ जीवन में स्थिरता बढ़ती है, समझ और परिपक्वता आती है, जिम्मेदारियाँ सँभालते हैं जीवनसाथी के प्रति गंभीर होते हैं

जीवनसाथी का स्वभाव ➔ भरणी जातकों का जीवनसाथी प्राय आकर्षक, भावुक, समझदार, परिवार-केन्द्रित, समर्थक, संवेदनशील, परिपक्व विचारों वाला होता है। जीवनसाथी को इनकी तीव्र ऊर्जा समझनी पड़ती है।

दांपत्य जीवन (Married Life) ➔ भरणी का वैवाहिक जीवन जुनून, प्रेम, गहराई और वफादारी से भरा होता है।

दांपत्य जीवन की विशेषताएँ ➔ साथी के प्रति अत्यधिक लगाव, रोमांस और निकटता का उच्च स्तर, परिवार के लिए हर जिम्मेदारी निभाना, साथी की जरूरतों को समझना, संबंध को लंबे समय तक बनाए रखना, बाहरी दिखावे से ज्यादा भावनात्मक संबंध को महत्व देना

संभावित मुद्दे ➔ भावनात्मक तीव्रता, कभी-कभी गुस्सा, अधिकार जमाने का स्वभाव, भावनाओं का उतार-चढ़ाव परंतु अंतिम परिणाम हमेशा सकारात्मक होता है क्योंकि भरणी जातक"रिश्ते को बचाने के लिए लड़ते हैं, न कि खत्म करने के लिए।"

दो संबंध/दूसरा विवाह का योग ➔ भरणी नक्षत्र में दो महत्वपूर्ण प्रेम या दो विवाह की संभावना कई बार देखी गई है, विशेषकर यदि शुक्र/मंगल अशुभ हों, राहु-केतु प्रेम केन्द्रों को प्रभावित करें, नवांश में कमजोर स्थिति हो लेकिन यदि कुंडली मजबूत है, तो एक ही विवाह जीवन भर चलता है।

पारिवारिक जीवन(Family Life)

भरणी नक्षत्र का पारिवारिक जीवन प्रेम, जिम्मेदारी, गहराई और संघर्ष का अनूठा मिश्रण होता है। यह नक्षत्र "जीवन का भार, कर्तव्य और जन्म की ऊर्जा" दर्शाता है इसलिए परिवार इनके जीवन में अत्यंत महत्वपूर्ण भूमिका निभाता है।

बचपन और प्रारंभिक पारिवारिक वातावरण ➔ भरणी जातकों का बचपन अक्सर मिश्रित अनुभवों से भरा होता है न तो बहुत आसान और न ही बहुत कठोर।

उनके बचपन की विशेषताएँ ➔ शुरुआती उम्र में परिवारिक जिम्मेदारियाँ अधिकवातावरण में अनुशासन और अपेक्षाएँ, कभी-कभी माता-पिता के बीच विचारों में असहमति, भावनात्मक जुड़ाव प्रबल, लेकिन अभिव्यक्ति कम कई बार किसी एक अभिभावक का सख्त स्वभाव, जातक का परिवार में जल्दी परिपक्व होना, भरणी के जातक बचपन में ही जीवन के वास्तविक पक्ष देख लेते हैं, जिससे उनका स्वभाव गहरा, संवेदनशील और मजबूत बनता है।

माता-पिता से संबंध (Relationship with Parents) ➔ भरणी जातक माता-पिता से गहरा भावनात्मक लगाव रखते हैं, लेकिन कभी-कभी संबंधों में मतभेद भी दिखते हैं। माता स्नेही लेकिन अपेक्षाएँ रखने वाली, मानसिक रूप से जुड़ी हुई, जातक के जीवन में सुरक्षा, भावनात्मक समर्थन, कई बार माँ से विशेष लगाव ("mother-centric bond") पिता अनुशासनप्रिय, सख्त या जिम्मेदारियों का बोझ डालने वालापिता के साथ 'सम्मान और दूरी' का मिश्रण कुछ जातकों में पिता से दूरियाँ या कम जुड़ाव भी देखा जाता हैपरंतु दोनों ही माता-पिता जातक की भलाई चाहते हैं। वयस्क होने पर जातक परिवार के लिए स्तंभ बनता है।

भाई-बहन से संबंध (Bond with Siblings) ➔ भाई-बहनों के साथ संबंध गहरे होते हैं,, लेकिन समझ और विचारों के टकराव भी हो सकते हैं। सामान्यत: भाई-बहनों के लिए सहारा बनते हैं, परिवार में मध्यस्थ

की भूमिका, आवश्यकता पड़ने पर आर्थिक मदद करते हैं, भाई-बहनों से सम्मान और प्रेम प्राप्त करते हैं, कई जातकों को बहन या छोटे भाई से विशेष लगाव होता है।

घर में जिम्मेदारी और भूमिका ➔ भरणी जातक परिवार में “कर्तव्य निभाने वाला स्तंभ” होते हैं। उनकी भूमिका अक्सर होती है निर्णय लेने वाला, समस्या सुलझाने वाला, जिम्मेदारी उठाने वाला, भावनात्मक सहारा देने वाला, आर्थिक/व्यावहारिक समर्थन करने वाला, वे परिवार के लिए त्याग करने वाले होते हैं और यह त्याग स्वेच्छा से आता है।

परिवार के प्रति निष्ठा और प्रेम ➔ भरणी जातक अपने परिवार के प्रति अत्यंत वफादार होते हैं। वेपरिवार को सुरक्षित रखना चाहते हैं, अपने माता-पिता को आराम देना चाहते हैं, परिवार में सौहार्द बनाए रखने की कोशिश करते हैं, छोटी-छोटी बातों को दिल पर लेते हैं, परिवार के सम्मान को बहुत महत्वपूर्ण मानते हैं, वे परिवार के लिए कुछ भी कर सकते हैं यह उनका सबसे बड़ा भावनात्मक आधार है।

पारिवारिक चुनौतियाँ (Family Challenges) ➔ हालाँकि परिवार के प्रति प्रेम गहरा होता है,फिर भी कुछ संघर्ष भी अवश्य आते हैं। भावनात्मक उबाल के कारण घर में तकरार, अलग विचारधारा के कारण मतभेद, परिवार पर अत्यधिक जिम्मेदारियाँ, परिवार की उम्मीदों का भारी दबाव कभी-कभी गलतफहमियाँ, घर में कोई व्यक्ति नियंत्रक स्वभाव का हो सकता है परंतु जातक इन चुनौतियों से सीख जाते हैं और परिवार को टूटने नहीं देते।

गृहस्थ जीवन (Domestic Life After Marriage) ➔ विवाह के बाद भरणी जातक एक अत्यंत परिवार-केंद्रित व्यक्तित्व बन जाते हैं। जीवनसाथी को परिवार में सम्मान दिलाते हैं, अपने बच्चों के प्रति अत्यधिक देखभाल, घर को सुंदर, सुखद और स्थिर बनाना, परिवार की सुविधा और आराम पर ध्यान, मजबूत पारिवारिक नेतृत्ववे वह व्यक्ति बनते हैं जो परिवार को जोड़ता और संभालता है।

बच्चों से संबंध (Bond with Children) ➔ भरणी जातक अपने बच्चों से अत्यधिक प्रेम करते हैं वे अपने बच्चों को भावनात्मक और मानसिक सुरक्षा देना चाहते हैं। वे बच्चों की शिक्षा पर ध्यान देते हैं, अनुशासन और स्वतंत्रता दोनों सिखाते हैं, बच्चों की कमियों को सुधारने में सक्षम, बच्चों को अत्यधिक प्यार देने वाले, कुछ जातक अपने बच्चों से भावनात्मक रूप से अत्यधिक जुड़े रहते हैं।

स्वास्थ्य और शारीरिक संरचना: (Physical & Health)

भरणी नक्षत्र शुक्र + मंगल + यम की संयुक्त ऊर्जा रखता है। शुक्र शरीर को सौंदर्य देता है,मंगल शरीर में अग्नि-ऊर्जा,और यम शरीर को सहन-शक्ति और कर्मजन्य दबाव देते हैं। इसीलिए भरणी जातकों की शारीरिक बनावट और स्वास्थ्य में एक खास तरह की तीव्रता और संवेदनशीलता दोनों दिखाई देती है।

शारीरिक संरचना (Physical Appearance) ➔ आकर्षक और चुंबकीय व्यक्तित्व:- उनका चेहरा और देह अपनी ओर स्वाभाविक रूप से ध्यान खींचते हैं। ये "साधारण सुंदर" नहीं बल्कि ऊर्जावान और आकर्षक दिखते हैं। आँखें बड़ी और भावपूर्ण:- भरणी जातकों की आँखें उनकी सबसे खास पहचान होती हैं। इनकी आँखों में जुनून, तीव्रता, भावनाऔर चुंबकत्व झलकता है।

रंगत और त्वचा ➔ त्वचा चमकदार, अक्सर गुलाबी-लाल आभा वाली, स्वस्थ चमक, टेक्सचर नरम

शरीर की बनावट ➔ शरीर संतुलित, कंधे मजबूत, अच्छी मांसपेशीय संरचना (Mars effect), कमर क्षेत्र आकर्षक

महिलाएँ ➔ स्त्रीत्वपूर्ण, सुंदर वक्र पुरुष: एथलेटिक, आत्मविश्वासपूर्ण आभा

बाल और चेहरे की बनावट ➔ घने, चमकदार बाल, चेहरे पर आकर्षक तीखापन, नाक और होंठ स्पष्ट और सुंदर

ऊर्जा-पैटर्न ➔ इनका शरीर हमेशा "उष्ण" (Warm) होता है क्योंकि मंगल की अग्नि इनके शरीर में तेज़ी से बहती है।

स्वास्थ्य स्वभाव (Health Nature) ➔ भरणी जातकों का शरीर शक्तिशाली होता है, लेकिन इसी शक्ति के कारण स्वास्थ्य में तीव्र उतार-चढ़ाव देखे जाते हैं।

प्रमुख स्वास्थ्य संवेदनशीलताएँ (Major Health Sensitivities)

प्रजनन अंगों से जुड़े रोग (Reproductive System) ➔ विशेषकर महिलाओं मेंमासिकधर्म असंतुलन, यूटेराइन समस्याएँ, PCOD/PCOS, गर्भधारण संबंधी दबाव, यौन-हार्मोन असंतुलन

पुरुषों में प्रोस्ट्रेट, वीर्य-संबंधी दबाव, यौन ऊर्जा का अत्यधिक उपयोग या दमन क्योंकि नक्षत्र का प्रतीक "गर्भाशय" है।

रक्त और हीट से जुड़ी समस्याएँ (Blood & Heat Disorders) ➔ Mars + Fire होने के कारण रक्तचाप, बॉडीहीट, सूजन, जलन, त्वचा पर लाल चकत्ते, हीटस्ट्रोक संभावना रहती है।

मूत्राशय और किडनी क्षेत्र ➔ शुक्र शासन करता है किडनी, मूत्रमार्ग, प्राइवेट पार्ट्सइसलिए मूत्र संक्रमण, किडनी स्टोन, पानी की कमी, देखी जा सकती है।

तनाव और भावनात्मक स्वास्थ्य (Mental-Emotional Health) ➔ भरणी जातक भावनात्मक रूप से तीव्र होते हैं।जिससे:, चिंता, भावनात्मक थकावट, अत्यधिक सोचना, रिश्तों में तनाव, क्रोध का अचानक विस्फोटदेखे जाते हैं।

पाचन-संबंधी समस्याएँ ➔ भावनाएँ + गर्म प्रकृति ➔ एसिडिटी, गैस, भूख में अनियमितता, लीवर पर भारबढ़ सकता है।

जीवन के विभिन्न चरणों में स्वास्थ्य स्थितियाँ ➔ बचपन, स्किनएलर्जी, गर्मी की समस्याएँ, बार-बार बुखार,

20-30 वर्ष ➔ यौन ऊर्जा का अति, हार्मोनल उतार-चढ़ाव, मानसिक तनाव, संबंधजनित भावनात्मक दबाव

30-45 वर्ष ➔ किडनी/ब्लैडर, पाचन और रक्तचाप, मासिकधर्म असंतुलन

45+ वर्ष ➔ शुगर रक्तचाप, हड्डियों का दर्द, भावनात्मक स्थिरता बढ़ती है

भरणी नक्षत्र जातकों के मजबूत स्वास्थ्य-बिंदु (Positive Health Traits) ➔ भरणी जातक स्वभाव से ताकतवर, शारीरिक रूप से सक्रिय, जल्दी रिकवर होने वाले, मजबूत प्रतिरोधक क्षमता, स्टैमिना में अच्छे होते हैं। उनका शरीर कठिन परिस्थितियों को सह सकता है।

स्वास्थ्य सुधारने के उपाय (Health Remedies - Practical & Effective):

चन्द्र और शुक्र संतुलन ➔ भरणी की तीव्रता को शांत करता है।चंदन, गुलाब जल, ठंडे तरल पदार्थ, चंद्रमा को अर्घ्य

गर्मीनियंत्रण (मंगलग्रहकाउपाय) ➔ मसाले कम, पानी अधिक, नारियल पानी, चंदन का तिलक, गुस्से में मौन

प्रजनन स्वास्थ्य देखभाल ➔ महिलाएँ गुड़ + तिल, अशोक के छाल का उपयोग (Ayurvedic) योग मंडूकासन, भद्रासन

पुरुष शक्ति-नियंत्रण, अति-उत्तेजक खानपान से बचें भावनात्मक शांति मेडिटेशन, डायरी लिखना, योग-निद्रा, चंद्रमा मंत्र, यम मंत्र: ॐ यमाय नमः यह भरणी की तीव्रता और कर्म-दबाव कम करता है।

मानसिक-आध्यात्मिक विकास: (Spiritual & Psychological Growth)

भरणी नक्षत्र कोई साधारण नक्षत्र नहीं यह जन्म, मृत्यु, परिवर्तन, शुद्धि, और आत्म-बल की ऊर्जा को धारण करता है। यही कारण है कि भरणी जातकों का मानसिक और आध्यात्मिक विकास जीवन भर एक गहरे और शक्तिशाली परिवर्तन-चक्र के रूप में प्रकट होता है।

प्रारंभिक जीवन ➔

मानसिक संघर्ष और आत्म-अवधान (Early Internal Struggles) ➔ भरणी जातकों के मानसिक विकास का पहला चरण "उथल-पुथल और संवेदनशीलता" से शुरू होता है। बचपन और युवावस्था में अपनी ही भावनाओं की तीव्रता से संघर्ष, परिवार की जिम्मेदारियों से जल्दी परिपक्वता, दुनिया को गहराई से समझने की बेचैनी, दूसरों की भावनाएँ तीव्रता से महसूस करना, असुरक्षा और आत्म-विश्वास का टकराव, इस अवस्था में उनका मन उगती आग की तरह होता है कमज़ोर भी और शक्तिशाली भी। यही संवेदनशीलता आगे चलकर उनकी आध्यात्मिकता का आधार बनती है।

आत्म-चेतना का जागरण (Awakening of Self-Awareness) ➔ भरणी जातकों में भावनाएँ तीव्र होती हैं,और इन्हीं भावनाओं के माध्यम से वे खुद को समझना शुरू करते हैं।इस स्तर पर वे सीखते हैं"मैं कौन हूँ?", "मेरी भावनाएँ मुझे क्यों इतना प्रभावित करती हैं?", "मेरे अंदर दो दिशाएँ क्यों हैं भोग और अनुशासन?", "क्या चीज़ मुझे मानसिक रूप से अस्थिर करती है? "यह प्रश्न उन्हें दूसरों से अधिक जल्दी स्वयं के भीतर झांकने पर मजबूर करता है। वे धीरे-धीरे अपनी गहरी मनोवैज्ञानिक परतों को समझना शुरू करते हैं।

कर्म-ऊर्जा का उदय (Rise of Karmic Awareness) ➔ यम का प्रभाव बहुत बड़ा होता है। इसलिए भरणी जातकों को जीवन जल्दी सिखाता है कि हर कर्म का फल मिलता है, गलतियाँ छिपती नहीं, सत्य की ओर झुकाव बढ़ता है, आत्म-नियंत्रण की आवश्यकता महसूस होने लगती है उन्हें लगता है कि कोई अदृश्य शक्ति उन्हें लगातार "सही मार्ग" की ओर धकेल रही है। यह चरण उनके मानसिक-आध्यात्मिक विकास का मोड़ होता है।

भावनाओं का परिवर्तन और आत्म-शुद्धि (Emotional Purification) ➔ भरणी की' अपभरणी शक्ति' अर्थात अशुद्धियों को हटाने की शक्ति क्षण-क्षण काम करती है। इससे जातक के जीवन में पुराने संबंध टूटने, गलत आदतें खत्म होने, भावनात्मक निर्भरता घटने, स्वयं को शुद्ध करने

की तीव्र इच्छा, आत्मपरीक्षण की प्रवृत्ति देखने को मिलती है। उनके जीवन में कई बार "भावनात्मक मृत्यु" होती है जहाँ वे किसी दर्द, असफलता, संबंध-विच्छेद के बाद "नए व्यक्तित्व" के साथ पुनर्जन्म लेते हैं।

अंतर्ज्ञान और आंतरिक बुद्धि का विकास (Intuition & Inner Wisdom Growth) ➔ जैसे-जैसे उम्र बढ़ती है, भरणी जातक लोगों की मनोदशा तुरंत समझ लेते हैं, परिस्थितियों की ऊर्जा पढ़ लेते हैं, सही-गलत का भाव अंदर से आता है, गलत इरादों को पहचान लेते हैं उनका अंतर्ज्ञान अत्यंत तेज़, स्वाभाविक और जीवनरक्षक होता है। यह अंतर्ज्ञान उन्हें आध्यात्मिक मार्ग पर आगे बढ़ाता है।

संयम, अनुशासन और भावनात्मक संतुलन की ओर झुकाव (Shift Toward Discipline & Balance) ➔ यम के प्रभाव के कारण जैसे-जैसे उम्र बढ़ती है, भरणी जातक में आत्मसंयम स्वाभाविक रूप से विकसित होने लगता है। तीव्र भावनाओं पर नियंत्रण, अनावश्यक इच्छाओं का त्याग, संबंधों में स्थिरता, मानसिक शांति की खोज, अस्तित्व के गहरे अर्थ को समझना वे अपने आपको "सुधारने" की राह पर चल पड़ते हैं। जो कभी उन्हें उथल-पुथल देता था, अब वही उनकी शक्ति बन जाता है।

आध्यात्मिक जागरण (Spiritual Awakening) ➔ भरणी जातकों में आध्यात्मिक झुकाव जन्मजात होता है, लेकिन पूर्ण जागरण 28-35 वर्ष के बीच होता है।

इस अवस्था में वे ध्यान, योग, मंत्र-जप की ओर आकर्षित, कर्म और जीवन-मृत्यु के रहस्य समझते, आध्यात्मिक ग्रंथों में रुचि, तंत्र, ध्यान, ऊर्जा-हीलिंग जैसे विषयों से जुड़ाव, जीवन की वास्तविकता को मन से स्वीकार करते उनके अंदर एक नया "साक्षी भाव" जन्म लेता है।

परिपक्वता और आत्म-प्रकाश का चरण (Maturity & Self-Realization) ➔ यह भरणी जातक के विकास का सर्वोच्च स्तर है। यह अवस्था 33+ आयु के बाद आती है। इस स्तर पर वे अत्यधिक आत्म-जागरूक, भावनात्मक रूप से संतुलित, मानसिक रूप से स्थिर, आध्यात्मिक रूप से परिपक्व, शांत लेकिन शक्तिशाली, दूसरों को

मार्गदर्शन देने वाले हो जाते हैं। उनका चेहरा, आभा और ऊर्जा बदल जाती है वे "जीवन को समझ चुके" होते हैं।

भरणी जातकों का मानसिक और आध्यात्मिक विकासएक तीव्र, परिवर्तनकारी और निरंतर पुनर्जन्म वाली यात्रा है। संघर्ष ➔ जागरण ➔ शुद्धि ➔ अंतर्ज्ञान ➔ जागृति ➔ आत्म-प्रकाशयह क्रम भरणी जातकों की वास्तविक आंतरिक यात्रा है।

अंत में वे वही बनते हैं मजबूत, गहरे, आत्म-जागरूक और आध्यात्मिक रूप से विकसित।

विशेष ज्योतिषीय योग, शुभ-अशुभ अवधि और उपाय:

भरणी नक्षत्र का स्वभाव उग्र, राजसिक, कर्मप्रधान, परिवर्तनकारी और यम-ऊर्जा से जुड़ा हुआ है। इस नक्षत्र से कई विशिष्ट योग, समय और उपाय जुड़े हैं जिनका जातकों के जीवन पर गहरा प्रभाव पड़ता है।

विशेष ज्योतिषीय योग (Special Yogas)

शुक्र-मंगल बल योग (Venus-Mars Creative Power Yoga) ➔ जब कुंडली में शुक्र + मंगल मजबूत या आपस में प्रभावित हों, और भरणी नक्षत्र में ग्रह स्थित हो जातक में अत्यधिक रचनात्मकता, सुंदरता, कला और आकर्षण, प्रबल काम-ऊर्जा, नेतृत्व और आकर्षक व्यक्तित्वयह योग कलाकार, मॉडल, फिल्म, डिजाइन, फैशन क्षेत्रों के लिए वरदान है।

यम अनुशासन योग (Yama Discipline Yoga) ➔ यदि सूर्य/मंगल/शनि भरणी के साथ जुड़ें: जातक बेहद अनुशासनप्रिय, सत्यवादी और न्यायप्रिय, कर्तव्यनिष्ठ और साहसी, कठोर स्थितियों में भी स्थिर यह योग प्रशासन, सेना, पुलिस, कानून, जज, साइकोलॉजी में सफलता देता है।

भावनात्मक तीव्रता योग (Intensity & Passion Yoga) ➔ चंद्रमा या शुक्र यदि भरणी में स्थित हो भावनाएँ गहरी, प्रेम जीवन अत्यंत तीव्र, आंतरिक द्वंद्व, भावनात्मक पुनर्जन्म (Emotional Rebirth) यह योग जातक को रिश्तों से गहरी सीख देता है।

कर्म-शुद्धि योग (Karmic Cleansing Yoga - ApBharana Shakti) ➔ अगर भरणी में राहु/केतु या शनि हों पुराने कर्मों की शुद्धि, जीवन में अचानक मोड़, पुराने संबंधों का टूटना, नई शुरुआत का अवसर, आध्यात्मिक जागरण यह योग जीवन को बदलने वाला माना जाता है।

पुष्कर योग (यदि ग्रह 3rd charan में हों) ➔ भरणी का 3rd charan पुष्कर नवमांश है। बड़े लाभ, इच्छापूर्ति, उच्च आध्यात्मिक अंतर्दृष्टि, सफलता + आकर्षित करने की क्षमताऐसे जातक जीवन में किसी न किसी रूप से प्रसिद्धि पाते हैं।

भरणी नक्षत्र जातकों के लिए शुभ और अशुभ अवधि (Life Periods)

अत्यंत शुभ अवधि (Highly Auspicious Periods) ➔ उम्र: 30-45 वर्षयह भरणी जातकों का स्वर्ण काल माना जाता है।क्यों शुभ?

यम-ऊर्जा का संतुलन, भावनात्मक परिपक्वता, कर्म-फल का सकारात्मक उदय

फल ➔ करियर में स्थिर उन्नति, विवाह/दांपत्य में समझ, संपत्ति/घर का योग, आत्म-विश्वास और सम्मान, आध्यात्मिक झुकाव

शुक्र महादशा/अंतरदशा(विशेषकर यदि शुक्र शुभ स्थिति में हो)

फल ➔ सुख-सुविधा, प्रेम/विवाह में सुधार, रचनात्मक सफलता, जीवन में सौंदर्य और संतुलन

गुरु की शुभ दृष्टि या गुरु दशा

फल ➔ सही मार्गदर्शन, मानसिक शांति, नैतिक बल, गलत निर्णयों से रक्षा

भरणी नक्षत्र में जन्मे जातकों के लिए विशेष शुभ समय ➔ शुक्रवार, अमावस्या के बाद के दिन

भरणी नक्षत्र में आत्म-शुद्धि, दान, नई शुरुआत (सीमित) 33 वर्ष के बाद जीवन की दिशा स्पष्ट होती है

मिश्रित/सावधानी वाली अवधि (Caution Periods)

उम्र: 22-30 वर्ष ➔ यह सीख और संघर्ष का समय होता है।

संभावनाएँ ➔ भावनात्मक उतार-चढ़ाव, रिश्तों में भ्रम, करियर में दिशा बदलना, जल्दबाज़ निर्णय

सलाह ➔ बड़े निवेश से बचें, जल्द विवाह न करें, क्रोध और अहं पर नियंत्रण, गुरु/मार्गदर्शक अवश्य रखें

मंगल की दशा (यदि अशुभ हो)

संभावित प्रभाव ➔ गुस्सा, विवाद, चोट/ऑपरेशन, संबंधों में टकराव, जल्दबाज़ी से हानि

अशुभ अवधि (Challenging/Inauspicious Periods)

राहु-केतु की दशा/अंतरदशा(विशेषकर जब वे लग्न, चंद्र या शुक्र को प्रभावित करें)

संभावित समस्याएँ ➔ मानसिक भ्रम, अचानक टूटते रिश्ते, छुपे शत्रु, गलत निर्णय, नैतिक दुविधा

इस समय वर्जित ➔ बड़ा निवेश, गुप्त संबंध, अवैध कार्य, आवेग में निर्णय

उम्र: 18-22 वर्ष ➔ भावनात्मक और मानसिक रूप से अस्थिर समय।

खतरे ➔ गलत प्रेम संबंध, गलत संगति, पढ़ाई/करियर में भटकाव, आत्म-संघर्ष

अमावस्या + भरणी नक्षत्र(विशेषकर विवाह/मुहूर्त के लिए)

वर्जित कार्य ➔ विवाह, गृह प्रवेश, संतान संबंधी संस्कार, नया व्यापार

भरणी जातकों के लिए जीवन में सामान्य वर्जनाएँ

स्वभाविक वर्जनाएँ ➔ अत्यधिक कामुकता में डूबना, क्रोध में निर्णय, झूठ या छल से धन, वचन तोड़ना, माता-पिता/गुरु का अपमान

समय आधारित वर्जनाएँ ➔ रात्रि में जल-यात्रा, गुस्से में वाहन चलाना, अमावस्या की रात बड़े निर्णय, शुक्र/मंगल अशुभ गोचर में विवाह

अशुभ अवधि को शुभ बनाने के उपाय ➔ नियमित मंत्रॐ यमाय नमः - 108 जप (शनिवार/मंगलवार)

आचरण ➔ सत्य बोलना, समय पर कर्ज/वादे चुकाना, बुज़ुर्गों की सेवा, अनावश्यक संबंधों का त्याग

दान ➔ काले तिल, सफेद वस्त्र, भोजन दान, पुराने कपड़े/वस्तुएँ दान

भरणी नक्षत्र में किए जाने योग्य कार्य (शुभ कार्य)

आत्म-शुद्धि और आध्यात्मिक कार्य अत्यंत शुभ ➔ भरणी का सबसे बड़ा गुण है 'अपभरणी शक्ति' (अशुद्धियाँ हटाने की शक्ति) ध्यान, साधना, मौन, मंत्र-जप (विशेषकर यम, शुक्र, चंद्र मंत्र), आत्म-विश्लेषण, क्षमा और त्याग, पुराने दुख, क्रोध, द्वेष छोड़ने का संकल्प, पितरों का स्मरण और तर्पण, व्रत, संयम और अनुशासन इस नक्षत्र में किया गया आत्म-शुद्धि का कार्य जीवन बदल सकता है।

साहस और कठिन निर्णय - सीमित रूप में शुभ ➔ जीवन की नकारात्मक चीज़ों को छोड़ने का निर्णय, बुरी आदतें छोड़ना (नशा, गलत संबंध, आलस्य), अनुशासन लागू करना, किसी पुराने कर्म-चक्र को समाप्त करनायह नक्षत्र "अंत करके नई शुरुआत" की शक्ति देता है।

रचनात्मक और सौंदर्य से जुड़े कार्य ➔ शुक्र की ऊर्जा के कारण कला, संगीत, लेखन, डिजाइन, फैशन, पेंटिंग, घर की सफाई, सजावट (पुरानी चीजें हटाना), सौंदर्य-संबंधी आत्म-देखभाल

दान और सेवा - विशेष फलदायी ➔ भोजन दान, पुराने कपड़े/वस्तुएँ दान, बीमार, वृद्ध, असहाय की सेवा, माता-पिता और बुज़ुर्गों की सेवा इससे यम की कठोरता शांत होती है।

भरणी नक्षत्र में वर्जित कार्य (ASHUBH/VARGIT KARYA)

विवाह और शुभ संस्कार ➔ भरणी नक्षत्र को शास्त्रों में उग्र नक्षत्र माना गया है।, विवाह, रोका/सगाई, गृह प्रवेश, नामकरण, मुंडन, संतान से जुड़े संस्कार इसमें किए गए संस्कारों में भावनात्मक संघर्ष की संभावना रहती है।

नया व्यापार या बड़ा आर्थिक निर्णय ➔ नया व्यापार शुरू करना, बड़ा निवेश, साझेदारी समझौते, कर्ज़ लेना या देना क्योंकि भरणी में भावनाएँ और आवेग बुद्धि पर हावी हो सकते हैं।

आवेग, क्रोध और टकराव ➔ गुस्से में निर्णय, झगड़ा, विवाद, बदला लेने की भावना, कठोर वाणी, किसी को अपमानित करना, यम-ऊर्जा तुरंत कर्म-फल देती है।

यात्रा और जोखिम ➔ समुद्र/नदी की यात्रा, रात में जल-यात्रा, जोखिम भरे कार्य, जल्दबाज़ी में वाहन चलाना

शारीरिक हस्तक्षेप ➔ सर्जरी, शरीर से जुड़े बड़े उपचार, अत्यधिक यौन गतिविधि यह नक्षत्र प्रजनन और रक्त से जुड़ा है।

भरणी नक्षत्र के विशेष उपाय (Remedies)

यह उपाय भरणी की उग्रता को शांत करने,भावनात्मक तीव्रता को संतुलित करनेऔर कर्म-ऊर्जा को सही दिशा देने में सहायक होते हैं।

ग्रहों के अनुसार उपाय

शुक्र के लिए ➔ सफेद वस्त्र पहनें, शुक्रवार को लक्ष्मी पूजा, चांदी का प्रयोग, सुगंधित तेल/इत्र उपयोग, महिलाओं का सम्मान

मंगल के लिए ➔ हनुमान चालीसा, मंगलवार व्रत, लाल मसूर दान, तेज खान-पान से बचें

चंद्रमा और मन के लिए चंद्रमा मंत्र, जल में चंद्रमा को अर्घ्य, ध्यान, मौन अभ्यास

नक्षत्र-विशेष उपाय

यम की कृपा हेतु ➔ पितरों का सम्मान, बूढ़े लोगों की सेवा, सत्य और धर्म का पालन, कर्ज और वादे समय पर चुकाएं

'अपभरणीशक्ति'सक्रिय करने हेतु (अशुद्धियाँ हटाने की शक्ति जागृत करने के लिए) ➔ घर में नियमित सफाई, पुराने वस्त्र/चीजें दान दें, नकारात्मक भावनाएँ छोड़ें, क्षमा करना सीखें

मंत्र: ॐ यमाय नमः या ॐ शुक्राय नमः

रंग उपाय ➔ लाल, गहरा लाल, सफेद, बहते पानी में फूल बहाना

(मानसिक और भावनात्मक संतुलन के उपाय: भरणी जातक भावनात्मक रूप से तीव्र होते हैं। इसलिए उनके लिए विशेष उपाय रोज 10 मिनट दीपक ध्यान, जर्नलिंग/डायरी लिखना, मौन का अभ्यास, नारियल पानी/चंदन सुगंध से मन को शांत करना, गर्म प्रकृति का भोजन कम करें

विशेष अनुशंसित उपाय (Highly Recommended)

बिल्व पत्र का पेड़ लगाना या इसकी पूजा ➔ यह नक्षत्र की शुद्धि-शक्ति बढ़ाता है।

आग या दीपक के पास ध्यान ➔ चित्त की उग्रता शांत होती है।

माता-पिता की सेवा ➔ यम का तेज शांत करता है।

चारों चरणों का विश्लेषण: (Analysis of All 4 Padas)

भरणी नक्षत्र मेष राशि के 13°20′ से 26°40′ तक फैला है। प्रत्येक चरण में ग्रह, स्वभाव, ऊर्जा और जीवन-प्रभाव अलग होता है। यह नक्षत्र शुक्र + मंगल + यम की संयुक्त ऊर्जा लिए हुए है, लेकिन हर चरण में उसकी अभिव्यक्ति अलग रूप लेती है।

पहला चरण (1st Pada - 13°20′से 16°40′) ➔ नवांश: सिंह (Leo), स्वामी ग्रह: सूर्य, तत्व: अग्नि

मुख्य ऊर्जा ➔ आत्म-शक्ति, आत्म-प्रकाश, व्यक्तित्व का निर्माण

इस चरण की मानसिक ऊर्जा ➔ पहला चरण अत्यंत आत्मकेंद्रित, सृजनशील, तेजस्वी और आत्म-जागरूक ऊर्जा देता है। जातक अपने अस्तित्व, आत्म-सम्मान और पहचान को सबसे अधिक महत्व देता है। उनका मन कहता है "मैं कौन हूँ? मुझे क्या बनना है? "वे अपनी छवि और प्रतिष्ठा को लेकर संवेदनशील होते हैं।

व्यक्तित्व विशेषताएँ ➔ आकर्षक और प्रभावी व्यक्तित्व, नेतृत्व क्षमता, आत्मविश्वास प्रबल, जोखिम लेने में निडर, स्वभाव में तेज़ी और ज़िद, कई बार यह चरण जातक को "नार्सिस्टिक टच" दे सकता है जहाँ वे स्वयं को केंद्र मानते हैं।

संबंध और प्रेम ➔ प्रेम में अधिकार भावना अधिक, साथी से उच्च अपेक्षा, ईगो का टकराव संबंधों में समस्या ला सकता है, प्रेम में ड्रामा या गर्व, लेकिन प्रेम सच्चा और निष्ठा से भरा होता है।

करियर दिशाएँ ➔ नेतृत्व, प्रशासन, सेना/पुलिस, मैनेजमेंट, फिल्म/स्टेज (सूर्य + सिंह का प्रभाव), पब्लिक रिलेशन, राजनीति, ये जातक अपने काम में चमकते हैं।

स्वास्थ्य: हृदय, गर्दन, उच्च रक्तचाप, आँखों में थकान

जीवन का मुख्य सबक ➔ अहं को नियंत्रित करना, सही दिशा में ऊर्जा लगाना

दूसरा चरण ➔ (2nd Pada - 16°40′से 20°00′), नवांश: कन्या (Virgo), स्वामी ग्रह: बुध, तत्व: पृथ्वी

मुख्य ऊर्जा: कार्य, सेवा, बुद्धि, विश्लेषण

इस चरण की मानसिक ऊर्जा: यह चरण जातक को बुद्धिमान, विश्लेषक, कर्तव्यनिष्ठ और व्यवस्थित बनाता है।भावनाओं की तीव्रता को बुद्धि संतुलित करती है। उनका मन कहता है "मुझे कार्य करना है, सुधार करना है, सेवा करनी है।"

व्यक्तित्व विशेषताएँ ➔ विनम्र, व्यवस्थित, परिश्रमी, दूसरों की मदद करने की प्रवृत्ति, विश्लेषण क्षमता बहुत मजबूत, व्यावहारिक सोच, कार्य में परिपूर्णता लेकिन कभी-कभी स्वयं पर अत्यधिक दबाव, भावनाओं का दमन, आलोचना करने की प्रवृत्ति भी होती है।

संबंध और प्रेम ➔ सूक्ष्म निरीक्षण प्रेम में आदर्शवादी, साथी के प्रति सेवा-भाव, भावनात्मक अभिव्यक्ति कम यह चरण प्रेम को "कर्तव्य" की दृष्टि से देखता है।

करियर दिशाएँ ➔ मेडिकल, शोध, शिक्षा, अकाउंटिंग, लेखन, मनोविज्ञान, प्रशासनिक कार्य, कानून (विश्लेषण क्षमता)

स्वास्थ्य: पाचन, नर्वस सिस्टम, चिंता, गैस/एसिडिटी

जीवन का मुख्य सबक ➔ भावनाओं को स्वीकार करना, स्वयं की आलोचना कम करना

तीसरा चरण ➔ (3rd Pada - 20°00′से 23°20′), नवांश: तुला (Libra), स्वामी ग्रह: शुक्र, तत्व: वायु

मुख्य ऊर्जा: आकर्षण, प्रेम, कला, संतुलन

इस चरण की मानसिक ऊर्जा यह चरण सबसे सौंदर्यपूर्ण, कलात्मक, रोमांटिक और मोहक है। शुक्र यहाँ अपनी पूरी शक्ति से काम करता है। जातक के मन में कहते हैं "जीवन सुंदर होना चाहिए। मैं प्रेम चाहता हूँ।"

व्यक्तित्व विशेषताएँ ➔ आकर्षक चेहरा और व्यक्तित्व, फैशन, कला, संगीत में रूचि, सामाजिक और विनम्र, प्रेम संबंधों में लोकप्रिय, सौंदर्य और सौंदर्यशास्त्र का मजबूत भाव लेकिन प्रेम के अनेक अवसर भावनात्मक भ्रम, निर्णय करने में अस्थिरता हो सकती है।

संबंध और प्रेम ➔ अत्यधिक रोमांटिक, सौंदर्य से प्रेम, साथी को लाड़-प्यार देना, दो प्रेम संबंधों का योग (Pushkara energy), सामाजिक आकर्षण के कारण ईर्ष्या के हालात, उनका प्रेम मधुर, गहरा और आकर्षक होता है।

करियर दिशाएँ ➔ कला, संगीत, नृत्य, फैशन डिज़ाइन, सोशल मीडिया, पब्लिक रिलेशन, होटल/हॉस्पिटेलिटी, कूटनीति, मॉडलिंग

स्वास्थ्य ➔ किडनी,मूत्र संबंधी समस्या, हार्मोन असंतुलन

जीवन का मुख्य सबक ➔ प्रेम में संतुलन ➔ अति-आकर्षण से बचना

चौथा चरण (4th Pada - 23°20'से 26°40'), नवांश: वृश्चिक (Scorpio), स्वामी ग्रह: मंगल, तत्व: जल

मुख्य ऊर्जा ➔ गहराई, रहस्य, परिवर्तन, कर्म-शुद्धि

इस चरण की मानसिक ऊर्जा ➔ यह चरण अत्यंत उग्र, भावनात्मक, रहस्यमयी और परिवर्तनकारी होता है। जातक के मन में लगातार चलता रहता है "सत्य क्या है? मैं किस रूप में बदल रहा हूँ? "यह चरण जातक को जीवन भर "भावनात्मक पुनर्जन्म" की प्रक्रिया से गुजारता है।

व्यक्तित्व विशेषताएँ ➔ अत्यधिक गहरे विचार, अंतर्ज्ञान प्रबल, शोध और जाँच में श्रेष्ठ, रहस्यमयी व्यक्तित्व, बहुत आकर्षक लेकिन गंभीर, दृढ़ इच्छाशक्ति लेकिन गुस्सा, ईर्ष्या, संबंधों में उतार-चढ़ाव भावनात्मक झटके भी दे सकता है।

संबंध और प्रेम ➔ अत्यंत भावुक, प्रेम में स्वामित्व, तीव्र यौन ऊर्जा, संबंध में पूर्ण समर्पण, दिल टूटने पर गहरा दर्द, उनके संबंध "आत्मा-स्तर" के होते हैं।

करियर दिशाएँ ➔ चिकित्सा, शोध, ज्योतिष, गुप्त विज्ञान, सेना/पुलिस, मनोविज्ञान, केमिकल, समुद्री/जल-कार्य

स्वास्थ्य ➔ प्रजनन अंग, रक्त, यौन अंग, सर्जरी का योग

जीवन का मुख्य सबक ➔ ➔ भावनाओं की अग्नि को शुद्ध रूप देना, रचनात्मकता और आध्यात्मिकता में बदलाव करना

महिलाएँ - सम्पूर्ण विश्लेषण

भरणी नक्षत्र में जन्मी स्त्रियाँ साधारण नहीं होतीं उनके भीतर एक साथ स्त्रीत्व की कोमलता + अग्नि-शक्ति + भावनाओं की गहराई + कर्म की जिम्मेदारी काम करती है। यही कारण है कि वे अपनी अलग पहचान और अपने अद्भुत व्यक्तित्व के लिए जानी जाती हैं।

शारीरिक और बाहरी आकर्षण (Physical Appearance) ➔ भरणी महिलाएँ स्वाभाविक रूप से आकर्षक, चुंबकीय और सुंदर होती हैं। बड़ी, गहरी और भावपूर्ण आँखें, सुंदर मुस्कान, नाजुक लेकिन प्रभावी चेहरा, बाल घने और चमकदार, शरीर संतुलित और स्त्री-ऊर्जा से परिपूर्ण, चाल में आत्मविश्वास और शालीनता उनका आकर्षण केवल सुंदरता से नहीं बल्कि उनकी ऊर्जा, उपस्थिती, और आभा से बनता है।

भावनात्मक स्वभाव (Emotional Nature) ➔ भरणी नक्षत्र की महिलाएँ भावनाओं को गहराई से महसूस करती हैं। वे अत्यंत संवेदनशील, भावनात्मक रूप से तीव्र, प्रेम और स्नेह में पूर्ण समर्पित, अपेक्षाएँ रखने वाली, किसी भी रिश्ते में ईमानदार, उनके लिए रिश्ते खेल नहीं वे रिश्तों को पवित्र और आत्मिक मानती हैं। उनकी भावनात्मक गहराई ही उनका सबसे बड़ा आकर्षण और कभी-कभी कमजोरी भी होती है।

व्यक्तित्व-साहसी और स्वतंत्र (Personality Traits) ➔ भरणी महिला अपने भीतर एक अद्भुत शक्ति, दृढ़ता और स्वतंत्रता रखती है।अपने निर्णय स्वयं लेने वाली, किसी पर निर्भर न रहने वाली, जीवन में चुनौतियों से न डरने वाली, सत्य और न्याय की पक्षधर, अपनी बात मजबूती से रखने वाली, सम्मान के लिए कभी समझौता न करने वाली, उनका व्यक्तित्व "नारी शक्ति + आत्मा की अग्नि" का मिश्रण होता है।

प्रेम और संबंध (Love & Relationship Nature) ➔ भरणी नक्षत्र की महिला प्रेम में असाधारण रूप से गहरी होती है। वे सत्यवादी और वफादार, प्रेम में समर्पणकर्ता, अपने साथी के लिए त्याग करने वाली, अत्यंत रोमांटिक, संबंधों में ईमानदारी चाहने वाली लेकिन ईर्ष्या, अधिकार-भाव, भावनात्मक तीव्रता, कभी-कभी संबंध में उथल-पुथल ला सकते हैं। उनके लिए प्रेम केवल रोमांस नहीं एक आत्मिक अनुभव होता है।

विवाह और दांपत्य जीवन (Marriage & Married Life) ➔ भरणी महिलाएँ विवाह के प्रति अत्यंत गंभीर होती हैं। शादी के बाद घर को सुंदर बनाना, परिवार का ध्यान रखना, पति को सम्मान देना, बच्चों को प्यार और सुरक्षा देना, हर जिम्मेदारी निभाना, विवाह उनके जीवन में स्थिरता और शक्ति लाता है। लेकिन यदि साथी असत्यवादी या बेईमान हुआ, तो भरणी महिला उस संबंध को तुरंत खत्म भी कर सकती है क्योंकि वे आत्मसम्मान से समझौता नहीं करतीं।

करियर और कार्यक्षेत्र (Career & Work Life) ➔ भरणी स्त्रियाँ अपने करियर में अत्यंत सक्षम होती हैं। वे चमकती हैं रचनात्मक क्षेत्रों में, फैशन, डिजाइन, कला, मेडिकल और नर्सिंग, कानून और प्रशासन, शिक्षा, मनोविज्ञान और काउंसलिंग, बिज़नेस वे अपने करियर में "नेता" की भूमिका निभाती हैं भीड़ को फॉलो नहीं करतीं।

आध्यात्मिक और मानसिक विकास (Spiritual & Psychological Growth) ➔ भरणी महिला के भीतर जन्म से ही गहरी आध्यात्मिकता छिपी होती है। जब वे परिपक्व होती हैं मौन में गहराई पाती हैं, ध्यान और योग से जुड़ती हैं, कर्म-फल के सत्य को समझती हैं, भावनाओं को संतुलित करना सीखती हैं, अध्यात्म उनके जीवन की मार्गदर्शक शक्ति बन जाता है वे "आंतरिक शक्ति" वाली महिला बनती हैं जो दूसरों को भी प्रकाश देती है।

छाया पक्ष (Shadow Side/Negativity) ➔ हर ऊर्जा का उजाला और अंधेरा दोनों होता है।भरणी महिलाओं में कभी-कभी ज्यादा भावुकता, अधिकार-भाव, गुस्सा, अतिसंवेदनशीलता, ज्यादा अपेक्षाएँ, जल्दी आहत होना, संबंधों में तीव्रता, देखी जा सकती है।लेकिन वे जल्दी ही अपने

नकारात्मक पक्ष को आध्यात्मिकता और आत्म-निरीक्षण से संतुलित कर लेती हैं।

परिवार और सामाजिक जीवन (Family & Social Behavior) ➔ भरणी महिलाएँ परिवार को बहुत महत्व देती हैं। वे परिवार का केंद्र-बिंदु, माता-पिता का सहारा, भाई-बहनों का ध्यान रखने वाली. सामाजिक रूप से सम्मानित, शिष्ट और सीधे स्वभाव की हैं। लेकिन गलत, बेईमान या स्वार्थी लोगों से दूरी बना लेती हैं।

भरणी महिला का जीवन-चक्र (Life Journey) ➔ उनका जीवन साधारण नहीं, बल्कि परिवर्तन और विकास का मार्ग होता है।

युवावस्था ➔ भावनात्मक उथल-पुथल

25-30 ➔ सच्ची दिशा मिलना

30-35 ➔ विवाह, परिपक्वता

35+ ➔ आध्यात्मिकता और आत्म-शांति

40+ ➔ मानसिक संतुलन और सफलता

वे उम्र के साथ और अधिक सुंदर, शक्तिशाली और शांत बनती हैं।

सूर्य नक्षत्र भरणी

जब सूर्य भरणी नक्षत्र में स्थित होता है, तब व्यक्ति में सूर्य की अग्नि + शुक्र की सौंदर्य भावना + मंगल की उग्रता + यम की अनुशासन शक्ति सभी एक साथ काम करती हैं। ऐसे व्यक्ति का जीवन तीव्रता, साहस, परिवर्तन, आत्म-शक्ति और कठिन अनुभवों से बने हुए ज्ञान से भरा होता है।

जीवन पर प्रभाव (Impact on Life) ➔ सूर्य का भरणी में होना जातक को शक्तिशाली व्यक्तित्व, जीवन में उतार-चढ़ाव, कर्म-प्रधान अनुभव, परिवारिक जिम्मेदारियाँ, भावनात्मक परिवर्तन, नेतृत्व की क्षमता, गहरी समझ और कड़क आत्म-अनुशासन देता है। इनका जीवन कर्मों के अनुसार ऊँचाइयों और चुनौतियों से गुजरता है, लेकिन अंत में सफलता और सम्मान इनकी पहचान बनते हैं।

व्यक्तित्व (Personality)

सूर्य + भरणी जातक का व्यक्तित्व आग जैसा तेज़ और आकर्षक होता है। वे प्रभावशाली और आत्मविश्वासी, निर्णायक, किसी के अधीन रहना पसंद नहीं करते सत्यवादी, दृढ़-संकल्प वाली ऊर्जा, मजबूत नेतृत्व गुण, करिश्माई और आकर्षक, आत्म-सम्मान को अत्यधिक महत्व देने वाले उनके व्यक्तित्व में एक राजसिक तेज होता है जो भीड़ में अलग करता है।

मानसिक और भावनात्मक स्वभाव ➔ मानसिक रूप से अत्यंत तीव्र सोच, निर्णय तेज और धारदार, गलत को तुरंत पहचान लेने की क्षमता, विश्लेषण शक्ति प्रबल, स्वतंत्र विचारधारा

भावनात्मक रूप से गहरा जुड़ाव, कभी-कभी भावनात्मक विस्फोट, प्रेम और क्रोध दोनों में तीव्र, संवेदनशील लेकिन कठोर दिखने वाले, आंतरिक संघर्ष की संभावना सूर्य उनकी भावनाओं को कभी-कभी "गौरव" के साथ जोड़ देता है जिससे वे चोट लगने पर भीतर ही भीतर जलते हैं।

करियर और पेशा (Career & Profession) ➔ सूर्य भरणी में करियर के लिए अत्यंत मजबूत योग देता है। यह व्यक्ति अपने दम पर ऊपर उठता है।

उपयुक्त करियर ➔ सरकारी नौकरी/प्रशासन, IPS, पुलिस, सेना, प्रबंधन, नेतृत्व, चिकित्सा (विशेषकर सर्जरी), कानून, न्यायालय, फैशन/मीडिया क्षेत्र, कला और रचनात्मक क्षेत्र, ऊर्जा/अग्नि/रसायन संबंधी पेशे, बिज़नेस ये लोग नौकरी में "कर्मचारी" नहीं बल्कि लीडर बनकर चमकते हैं।

आर्थिक स्थिति (Financial Status) ➔ सूर्य भरणी में आर्थिक स्थिति जीवनभर उतार-चढ़ाव देती है, लेकिन अंत में, मजबूत धन, स्थाई संपत्ति, स्वयं कमाया हुआ वैभव मिलता है।

प्रारंभिक जीवन ➔ आर्थिक संघर्ष, बचत में कठिनाई, जिम्मेदारियों का दबाव बाद में स्वयं की कमाई, प्रॉपर्टी, वाहन, पोज़िशन के कारण धन आता है। सूर्य भरणी जातक आर्थिक रूप से स्वनिर्मित व्यक्ति होते हैं।

प्रेम, विवाह और दांपत्य जीवन

सूर्य + भरणी मिलकर प्रेम जीवन को अत्यंत शक्तिशाली, गहरा और कभी-कभी जटिल बनाते हैं। प्रेम में जल्दी आकर्षण, अत्यधिक

जुनून, अधिकार भावना, ईमानदारी, संबंध में प्रबल समर्पण, ईर्ष्या और भावनात्मक उतार-चढ़ाव

विवाह ➔ विवाह में सम्मान महत्वपूर्ण साथी को सुरक्षा और मार्गदर्शन देने वाला परिपक्वता के बाद विवाह अच्छा चलता है, शुरुआती विवाह में अहंकार टकराव संभव

दांपत्य में मजबूत बंधन, शारीरिक आकर्षण गहरा, बीच-बीच में वाद-विवाद, परंतु प्रेम और वफादारी स्थाई

पारिवारिक जीवन (Family Life)

सूर्य भरणी जातक परिवार में केंद्र भूमिका निभाते हैं, जिम्मेदारियाँ उठाते हैं, माता-पिता का आदर करते हैं, घर में अनुशासन बनाए रखते हैं लेकिन पिता से संबंध या तो बहुत गहरे या दूरी वाले हो सकते हैं। बाद में ये लोग परिवार का "स्तंभ" बन जाते हैं।

स्वास्थ्य और शारीरिक संरचना (Health & Physique)

शारीरिक बनावट ➔ तेजस्वी चेहरा, आकर्षक आंखें, मजबूत शरीर, गर्म आभा, दमदार व्यक्तित्व

स्वास्थ्य ➔ रक्तचाप, हीट संबंधित समस्याएँ, पाचन, प्रजनन अंग, गुस्से से उत्पन्न तनाव विशेष ध्यान देने योग्य।

मानसिक-आध्यात्मिक विकास (Spiritual Growth)

सूर्य + भरणी जातक उम्र बढ़ने के साथ अंतर्ज्ञान में वृद्धि, कर्म-फल को समझते हैं, जीवन में आत्म-अनुशासन बढ़ता है, ध्यान और मौन में रुचि, आत्मचिंतन, आध्यात्मिक जागरण 30+ की उम्र में इनका जीवन एक नई आध्यात्मिक दिशा लेता है।

चारों चरणों में सूर्य का प्रभाव (Sun in All 4 Padas)

प्रथम चरण ➔ सिंह नवांश (13°20′-16°40′) ➔ सूर्य बेहद शक्तिशाली, राजा समान व्यक्तित्व, उच्च नेतृत्व गुण, गुस्सा अधिक, करियर में ऊँचा पद, घर में प्रतिष्ठा, अहंकार टकराव

द्वितीय चरण ➔ कन्या नवांश (16°40′-20°00′) ➔ बुद्धि + अनुशासन, विश्लेषण क्षमता, अच्छा प्रबंधन, काम में परिपूर्णता, स्वास्थ्य चिंता, प्रेम में व्यावहारिक दृष्टि

तृतीय चरण ➔ तुला नवांश (20°00′-23°20′) ➔ सौंदर्य और आकर्षण बहुत, कला/फैशन में रुचि, संबंधों में लोकप्रिय, सामाजिक योग्यता, निर्णय में दुविधा, रोमांस में तीव्रता

चतुर्थ चरण ➔ वृश्चिक नवांश (23°20′-26°40′) ➔ अत्यंत तीव्र व्यक्तित्व, रहस्यमयी, संघर्षों से शक्ति प्राप्त, भावनात्मक उतार-चढ़ाव, संबंधों में गहरी ऊर्जा, खतरों से न डरने वाला

भरणी में सूर्य हो तो महिलाएँ ➔ व्यक्तित्व अत्यंत आकर्षक, अग्निमयी ऊर्जा वाली, आत्मनिर्भर, सम्मानप्रिय, तेजस्वी और प्रभावी

प्रेम ➔ गहरी भावनाएँ, अधिकार-भाव, ईमानदारी, भरोसा टूटने पर संबंध खत्म

करियर ➔ नेतृत्व, शिक्षा, प्रशासन, रचनात्मक कला, बिज़नेस,

व्यक्तित्व की खास बातें ➔ तीव्र आँखें, मन में आदर्शवाद, आक्रामक ईमानदारी, किसी की दमन सहन नहीं, परिवार को महत्व

कमजोरी ➔ जल्दी आहत होना, भावनात्मक उन्माद, संबंधों में कठोर निर्णय

लग्न नक्षत्र भरणी -(ASCENDANT NAKSHATRA BHARNI)

ऐसे जातक का सम्पूर्ण जीवन शुक्र + मंगल + यम (धर्मराज) की ऊर्जा से लिखा जाता है जहाँ सृजन, अग्नि, आकर्षण, कर्म, साहस और परिवर्तन सभी एक साथ मिलकर व्यक्ति का चरित्र बनाते हैं।

जीवन पर प्रभाव (Impact on Life): यदि भरणी लग्न नक्षत्र हो, तो जीवन साधारण नहीं रहता।ऐसे जातक का जीवनतीव्र घटनाओं, कई उतार-चढ़ाव, संबंधों में विशेष अनुभव, गहरे कर्म-फल, बार-बार परिवर्तन, स्वयं को बार-बार नया बनाने की क्षमता, आकर्षण और शक्तिसे भरा होता है। भरणी लग्न जीवनभर तेज़ गति, भावनात्मक गहराई और कर्म-प्रधान घटनाओं से गुजरता है।

व्यक्तित्व (Personality) ➔ भरणी लग्न व्यक्तित्व को चुंबकीय और प्रभावशाली बनाता है। आकर्षक व्यक्तित्व, मजबूत इच्छाशक्ति, नेतृत्व क्षमता, किसी से न डरने वाला स्वभाव, स्वतंत्रता-प्रेमी, अत्यंत आत्मविश्वासी, काम में पूर्णता, अपने सिद्धांतों पर अडिग इनकी उपस्थिति में लोग तुरंत ध्यान देते हैं। कुछ नकारात्मकताएँ ईगो, जिद, क्रोध, अधिकार भावना लेकिन ये गुण उन्हें जीवन में आगे भी ले जाते हैं।

मानसिक और भावनात्मक स्वभाव ➔ भरणी लग्न जातक की मानसिकता तीव्र, अंदरूनी और गहराई पूर्ण होती है।

मानसिक विशेषताएँ ➔ विश्लेषण शक्ति, निर्णय क्षमता, किसी भी विषय की गहराई में उतरना, मजबूत अंतर्ज्ञान, अपनी भावनाएँ छिपाने की कला, भावनात्मक विशेषताएँ, अत्यंत संवेदनशील, प्रेम और रिश्तों में गहराई, जल्दी विश्वास और जल्दी आहत, भावनाओं की तीव्रता, अधिकार भावना, दिल टूटने पर गहरा दर्द वे अंदर से जितने गहरे होते हैं, बाहर उतने ही कड़क दिखते हैं।

करियर और पेशा ➔ भरणी लग्न जन्मजात लीडर बनाता है। ये किसी के पीछे नहीं, आगे चलकर नेतृत्व करते हैं।

उत्कृष्ट करियर ➔ सरकारी नौकरी, पुलिस/सेना/प्रशासन, कानून, सर्जरी, बिज़नेस, फैशन, सौंदर्य, फिल्म, मीडिया, चिकित्सा, रसायन उद्योग, मनोविज्ञान/काउंसलिंग, ज्योतिष, तंत्र, शोध इनके करियर में तेज़ी और उन्नति दोनों होते हैं।

आर्थिक स्थिति (Financial Status) ➔ भरणी लग्न के जातक आर्थिक रूप से: स्वयं मेहनत से धन अर्जित करते हैं, जीवन में प्रारंभिक संघर्ष, बाद में स्थिरता और समृद्धि, प्रॉपर्टी, वाहन और संपत्ति का योग, खर्च भी बहुत करते हैं, भाग्य देर से खुलता है, धन हमेशा इनके जीवन में "कमाया हुआ" होता है विरासत से नहीं।

प्रेम, विवाह और दांपत्य जीवन

भरणी लग्न जातक प्रेम और विवाह को साधारण नहीं समझते उनके लिए यह पवित्र, गहरा और परिवर्तनकारी अनुभव होता है।प्रेम में

आकर्षक, जल्दी प्यार, गहरी भावनाएँ, जुनूनी संबंध, ईर्ष्या और अधिकार विवाह में सम्मान चाहते हैं, साथी के प्रति वफादार. विवाह देर से हो तो बेहतर, शुरुआती विवाह में संघर्ष

दांपत्य जीवन ➔ गहरा प्रेम, तीव्र निकटता, बीच-बीच में वाद-विवाद, लेकिन रिश्ता टूटने नहीं देते, परिवार का केंद्र-बिंदु बनते हैंसच्चा साथी मिलने पर भरणी लग्न व्यक्ति अत्यंत समर्पित जीवनसाथी बनता है।

पारिवारिक जीवन (Family Life)

भरणी लग्न जातक परिवार में जिम्मेदार, ईमानदार, अपने परिवार को सुरक्षित रखने वाले, माता-पिता के प्रति सम्मानपूर्ण, भाई-बहनों के लिए सहाराहोते हैं।परिवार में कुछ प्रारंभिक संघर्ष या पिता से दूरी हो सकती है। बाद के जीवन में ये लोग अपने परिवार की "रीढ़" बन जाते हैं।

स्वास्थ्य और शारीरिक संरचना

शारीरिक बनावट ➔ आकर्षक चेहरा, तेज़ आंखें, मजबूत शरीर, तेजस्वी आभा, सुंदरता और चुंबकीय ऊर्जा

स्वास्थ्य ➔ प्रजनन अंग, किडनी, रक्तचाप, गर्म प्रकृति, पाचन, त्वचा, मानसिक दबावइन क्षेत्रों में सावधानी आवश्यक है।

मानसिक-आध्यात्मिक विकास ➔ भरणी लग्न जातक की आध्यात्मिक यात्रा गहरी होती है।

विकास चरण

25 तक भावनात्मक संघर्ष

28-33 मानसिक बदलाव

33 के बाद आध्यात्मिक जागरण

40 के बाद आत्म-शांति

अध्यात्म, योग, ध्यान में रुचिवे "भावनात्मक मृत्यु - पुनर्जन्म" के कई चरणों से गुजरते हैं और अंत में एक स्थिर, गहन और बुद्धिमान व्यक्ति बनते हैं।

चारों चरणों में लग्न का प्रभाव (Lagna + Sun Pada Effect) ➔

प्रथम चरण ➔ (सिंह नवांश) ➔ बेहद शक्तिशाली व्यक्तित्व, नेतृत्व गुण, अहं और आत्म-विश्वास दोनों प्रबल, प्रसिद्धि, तेज़ स्वभाव, लाइमलाइट में रहना

द्‌वितीय चरण ➔ (कन्या नवांश) ➔ विश्लेषक, बुद्धिमान, व्यावहारिक, अपने काम में परिपूर्ण, भावनाएँ छिपाने वाला, स्वास्थ्य पर ध्यान

तृतीय चरण ➔ (तुला नवांश) ➔ आकर्षक, सामाजिक, प्रेम संबंध अधिक, कलाकाराना प्रवृत्ति, फैशन/डिज़ाइन में चमक, निर्णय में दुविधा

चतुर्थ चरण ➔ (वृश्चिक नवांश) ➔ अत्यंत रहस्यमयी, तीव्र भावनाएँ, मजबूत अंतर्ज्ञान, जीवन में बड़े परिवर्तन, कामुकता + आध्यात्मिकता, छिपी हुई शक्ति

भरणी लग्न की महिलाएँ (Bharani Ascendant Females)

भरणी लग्न की महिलाएँ असाधारण होती हैं। उनके गुण: अत्यंत आकर्षक, आत्मनिर्भर, निडर, ईमानदार, गहराई से प्रेम करने वाली, परिवार के लिए समर्पित, अपने निर्णय खुद लेने वाली, किसी का दबाव नहीं सहने वाली, प्रेम में गहरी भावनाएँ, अधिकार भावना, ईर्ष्या हो सकती है, साथी के प्रति वफादार

करियर ➔ कला, फैशन, बिजनेस, शिक्षा, मेडिकल, सोशल मीडिया

कमजोरी ➔ जल्दी आहत होना, भावनाओं को दबाए रखना, क्रोध और तीव्रता इन महिलाओं का व्यक्तित्व “उग्र + स्त्रीत्व + आकर्षण” का अनोखा मिश्रण होता है।

03. कृत्तिका नक्षत्र

पौराणिक कथा (Mythology)

कृत्तिका नक्षत्र की पौराणिक कथा अत्यंत प्रसिद्ध, रहस्यपूर्ण और दिव्य है। यह कथा मुख्य रूप से भगवान कार्तिकेय (स्कंद, मुरुगन) के जन्म से जुड़ी हुई है। कृत्तिका नक्षत्र को "छः माताओं" या "कृत्तिका देवियों" का समूह भी कहा जाता है, जो आग, शक्ति और पोषण का प्रतीक हैं।

एक समय तीनों लोकों में राक्षस राजा तारकासुर का अत्याचार बढ़ गया। उसने कठोर तप करके ब्रह्मा जी से वरदान प्राप्त कर लिया था कि "उसे केवल भगवान शिव के पुत्र ही मार सकेंगे। "लेकिन शिव जी तपस्वी जीवन में लीन थे और विवाह या संतान का कोई विचार नहीं था। देवता असहाय थे। सभी देवी-देवता मिलकर शिव-पार्वती के दिव्य संयोग के लिए प्रयास करने लगे जब भगवान शिव और माता पार्वती का दिव्य तेज (वीर्य) प्रकट हुआ, तो वह इतना प्रचंड था कि कोई भी देवता उसे धारण नहीं कर सका। यह तेज संसार के कल्याण के लिए उत्पन्न हुआ था। शेष देवता इसे धारण करने में असमर्थ थे, इसलिए उन्होंने इसे अग्नि देव को सौंपा। अग्नि देव ने उस तेज को संभालने का प्रयास किया, लेकिन उसकी उष्मा इतनी तीव्र थी कि वह इसे भी धारण नहीं कर सके।इसलिए अग्नि देव उसे लेकर सरस्वती नदी और फिर गंगा के प्रवाह में ले गए, जहाँ वह और अधिक शांत हुआ। जब शिव का दिव्य तेज गंगा में पहुँचा, तो वहाँ यह छः भागों में विभाजित हो गया। गंगा ने

उस तेज को कृत्तिका देवियों (जो कि छह सुंदर और शक्तिशाली माताएँ थीं) को सौंप दिया। ये छः देवियाँ थीं

1. अम्बा 2. दुर्वा 3. नित्या 4. अरुंधती 5. वरूतीनी 6. चंद्रिका

इन सभी ने उस दिव्य तेज को स्तन-पान कराकर पोषित किया। छः माताओं द्वारा पोषित होने के कारण यह बालक छः मुख वाला हुआ, जिसे बाद में शडानन, षण्मुख, स्कंद, कार्तिकेय आदि नामों से जाना गया।यह बालक असाधारण तेज, बल और दिव्य ऊर्जा से युक्त था। उसी क्षण देवताओं को आभास हो गया कि यही वह शक्ति है जो तारकासुर का अंत करेगी।

भगवान कार्तिकेय का पालन-पोषण देवताओं, कृत्तिकाओं और प्रकृति ने मिलकर किया।बड़े होने पर उन्होंने देव सेना का नेतृत्व किया और भीषण युद्ध में तारकासुर का वध किया।इसके साथ ही तीनों लोकों में धर्म और शांति की पुनर्स्थापना हुई।

कृत्तिका नक्षत्र का पौराणिक महत्व ➔ कृत्तिका नक्षत्र को "कृत्तिका माताओं" का नक्षत्र माना जाता है। यह शक्ति, पोषण, शुद्धिकरण और दिव्य अग्नि का प्रतीक है। अग्नि देव और कृत्तिका देवियों की भूमिका के कारण यह नक्षत्र ऊर्जा, तेज, साहस और परिवर्तन का संकेत देता है। जो भी व्यक्ति इस नक्षत्र में जन्म लेता है, उसके अंदर आत्मिक अग्नि, नेतृत्व क्षमता और आत्म-शुद्धि की तीव्र इच्छा देखी जाती है।

कृत्तिका नक्षत्र मेष के अंतिम भाग और वृषभ के प्रथम भाग में स्थित है। यह नक्षत्र खगोलीय रूप से प्लेइयाड्स (Krittika/Seven Sisters) नामक तारामंडल में आता है, जिसका सबसे चमकीला तारा Alcyone है। कृत्तिका नक्षत्र अग्नि, तेजस्विता, कटुता, स्पष्टवादिता, शुद्धिकरण और पवित्र अग्नि की ऊर्जा से भरपूर माना जाता है।यह नक्षत्र व्यक्ति के भीतर वह शक्ति जगाता है जो असत्य को काटकर सत्य को उजागर करती है। इसकी ऊर्जा तीव्र, परिवर्तनकारी, उद्दंड परंतु अत्यंत तेजस्वी है।

खगोल विज्ञान (Astronomy)

कृत्तिका नक्षत्र तारामंडल Pleiades/Seven Sisters में स्थित है। इसके प्रमुख तारे: 1. Alcyone (ηTauri) - सबसे प्रमुख 2. Maia 3. Electra 4. Taygeta 5. Celaeno 6. Merope 7. Asterope ये तारे मिलकर एक चमकीला समूह बनाते हैं जो मानव इतिहास में "अग्नि" और "दिव्य प्रकाश" का प्रतीक माना गया है।

नक्षत्र सीमा (Degrees) ➔ मेष 26°40'-30°00' ➔ वृषभ 0°00'-10°00' कुल 4 चरण इसी 13°20' क्षेत्र में फैलते हैं।

मेष भाग उग्र, आक्रामक और अग्निमय है। वृषभ भाग स्थिर, सौंदर्यप्रेमी और शीतल उज्ज्वलता से युक्त।

स्वामी ग्रह (Lord Planet) - सूर्य ➔ सूर्य आत्मा, तेज, नेतृत्व, पहचान, अहंकार और अधिकार का कारक है।इसलिए जातक स्वभावतनेतृत्व क्षमता वाले, तेज एवं प्रभामयी, अपनी बात पर दृढ, सत्यवादी लेकिन कभी-कभी कठोर, जिम्मेदारियों को गंभीरता से निभाने वाले होते हैं।

प्रतीक (Symbol) 1. धारदार औजार (छुरी, ब्लेड, हथियार) 2. अग्नि की ज्वाला

यह प्रतीक बताता है कि कृत्तिका जातक "कटाक्ष", "सत्य की धार" और "शुद्धिकरण" की ऊर्जा लेकर जन्म लेते हैं। वे झूठ, पाखंड और गंदगी को काटकर हटाने वाले होते हैं।

देवता (Presiding Deity) ➔ अग्नि देव

अग्नि ऊर्जा, परिवर्तन, पवित्रता और बलिदान के देवता। इसका प्रभाव जातक को देता हैभीतर की अग्नि (जोश, जुनून, क्रोध), परिवर्तन की शक्ति, असत्य को जलाने की प्रवृत्ति, संघर्षशील स्वभाव, तेजस्विता, स्पष्टवादिता

गुण (Guna) ➔ राजसिक

राजस गुण क्रियाशीलता, महत्वाकांक्षा, उग्रता और गतिशीलता देता है।इसलिए जातक: तेज दिमाग वाले, कर्मठ, उत्साही, ऊर्जावान, जल्दी उत्तेजित होने वाले

तत्व (Element) ➔ अग्नि तत्व

अग्नि तत्व व्यक्ति के भीतर तीव्रता, साहस और पवित्रता पैदा करता है। पर यह असंतुलित हो जाए तो क्रोध, असहिष्णुता और ताप बढ़ाता है।

वर्ण (Caste/Varna) ➔ क्षत्रिय

यह योद्धा-वर्ग का नक्षत्र है। इससे जातक में: नेतृत्व, साहस, युद्धात्मक सोच, संघर्ष से न डरने का स्वभाव, न्यायप्रियता पाई जाती है।

प्रकृति (Nature) ➔ उग्र (Tikshna/Fierce)

यह प्रकृति तीव्र, काटने वाली और परिणामकारी होती है। कृत्तिका ऊर्जा "धीरे बदलाव" नहीं लाती यह तुरंत और तेज प्रभाव पैदा करती है।

गण (Temperament) ➔ राक्षस गण

राक्षस गण बुराई नहीं, बल्कि प्रबल ऊर्जा का प्रतीक है। इससे जातक जुझारू, लक्ष्य पर पहुँचने वाले, प्रतिस्पर्धी, तीव्र इच्छाशक्ति वाले, असहिष्णु, विद्रोही स्वभाव होते हैं।

योनि (Animal Symbol) ➔ भेड़ (Sheep)

भेड़ प्रतीक है समूह में नेतृत्व, उग्र हमला, तीव्र ऊर्जा, सुरक्षा और रक्षा

लिंग (Gender) ➔ स्त्री

स्त्री प्रकृति पोषण और शक्ति दोनों देती है इसलिए कृत्तिका जातक, रचनात्मक, संरक्षक, भावनात्मक रूप से तीव्र होते हैं।

शक्ति (Shakti) ➔ दहन शक्ति (Power to Burn/Purify)

इस नक्षत्र की शक्ति"जो असत्य है उसे जलाकर सत्य को प्रकट करना", यह जीवन में गहन परिवर्तन लाता है।

दिशा (Direction) ➔ दक्षिण-पश्चिम

यह दिशा सुरक्षा, स्थिरता और परिवर्तनकारी ऊर्जा का प्रतीक है।

रंग (Color) ➔ सफेद (White)

सफेद रंग पवित्रता, चमक, प्रतिष्ठा और आध्यात्मिक विकास का संकेत है।

स्वभाव ➔ स्थिर

कृत्तिका का मूल स्वभाव “स्थिर” है इसका मतलब: एक बार संकल्प करने पर पीछे नहीं हटना, विचारों में दृढ़ता, Stubbornness, लंबी अवधि तक टिके रहने की क्षमता

प्रकृति (Prakriti) ➔ पित्त प्रधान (Pitta)

पित्त प्रकृति देती है तेज बुद्धि, उग्रता, गर्म स्वभाव, तेज पाचन, अधिक ऊर्जा लेकिन असंतुलन होने पर चिड़चिड़ापन, अम्लता, गुस्सा, झुंझलाहट दिखती है।

जीवन पर प्रभाव: (Impact on Life)

कृत्तिका नक्षत्र अग्नि, तेज, शुद्धिकरण और कटु सत्य का प्रतीक है। इसका जीवन पर प्रभाव “अग्नि के दो स्वभावों” जैसा होता है पोषण देने वाला, मार्गदर्शक, चमक देने वाला, और कभी-कभी जलाने वाला, बदलने वाला, झकझोरने वाला। इस नक्षत्र का प्रभाव व्यक्ति के जीवन को तीव्र गति, उग्र ऊर्जा, आत्म-परिवर्तन, नेतृत्व, और अपरिहार्य चुनौतियों की ओर ले जाता है। नीचे जीवन के हर क्षेत्र में इसका विस्तृत प्रभाव दिया गया है

व्यक्तित्व: (Personality)

कृत्तिका नक्षत्र के जातक अग्नि, तेज, सत्य और नेतृत्व की ऊर्जा के साथ जन्म लेते हैं। उनके भीतर एक ऐसी आंतरिक ज्वाला होती है जो उन्हें अलग, प्रखर, निर्णायक और प्रभावशाली बनाती है। ये लोग साधारण जीवन के लिए नहीं बने इनका स्वभाव, सोच और कर्म हमेशा किसी बड़े उद्देश्य हेतु कार्य करते हैं।

तेजस्वी और प्रभावशाली आभा (Radiant Aura) ➔ कृत्तिका जातकों के व्यक्तित्व से प्राकृतिक चुम्बकत्व निकलता है। वे जहाँ भी जाते हैं, लोग उन्हें नोटिस करते हैं। उनके चेहरे, आँखों और चाल-ढाल में एक विशेष गर्व और तेज दिखाई देता है। सूर्य की तरह उनका प्रभामंडल लोगों को आकर्षित करता है और सम्मान दिलाता है।

सत्यवादी लेकिन कटु बोलने वाले (Brutally Honest) ➔ कृत्तिका जातक बहुत सत्यवादी होते हैंवे झूठ, धोखा या पाखंड को बर्दाश्त नहीं कर पाते। बात को घुमा-फिरा कर कहना इनके स्वभाव में नहीं होता। उनकी भाषा अक्सर ब्लेड की धार जैसी तेज होती है। वे वही बोलते हैं जो सत्य है भले ही सुनने वाला आहत हो जाए। यह गुण उन्हें सम्मान भी दिलाता है और कभी-कभी विरोध भी।

जन्मजात नेता (Natural Leaders) ➔ कृत्तिका नक्षत्र का स्वामी सूर्य है इसलिए वे नेतृत्व पसंद करते हैं, निर्णय लेने में माहिर होते हैं, दूसरों का मार्गदर्शन कर सकते हैं, अधिकार वाले पदों पर अच्छे रहते हैं, टीम या परिवार में केंद्र बिंदु बन जाते हैं, कृत्तिका जातक पीछे बैठकर देखने वालों में से नहीं वे आगे बढ़कर नेतृत्व करते हैं।

ऊर्जावान, सक्रिय और निर्णायक (High Energy & Quick Decisions) ➔ इन लोगों में ऊर्जा का भंडार होता है। ये किसी भी स्थिति में सुस्ती पसंद नहीं करते। वे तुरंत प्रतिक्रिया देते हैं, तेज़ निर्णय लेते हैं, काम को टालते नहीं, हर समय सक्रिय रहना पसंद करते हैं, उनके भीतर की "अग्नि" उन्हें लगातार चलाती रहती है।

तीव्र भावनाएँ (Intense Emotions) ➔ कृत्तिका जातक खुश हों तो बहुत खुश, क्रोधित हों तो बहुत क्रोधित। उनकी भावनाएँ अत्यधिक तीव्र और गहरी होती हैं। वे आधे-अधूरे नहीं होते या तो पूरी तरह समर्पित, या बिल्कुल नहीं। प्रेम में गहरा जुनून, रिश्तों में अत्यधिक निष्ठा, मित्रता में पूर्णता, लेकिन गलत व्यवहार होने पर वे तुरंत संबंध तोड़ भी सकते हैं।

संघर्ष से न डरने वाले (Fearless Fighters) ➔ यह नक्षत्र क्षत्रिय स्वभाव देता है। इसलिए जातक किसी भी संघर्ष, समस्या और चुनौती का सामना दृढ़ता से करते हैं। वे डरते नहीं, दबते नहीं, अन्याय सहते नहीं, अपनी रक्षा स्वयं करना जानते हैं उनमें एक सैनिक या योद्धा जैसा मनोबल होता है।

उच्च बुद्धि और विश्लेषण क्षमता (Sharp Intelligence) ➔ कृत्तिका जातकों का दिमाग तेज़, विश्लेषणात्मक और अत्यंत पैना होता है। वे

जल्दी सीखते हैं और हर स्थिति की गहराई में जाकर समझते हैं। उनकी सोच स्पष्ट, तार्किक और केंद्रित होती है।

आत्म-सम्मान और गर्व (Strong Self-Respect) ➔ कृत्तिका जातक अपना सम्मान बहुत महत्त्वपूर्ण मानते हैं। वे स्वयं को किसी के आगे झुकाना पसंद नहीं करते। उनका अहंकार "नकारात्मक" नहीं होता आत्म-सम्मान और आत्म-गौरव का रूप होता है। लेकिन इस कारण कभी-कभी रिश्तों में टकराव हो सकता है।

आत्म-शुद्धि की यात्रा (Purification Journey) ➔ कृत्तिका जातक जीवन में कई "अग्नि-परीक्षाओं" से गुजरते हैं। ये परीक्षाएँ उन्हें और मजबूत, परिपक्व और उज्ज्वल बनाती हैं। उनके जीवन में अचानक परिवर्तन, कठिन परिस्थितियाँ, संघर्ष और फिर चमकदार उन्नति अक्सर देखी जाती है। उनका जीवन "सोने को कुंदन बनाने" वाली अग्नि की तरह होता है।

जिम्मेदार और अनुशासित (Responsible & Disciplined) ➔ वे अपनी जिम्मेदारियाँ पूरी निष्ठा से निभाते हैं। काम को गंभीरता से लेते हैं और अपने क्षेत्र में सर्वश्रेष्ठ बनने की कोशिश करते हैं।

आकर्षक और चुंबकीय व्यक्तित्व (Magnetic Attraction) ➔ कृत्तिका जातक प्राकृतिक रूप से आकर्षक, आत्मविश्वासी और स्टाइलिश होते हैं। उनमें एक चमक और गहराई होती है जो लोगों को प्रभावित करती है।

कमज़ोरियाँ (Weaknesses) ➔ कृत्तिका जातक की कमियाँ भी उनकी ताकत जैसी ही प्रबल होती हैं क्रोध, कटु वाणी, अधीरता, उच्च अपेक्षाएँ, अहंकार, अपने सिद्धांतों पर अड़ जाना, इन पर नियंत्रण चाहिए।

मानसिक और भावनात्मक स्वभाव

कृत्तिका नक्षत्र के जातकों का मानसिक ढांचा तेज, विश्लेषणात्मक और संवेदनशील अग्नि-ऊर्जा से निर्मित होता है। उनकी भावनाएँ साधारण नहीं होतीं उनमें गहराई, तीव्रता और रूपांतरण की शक्ति होती है। यह

नक्षत्र मानसिक स्तर पर जातक को ऐसा व्यक्तित्व देता है जो अपनी भावनाओं को नियंत्रित करने के बजाय उन्हें सचेत रूप से व्यक्त करता है। उनकी मन: स्थिति में स्थिरता और अग्नि का संतुलन एक रहस्यमय मिश्रण की तरह दिखाई देता है।

तीक्ष्ण मानसिक स्पष्टता (Sharp Mental Clarity) ➔ कृत्तिका जातक मानसिक रूप से अत्यंत स्पष्ट सोच वाले होते हैं। उनके विचार सीधे, अपरिवर्तित और बिना भ्रम के होते हैं। वे भावनात्मक स्थितियों में भी तार्किक विश्लेषण बनाए रख सकते हैं। इस कारण वे अक्सर जटिल स्थितियों को जल्दी समझ लेते हैं और सही निष्कर्ष तक पहुँचते हैं।

मानसिक गति तेज़ लेकिन नियंत्रित ➔ उनके मन का स्वभाव तेज और सक्रिय होता है, परंतु यह अस्थिरता नहीं बनता। उनकी सोच तीव्र, केंद्रित और नियंत्रित दिशा में बहने वालीहोती है। गहन भावनाओं के बीच भी वे निर्णय लेने में सक्षम रहते हैं।

आंतरिक संवेदना की गहराई (Deep Internal Sensitivity) ➔ कृत्तिका जातक भावनाओं को सतही स्तर पर नहीं जीते। उनकी हर भावना चाहे प्रेम हो, दुख हो, चोट हो, सम्मान हो गहरी होती है। वे दूसरों की तुलना में भावनाएँ अधिक तीखी और अर्थपूर्ण तरीके से अनुभव करते हैं। उन्हें भावनात्मक सुन्नता नहीं होती बल्कि भीतर का अनुभव बेहद जीवंत होता है।

आत्म-विश्लेषण की तीव्र प्रवृत्ति (Strong Self-Reflection) ➔ उनके मन में हमेशा एक "आंतरिक दर्पण" सक्रिय रहता है। वे अपने ही विचारों, भावनाओं और प्रतिक्रियाओं का निरंतर विश्लेषण करते रहते हैं। इससे वे आत्म-सुधार, आत्म-शुद्धि, और आत्म-परिवर्तन, की दिशा में बहुत तेज़ी से बढ़ते हैं। यह आंतरिक अग्नि उन्हें बार-बार नए रूप में बदलती है।

भावनात्मक प्रतिक्रियाएँ तीव्र, लेकिन स्थायी नहीं (Intense But Short-Lived Emotions) ➔ कृत्तिका जातक भावनात्मक रूप से जल्दी प्रतिक्रिया देते हैं पर यह प्रतिक्रिया लंबी नहीं रहती। उनका गुस्सा

तीव्र होता है पर जल्द शांत हो जाता है। उनका प्रेम गहरा होता है, लेकिन उसमें चिपकाव (clinginess) कम होता है। वे भावनात्मक दर्द से भी जल्दी उबर जाते हैं, क्योंकि उनकी "अग्नि" नकारात्मक भावनाओं को जल्दी जला देती है।

भावनात्मक ईमानदारी (Emotional Honesty) ➔ इनका मन भावनाओं में भी झूठ, दिखावा या नाटक नहीं करता। वे जैसे महसूस करते हैं, वैसा ही व्यक्त करते हैं। वे अपने मन को छिपाकर, कृत्रिम व्यवहार करके या औपचारिक मुस्कानें बिखेरकर जी नहीं सकते। उनकी भावनात्मक भाषा स्वाभाविक, साफ और प्रामाणिक होती है।

आलोचना और संवेदनशीलता का संतुलन (Balance of Criticism & Sensitivity) ➔ कृत्तिका जातक दूसरों को सुधारने या सच बताने में पीछे नहीं रहते, परंतु स्वयं आलोचना को गहराई से महसूस करते हैं। उन्हें भावनात्मक सीधा वार ज्यादा प्रभावित करता है, क्योंकि वे स्वयं भी जीवन को "धारदार" दृष्टि से देखते हैं। उनकी भावनात्मक संवेदना दूसरों की अपेक्षा अधिक जागरूक होती है।

भावनाओं को शुद्ध करने की क्षमता (Ability to Purify Emotions) ➔ कृत्तिका का अग्नि तत्व नकारात्मक भावनाओं को अपने भीतर जमा नहीं होने देता। वे अंदर की कड़वाहट, दुःख, गुस्सा या भ्रम को धीरे-धीरे जला देते हैं। इससे वे मानसिक रूप से भारी नहीं होते बल्कि समय के साथ हल्के और स्पष्ट होते जाते हैं।

भावनात्मक सीमा और आत्म-सुरक्षा (Emotional Boundaries) ➔ कृत्तिका जातक अपनी भावनात्मक सीमाओं को बहुत अच्छे से जानते हैं। वे अपने मन को किसी भी व्यक्ति के लिए खोलने से पहले सोचते हैं, अपने निजी भावनात्मक क्षेत्र की रक्षा करते हैं, किसी को ज्यादा जगह देने में सावधान रहते हैं, इससे वे मनौवैज्ञानिक चालबाज़ी के शिकार नहीं बनते।

आंतरिक उद्वेलन और शक्ति (Inner Turbulence & Strength) ➔ कभी-कभी उनका मन बहुत उथल-पुथल, बेचैनी और अंदरूनी गर्मी

महसूस करता है। यह उनकी भावनात्मक गहराई और अग्नि तत्व का संकेत है। लेकिन इस उथल-पुथल से वे टूटते नहींबल्कि इससे उठते हैं। उनके मन में बड़ी चोटें भी उन्हें अंततः और मजबूत बनाती हैं।

करियर और पेशा (Career & Profession)

कृत्तिका नक्षत्र अग्नि, सूर्य, नेतृत्व और तीक्ष्णता से युक्त है। इसलिए इनके जातक किसी भी सामान्य या साधारण करियर के लिए नहीं बने होते। वे ऐसे क्षेत्रों में चमकते हैं जहाँ साहस, निर्णायकता, ऊर्जा, नेतृत्व, तकनीकी कौशल, विश्लेषण क्षमता और स्पष्टता की आवश्यकता होती है। कृत्तिका जातक अपने करियर में कर्तव्य, अनुशासन, मान-सम्मान, कौशल और दृढ़ इच्छाशक्ति को प्राथमिकता देते हैं।

नेतृत्व और प्रबंधकीय क्षेत्र (Leadership & Management Roles) ➔ कृत्तिका जातक जन्मजात नेता होते हैं इसलिए उच्च पदों पर जाना इनके लिए स्वाभाविक है। ये लोग उन कार्यों में अधिक सफल होते हैं जहाँ उन्हें निर्देशन, निर्णय लेना, मार्गदर्शन, नियंत्रणऔर टीम नेतृत्वकरना पड़े।

उपयुक्त करियर ➔ प्रशासनिक सेवाएँ (IAS, IPS, PCS), कॉर्पोरेट मैनेजमेंट, प्रोजेक्ट मैनेजर, नेतृत्व पदों पर, कॉर्पोरेट, भूमिकाएँ, पॉलिसी मेकिंग, सरकारी विभागों में उच्च पद इन भूमिकाओं में उनकी तेजस्विता और जिम्मेदारी निभाने की क्षमता उभरकर आती है।

सुरक्षा, रक्षा और युद्ध-सम्बंधित क्षेत्र (Defense, Police & Armed Forces) ➔ कृत्तिका का संबंध क्षत्रिय ऊर्जा, अग्नि, और युद्ध से है। इसलिए यह नक्षत्र सेना, पुलिस, कमांडो, फायर सर्विस, आंतरिक सुरक्षा, पैरामिलिट्री, खुफिया विभाग जैसे क्षेत्रों में अत्यंत सफल होता है। इनके अंदर आदेश पालन, नेतृत्व, साहस और निर्णायकता जन्मजात होती है।

चिकित्सा और सर्जरी (Medical Field & Surgery) ➔ अग्नि तत्व और धारदार औजार का प्रतीक होने के कारण कृत्तिका जातक सर्जरी या क्रिटिकल केयर में विशेष सफलता पाते हैं।

उपयुक्त चिकित्सा क्षेत्र ➔ जनरल सर्जन, कार्डियक सर्जन, न्यूरो सर्जन, एनेस्थीसिया, इमरजेंसी मेडिसिन, ऑर्थोपेडिक्स, त्वचा रोग विशेषज्ञ (त्वचा और अग्नि का गहरा संबंध), सटीकता और साहस इनके पेशेवर कौशल को और मजबूत बनाते हैं।

अग्नि, प्रकाश, धातु और ऊर्जा से सम्बंधित कार्य ➔ कृत्तिका नक्षत्र का अग्नि तत्व इसे तकनीकी तथा आग/ऊर्जा आधारित कार्यों में उत्कृष्ट बनाता है।

उपयुक्त क्षेत्र ➔ बिजली/इलेक्ट्रिकल इंजीनियरिंग, मेकैनिकल इंजीनियरिंग, धातु उद्योग, ज्वेलरी निर्माण, हथियार निर्माण, केमिकल इंजीनियर, अग्नि सुरक्षा विशेषज्ञ, मशीनरी और टूल इंजीनियरिंग इन क्षेत्रों में उनकी तकनीकी दक्षता असाधारण होती है।

कला, प्रदर्शन और मनोरंजन (Arts, Entertainment & Performance) ➔ सूर्य के स्वभाव के कारण कृत्तिका जातक मंच, कैमरा और भीड़ के बीच चमकते हैं। उनमें एक नैसर्गिक ग्लैमरल, पर्सनैलिटी और करिश्मा होता है।

उपयुक्त क्षेत्र ➔ अभिनय (Actors), थिएटर कलाकार, डांसर, टीवी/फिल्म प्रस्तुतकर्ता, मॉडलिंग, डिरेक्शन, एंकरिंग, परफॉर्मिंग आर्ट्स उनका व्यक्तित्व लोगों पर गहरी छाप छोड़ता है।

वक्तृत्व और प्रभाव-आधारित कार्य (Public Speaking & Influence Based Roles) ➔ कृत्तिका जातक का शब्द-शक्ति अत्यंत प्रभावशाली होती है। उनकी आवाज, शैली और बोलने का अंदाज़ प्रभाव उत्पन्न करता है।

उपयुक्त भूमिकाएँ ➔ मोटिवेशनल स्पीकर, राजनीतिक वक्ता, आध्यात्मिक गुरु, ट्रेनर, एडवोकेसी वर्कर, काउंसलर, बहसकर्ता (Debater) उनकी भाषा में धार होती है, जो लोगों को प्रभावित करती है।

न्याय और कानून (Law & Justice) ➔ कृत्तिका जातक न्यायप्रिय, सिद्धांतवादी और स्पष्टवादी होते हैं। इसलिए कानून संबंधी करियर उनके लिए उत्तम रहते हैं।

उपयुक्त क्षेत्र ➔ वकील, जज, क्रिमिनललॉ, कॉर्पोरेटलॉ, एडवोकेट, अनुपालन अधिकारी (Compliance Officer) वे सच्चाई के लिए संघर्ष करने से नहीं डरते।

तकनीकी और विश्लेषणात्मक क्षेत्र (Technical & Analytical Fields) ➔ तेज दिमाग और सटीक विचार प्रक्रिया के कारण ये जातक विश्लेषणात्मक क्षेत्रों में श्रेष्ठ रहते हैं।

उपयुक्त करियर ➔ डाटा एनालिस्ट, साइबर सिक्योरिटी, रिसर्च वैज्ञानिक, सूचना प्रौद्योगिकी (IT), आर्टिफिशियल इंटेलिजेंस, फॉरेंसिक साइंस उनकी विश्लेषण क्षमता किसी भी समस्या की जड़ तक पहुँच जाती है।

क्रिएटिव उत्पाद निर्माण (Creative Creation & Product Design) ➔ कृत्तिका जातक तेज, रचनात्मक और सौंदर्यप्रिय होते हैं विशेषकर वृषभ चरण में जन्मे जातक।

उपयुक्त क्षेत्र ➔ डिजाइनिंग (इंटीरियर, फैशन, ग्राफिक), निर्माण कार्य, कला-मूर्तिकला, ललित कला, ब्रांडिंग और विज़ुअल आइडेंटिटी, उत्पाद निर्माण उनकी दृष्टि सटीक और सौंदर्यशील होती है।

नेतृत्वयुक्त सेवा भूमिकाएँ (Service Roles With Authority) ➔ वे उन भूमिकाओं में भी अच्छे रहते हैं जहाँ सेवा के साथ “शासन” या “नियंत्रण” का तत्व हो।

उपयुक्त पेशे ➔ एयरलाइंस (कैप्टन, सीनियर क्रू), होटल मैनेजमेंट के उच्च पद, एनजीओ नेतृत्व, अंतरराष्ट्रीय संगठनों में कार्य, बड़े आयोजनों का प्रबंधन

कृत्तिका जातक की कार्य-शैली (Work Style) ➔ कृत्तिका जातक तेज निर्णय लेते हैं, जिम्मेदारी उठाने से नहीं डरते, कार्यों को सटीकता से पूरा करते हैं, अनुशासनप्रिय होते हैं, अपनी टीम या अधीनस्थों को नियंत्रित करते हैं, उच्च मानक (High Standards) रखते हैं, गलतियों को स्वीकार करते हैं, सुधारते हैं, उन्हें आलसी, धीमे और अस्थिर लोग पसंद नहीं आते।

आर्थिक स्थिति (Financial Aspects)

कृत्तिका नक्षत्र सूर्य, अग्नि, शुद्धिकरण और नेतृत्व ऊर्जा से युक्त है। इसका प्रभाव जातक की आर्थिक स्थिति को गति, अचानक परिवर्तन, स्व-निर्मित धन, और तेज खर्च-तेज कमाई के सिद्धांत के अनुसार प्रभावित करता है। कृत्तिका जातक धन कमाते भी तेजी से हैं और खर्च भी तेजी से करते हैं, परंतु उनकी आर्थिक स्थिति जीवन में धीरे-धीरे स्थिर और मजबूत होती जाती है।

धन कमाने का मुख्य तरीका - Self-Made Wealth ➔ कृत्तिका जातक अपनी आर्थिक स्थिति खुद बनाते हैं। इनके लिए विरासत, दूसरों की मदद, उपहार या अचानक "भाग्य" सामान्यत: धन का स्त्रोत नहीं होता। यह नक्षत्र "स्वनिर्मित व्यक्तित्व" का प्रतीक है। वे अपने प्रयास, कौशल, नेतृत्व, परिश्रम और संघर्ष से आर्थिक सफलता अर्जित करते हैं।

तेजी से धन कमाने की क्षमता (High Earning Ability) ➔ कृत्तिका जातकों के पास कमाने की क्षमता बहुत मजबूत होती है क्योंकि मस्तिष्क तेज, निर्णय क्षमता मजबूत, जोखिम लेने का साहस, मेहनत करने की आदत, नेतृत्व ऊर्जा, और व्यक्तिगत महत्वाकांक्षा इन गुणों के कारण वे कई बार अपनी उम्र से आगे आर्थिक सफलता प्राप्त करते हैं।

आर्थिक उतार-चढ़ाव (Financial Ups & Downs) ➔ कृत्तिका नक्षत्र का अग्नि तत्व जातक के धन में जल्दी लाभ जल्दी हानि की प्रवृत्ति ला सकता है। इस नक्षत्र में धन स्थिर तो होता है, पर शुरूआती जीवन में यह पैटर्न देखा जा सकता है एक समय पैसा बहुत आता हैफिर अचानक खर्च बढ़ जाते हैं या किसी बड़े निवेश की आवश्यकता पड़ती है, यह उतार-चढ़ाव दीर्घकालीन हानि नहीं बल्कि आर्थिक "शुद्धिकरण" का चरण होता है। समय के साथ जातक अपनी धन-ऊर्जा को नियंत्रित करना सीखता है। मेहनत का प्रतिफल अवश्य मिलता है यह नक्षत्र सुनिश्चित करता है कि "यदि यह जातक मेहनत करता है, तो उसकी आर्थिक प्रगति निश्चित है। "उनकी आर्थिक वृद्धि स्थिर, नियमित और मजबूत आधार

वाली होती है। भले ही शुरुआती संघर्ष हो, परन्तु आगे चलकर स्थायी और सम्मानजनक आर्थिक स्थिति बन जाती है।

आय के कई स्त्रोत (Multiple Income Sources) ➔ कृत्तिका जातक केवल एक आय स्त्रोत पर निर्भर रहना पसंद नहीं करते। उनकी ऊर्जा कई क्षेत्रों में प्रवेश करती है। इनमें अक्सर मुख्य करियर, साइडबिज़नेस, निवेश, परामर्श कार्य, फ्रीलांसिंग, प्रोजेक्ट आधारित आय आते हैं ये लोग "एक काम में पूरी ज़िंदगी" वाली सोच नहीं रखते।

खर्च करने का स्वभाव (Spending Tendencies) ➔ कृत्तिका जातक खर्च भी तेज करते हैं, विशेषकर स्टाइल, प्रतिष्ठा, आराम, परिवार, शिक्षा, इलेक्ट्रॉनिक/टेक्नोलॉजी, यात्रा परंतु ये खर्च "फिजूल" नहीं होते यह नक्षत्र व्यक्ति को उन्नति और आत्म-संतुष्टि वाले खर्चों की ओर प्रेरित करता है। खर्च के दो मुख्य कारण 1. उच्च अपेक्षाएँ और उच्च जीवन-शैली 2. गर्म और तेज स्वभाव तुरंत निर्णय इसलिए धन प्रबंधन प्रारंभिक जीवन में एक चुनौती हो सकता है।

बचत और निवेश (Savings & Investments) ➔ कृत्तिका जातक बचत करते हैं, लेकिन जीवन के प्रारंभिक वर्षों में खर्च, जिम्मेदारियाँ, स्वयं के भविष्य को बनाने की आकांक्षा के कारण बचत धीमी होती है लेकिन 28 के बाद इनमें लगभग हर जातक सोच-समझ कर निवेश करना शुरू करता है अग्नि तत्व उन्हें रिस्क लेने की क्षमता देता है, लेकिन सूर्य उन्हें प्रूडेंट प्लानिंग भी सिखाता है।

उपयुक्त निवेश ➔ जमीन/प्लॉट, मेटल/सोना, सरकारी योजनाएँ, म्यूचुअलफंड, ऊर्जा/तकनीकी क्षेत्रों में निवेश

परिवार और आर्थिक जिम्मेदारी ➔ कृत्तिका जातक अपने परिवार के प्रति आर्थिक रूप से बहुत जिम्मेदार होते हैं। वे परिवार के स्वास्थ्य, शिक्षा, आराम, सुरक्षा पर शुभ खर्च करते हैं। अक्सर परिवार का आर्थिक स्तंभ यही जातक होता है।

मध्य जीवन में आर्थिक उन्नति (Financial Rise in Mid-Life) ➔ कृत्तिका जातक की आर्थिक स्थिति का सर्वोत्तम समय 28-42 वर्षके

बीच आता है। इस काल में करियर स्थिर, आय उच्च, सही निवेश, सम्मानजनक पद, समझदारीपूर्ण निर्णय सब मिलकर एक मजबूत आर्थिक आधार बनाते हैं।

आर्थिक भाग्य और ग्रह प्रभाव ➔ सूर्य, मंगल और शुक्र की स्थिति कृत्तिका जातक की आर्थिक खूबसूरती को नियंत्रित करती है:

सूर्य मजबूत ➔ स्थिर धन, पद, प्रतिष्ठा

मंगल मजबूत ➔ अचानक लाभ, जोखिम में लाभ

शुक्र मजबूत ➔ विलासिता, सुंदर जीवन, स्थायी संपत्ति

यदि यह तीनों अनुकूल हों ➔ जातक को अत्यंत समृद्ध जीवन प्राप्त होता है।

प्रेम, विवाह और दांपत्य जीवन(Love, Marriage & Marital Life)

कृत्तिका नक्षत्र अग्नि, सत्य, शुद्धता और व्यक्तिगत शक्ति का प्रतीक है। सूर्य और अग्नि के प्रभाव से इस नक्षत्र के जातक प्रेम और संबंधों में तीव्र भावनाएँ, वफादारी, गर्मजोशी, सुरक्षा, और कभी-कभी कठोर स्पष्टता लेकर आते हैं। इनके रिश्ते साधारण नहीं होते ये प्रेम को गहराई से जीते हैं, पूरी निष्ठा के साथ और दांपत्य को एक पवित्र प्रतिबद्धता की तरह निभाते हैं।

प्रेम स्वभाव (Love Nature) ➔ तीव्र और गहरा प्रेम कृत्तिका जातक किसी से साधारण रूप से प्रेम नहीं करते। वे प्रेम को पूरे दिल, पूरी ऊर्जा और पूरी सच्चाई के साथ जीते हैं। उनके प्रेम में जुनून, समर्पण, तीव्र आकर्षण, गहरी भावनात्मक भागीदारी स्पष्ट दिखाई देती है। भावनाएँ छिपाते नहीं वे अपने प्रेम को छिपाते नहीं, बल्कि सीधे अभिव्यक्त करते हैं। उनका प्रेम बहुत खुला, ईमानदार और स्पष्ट होता है।

वे आकर्षक, करिश्माई और आत्मविश्वासी होते हैं। व्यक्तित्व स्वाभाविक रूप से लोगों को आकर्षित करता है।

प्रेम में धैर्य कम ➔ प्रतीक्षा, असमंजस और टालमटोल उन्हें पसंद नहीं। वे अपनी इच्छाओं के प्रति स्पष्ट और त्वरित होते हैं।

प्रेम में अपेक्षाएँ (Expectations in Love) ➔ सच्चाई, झूठ, ड्रामा या धोखा इन्हें बिल्कुल स्वीकार नहीं। इनके लिए प्रेम = ईमानदारी। सम्मानसूर्य की ऊर्जा के कारण वे अपने सम्मान और आत्म-गरिमा को बहुत महत्व देते हैं।

भावनात्मक निष्ठा ➔ वे पूर्ण वफादारी चाहते हैं और स्वयं भी बिल्कुल निष्ठावान होते हैं।

स्वतंत्रता ➔ वे प्रेम में घुटन, नियंत्रण या अत्यधिक चिपकाव पसंद नहीं करते।

मानसिक समानता ➔ ये ऐसे साथी की तलाश में रहते हैं जो मजबूत, समझदार और भावनात्मक रूप से परिपक्व हो।

विवाह दृष्टिकोण (Approach Towards Marriage) ➔ कृत्तिका जातक विवाह को एक पवित्र दायित्व के रूप में देखते हैं। वे एक बार विवाह में प्रवेश कर जाएँ, तो अपने साथी के प्रति अत्यंत निष्ठावान और रक्षक बन जाते हैं। विवाह में जिम्मेदारी का भाव, अनुशासन, साथी के लिए सुरक्षा, परिवार का नेतृत्व, स्पष्ट भूमिकाएँ, भावनात्मक और सामाजिक समर्थन इनमें होते हैं वे ऐसा साथी चाहते हैं जो भावनात्मक रूप से गहरा, वफादार, सच्चा और सम्मान देने वाला हो।

दांपत्य जीवन (Marital Life) ➔ कृत्तिका जातकों का दांपत्य जीवन अग्नि जैसा होता हैगर्म, गहन, जीवंत और कभी-कभी उग्र।

स्नेह और देखभाल ➔ वे अपने परिवार के लिए बेहद समर्पित होते हैं और साथी की हर तरह से रक्षा करते हैं।

यौन जीवन ➔ कृत्तिका का अग्नि तत्व इसे शक्तिशाली बनाता है आकर्षण, निकटता, तीव्र भावनात्मक लैंगिक ऊर्जा, साथी के प्रति जुनून, निष्ठाये सब बहुत गहरे होते हैं।

बात-चीत में स्पष्टता ➔ वे संवाद में अत्यंत स्पष्ट होते हैं, जिससे गलतफहमियाँ कम होती हैं, पर कभी-कभी उनकी बात धारदार भी हो सकती है।

साथी के प्रति सुरक्षा ➔ उनमें अपने साथी के प्रति स्वामित्वभाव और सुरक्षा की भावना अत्यधिक होती है।

वैवाहिक चुनौतियाँ (Challenges in Marriage) ➔ कृत्तिका नक्षत्र के कुछ गुण विवाह में चुनौतियाँ ला सकते हैं

अत्यधिक स्पष्टवादिता ➔ कभी-कभी सत्य बोलते समय शब्द कड़वे हो सकते हैं।

गुस्सा ➔ भावनाएँ तीव्र होती हैं, इसलिए गुस्सा भी तेज़ और अचानक आ सकता है परंतु थोड़े समय के लिए

अहंकार संघर्ष ➔ सूर्य का प्रभाव अहंकार को बढ़ा सकता है, जिससे साथी के साथ टकराव हो सकता है।

भावनात्मक संवेदनशीलता ➔ आलोचना इन्हें बहुत गहराई से प्रभावित करती है।

स्वतंत्रता प्रेम ➔ वे ऐसा साथी चाहते हैं जो उन्हें स्वतंत्रता दे, न कि भावनात्मक कैद में रखे।

सबसे उपयुक्त साथी (Best Match for Krittika) ➔ कृत्तिका जातक ऐसे साथी के साथ सबसे अधिक खुश रहते हैं जो भावनात्मक रूप से परिपक्व, ईमानदार, बुद्धिमान, स्थिर, सम्मान देने वाला, वफादार हो।

सबसे सामंजस्यपूर्ण नक्षत्र ➔ रोहिणी, मृगशिरा, उत्तराफाल्गुनी, चित्रा, स्वाती, धनिष्ठा, श्रवण।

विवाह के बाद जातक में परिवर्तन (Transformation After Marriage) ➔ कृत्तिका जातक विवाह के बाद अधिक जिम्मेदार, अधिक संवेदनशील, अधिक धैर्यवान, और अधिक स्थिर हो जाते हैं। उनका साथी उनके जीवन की ऊर्जा को दिशा देता है।

पारिवारिक जीवन:(Family Life)

कृत्तिका नक्षत्र अग्नि, नेतृत्व, शुद्धिकरण और सत्य का प्रतीक है। इस नक्षत्र के जातक परिवार के प्रति अत्यंत जिम्मेदार, सुरक्षात्मक और कर्तव्यनिष्ठ होते हैं। इनके पारिवारिक जीवन में अग्नि की तरह

गर्मी, प्रकाश, सुरक्षा, तीव्रता और परिवर्तन ये सब तत्व स्पष्ट रूप से दिखाई देते हैं।

पारिवारिक संरचना में भूमिका (Role in Family Structure) ➔ कृत्तिका जातक परिवार में स्वाभाविक रूप से नेतृत्वकर्ता होते हैं। वे मार्गदर्शन, निर्णय और दिशा देने के लिए आगे आते हैं। इनकी भूमिका होती है परिवार को स्थिरता देना, समस्याओं का समाधान, कठिन समय में जिम्मेदारी उठाना, सही निर्णय लेना परिवार में अक्सर उन्हें "मुखिया", "स्तंभ" या "सुरक्षा-कवच" के रूप में देखा जाता है।

परिवार के प्रति जिम्मेदारी (Sense of Responsibility) ➔ कृत्तिका नक्षत्र का सूर्य स्वभाव इन्हें अत्यंत जिम्मेदार बनाता है। ये परिवार के लिए आर्थिक, मानसिक, सामाजिक, और नैतिक सभी प्रकार का दायित्व उठाते हैं। वे चाहे बाहर कितने भी मजबूत हों, घर के लिए ये अत्यंत नर्म, समर्पित और त्यागशील होते हैं।

माता-पिता के साथ संबंध (Relationship With Parents)

पिता के साथ संबंध ➔ सूर्य प्रधान नक्षत्र होने के कारण पिता से संबंध प्रबल होता है या तो बेहद मजबूत, सम्मानपूर्ण और प्रेरणादायक या कभी-कभी अहंकार-टकराव वाला उन पर पिता का प्रभाव गहरा होता है। बहुत-से कृत्तिका जातक अपनी जीवन-दिशा, करियर और मूल्यों में पिता को अनुकरणीय मानते हैं।

माता के साथ संबंध ➔ माता से भावनात्मक जुड़ाव गहरा होता है। वे माँ की भावनाओं, स्वास्थ्य और सुख को अत्यंत महत्व देते हैं।

भाई-बहनों के साथ संबंध (Sibling Bond) ➔ कृत्तिका जातक भाई-बहनों के प्रति संरक्षक, उपदेशक और कभी-कभी सख्त होते हैं। वे अपने भाई-बहनों के लिए "ढाल" की तरह खड़े रहते हैं, लेकिन गलतियों पर तीखापन भी दिखाते हैं। इनके रिश्ते मजबूत, लेकिन स्पष्टवादी, भावनात्मक रूप से जिम्मेदार, और कभी-कभी दूरी-युक्त सम्मान वाले होते हैं।

संतान से संबंध (Relationship With Children) ➔ कृत्तिका जातक अपने बच्चों के लिए बहुत समर्पित होते हैं। उनका प्यार उग्र, गहरा और रक्षक स्वभाव का होता है। माता-पिता के रूप में वे अनुशासनप्रिय, मार्गदर्शक, शिक्षाप्रेमी, कठोर लेकिन देखभाल करने वाले अत्यधिक सुरक्षात्मक होते हैं। उनके बच्चे अक्सर उनसे प्रेरित होकर ऊँचे लक्ष्य चुनते हैं।

पारिवारिक वातावरण पर प्रभाव (Impact on Family Atmosphere) ➔ कृत्तिका जातक परिवार में तेज ऊर्जा, सक्रियता, व्यवस्था, अनुशासनऔर उच्च मानक लाते हैं। इनके घर का वातावरण आमतौर पर सम्मान, प्रामाणिकता, कर्मशीलता और ईमानदारी से भरा रहता है।

परिवार में संभावित चुनौतियाँ (Possible Challenges) ➔ कृत्तिका जातकों के अग्निमय स्वभाव के कारण कुछ चुनौतियाँ दिखाई दे सकती हैं

कठोर या स्पष्ट शब्द ➔ वे सत्य बोलते हैं, पर कभी-कभी उनकी वाणी परिवार को चोट पहुँचा सकती है।

गुस्सा ➔ उनका गुस्सा तेज होता है, पर क्षणिक।

उच्च अपेक्षाएँ ➔ वे परिवार से भी वही मानक चाहते हैं जो वे स्वयं से रखते हैं।

नियंत्रण करने की प्रवृत्ति ➔ कभी-कभी वे हर चीज़ को "अपने तरीके" से चाहते हैं। ये गुण सिर्फ समझदारी और संवाद से संतुलित किए जा सकते हैं।

परिवार में अपनेपन और सुरक्षा का भाव (Warmth & Protection) ➔ कृत्तिका जातक परिवार के लिए ढाल, मार्गदर्शक, निर्णयकर्ता, संरक्षक, भावनात्मक सहारा सब कुछ होते हैं। उनके घर की नींव में स्थिरता और सुरक्षा झलकती है। इनकी प्राथमिकता हमेशा "परिवार" रहती है। वे परिवार के लिए किस हद तक त्याग कर सकते हैं इसका अंदाजा लगाना मुश्किल है।

बड़े परिवार और रिश्तेदार (Extended Family & Relations) ➔ कृत्तिका जातक अपने विस्तृत रिश्तेदारों के लिए भी सम्मानजनक,

जिम्मेदार, मददगार भूमिका निभाते हैं।लेकिन यदि रिश्तेदार ईर्ष्या, छल या झूठ दिखाएँ, तो वे तुरंत दूरी बना लेते हैं।

स्वास्थ्य और शारीरिक संरचना:(Health & Physical Constitution)

कृत्तिका नक्षत्र सूर्य और अग्नि का नक्षत्र है, इसलिए इसके जातकों की शारीरिक संरचना तथा स्वास्थ्य पर अग्नि-तत्व का स्पष्ट प्रभाव देखा जाता है। सूर्य इनके शरीर में तेज, ऊर्जा, मजबूती, और उच्च ताप उत्पन्न करता है। यह नक्षत्र "शक्ति + पित्त ऊर्जा" का संतुलित रूप है।

शारीरिक संरचना (Physical Appearance) ➔ कृत्तिका नक्षत्र के जातक सामान्यतः दृढ़, आकर्षक और प्रभावशाली व्यक्तित्व वाले होते हैं। इनकी देह-भाषा में आत्मविश्वास और एक प्रकार का "सूर्य-तेज" हमेशा दिखाई देता है।

मध्यम से ऊँची कद-काठी, हड्डियों की मजबूत संरचना, चौड़े कंधे, तेज, चमकदार आँखें, स्पष्ट चेहरे की रेखाएँ, उन्नत नाक (sharp nose), मजबूत जबड़ा (Jawline), चेहरे पर एक "तेजस्वी आभा" मेष भाग वाले जातक अधिक चुस्त, एथलेटिक और सक्रिय होते हैं, जबकि वृषभ हिस्सा उन्हें अधिक सुंदर, आकर्षक और सौम्य शारीरिक बनावट देता है।

शरीर में सूर्य और अग्नि का प्रभाव ➔ सूर्य का प्रभाव शरीर को देता है उच्च उष्मा (Body Heat), तेज़ मेटाबॉलिज़्म, ऊर्जा और सक्रियता, मजबूत हड्डियाँ, तेज पाचन, स्पष्ट और पैनी दृष्टि लेकिन अत्यधिक गर्मी कभी-कभी असंतुलन भी लाती है।

स्वास्थ्य के प्रमुख क्षेत्र (Health Tendencies) ➔ कृत्तिका जातकों की स्वास्थ्य समस्याएँ मुख्यतः अग्नि-तत्व और पित्त दोष से जुड़ी होती हैं। सबसे सामान्य स्वास्थ्य संवेदनशील क्षेत्र

सिर और आँखें ➔ सिरदर्द, माइग्रेन, आँखों में जलन या तनाव,

गला व स्वर यंत्र (Throat/Voice) ➔ वृषभ ऊर्जा के कारण, थायरॉयड, गले में समस्या, टॉन्सिल

पेट और पाचन तंत्र ➔ अम्लता, गैस, जलन

रक्तचाप और गर्मी ➔ उच्च रक्तचाप की प्रवृत्ति शरीर में अधिक गर्मी

त्वचा संबंधित समस्याएँ ➔ अग्नि अधिक होने पर एलर्जी, रैश, खुजली, सनबर्न

मोटापे या कमजोरी में भिन्नता ➔ मेष भाग ➔ दुबले और एथलेटिक

वृषभ भाग ➔ शरीर में भारीपन की प्रवृत्ति

प्रकृति (Ayurvedic Constitution) ➔ पित्तप्रकृति (पित्त प्रधान) ➔ गर्मी, असहिष्णुता, जलन, तेज पाचन, तेज भूख, तीव्र भावनाएँ साथ ही, मेष भाग में पित्त-वात और वृषभ भाग में पित्त-कफ का मिश्रण संभावित है।

ऊर्जा स्तर (Energy Levels) ➔ कृत्तिका जातक ऊर्जा के मामले में बहुत प्रबल होते हैं। उनका शरीर जल्दी थकता नहीं, किसी भी परिस्थिति में सक्रिय रहता है, कम नींद में भी काम कर लेता है परंतु भावनाओं के अधिक गर्म होने पर थकान, सिरदर्द और चिड़चिड़ापन दिख सकता है।

खान-पान प्रवृत्ति (Food Patterns) ➔ कृत्तिका जातकों में दो प्रकार की प्रवृत्ति मिलती है जैसा कि प्राचीन ग्रंथ कहते हैं:

मेष भाग वाले ➔ कम खाने वालेक्योंकि उनकी ऊर्जा डायनमिक होती है और भूख बहुत स्थिर नहीं रहती।

वृषभ भाग वाले ➔ अधिक खाने वाले विशेषकर मीठा, तला, धनिया, डेयरी पसंद करते हैं, जिससे वजन और पेट संबंधी समस्याएँ हो सकती हैं।

बचपन और युवावस्था की स्वास्थ्य स्थितियाँ ➔ बचपन में बुखार, गले की समस्या, आँखे लाल होना, चोट लगना (fire/metal injuries) कई बार देखने को मिलता है। युवावस्था में हार्मोनल परिवर्तन, एसिडिटी और क्रोध से उत्पन्न गर्मी संबंधी समस्याएं ज़्यादा दिख सकते हैं।

मानसिक-शारीरिक कनेक्शन (Mind-Body Connection) ➔ कृत्तिका जातकों के शरीर पर मन का प्रभाव बहुत तेज़ होता है। जब उनका मन शांत होता है शरीर अत्यंत स्वस्थ रहता है। लेकिन जब भावनात्मक तनाव बढ़ता है ब्लड प्रेशर, पाचन, नींद, गुस्सा, त्वचा

प्रभावित होती है। उनका मन सबसे बड़ा उपचारक भी है और सबसे बड़ा जोखिम क्षेत्र भी।

रोग-संवेदनशीलता (Vulnerabilities) ➔ अग्नि असंतुलन ➔ एसिडिटी, अल्सर, हाइपरटेंशन

वात असंतुलन (मेष भाग) ➔ सिरदर्द, अनिद्रा, चिंता

कफ असंतुलन (वृषभ भाग) ➔ वजन, गले की समस्या, सुस्ती

स्वास्थ्य के लिए उपाय (Health Remedies)

ठंडे और शीतल खाद्य पदार्थ ➔ खीरा, इलायची, नारियल पानी, ठंडी दही, पुदीना, तुलसी।

सूर्य और अग्नि के संतुलन के लिए प्राणायाम, चंद्र नमस्कार, शाम का ध्यान

ज्यादा मसाले, तला-भुना, तेज भोजन कम करें। नियमित नींद, सूर्य को जल चढ़ाकर स्वास्थ्य स्थिरता बढ़ती है।

वृषभ भाग वालों को "गला और थायरॉयड" की विशेष देखभाल करनी चाहिए।

मानसिक-आध्यात्मिक विकास(Spiritual & Psychological Growth)

कृत्तिका नक्षत्र अग्नि, शुद्धि, तपस्या और परिवर्तन का नक्षत्र है। इसका स्वभाव व्यक्ति को मानसिक रूप से तेज, जागरूक, विश्लेषणात्मक और आध्यात्मिक रूप से शुद्धि-मुखी, आग-सरीखा और उच्च चेतना की ओर ले जाता है। कृत्तिका जातक जीवनभर एक "अंतःशुद्धिकरण" की यात्रा पर चलते हैं। उनका मानसिक और आध्यात्मिक विकास कर्म, तप और आत्म-परिवर्तन से निर्मित होता है।

आत्म-जागरूकता (Self-Awareness) ➔ कृत्तिका जातकों में जन्मजात आत्म-जागरूकता (Self Awareness) रहती है। वे अपने विचारों, भावनाओं, उद्देश्योंऔर कमजोरियों को दूसरों से पहले पहचान लेते हैं। उनका मन एक ऐसा दर्पण है जो उन्हें बार-बार स्वयं को देखने

और सुधारने के लिए प्रेरित करता है। यह गुण उन्हें मानसिक रूप से परिपक्व और अंदर से मजबूत बनाता है।

अंतर्मन का शुद्धिकरण (Inner Purification) ➔ कृत्तिका अग्नि, शुद्धि और दहन की शक्ति का प्रतिनिधित्व करता है। इसलिए इनके जीवन में बार-बार ऐसी परिस्थितियाँ आती हैं जो पुराने भाव, गलत धारणाएँ, दबी हुई भावनाएँ, असत्य संबंध अथवा गलत आत्म-छवि को "जला" देती हैं। यह दहन कष्टकारी हो सकता है, पर इसके बाद जातक का मन अधिक स्पष्ट, अधिक शक्तिशाली और अधिक विकसित हो जाता है।

मानसिक शक्ति और धैर्य (Mental Strength & Resilience) ➔ कृत्तिका जातक मानसिक रूप से अत्यंत मजबूत होते हैं। वे कठिन अनुभवों से टूटते नहीं बल्कि निखरते हैं। जो दूसरों को हिलाकर रख दे, वह इनके लिए सीख, अनुभवऔर शक्ति बन जाता है। भावनात्मक और मानसिक झटके इनके लिए आध्यात्मिक ईंधन बनते हैं।

भावनाओं की गहराई और रूपांतरण (Emotional Depth & Transformation) ➔ कृत्तिका जातक सतही भावनाओं के लिए नहीं बने। उनकी भावनाओं में गहराई, तीव्रता और तेज समाहित होता है। लेकिन समय के साथ वे अपनी भावनाओं को रूपांतरित करना सीखते हैं गुस्सा साहस में बदलता है, चोट समझ में बदलती है, अंतर्द्वंद्व ज्ञान में बदल जाता है। यह "भावनात्मक रसायन (Emotional Alchemy) " उनकी मुख्य आध्यात्मिक शक्ति है।

तप और अनुशासन (Tapasya& Discipline) ➔ कृत्तिका जातक आध्यात्मिक रूप से अनुशासित, गंभीर और कर्तव्यनिष्ठ होते हैं। वे कोई भी साधना या आध्यात्मिक अभ्यास आधे मन से नहीं करते। जब वे कुछ चुनते हैं तो उस मार्ग में अविचल होते हैं। उनकी आध्यात्मिक यात्रा अक्सर तप, प्रयास, साहस, सच्चाई और आत्म-परिवर्तन पर आधारित होती है।

सत्य का आकर्षण (Attraction Toward Truth) ➔ कृत्तिका जातक झूठे आध्यात्मिकता, दिखावे या नकली गुरुओं से आकर्षित नहीं होते। उनकी आध्यात्मिक दिशासत्य, स्पष्टता, तत्वज्ञान, वास्तविक अनुभव की ओर होती है। वे चमक-दमक वाली आध्यात्मिकता के बजाय गहराई पसंद करते हैं।

आंतरिक गुरुत्व (Inner Authority) ➔ कृत्तिका जातक को बाहरी मान्यता की उतनी आवश्यकता नहीं होती। उनके भीतर एक "आंतरिक सूर्य" है जो उन्हें बताता है कि क्या सही है और कौन सा मार्ग चुनना है। ये लोग अपने मन, आत्मा और सत्य से मार्गदर्शन पाते हैं। यह आंतरिक अधिकार उनकी आध्यात्मिक यात्रा को अत्यंत स्वायत्त और शक्तिशाली बनाता है।

अहंकार का दहन (Ego Purification) ➔ सूर्य प्रधान नक्षत्र होने के कारण कृत्तिका जातकों में "गौरव" या "अहं" स्वाभाविक रूप से होता है। जीवन के अनुभव इसे "दहन" करते हैं। समय के साथ जातक नम्र, संतुलित और आध्यात्मिक रूप से गहरे हो जाते हैं। अंततः उनका अहंकार आत्मविश्वास में और आत्मविश्वास आत्मज्ञान में परिवर्तित होता है।

आध्यात्मिक मार्ग (Spiritual Path) ➔ कृत्तिका जातकों के लिए सबसे उपयुक्त मार्ग हैं ध्यान (अग्नि ध्यान), योग, अनुशासन आधारित साधना, ज्ञान योग (Self Enquiry), मंत्र जप (विशेषकर सूर्य और अग्नि मंत्र), तपस्या, साइलेंस/मौन साधना, इनमें वे बहुत तेजी से प्रगति करते हैं।

विशेष ज्योतिषीय योग, शुभ-अशुभ अवधि और उपाय:

कृत्तिका नक्षत्र सूर्य और अग्नि की मिली-जुली शक्ति का नक्षत्र है। इस नक्षत्र में जन्मा जातक उग्र, तेज, नेतृत्वकारी, कर्मप्रधान और परिवर्तनकारी शक्तियों का धनी होता है। सूर्य-मंगल-शुक्र का प्रभाव इस नक्षत्र की शुभ-अशुभ अवस्थाएँ नियंत्रित करता है।

कृत्तिका नक्षत्र से बनने वाले विशेष ज्योतिषीय योग: (Nakshatra Based Special Yogas) ➔ कृत्तिका नक्षत्र कई विशिष्ट योग उत्पन्न करता है, जो जातक को असाधारण जीवन देता है।

अग्नि-तेज योग (Agni-Tejas Yoga) ➔ यदि सूर्य, मंगल या केतु कृत्तिका में हों, तो जातक में असाधारण साहस, तेज, नेतृत्व, निर्णय क्षमता और ऊर्जा दिखाई देती है। यह योग व्यक्ति को प्रशासनिक, सैन्य, सुरक्षा, राजनीति या नेतृत्व में उत्कृष्ट बनाता है।

सूर्य-कृत्तिका महायोग (Surya-KrittikaMaha Yoga) ➔ यदि जन्म लग्न या चंद्रमा के साथ सूर्य कृत्तिका में हो उच्च प्रतिष्ठा, समाज में सम्मान, राजकीय कार्यों में सफलता, जीवन में प्रकाश, मार्गदर्शन, पिता का विशेष प्रभाव मिलता है। यह योग प्रबल व्यक्तित्व और नेतृत्व क्षमता देता है।

मंगल-कृत्तिका शक्ति योग (Mars-Krittika Shakti Yoga) ➔ यदि मंगल कृत्तिका में हो अत्यधिक साहस, तेज कार्यक्षमता, संघर्ष में विजय, खेल/पोलिस/आर्मी/सर्जरी में सफलता, किसी भी स्थिति को नियंत्रित करने की क्षमता मिलती है। यह योग जातक को "योद्धा" बनाता है।

शुक्र-कृत्तिका तेजोसौंदर्य योग (Venus-Krittika Brightness Yoga) ➔ वृषभ राशि भाग में शुक्र होने पर सुंदरता, कला, संगीत, फैशन/फिल्म/मॉडलिंग, सामाजिक आकर्षण, विलासिता मिलती है। यह योग व्यक्ति को ग्लैमर और लोकप्रियता देता है।

चंद्र-कृत्तिका भावनात्मक दहन योग (Moon in Krittika) ➔ चंद्रमा यदि कृत्तिका में हो, तो जातक भावनात्मक रूप से तीव्र, सत्यप्रिय, शुद्धिकरण ऊर्जा वाला, अत्यंत स्पष्टवादी, परिवार के प्रति जिम्मेदार होता है। कभी-कभी चंद्र-अग्नि संघर्ष मानसिक उथल-पुथल भी देता है।

केतु-कृत्तिका तपस्या योग (Ketu in Krittika) ➔ यह योग व्यक्ति को आध्यात्मिक, तपस्वी, शोधकर्ता, रहस्यवादी, योगी बनाता है। यह योग जीवन में एक "आग के रास्ते से गुजरकर जागरण" का संकेत है।

कृत्तिका नक्षत्र जातकों के लिए शुभ अवधि (Auspicious Periods) ➔

सूर्य की अंतरदशा ➔ कृत्तिका नक्षत्र का स्वामी सूर्य है। इसलिए सूर्य काल में जातक को सम्मान, उन्नति, नेतृत्व, पद, ऊर्जा, सफलता

मिलती है। विशेषकर यदि सूर्य मेष, सिंह, वृषभ या 10th/1st/5th भाव से संबंधित हो।

मंगल की दशा/अंतरदशा ➔ यदि मंगल शुभ स्थान में है तो इच्छापूर्ति, साहस, करियर में उछाल, संघर्षों में जीत मिलती है।

शुक्र की दशा/अंतरदशा ➔ वृषभ भाग वालों के लिए शुक्र काल कला, सुंदरता, आर्थिक स्थिरता, संबंध, आराम प्रदान करता है।

गुरु गोचर ➔ कृत्तिका जातक पर गुरु का शुभ प्रभाव मिलने पर जीवन में संतान, विवाह, शिक्षा, आध्यात्मिक विकास, करियर में विस्तार होता है।

अशुभ अवधि (Inauspicious Periods) ➔

शनि की कठिन दशा/अंतरदशा ➔ यदि शनि 4, 8 या 12 भाव में हो, तो शनि का प्रभाव मानसिक दबाव, परिवार से दूरी, विलंब, कर्तव्यभार, स्वास्थ्य समस्या, जिम्मेदारियों का भार दे सकता है।

राहु की दशा/अंतरदशा/गोचर ➔ राहु पराजित सूर्य ऊर्जा को बाधित करता है। इससे भ्रम, अनिर्णय, संबंध समस्या, अचानक तनाव, गलत निर्णय हो सकते हैं।

चंद्रमा की कमजोरी ➔ यदि चंद्र कमजोर हो तो भावनात्मक अस्थिरता, आत्म-संदेह, चिंता, परिवार संबंधी तनाव हो सकते हैं।

शुभ और वर्जित कार्य

कृत्तिका नक्षत्र का स्वभाव अग्नि तत्व, तेजस्विता, नेतृत्व और साहस से जुड़ा होता है। इस नक्षत्र में कार्य करने के समय और प्रकार का ध्यान रखा जाए तो सफलता और संतोष की प्राप्ति होती है। इसके विपरीत, अनुकूल समय और कार्य न चुनने पर संघर्ष और बाधाएँ आती हैं।

शुभ कार्य (Shubh Karya)

कृत्तिका नक्षत्र में किए गए ये कार्य सफलता और लाभ प्रदान करते हैं:

धार्मिक और आध्यात्मिक कार्य ➔ हवन, यज्ञ, पूजा, ध्यान और मंत्र जाप।

व्यावसायिक शुरुआत ➔ व्यापार, उद्योग, सेवा क्षेत्र की नई शुरुआत।

सामाजिक और नेतृत्व कार्य ➔ प्रशासन, राजनीति, समाज सेवा, नेतृत्व कार्य।

शिक्षा और अध्ययन ➔ नई शिक्षा, परीक्षा या ज्ञानार्जन संबंधी कार्य।

सृजनात्मक और कला संबंधी कार्य ➔ कला, संगीत, नाटक, लेखन या प्रदर्शन।

परिवार और विवाह ➔ विवाह के प्रस्तावों का निर्णय, पारिवारिक शुभ आयोजन।

यात्रा धार्मिक यात्रा, विद्‌या और करियर हेतु यात्रा।

विशेष ➔ कृत्तिका नक्षत्र में शुभ कार्य तेज, निर्णायक और स्थायी परिणाम देते हैं।

वर्जित कार्य (Varjit Karya)

कृत्तिका नक्षत्र में ये कार्य असफलता, संघर्ष और नुकसान ला सकते हैं:

अनैतिक और छलपूर्ण कार्य ➔ झूठ, कपट, छल-कपट और अनुचित लाभ।

धन और संपत्ति से जुड़ी विवादास्पद क्रियाएँ ➔ बिना सोच-समझ के निवेश या भारी ऋण लेना।

संयमहीन प्रेम संबंध ➔ अनियंत्रित आकर्षण या अवैध संबंध।

अत्यधिक आराम और आलस्य ➔ निष्क्रियता, सुस्ती और स्वास्थ्य की अनदेखी।

संकटजनक यात्रा ➔ बिना योजना की लंबी या जोखिमपूर्ण यात्रा।

स्वास्थ्य की अनदेखी ➔ आहार, व्यायाम और मानसिक तनाव का उपेक्षा।

विशेष ➔ कृत्तिका नक्षत्र में वर्जित कार्य करने से अचानक बाधा, विवाद और तनाव उत्पन्न हो सकते हैं।

कृत्तिका नक्षत्र के प्रभावी ज्योतिषीय उपाय (Powerful Remedies) ➔ ये उपाय इस नक्षत्र की अग्नि ऊर्जा को संतुलित करते हैं और जातक को सफलता, शांति और स्थिरता प्रदान करते हैं।

सूर्य संबंधित उपाय ➔ क्योंकि सूर्य इस नक्षत्र का स्वामी है

1. सूर्य को जल अर्पित करें सुबह तांबे के लोटे से जल चढ़ाना अत्यंत शुभ है।
2. आदित्य हृदय स्तोत्र: इस नक्षत्र के लिए सबसे शक्तिशाली उपाय।
3. गायत्री मंत्र: "ॐ भूर्भुवः स्वः "इससे मानसिक शुद्धि होती है।

अग्नि तत्व के उपाय ➔ हवन/अग्निहोत्र: यह कृत्तिका ऊर्जा को संतुलित करता है। दीपक जलाना सूरजमुखी तेल या गाय घी का दीपक।

रत्न उपाय ➔ सूर्य के लिए माणिक्य (Ruby): सोमवार या रविवार पहनें। मंगल के लिए मूंगा यदि मंगल शुभ हो।

मंत्र उपाय ➔ कृत्तिका बीज मंत्र: "ॐ क्लीं आग्नये नमः"अग्नि तत्व की शुद्ध ऊर्जा जगाता है।

सूर्य मंत्र ➔ "ॐ घृणि सूर्याय नमः"

आचरण आधारित उपाय ➔ गुस्सा नियंत्रित करना, कटु वाणी से बचना, माता-पिता, विशेषकर पिता का सम्मान, अनुशासन, सुबह सूर्योदय में ध्यान, लाल/केसरिया रंग का प्रयोग ये उपाय नक्षत्र के अग्नि तत्व को संतुलित करते हैं।

चारों चरणों का विश्लेषण

कृत्तिका नक्षत्र 13°20' का क्षेत्र होता है और यह दो राशियों में विभाजित है मेष (तेज, उग्र, अग्निमय) वृषभ (स्थिर, मधुर, सौंदर्यपूर्ण) इसीलिए प्रत्येक चरण अपनी विशिष्ट ऊर्जा रखता है।

प्रथम चरण (1st Pada) ➔ मेष 26°40' - 30°00' ➔ धनु नवमांश, स्वामी ग्रह: बृहस्पति, तत्व: अग्नि

मुख्य प्रकृति ➔ पहला चरण सबसे अधिक उग्र, अग्निमय, साहसी और तेजस्वी माना जाता है। यह चरण व्यक्ति को अतुलनीय ऊर्जा, साहस, नेतृत्व, तीव्र निर्णय क्षमता और उच्च आदर्श देता है।

व्यक्तित्व ➔ अत्यंत सक्रिय, तेज और लक्ष्य-केन्द्रित, सच बोलने में बिल्कुल पीछे नहीं, उच्च नैतिकता, न्यायप्रिय, क्रोध तेज लेकिन तुरंत

शांत, किसी भी परिस्थिति को संभालने में निपुण यह चरण "योद्धा-दार्शनिक" जैसा व्यक्तित्व देता है।

करियर ➔ सेना/पुलिस, प्रशासन, खेल, शिक्षा/अध्यापन, दार्शनिक/धार्मिक कार्य, न्याय (Law), राजनीति यह चरण नेतृत्व और मार्गदर्शन वाली भूमिकाओं में उत्कृष्ट रहता है।

प्रेम एवं संबंध

प्रेम में सीधापन ➔ भावना गहरी लेकिन व्यक्तित्व सीधा, वफादार साथी कभी-कभी स्पष्टवादिता से विवाद हो सकता है

स्वास्थ्य ➔ सिर, आँखों, रक्तचाप, अधिक गर्मी/पित्त से संबंधित समस्याएँ

आध्यात्मिकता ➔ आग और ज्ञान दोनों से जुड़ा, तपस्वी प्रवृत्ति, सत्य और धर्म की ओर आकर्षण

द्वितीय चरण (2nd Pada) ➔ वृषभ 0°00'-3°20' ➔ मकर नवमांश, स्वामी ग्रह: शनि, तत्व: पृथ्वी

मुख्य प्रकृति ➔ यह चरण स्थिर, व्यावहारिक, कर्मप्रधान और अनुशासित प्रवृत्ति वाला है। मंगल-सूर्य उग्रता को शनि की धरातल ऊर्जा संतुलित करती है।

व्यक्तित्व ➔ गंभीर और वास्तविकता से जुड़ा, मेहनती, दृढ़ और शांत स्वभाव, धीरे-धीरे ऊपर उठने वाला, जिम्मेदारी और अनुशासन का भाव, निर्णय सोच-समझ कर करने वाला, इन्हें दूसरों पर निर्भर रहना पसंद नहीं। यह चरण "कर्म-शक्ति" का प्रतीक है।

करियर ➔ प्रशासनिक सेवाएँ, इंजीनियरिंग, बिल्डिंग/कंस्ट्रक्शन, सरकारी नौकरियाँ, बैंकिंग/अकाउंट, टेक्निकल क्षेत्र, मैनेजमेंट इनकी सफलता धीरे आती है लेकिन मजबूत होती है।

प्रेम एवं संबंध ➔ निष्ठावान, साथी के प्रति स्थिर और सुरक्षित प्रेम, भावनाएँ गहरी परंतु अभिव्यक्ति कम

स्वास्थ्य ➔ गर्दन, कंधे, थायरॉयड, पेट की गैस/कब्ज

आध्यात्मिकता ➔ अनुशासन आधारित साधना, मौन/तप/ध्यान, शांत गहराई

तृतीय चरण (3rd Pada) ➔ वृषभ 3°20'-6°40', कुम्भ नवमांश, स्वामी ग्रह: शनि, तत्व: वायु

मुख्य प्रकृति ➔ यह चरण कृत्तिका का सबसे "बौद्धिक" चरण है। यह व्यक्ति में तीक्ष्ण बुद्धि, तर्कशीलता, शोध-पसंद, विश्लेषण, मौलिक सोच जगाता है।

व्यक्तित्व ➔ स्वतंत्र विचारधारा, सामाजिक लेकिन सीमाएँ बनाए रखने वाला, विश्लेषणात्मक, नई सोच वाला, समस्याओं का समाधानकर्ता ये लोग "सनकी बुद्धिमान" टाइप भी हो सकते हैं विचार बहुत अलग और अनूठे होते हैं।

करियर ➔ विज्ञान, शोध, सूचना तकनीक, आर्टिफिशियल इंटेलिजेंस, अध्यापन, मनोविज्ञान, सामाजिक सेवा, संचार, मीडिया यह चरण "इंटेलिजुअल फायर" देता है।

प्रेम संबंध ➔ भावनाएँ नियंत्रित, मानसिक आकर्षण सबसे महत्वपूर्ण, साथी में बुद्धिमत्ता चाहता है, अधिक स्वतंत्रता की जरूरत

स्वास्थ्य ➔ मानसिक तनाव, वायु विकार, पैरों/पिंडलियों की समस्या

आध्यात्मिकता ➔ ध्यान में विश्लेषण, गहराई से आत्म-चिंतन, ज्ञान आधारित आध्यात्मिकता

चतुर्थ चरण (4th Pada) ➔ वृषभ 6°40'-10°00', मीन नवमांश, स्वामी ग्रह: बृहस्पति, तत्व: जल

मुख्य प्रकृति ➔ यह कृत्तिका का सबसे संवेदनशील, कोमल, रचनात्मक और आध्यात्मिक चरण है। अग्नि + जल मिलकर गहरी भावनाओं और रचनात्मक ऊर्जा का निर्माण करते हैं।

व्यक्तित्व ➔ दयालु, भावुक, सहानुभूति पूर्ण, कला, संगीत, सौंदर्य के प्रेमी, कल्पनाशील और सृजनशील, अत्यंत आकर्षक व्यक्तित्व यह चरण सबसे अधिक "कला और प्रेम ऊर्जा" देता है।

करियर ➔ कला, संगीत, फिल्म/थिएटर, डिज़ाइन, काउंसलिंग, स्पिरिचुअल हीलिंग, शिक्षा यहाँ रचनात्मक क्षमता उच्चतम रूप में प्रकट होती है।

प्रेम एवं संबंध ➔ गहरा और भावनात्मक प्रेम, साथी को पूरे दिल से अपनाने वाला, कभी-कभी अत्यधिक संवेदनशील, त्याग-भाव

स्वास्थ्य ➔ जल तत्व असंतुलन पैरों, रक्त और नींद संबंधी समस्या

आध्यात्मिकता ➔ भक्ति, मंत्र-साधना, दिव्य अनुभव, सपनों और अंतर्ज्ञान में शक्ति, यह चरण सबसे आध्यात्मिक माना जाता है।

महिलाएँ- संपूर्ण विश्लेषण:

कृत्तिका नक्षत्र सूर्य और अग्नि की संयुक्त ऊर्जा से बना है। इस नक्षत्र में जन्मी महिलाएँ तेजस्वी, आत्मनिर्भर, स्पष्टवादी, रचनात्मक और अद्भुत आत्मबल वाली होती हैं। इनमें शक्ति, बुद्धि, सौंदर्य और स्वतंत्रता सबका अनोखा मेल पाया जाता है। कृत्तिका महिला को "अग्नि का सौम्य रूप" कहा जा सकता है।

व्यक्तित्व (Personality Traits) ➔ सशक्त और आत्मनिर्भर

कृत्तिका महिलाएँ बचपन से ही आत्मनिर्भर दिखती हैं। उन्हें किसी की अनुमति, मान्यता या सहायता की आवश्यकता कम ही पड़ती है। वे अपने जीवन के निर्णय स्वयं लेती हैं और अपने पैरों पर खड़े होने में गर्व महसूस करती हैं।

नेतृत्व क्षमता ➔ इनमें जन्मजात नेतृत्व गुण होता है परिवार हो या समाज, वे स्वाभाविक रूप से आगे आकर दिशा देने लगती हैं।

तीखी बुद्धिमानी (Sharp Intelligence) ➔ उनकी मानसिक गति बहुत तेज होती है। वे परिस्थितियों को गहराई से समझती हैं और तत्काल निर्णय ले सकती हैं।

स्पष्टवादिता ➔ वे सीधे बात करती हैं बिना घुमाए-फिराए। कभी-कभी उनकी वाणी धारदार ब्लेड जैसी हो सकती है, लेकिन उनका इरादा हमेशा साफ होता है।

गर्व और आत्म-सम्मान ➔ सूर्य के प्रभाव से उनमें स्वाभाविक गौरव और आत्मसम्मान होता है। वे किसी के आगे झुकना या स्वयं को छोटा दिखाना पसंद नहीं करतीं।

सौंदर्य एवं आकर्षण (Beauty & Charisma) ➔ कृत्तिका महिला में एक विशेष आभा होती है साफ़, चमकदार चेहरा, गहरी समझदार आँखें, दृढ़ चाल, चुंबकीय उपस्थिति वे चाहे साधारण कपड़ों में हों या सजे हुए उनकी प्राकृतिक चमक हमेशा प्रकट होती है। वृषभ चरण में जन्मी कृत्तिका महिलाएँ विशेष रूप से कलात्मक सौंदर्य वाली होती हैं।

करियर और पेशेवर जीवन (Career & Professional Strength) ➔ कृत्तिका महिलाएँ करियर में बहुत आगे जाती हैं। वे एक साधारण जीवन नहीं चाहतीं उनका लक्ष्य होता है "कुछ बड़ा करना।"

उपयुक्त क्षेत्र: ➔ प्रशासन, राजनीति, शिक्षा, HR/मैनेजमेंट, सेना/पुलिस (मेष भाग), चिकित्सा/सर्जरी, अभिनय/कला/संगीत (वृषभ-मीन भाग), डिजाइनिंग, लेखन, कंसल्टेंसी, उद्यमिता (Business) वे अपने कार्य क्षेत्र में सम्मान, नेतृत्व और पहचान प्राप्त करती हैं।

कार्य शैली: ➔ अनुशासित, निर्णय लेने में मजबूत, ऊर्जावान, जिम्मेदार, टीम को संभालने में माहिर

प्रेम जीवन (Love Nature) ➔ कृत्तिका महिला प्रेम में बेहद भावुक और ईमानदार होती है। लेकिन वे किसी के पीछे नहीं भागतीं, वे चाहती हैं कि साथी उन्हें समान स्तर पर सम्मान दे, प्रेम में नाटक, झूठ, छल उन्हें नापसंद है, वे मानसिक रूप से मजबूत, बुद्धिमान साथी की तलाश में रहती हैं, उनका प्रेम गहरा होता है, लेकिन वे चिपकाव या निर्भरता से बचती हैं। वे प्रेम में भी आत्म-स्वाभिमान बनाए रखती हैं।

विवाह और दांपत्य (Marriage & Married Life) ➔ कृत्तिका महिला विवाह में वफादार, जिम्मेदार, साथी को सुरक्षित रखने वाली, घर और करियर दोनों को संतुलित करने वाली होती है।

संभावित चुनौतियाँ ➔ स्पष्टवादिता से टकराव, उच्च अपेक्षाएँ, साथी के गलत व्यवहार पर त्वरित प्रतिक्रिया, स्वतंत्रता की आवश्यकता उन्हें ऐसा साथी चाहिए जो भावनात्मक रूप से परिपक्व, सम्मान देने वाला, मानसिक रूप से मजबूतऔर साझेदारी में बराबरी मानने वाला हो।

पारिवारिक जीवन (Family Life) ➔ कृत्तिका महिलाएँ परिवार में स्तंभ, प्रकाश, मार्गदर्शक और संरक्षक की भूमिका निभाती हैं। वे जिम्मेदारियों को बखूबी संभालती हैं और घर में स्थिरता बनाए रखती हैं।

माता-पिता और भाई-बहन: ➔ परिवार को महत्व देती हैं, सहायता और मार्गदर्शन करती हैं लेकिन गलतियों पर सीधे बोलती हैं

संतान: ➔ बच्चों के लिए अत्यंत समर्पित, अनुशासित, शिक्षा और संस्कारों को महत्त्व देने वाली

मानसिक स्वभाव (Mental Nature) ➔ कृत्तिका महिला मानसिक रूप से अत्यंत जटिल और समृद्ध होती है। उनका मन सक्रिय, विश्लेषणात्मक, सृजनशील और गहन होता है। वे जल्दी सीखती हैं, तेजी से समझती हैं और आसानी से भ्रम में नहीं आतीं।

भावनात्मक स्वभाव (Emotional Nature) ➔ भावनाएँ इनकी सबसे मजबूत लेकिन संवेदनशील परत होती हैं। गहरी भावना, प्रामाणिकता, भावनात्मक निष्ठा लेकिन तीव्र प्रतिक्रियाएँ, उनकी भावनाएँ आग जैसी होती हैं जल्दी भड़कती हैं, जल्दी शांत भी हो जाती हैं।

आध्यात्मिक प्रवृत्ति (Spiritual Nature) ➔ कृत्तिका महिलाएँ आध्यात्मिक रूप से आत्म-शुद्धि पर केंद्रित, ध्यान, मौन, तप में रुचि, सच्चाई और गहराई की खोज करने वाली, अग्नि आधारित साधना में प्रगति करने वाली होती हैं। इनमें स्वाभाविक अंतर्ज्ञान होता है, विशेषकर वृषभ-मीन चरण वाली महिलाओं में।

कमजोरियाँ (Weaknesses) ➔ कृत्तिका की अग्नि ऊर्जा कई बार चुनौती बन जाती है गुस्सा, कटु वाणी, अधीरता, उच्च अपेक्षाएँ, अपने मानकों को दूसरों पर थोपना, अहंकार संघर्ष लेकिन समझदारी और आध्यात्मिक अभ्यास से यह संतुलित हो जाता है।

सूर्य नक्षत्र कृत्तिका (Surya in KrittikaNakshatra)

कृत्तिका सूर्य का नक्षत्र है और जब सूर्य स्वयं अपने ही नक्षत्र में स्थित हो, तो व्यक्ति का जीवन तेज, शक्ति, सत्य, नेतृत्व, शुद्धिकरण और

कर्मफल से भरा होता है। यह स्थान सूर्य के लिए अद्‌वितीय रूप से शक्तिशाली माना गया है।

जीवन पर प्रभाव (Impact on Life) ➔ कृत्तिका नक्षत्र का सूर्य व्यक्ति को "अग्नि-मार्ग" (Path of Fire) पर लेकर चलता है। इस मार्ग में संघर्ष, आत्म-परिवर्तन, तपस्या, सम्मान, नेतृत्व, प्रतिष्ठा, सफलता, कर्मफलों की तीव्रता, सब शामिल होते हैं। जीवन में कई बार परिस्थितियाँ तेज़ी से बदलती हैं, लेकिन हर परिवर्तन आपको एक बड़े उद्देश्य की ओर ले जाता है।

यह जातक Self-Made होता है जीवन में उन्नति मेहनत + योग्यता से होती है, संघर्षों से शक्ति बढ़ती है, प्रतिष्ठा देर से सही, पर स्थायी मिलती है, यह जीवन "अग्नि से सोना बनने" जैसा होता है।

व्यक्तित्व (Personality) ➔ सूर्य+कृत्तिका व्यक्ति को शक्तिशाली, तेजस्वी और प्रभावशाली व्यक्तित्व देता है।प्रमुख गुण जन्मजात नेतृत्व, उच्च आत्मसम्मान, तेज दिमाग, स्पष्टवादिता, दृढ़ निर्णय क्षमता, प्रभावशाली उपस्थिति, साहस, न्यायप्रियता, ऊँचा जीवन-दृष्टिकोण, इनकी उपस्थिति में लोग स्वतः आकर्षित होते हैं। इनमें "राजसी तेज" होता है।

व्यवहार में ➔ ईमानदार, कार्य-प्रधान, जिम्मेदार, सिद्धांतवादी, आत्मनिर्भर यह सूर्य स्वभाव उन्हें किसी भी भीड़ में "अलग और चमकदार" बनाता है।

मानसिक और भावनात्मक स्वभाव(Mental & Emotional Nature) ➔ कृत्तिका सूर्य का मन तीक्ष्ण, ऊर्जावान और तेज भावनाओं से भरा होता है।

मानसिक स्तर ➔ बहुत साफ सोच, अद्भुत विश्लेषण क्षमता, कठिन परिस्थितियों में भी स्पष्ट निर्णय, स्वयं पर गहरा विश्वास, उच्च महत्वाकांक्षा, भावनात्मक स्तर, भावनाएँ गहरी और तीव्र, क्रोध आता है पर जल्दी शांत, भावनाओं में दिखावा नहीं, प्रेम में निष्ठा, आलोचना को दिल पर लेते हैं, भावनात्मक रूप से मजबूत, कई बार भीतर "अग्नि" जैसी बेचैनी भी हो सकती है, जो उन्हें निरंतर आगे बढ़ाती है।

करियर और पेशा (Career & Profession) ➔ कृत्तिका में सूर्य करियर को अत्यंत शक्तिशाली बनाता है। ये जातक नेतृत्व, अधिकार और जिम्मेदारी वाले कार्यों में उत्कृष्ट होते हैं प्रशासन (IAS/IPS), सेना, पुलिस, रक्षा सेवा, राजनैतिक नेतृत्व, प्रबंधन (Management), मेडिकल (विशेषकर सर्जरी), अग्नि/ऊर्जा/धातु उद्योग, शिक्षण, मीडिया, अभिनय, कानून, इंजीनियरिंग, बिज़नेस, सूर्य उन्हें उच्च पद और प्रतिष्ठा दिलाता है। काम में ईमानदारी और अनुशासन प्रमुख रहता है।

आर्थिक स्थिति (Financial Life) ➔ कृत्तिका सूर्य वाला जातक धन स्वयं के प्रयासों से अर्जित करता है।

आर्थिक विशेषताएँ ➔ स्वनिर्मित आय, स्थिर आय होती है, 28-35 के बाद आर्थिक वृद्धि तेज, सम्मानजनक कमाई, जोखिम लेने का साहस, आय के कई स्त्रोत, परिवार पर खर्च अधिकशुरुआत में उतार-चढ़ाव संभव,पर जीवन के मध्य में आर्थिक आधार बहुत मजबूत होता है।

प्रेम, विवाह और दांपत्य जीवन(Love, Marriage & Conjugal Life) ➔ कृत्तिका सूर्य वाले प्रेम में तीव्र, सच्चे, निष्ठावानऔर अधिकारपूर्ण होते हैं।

संगति में अपने साथी को सुरक्षित रखना, प्रेम में प्रामाणिकता, गहराई, ईमानदारी, स्थिर संबंध

चुनौतियाँ ➔ स्पष्टवादिता के कारण विवाद, उच्च अपेक्षाएँ, गुस्सा जल्दी, अहंकार टकराव लेकिन साथी समझदार हो तो वे दिल से अत्यंत समर्पित और वफादार होते हैं।

पारिवारिक जीवन (Family Life) ➔ कृत्तिका सूर्य व्यक्ति को परिवार का "मुखिया" बनाता है।

परिवार में भूमिका ➔ नेतृत्व, सुरक्षा, जिम्मेदारी, मार्गदर्शन, स्थिरता, माता-पिता, पिता से मजबूत संबंध, माँ के लिए अत्यंत जिम्मेदार

भाई-बहन: ➔ रक्षक, स्पष्ट, जिम्मेदार,

संतान ➔ अनुशासन, शिक्षा, संस्कार पर ध्यान बच्चों के लिए समर्पित परिवार में उनका स्थान हमेशा "सम्मानित" होता है।

स्वास्थ्य और शारीरिक संरचना(Health & Physical Constitution)
➔ कृत्तिका सूर्य शरीर को मजबूत बनाता है।

शरीर मध्यम/ऊँची कद-काठी, तेजस्वी चेहरा, दमकती आँखें, मजबूत हड्डियाँ, अग्नि-ऊर्जा वाली काया

स्वास्थ्य संवेदनाएँ ➔ सिरदर्द, आँखों में तनाव, गले/थायरॉयड, पेट में गर्मी, acidity, उच्च रक्तचाप, त्वचा की गर्मी शरीर में "पित्त" अधिक होता है, इसलिए ठंडा-आहार लाभकारी है।

मानसिक-आध्यात्मिक विकास(Spiritual & Psychological Growth) ➔ कृत्तिका सूर्य आध्यात्मिकता में "अग्नि-मार्ग" देता है।

आध्यात्मिक विशेषताएँ ➔ आत्म-शुद्धि, तपस्या, सत्य-अन्वेषण, ध्यान, अनुशासन, शक्ति का संतुलनये जातक साधना में तेज प्रगति करते हैं।

इनका आध्यात्मिक उद्देश्य ➔ अहंकार ➔ आत्मज्ञान ➔ प्रकाश

वे जीवन में कई बार आत्म-परिवर्तन से गुजरते हैं और अंततः बहुत परिपक्व आत्मा बनते हैं।

चारों चरणों में सूर्य का प्रभाव (Surya in All 4 Padas)

प्रथम चरण 1st Pada (मेष - धनु) ➔ अत्यधिक नेतृत्व, ऊँचे आदर्श, न्यायप्रिय, राजनीति/सेना में सफलता

द्वितीय चरण 2nd Pada (वृषभ - मकर) ➔ स्थिर करियर, कड़ी मेहनत, प्रैक्टिकल बुद्धि, आर्थिक स्थिरता

तृतीय चरण 3rd Pada (वृषभ - कुंभ) ➔ बौद्धिक, शोधकर्ता, आधुनिक सोच, IT/साइंस में उत्कृष्ट

चतुर्थ चरण 4th Pada (वृषभ - मीन) ➔ भावुक+रचनात्मक, कला/संगीत/आध्यात्मिकता, मजबूत अंतर्ज्ञान, कोमल लेकिन प्रभावशाली

कृत्तिका सूर्य वाली महिलाएँ (Women) ➔ कृत्तिका नक्षत्र में सूर्य वाली महिलाएँ दुर्लभ और अत्यंत शक्तिशाली व्यक्तित्व की होती हैं।

विशेषताएँ ➔ अत्यंत आत्मनिर्भर, नेतृत्व गुण, स्पष्टवादिता, उच्च बुद्धिमत्ता, करियर-उन्मुख, सुंदर, आकर्षक, अत्यधिक सम्मानप्रिय,

परिवार और बच्चों के लिए समर्पित वे समाज में अपनी पहचान बनाती हैं और किसी की परछाई बनना पसंद नहीं करतीं।

विवाह में निष्ठावान, सुरक्षा प्रदान करने वाली, लेकिन बराबरी की अपेक्षा रखती हैं, इनका जीवन तेज, गहन और उद्देश्यपूर्ण होता है।

नक्षत्र लग्न कृत्तिका: (Krittika Nakshatra as Ascendant Nakshatra)

जब व्यक्ति का लग्न कृत्तिका नक्षत्र में आता है, तो यह उसके संपूर्ण व्यक्तित्व, जीवन-मार्ग, शरीर, चरित्र, आत्मा और भाग्य पर गहरा प्रभाव डालता है। लग्न नक्षत्र सबसे शक्तिशाली माना जाता है, क्योंकि यह व्यक्ति की पहचान, आभा, स्वरूप और जीवनदिशा तय करता है। कृत्तिका लग्न जातक का जीवन "अग्नि ➔ शुद्धि ➔ कर्म ➔ शक्ति ➔ तेज ➔ नेतृत्व ➔ सफलता" के क्रम से गुजरता है।

जीवन पर प्रभाव (Impact on Life) ➔ कृत्तिका लग्न वाला जातक जन्म से ही "अलग", "तेजस्वी" और "प्रभावशाली" नजर आता है। इसका जीवन, संघर्षों से शक्ति लेना, विपरीत परिस्थितियों में चमकना, अपनी पहचान खुद बनाना, नेतृत्व के अवसर मिलना, प्रतिष्ठा और सम्मान पाना, लगातार रूपांतरण (Transformations), आत्मनिर्भर और स्वनिर्मित जीवन इन तत्वों से भरा होता है। उनका जीवन साधारण नहीं रहता वे हमेशा "ऊँचे स्तर" के लिए बने होते हैं।

व्यक्तित्व (Personality) ➔ कृत्तिका लग्न जातक का व्यक्तित्व तेजस्वी, चेहरे और आंखों में सूर्य की चमक स्पष्ट होती है। प्रभावशाली लोग उनकी उपस्थिति को महसूस करते हैं। स्पष्टवादी, वे सच बोलते हैं, चाहे कड़वा ही क्यों न हो। स्वाभिमानी:- आत्मसम्मान उनका सबसे बड़ा गुण है। नेतृत्व गुण:- वे स्वाभाविक रूप से नेतृत्व की भूमिका में आ जाते हैं। दृढ़ इच्छाशक्ति:- कुछ ठान लें, तो पूरा करके ही दम लेते हैं। आकर्षक व्यक्तित्व:- उनकी चाल-ढाल, मुद्रा और व्यक्तित्व में आकर्षण होता है। कृत्तिका लग्न जातक हमेशा भीड़ में सबसे अलग दिखाई देते हैं।

मानसिक और भावनात्मक स्वभाव

मानसिक स्तर ➔ अत्यंत तीक्ष्ण दिमाग, विश्लेषण क्षमता उच्च, तत्काल निर्णय, सचेत और जागरूक, मन में स्थिरता, सटीक सोच, इनका मन भ्रमित नहीं रहता ये सीधी, स्पष्ट और तार्किक सोच रखते हैं।

भावनात्मक स्तर ➔ भावनाएँ गहरी, लेकिन व्यक्त करने में सीधे, गुस्सा अचानक आता है पर जल्दी शांत भी हो जाता है वफादारी और ईमानदारी अत्यधिक भावनाओं में पवित्रता और सच्चाई इनकी भावनाएँ "अग्नि जैसी" तेज, गहरी, पर शुद्ध होती हैं।

करियर और पेशा (Career & Profession) ➔ कृत्तिका लग्न वाले जातक नेतृत्व + अनुशासन + साहस वाली भूमिकाओं में उत्कृष्ट होते हैं।

सर्वश्रेष्ठ करियर ➔ प्रशासन (IAS/IPS/PCS), सेना, पुलिस, सुरक्षा, राजनीतिक नेतृत्व, प्रबंधन (Managerial Roles), कानून (Law), अधिवक्ता, जज, सर्जन, अग्नि/ऊर्जा/धातु उद्योग, सूचना प्रौद्योगिकी एवं साइबर सुरक्षा, शिक्षण, मीडिया, अभिनय, थिएटर, उद्यमिता (Business)

इनके करियर के गुण ➔ तेज उन्नति, मेहनत का पूरा फल, उच्च पद, टीम को संभालने की क्षमता, स्वाभाविक अधिकार, कृत्तिका लग्न जातक किसी भी करियर में औसत नहीं श्रेष्ठता की ओर बढ़ते हैं।

आर्थिक स्थिति (Financial Condition) ➔ कृत्तिका लग्न जातक की आर्थिक स्थिति: स्वनिर्मित धन

ये अपनी मेहनत से कमाते हैं। स्थिर आय ➔ एक बार करियर स्थिर हो गया तो धन बहुत सुचारु आता है।

नेतृत्व पदों से धन ➔ जितना ऊँचा पद, उतनी आय।

मेहनत का फल अवश्य ➔ सूर्य कभी मेहनत व्यर्थ नहीं जाने देता।

जीवन के मध्य काल में आर्थिक उन्नति ➔ 28-42 वर्ष स्वर्णिम आर्थिक काल। शुरुआत में उतार-चढ़ाव रह सकते हैं, लेकिन स्थिरता जल्दी आती है।

प्रेम, विवाह और दांपत्य जीवन ➔ कृत्तिका लग्न जातक प्रेम और विवाह में सच्चे, झूठ या पाखंड नहीं पसंद।

वफादार ➔ एक बार चुन लें तो हमेशा निभाते हैं।

भावनात्मक रूप से गहरे ➔ लेकिन अभिव्यक्ति सीधी।

सुरक्षा देने वाले ➔ अपने साथी की रक्षा करते हैं।

रिश्ते में स्पष्टता ➔ कंफ्यूजन पसंद नहीं।

चुनौतियाँ ➔ क्रोध, कटु वाणी, उच्च अपेक्षाएँ, नियंत्रण की प्रवृत्ति

दांपत्य जीवन ➔ स्थिर, जिम्मेदार, समर्पित साथी के लिए बलिदान करने वाले, परिवार को सुरक्षित रखने वाले, साथी को बस इनकी स्पष्टवादिता संभालनी होती है।

पारिवारिक जीवन (Family Life) ➔ कृत्तिका लग्न जातक परिवार का स्तंभ होते हैं परिवार को मार्गदर्शन देते हैं, कठिन समय में जिम्मेदारियाँ उठाते हैं, भाई-बहनों के रक्षक, माता-पिता का गौरव, संतान के लिए आदर्श, घर में अनुशासन और व्यवस्था, इनके कारण परिवार में स्थिरता और सुरक्षा बनी रहती है।

स्वास्थ्य और शारीरिक संरचना

शरीर मजबूत, चमकदार त्वचा, उन्नत नाक, तेज आँखें, चौड़े कंधे, आत्मविश्वासपूर्ण कद-काठी,

स्वास्थ्य प्रवृत्ति ➔ गले और थायरॉयड, सिरदर्द, आँखों की समस्या, अम्लता (Acidity), रक्तचाप, त्वचा समस्या पित्त यह सब "पित्त-अग्नि" प्रधान होने के कारण।

उपाय: ठंडा आहार, ध्यान, प्राणायाम

चंद्र नमस्कार, सूर्य नमस्कार का संतुलन

मानसिक-आध्यात्मिक विकास ➔ कृत्तिका लग्न जातक आध्यात्मिक रूप से सच्चाई की खोज, आत्म-शुद्धि, अनुशासन, ध्यान, तप, धैर्य, अपने अहं का रूपांतरण इन सबमें प्रगति करते हैं। इनकी आध्यात्मिक यात्रा "अग्नि से प्रकाश" की तरह होती है। अत्यंत विकसित आत्मा, कर्मों का तेज निपटान, उच्च चेतना, सत्य-मार्गसब इनके जीवन में दिखाई देता है।

चारों चरणों में लग्न का प्रभाव (Pada-wise Impact)

प्रथम चरण (मेष-धनु नवांश) ➔ सबसे शक्तिशाली नेतृत्व, तेजस्वी व्यक्तित्व, राजनीति, सुरक्षा, प्रशासन में श्रेष्ठ, उग्र अग्नि ऊर्जा, सीधा व्यवहार

द्वितीय चरण (वृषभ-मकर नवांश) ➔ स्थिर और व्यावहारिक, करियर में कड़ी मेहनत, मजबूत आर्थिक आधार, शांत पर मजबूत व्यक्तित्व

तृतीय चरण (वृषभ-कुंभ नवांश) ➔ बौद्धिक, शोध और तकनीकी क्षेत्रों में श्रेष्ठ, स्वतंत्र विचारधारा, आधुनिकता

चतुर्थ चरण (वृषभ-मीन नवांश) ➔ कलात्मक, भावनात्मक, आध्यात्मिक, आकर्षक व्यक्तित्व, संगीत, कला, शिक्षा में सफलता

कृत्तिका लग्न की महिलाएँ (Women) ➔ कृत्तिका लग्न वाली महिलाएँ दुर्लभ और शक्तिशाली व्यक्तित्व रखती हैं।

व्यक्तित्व ➔ अत्यंत आत्मनिर्भर, नेतृत्व क्षमता, सुंदर, आकर्षक, तेजस्वी, स्पष्टवादी, उच्च बुद्धिमत्ता

करियर ➔ शिक्षा, प्रशासन, कला, संगीत, प्रबंधन, डिजाइन, उद्यमिता

प्रेम-विवाह ➔ गंभीर, वफादार, बराबरी चाहने वाली, सम्मानप्रिय

आध्यात्मिक ➔ आत्म-शुद्धि, अंतर्ज्ञानी, मौन और ध्यान में रुचिवे "अग्नि + सौंदर्य + बुद्धि" का अनोखा संयोग होती हैं।

04. रोहिणीनक्षत्र

पौराणिक कथा

प्राचीन वैदिक ग्रंथों के अनुसार रोहिणी नक्षत्र की कथा चंद्रदेव, दक्ष प्रजापति और 27 नक्षत्र कन्याओं से जुड़ी है।

दक्ष प्रजापति की 27 सुंदर कन्याएँ थीं। ये 27 कन्याएँ आकाश में विद्यमान 27 नक्षत्रों का प्रतिनिधित्व करती थीं। दक्ष ने अपनी सभी कन्याओं का विवाह चंद्रमा (सोम) से किया। इनमें चंद्रमा की सबसे अधिक प्रिय, सुंदर, आकर्षक, कोमल और मनोहारी पत्नी रोहिणी थीं। रोहिणी अत्यंत सुंदर, कोमल, लालिमा वाली, कलात्मक और प्रेम से परिपूर्ण थीं। उनके प्रति चंद्रमा का प्रेम इतना गहरा था कि वह सिर्फ रोहिणी के साथ ही समय बिताते थे और बाकी 26 पत्नियों की उपेक्षा कर देते थे। अन्य नक्षत्र-पत्नियाँ दुखी हो गईं और अपने पिता दक्ष के पास जाकर शिकायत की।

दक्ष को अपनी पुत्रियों की उपेक्षा बहुत बुरा लगा। उन्होंने क्रोध में चंद्रमा को कृश/क्षीण होने (waning) का कठोर श्राप दे दिया"हे सोम! तुम क्षीण हो जाओ। तुम्हारी चमक और तेज नष्ट हो जाए। "श्राप मिलते ही चंद्रमा का तेज घटने लगा। सृष्टि का संतुलन बिगड़ गया, ज्वार-भाटा, औषधियाँ, वनस्पतियाँ सब प्रभावित होने लगे। देवताओं और ऋषियों ने ब्रह्मा से प्रार्थना की। ब्रह्मा ने दक्ष को समझाया कि सृष्टि चंद्रमा के बिना नहीं चल सकती। दक्ष ने श्राप तो वापस नहीं लिया, लेकिन कहा "चंद्रमा कृश भी होगा और पुनः बढ़ेगा भी। क्षीण होने के बाद वह फिर

से बढ़ेगा। "यह घटना ही चंद्रमा के घटने-बढ़ने (कृष्ण पक्ष शुक्ल पक्ष) की उत्पत्ति का कारण बनी।

चंद्रमा आज भी अपनी सभी 27 पत्नियों के पास प्रतिदिन एक-एक दिन रहता है, लेकिन पूर्णिमा के समय वह रोहिणी नक्षत्र के निकट होने पर सबसे अधिक तेजस्वी माना जाता है इसीलिए रोहिणी नक्षत्र को चंद्रमा की प्रिय पत्नी, सौंदर्य, प्रेम और आकर्षण का केंद्र; सृजन और उर्वरता की धारा, लालिमा और जीवंतता का प्रतीक माना जाता है।

रोहिणी को सृजन (Creation) और उत्पत्ति (Procreation) का प्रतीक माना जाता है।

सामान्य परिचय

रोहिणी नक्षत्र 27 नक्षत्रों में से सबसे आकर्षक, उर्वर और सृजनशील ऊर्जा से भरा हुआ नक्षत्र माना जाता है। यह नक्षत्र वृषभ राशि के मध्य भाग में स्थित है और अपनी चमक, लालिमा और रचनात्मक प्रकृति के कारण अत्यंत प्रभावशाली माना जाता है।यह नक्षत्र सौंदर्य, प्रेम, कला, सृजन, उर्वरता, समृद्धि और आकर्षण का प्रतीक है।

खगोल विज्ञान(Astronomy) ➔ Star Name: Aldebaran (अल्देबारन) वृषभ तारामंडल का सबसे चमकदार तारा। इसी तारे को वैदिक ज्योतिष में रोहिणी कहा गया है।

नक्षत्र सीमा (Degrees) ➔ 10°00' से 23°20'वृषभ (Taurus) राशि में। यह वृषभ का सबसे पोषक, उर्वर और भौतिक सुखों से भरा हुआ क्षेत्र माना जाता है।

स्वामी ग्रह (Lord Planet) ➔ चंद्रमा (Moon)

चंद्रमा यहाँ अत्यंत शक्तिशाली और प्रभावी माना जाता है। इसलिए इस नक्षत्र में जन्मे जातक: भावुक, कोमल, सुंदर, कलात्मक, प्रेम-प्रधान, पोषण करने वाली प्रकृति वाले होते हैं।

प्रतीक (Symbol/Sign) ➔ लाल गाय/बछड़ा (Red Cow/Red Calf) रथ/गाड़ी (Chariot), मंदिर (Temple)

ये प्रतीक उर्वरता, सृजन, वृद्धि, समृद्धि और आध्यात्मिक उन्नति को दर्शाते हैं।

देवता (Presiding Deity) ➔ ब्रह्मा/प्रजापतिसृष्टि के रचयिता।

इससे जातकों में जीवन निर्माण, सृजनात्मकता, परिवार निर्माण, कल्पनाशीलता, नई चीज़ें बनाने का सामर्थ्य गहरा दिखाई देता है।

गुण (Guna) ➔ राजसिक (Rajas)

आकर्षण, गति, भोग, इच्छाशक्ति, कामनाएँ, रचनात्मक गतिविधियाँ इन लोगों के जीवन में प्रमुख रहती हैं।

तत्व (Element) ➔ पृथ्वी तत्व (Earth Element)

यह जातक स्थिर, व्यावहारिक, भौतिक, भरोसेमंद, भोजन, घर, धन, सुंदरता के प्रति आकर्षित होते हैं।

वर्ण (Caste/Varna) ➔ वैश्य (Business/Commerce Class)

इससे जातकों में व्यापार कौशल, धन संचय क्षमता, खाद्य,फैशन, कला, होटल, खेतीसे जुड़े कामों में सफलता दिखाई देती है।

प्रकृति (Nature) ➔ मृदु (Gentle & Soft)

इनका स्वभाव कोमल, प्रेमपूर्ण, शांत और मधुर होता हैलेकिन जब इनके मनचाहे काम न हों तो ज़िद, क्रोध, असहिष्णुता भी दिखती है।

गण (Temperament) ➔ मनुष्य गण (ManushyaGana)

इससे जातक सामाजिक, भावनात्मक, संवेदनशील, कलात्मक स्वभाव के होते हैं।

योनि ➔ सर्प योनि (Serpent)

यह अत्यधिक कामुक, आकर्षक, मोहक और चुंबकीय व्यक्तित्व का द्योतक है।साथ हीतीव्र भावनाएँ, अधिकार की भावना, ईर्ष्या भी दिख सकती है।

लिंग (Gender) ➔ स्त्री (Female Gender)

इससे ➔ सौंदर्य, कला, कोमलता, पोषण, भावनात्मकता विशेष रूप से प्रकट होती है।

शक्ति (Power/Shakti) ➔ "रोहण शक्ति" (Power to Grow, Create & Flourish)

यानी यह नक्षत्र हर चीज़ को विकसित, बढ़ाने और समृद्ध करने की क्षमता रखता है। इससे जातक जीवन में लगातार उन्नति करते हैं।

दिशा (Direction) ➔ पूर्व (East)

प्राचीन ग्रंथों में पूर्व दिशा आरंभ, उन्नति, प्रकाश, वृद्धि का संकेत देती है। यह रोहिणी के स्वभाव से पूर्ण मेल खाती है।

रंग (Color) ➔ लाल (Red)

लाल ऊर्जा, जुनून, प्रेम, आकर्षण, जीवन शक्ति का प्रतीक है। रोहिणी जातक अक्सर लाल/गुलाबी रंग पसंद करते हैं।

स्वभाव ➔ स्थिर (Fixed)

स्थिर नक्षत्र संकल्प, दृढ़ता, स्थिरता, निरंतरता, भरोसे मंदता को दर्शाता है। परंतु नकारात्मक रूप में जिद, कठोरता, परिवर्तन न चाहना भी दिखता है।

प्रकृति (Vata/Pitta/Kapha) ➔ कफ + पित्त प्रधान

इससे जातकों में सुंदर, भरी-भरी काया, मधुर स्वभाव, कोमल त्वचा, विलासप्रियता, गर्म स्वभाव, कामुकता देखी जाती है।

जीवन पर प्रभाव (Impact on Life)

रोहिणी नक्षत्र को सबसे उर्वर, रचनात्मक, आकर्षक और भौतिकसुख प्रदान करने वाले नक्षत्रों में से एक माना जाता है।

इसकी ऊर्जा सिर्फ सौंदर्य या रचनात्मकता तक सीमित नहीं है यह व्यक्ति की सोच, व्यवहार, संबंध, करियर, धन, स्वास्थ्य, व्यक्तित्व और जीवन के निर्णायक मोड़ तक हर क्षेत्र को प्रभावित करती है।

व्यक्तित्व: (Personality of RohiniNakshatra Natives)

रोहिणी नक्षत्र चंद्रमा का स्वक्षेत्र और सबसे आकर्षक, सृजनशील, उर्वर तथा भावनात्मक नक्षत्र माना जाता है। इस नक्षत्र में जन्म लेने वाले

व्यक्तियों का व्यक्तित्व अद्भुत रूप से आकर्षक, सौम्य, कलात्मक और भावनात्मक रूप से गहरा होता है।

प्राकृतिक सौंदर्य और आकर्षक व्यक्तित्व ➔ रोहिणी जातक जन्म से ही सुंदर, चमकदार और आकर्षक होते हैं। उनकी उपस्थिति में एक चुंबकत्व होता है जो लोगों का ध्यान सहज रूप से खींच लेता है। सुंदर चेहरा, लालिमा भरी त्वचा, बड़ी, भावुक और चमकदार आंखें, मधुर और शांति देने वाली वाणी, सुरुचिपूर्ण बॉडीलैंग्वेज, स्त्रियों में यह आकर्षण और भी अधिक होता है।

भावनात्मक रूप से कोमल पर गहरे ➔ क्योंकि चंद्रमा इनका स्वामी ग्रह है ये व्यक्ति बहुत भावुक, संवेदनशील और प्रेमप्रधान होते हैं। जल्दी जुड़ जाते हैं, दिल से प्यार करते हैं, गहरे संबंध बनाते हैं, दूसरों की भावनाएँ तुरंत महसूस कर लेते हैं

लेकिन वहीं दुख, उपेक्षा या आलोचना इन्हें गहराई से चोट पहुँचाती है।

कलात्मक और रचनात्मक व्यक्तित्व ➔ रोहिणी नक्षत्र सृजन का नक्षत्र है। इसलिए जातक स्वभाव से अत्यंत क्रिएटिव और एस्थेटिक होते हैं। कला, संगीत, नृत्य, डिज़ाइन, फैशन, साहित्य, फोटोग्राफी इनकी स्वाभाविक प्रतिभा का हिस्सा हैं।

इसी कारण ये जीवन में किसी न किसी सृजनात्मक क्षेत्र में चमकते हैं।

भोग-विलास और सुंदरता-प्रेमी ➔ इन जातकों को सुंदरता, स्वादिष्ट भोजन, आराम, सुगंध, अच्छा संगीत, भव्य वस्तुएँ, सजावट बहुत पसंद होती हैं। घर, कपड़े, वातावरण सब कुछ सुंदर और सौंदर्यपूर्ण होना चाहिए।

दयालु, प्रेमपूर्ण और सहृदय ➔ अत्यंत उदार दूसरों की भावनाओं को समझने वाले, सहानुभूतिपूर्ण मदद करने को तैयार ये लोग दिल से अपनाते हैं और दिल से ही छोड़ देते हैं।

उच्च यौन ऊर्जा और आकर्षण (Magnetic Sexual Aura) ➔ सर्प योनि + चंद्र ऊर्जा के कारण इन जातकों में अनोखी सेक्सुअल अपील होती है। आकर्षक, कामुक, मोहक, रोमांटिक परंतु इनकी भावनाएँ जितनी जल्दी जुड़ती हैं, चोट लगने पर उतनी ही जल्दी टूट जाती हैं।

जिद्दी और भावनात्मक अहं ➔ स्थिर नक्षत्र होने के कारण इनमें एक हठीला स्वभाव भी छिपा होता है। अपनी बात पर अड़े रहना, गलत होने पर भी न मानना, निर्णय बदलने में कठिनाई, भावनात्मक अहं या ईगो यह स्वभाव संबंधों में चुनौतियाँ खड़ी कर सकता है।

अधिकार भावना (Possessive Nature) ➔ रोहिणी जातक प्रेम में अत्यंत लगाव और अधिकार भावना रखते हैं। अपने साथी को लेकर बहुत संवेदनशील रहते हैं। ईर्ष्या, जलन, अधिकार भाव, साथी के लिए अपेक्षाएँ, यदि साथी उपेक्षा कर दे तो इसका प्रभाव तुरंत दिखाई देता है।

वर्तमान में जीने वाला व्यक्तित्व ➔ ये जातक वर्तमान में जीते हैं। भविष्य की ज्यादा चिंता नहीं करते।

प्रभाव ➔ आनंद लेने की प्रवृत्ति, जोखिम लेने की आदत, भविष्य-योजना की कमी इस वजह से जीवन में उतार-चढ़ाव आते हैं।

परिवार-प्रधान व्यक्तित्व ➔ रोहिणी जातक घर, परिवार, सुरक्षा, पोषण को अत्यंत महत्व देते हैं। इनका संसार परिवार-केंद्रित होता है और ये अपने परिवार से बहुत प्रेम करते हैं।

विनम्र और सामाजिक ➔ लोगों से अच्छा व्यवहार, सुंदर तरीके से बात करना, सामाजिक रूप से प्रशंसित, जल्दी दोस्त बनाना इनकी सामाजिक आकर्षकता इन्हें भीड़ में अलग बनाती है।

अत्यधिक संवेदनशील (Hypersensitive Nature) ➔ इन जातकों को सबसे बड़ा चैलेंज उनकी संवेदनशीलता है। छोटी बात से आहत, भावनात्मक टूटन, दूसरों की आलोचना को सहन नहीं कर पाना, मानसिक थकानये बातें इनके व्यक्तित्व का छिपा हुआ नाज़ुक हिस्सा हैं।

छिपा हुआ नेतृत्व और सृजनात्मक सामर्थ्य ➔ ब्रह्मा/प्रजापति की ऊर्जा के कारण इनमें भीतर से बड़ा रचनात्मक नेतृत्व (Creative Leadership) होता है। चीज़ों को बढ़ाने का हुनर, प्रोजेक्ट और विचार विकसित करना, नया निर्माण करना रोहिणी का अर्थ ही विकास, वृद्धि और सृजन है।

मानसिक और भावनात्मक स्वभाव: (Mental & Emotional Nature)

रोहिणी नक्षत्र का स्वामी चंद्रमा है, और चंद्रमा मन, भावनाएँ, अनुभूति, आराम, सुरक्षा और स्मृति का कारक है। इस कारण यह नक्षत्र जातकों का मानसिक संसार बहुत गहरा, संवेदनशील, कल्पनाशील और सूक्ष्म होता है। उनकी भावनाएँ सतही नहीं होती वे मन के भीतर गहराई तक अनुभूत होती हैं और जीवन की दिशा निर्धारित करती हैं।

भावनात्मक गहराई और भीतरी जगत की समृद्धि ➔ रोहिणी जातकों का अंदरूनी भावनात्मक जीवन अत्यंत विस्तृत और सूक्ष्म परतों वाला होता है। वे किसी भी चीज़ को सिर्फ "देखते" नहीं बल्कि "महसूस" करते हैं। हर अनुभव का मानसिक प्रभाव लंबा चलता है। उनके अंदर भावनाओं का एक परिपक्व, प्रगाढ़ और जीवंत संसार होता है। वे चीज़ों को बाहर से अधिक "भीतर" जीते हैं। इनके भीतर एक निरंतर भावनात्मक नाड़ी चलती रहती है जो उन्हें अति-संवेदनशील और अंतर्मुखी बना सकती है।

सुरक्षा और भावनात्मक स्थिरता की गहरी आवश्यकता ➔ इस नक्षत्र की चंद्र ऊर्जा जातकों में एक भावनात्मक सुरक्षा-केंद्रित मन विकसित करती है। ये लोग नियमितता, स्थिरता और सुरक्षित वातावरण में मानसिक रूप से खिलते हैं। कोई भी अनिश्चितता, अस्थिरता या भावनात्मक जोखिम उनकी आंतरिक शांति को जल्दी भंग कर देता है। इस कारण वे संबंधों में आश्वासन चाहते हैं, माहौल में कोमलता और आराम चाहते हैं, अचानक बदलाव पसंद नहीं करते उनकी मानसिक शांति उनकी दिनचर्या और स्थिर संबंधों पर निर्भर करती है।

भावनात्मक ग्रहणशीलता और सेंसिटिवअवेयरनेस ➔ रोहिणी जातक दूसरों के भावों को बड़ी आसानी से पकड़ लेते हैं। यह उनके लिए एक वरदान भी है और कभी-कभी चुनौती भी।वे किसी की आवाज़ का टोन चेहरे का भाव, छोटे बदलाव, अनकही भावनाएँ, सभी तुरंत महसूस कर

लेते हैं। इससे वे गहरे स्तर पर लोगों को समझते हैं, लेकिन इससे कभी-कभी मानसिक थकान भी होती है।

कल्पनाशीलता और भावनात्मक सृजनशीलता ➔ उनका मन स्थिर नहीं रहता बल्कि लगातार छवियाँ, भाव, विचार, और कल्पनाएँ बनाता रहता है। यह कल्पनाशीलता उनकी भावनाओं को और अधिक रंगीन बनाती है।मानसिक स्तर पर वे सुंदर चीज़ों, यादों, संगीत और कला से गहराई से प्रभावित होते हैं।इनके मन में "भावनात्मक स्मृति" बहुत मजबूत होती हैयानी अच्छा-बुरा सब लंबे समय तक याद रहता है।यह गुण इन्हें रचनात्मक क्षेत्रों में असाधारण बनाता है।

भावनात्मक निवेश की प्रवृत्ति ➔ वे छोटी-छोटी बातों में भी भावनाएँ लगा देते हैं। यह निवेश केवल प्रेम-संबंधों में ही नहीं बल्कि दोस्ती, काम, प्रोजेक्ट, घर और परिवार सब में होता है। अगर उन्हें प्रतिफल में वही भावनात्मक गहराई न मिले तो भीतर एक टूटन, असुरक्षा और हताशा पैदा हो सकती है। उनके लिए संबंध "सतही" नहीं होते वे मन और आत्मा का गहरा जुड़ाव चाहते हैं।

आंतरिक संवेदनशीलता और जल्दी आहत होने की प्रवृत्ति ➔ यह नक्षत्र चंद्रमा का हृदय है इसलिए चोट भी सीधे "मन" पर लगती है, न कि व्यवहार पर। थोड़ी सी उपेक्षा किसी प्रिय की बदलती ऊर्जा, अनसुनी बात, गलतफहमी, इनके लिए मानसिक रूप से भारी हो सकती है। ये चोट को भीतर रखते हैं और चुपचाप सहते रहते हैं लेकिन अंदर से टूट जाते हैं।

भावनात्मक निर्णय लेने की प्रवृत्ति ➔ इनका मन अक्सर दिल के निर्देश पर चलता है, दिमाग के परामर्श पर नहीं। निर्णय भावनात्मक आराम पर आधारित जिनसे प्यार करते हैं, उनके लिए सब कुछ करने को तैयार, लेकिन भावनात्मक असुरक्षा निर्णयों को उलझा देती है, इस कारण कुछ जीवन-निर्णयों में गलतियां हो सकती हैं, खासकर संबंधों और वित्त में।

कोमलता और संवेदनशीलता के पीछे छिपा मानसिक बल ➔ इनकी संवेदनशीलता को कई लोग कमजोरी समझ लेते हैं लेकिन रोहिणी जातक भावनात्मक रूप से कमजोर नहीं होते। वास्तव में इनके भीतर एक अद्भुत मानसिक सहनशीलता होती है। वे टूटते हैं, पर बिखरते नहीं। वे चुप रहते हैं, पर भीतर सृजन जारी रहता है। इनके मन में "नवीनीकरण" की शक्ति होती है हर अनुभव उन्हें और गहरा बना देता है।

भावनात्मक ईमानदारी और पारदर्शिता ➔ रोहिणी जातक झूठा मुद्रा नहीं बनाते। उनकी भावनाएँ वैसी ही होती हैं जैसी वे दिखाते हैं। ईमानदार हृदय, साफ भावनाएँ, छल-कपट रहित व्यवहार, यही कारण है कि वे विश्वासघात को सबसे बड़ा दर्द मानते हैं।

कोमल बाहरी स्वभाव और तीव्र आंतरिक प्रतिक्रियाएँ ➔ बाहर से वे शांत, मीठे और सरल दिखाई देते हैं,लेकिन उनके भीतरतीव्र भावनाएँ, तेज़ प्रतिक्रियाएँ, गहरी संवेदनाएँ, अंदर ही अंदर चलती रहती हैं। वे उन्हें व्यक्त नहीं करते लेकिन महसूस गहराई से करते हैं।

करियर और पेशा (Career & Profession)

रोहिणी नक्षत्र का स्वामी चंद्रमा, तत्व पृथ्वी, गुण राजसिक, और प्रतीक उर्वरता व सृजन है। इस कारण इस नक्षत्र के जातक ऐसे पेशों में उत्कृष्ट प्रदर्शन करते हैं जहाँ रचनात्मकता, सौंदर्य, संवेदनशीलता, उत्पादन, पोषण, कला, प्रकृति, स्थिरता का मिलन हो। रोहिणी जातक अपने काम में सूक्ष्मता, शांति, सौंदर्य और गहरी लगन लाते हैं।

कलात्मक और क्रिएटिव करियर (Creative & Artistic Fields) ➔ रोहिणी नक्षत्र कला का सबसे प्रभावी नक्षत्र माना जाता है। इनकी कल्पनाशीलता और सौंदर्य-बोध इन्हें रचनात्मक क्षेत्रों में अतुलनीय बनाता है।

इनके लिए श्रेष्ठ करियर ➔ संगीतकार, गायन, वादन,नृत्य, अभिनय, थिएटर,पेंटिंग, स्केचिंग, स्कल्प्चर, फोटोग्राफी, वीडियोग्राफी, फैशन डिजाइनिंग, इंटीरियर डिजाइनर, मेकअप आर्टिस्ट, हेयर आर्टिस्ट,

डेकोरेशन से जुड़ी फील्ड, कंटेंट क्रिएशन, सोशल मीडिया कला आधारित पेशे इनके काम में "कलात्मक स्पर्श" हमेशा दिखता है।

सौंदर्य, लाइफस्टाइल और लक्ज़री इंडस्ट्री (Beauty & Lifestyle) ➔ क्योंकि यह नक्षत्र विलासिता और सौंदर्य से भरपूर है इसलिए रोहिणी जातक ऐसे क्षेत्रों में सहज रूप से चमकते हैं ब्यूटी इंडस्ट्री (सैलून, स्किन, मेकअप), परफ्यूम और फ्रेगरेंस इंडस्ट्री, ज्वेलरी डिजाइन, हाई-एंड बुटीक, कॉस्मेटिक ब्रांड्स, फैशन मॉडलिंग, लाइफ स्टाइल, ब्रांड एम्बेसडर, स्पा और वेलनेस सेंटर इनकी उपस्थिति और स्वाद (taste) ही इनका मुख्य गुण होता है।

कृषि, खेती, और प्राकृतिक उत्पाद (Agriculture & Natural Production) ➔ पृथ्वी तत्व + उर्वरता की शक्ति के कारण रोहिणी जातक उत्पादन और वृद्धि वाले कार्यों में अत्यंत सफल रहते हैं।

उपयुक्त क्षेत्र ➔ कृषि, खेत प्रबंधन, फल/सब्जी उत्पादन, ऑर्गेनिक फार्मिंग, डेयरी (दुग्ध उद्योग), पोल्ट्री, नर्सरी, पौधारोपण, हर्बल/औषधीय पौधों का उत्पादन, सुगंधित पौधों और अरोमा उत्पादों का उत्पादन इनके हाथों में "उगाने की शक्ति" स्वाभाविक होती है।

फूड, हॉस्पिटैलिटी और होटल इंडस्ट्री (Food & Hospitality Sector) ➔ रोहिणी जातक आराम, सुंदर वातावरण, स्वादिष्ट भोजन इन तीनों से गहराई से जुड़े होते हैं इसीलिए ये काम में श्रेष्ठता दिखाते हैं होटल मैनेजमेंट, रेस्टोरेंट प्रबंधन, शेफ/कुकिंग, बेकरी और कन्फेक्शनरी, फूडब्लॉगर/फूड फोटोग्राफी, कैटरिंग, रिसॉर्ट संचालन, लक्ज़री, हॉस्पिटैलिटी इनमें "मेहमान नवाज़ी" (hospitality) प्राकृतिक गुण के रूप में मौजूद होती है।

शिक्षा, परामर्श और मनोविज्ञान (Education &Counseling) ➔ चंद्रमा मन और संवेदना का कारक है। इस कारण रोहिणी जातक ऐसे क्षेत्रों में उपयुक्त होते हैं जहाँ व्यक्ति को मानसिक रूप से समझना महत्वपूर्ण है।

उपयुक्त क्षेत्र ➔ शिक्षक, काउंसलर, मनोवैज्ञानिक, चाइल्ड एजुकेशन, फैमिली थेरेपिस्ट, आर्ट थेरेपिस्ट, मोटिवेशनल ट्रेनर, इनकी टोन और उपस्थिति दूसरों को सहज कर देती है।

मीडिया, मनोरंजन और कम्युनिकेशन (Media & Communication) ➔ इन जातकों की आवाज़, कैमरा-प्रेजेंस और आकर्षण अत्यंत प्रभावशाली होता है।

उपयुक्त क्षेत्र ➔ एंकरिंग, टीवी प्रस्तुतकर्ता, रेडियो जॉकी (RJ), सोशल मीडिया इन्फ्लुएंसर, यूट्यूबर (कला, सौंदर्य, लाइफस्टाइल), विज्ञापन, मॉडलिंग, स्क्रिप्ट लेखन इनका अभिव्यक्ति कौशल (Expression Skill) उत्कृष्ट होता है।

डिजाइन, आर्किटेक्चर और निर्माण (Design & Construction) ➔ ब्रह्मा की ऊर्जा "सृजन" का प्रतीक है। इसलिए ये व्यक्ति उन क्षेत्रों में भी उत्कृष्ट हैं जहाँ रचना और संरचना दोनों का मेल होता है। इंटीरियर डिजाइन, आर्किटेक्चर, ईको-फ्रेंडली निर्माण, फ़र्नीचर डिजाइन, होम डेकोर, टेम्पल आर्किटेक्चर, आर्टिस्टिक कंस्ट्रक्शन प्रोजेक्ट इनके काम में एक प्राकृतिक सौंदर्य और परिष्कार दिखता है।

उत्पादन आधारित करियर (Production-Oriented Professions) ➔ रोहिणी नक्षत्र "वृद्धि" का नक्षत्र है, इसलिए हर प्रकार के उत्पादन से जुड़ा कार्य इनसे मेल खाता है। मैन्युफैक्चरिंग, फैक्ट्री संचालन, पैकेजिंग यूनिट, टेक्सटाइल प्रोडक्शन, एग्री-प्रोडक्ट प्रोसेसिंग, डेयरी और खाद्य उत्पादन जो भी कार्य लंबे समय तक स्थिरता और निरंतरता से जुड़े हो वे इन्हें अनुकूल रहते हैं।

सुगंध, सौंदर्य और संवेदनात्मक उत्पाद (Aroma & Sensory Products) ➔ चंद्रमा और पृथ्वी की मिली-जुली ऊर्जा इन्हें स्मेल, टच, टेस्ट, अरोमा, टेक्सचर जैसे क्षेत्रों की तरफ आकर्षित करती है। ये श्रेष्ठ रहते हैं परफ्यूम निर्माता सुगंध वैज्ञानिक(Aroma Specialist), अरोमा थेरेपिस्ट, हर्बल कॉस्मेटिक निर्माण, प्राकृतिक साबुन/स्किनप्रोडक्ट तैयार

करने वाले, यहां उनका प्राकृतिक स्वाद (Taste & Aesthetic Sense) चमक दिखाता है।

प्रशासन व प्रबंधन (Management & Leadership) ➔ रोहिणी जातक का कार्य प्रबंधन बेहद सौम्य, व्यवस्थित और व्यावहारिक होता है। वे बेहतर होते हैं टीम मैनेजमेंट, हेल्थ-केयर मैनेजमेंट, कॉर्पोरेट ट्रेनिंग, ब्रांड मैनेजमेंट, ह्यूमन रिसोर्स (HR), वेलनेस/स्पा रिसॉर्ट मैनेजमेंट इनका नेतृत्व "कोमल लेकिन दृढ़" होता है।

करियर में रोहिणी जातक ➔ सौंदर्य और व्यवस्था की मांग रखते हैं, कार्यस्थल में साफ-सफाई, सौंदर्य और आराम इन्हें जरूरी लगता है। धीरे लेकिन पूर्णता के साथ काम, जल्दबाजी पसंद नहीं करते, पर काम खूबसूरत और सटीक करते हैं।

काम में भावनात्मक जुड़ाव ➔ हर कार्य में दिल लगाते हैं जिससे गुणवत्ता बहुत उच्च होती है। टीम में समन्वयक की तरह लोग इन्हें पसंद करते हैं क्योंकि इनका व्यवहार संतुलित होता है। स्थिरता पसंद लंबे समय वाले, स्थिर करियर में उत्कृष्टता पाते हैं।

आर्थिक स्थिति (Financial Aspects)

रोहिणी नक्षत्र चंद्रमा के अधीन है और इसका प्रतीक लाल गाय, उर्वरता और वृद्धि है। इसलिए यह नक्षत्र स्वभाव से ही धन-संपन्नता, भोग-विलास और वित्तीय आकर्षण देने की क्षमता रखता है।

प्राकृतिक रूप से धन आकर्षित करने की क्षमता ➔ रोहिणी जातकों में धन कमाने की एक नैसर्गिक क्षमता होती है। उन्हें ऐसे अवसर मिल जाते हैं जिनसे वे लगातार आय उत्पन्न कर पाते हैं। उर्वरता की शक्ति (Growth Shakti), पृथ्वी तत्व की स्थिरता, राजसिक गुण की सक्रियता, बेहतर सौंदर्य-बोध (जो धन देने वाले कार्यों को आकर्षित करता है) इन कारणों से इनके जीवन में आर्थिक प्रवाह बना रहता है।

धन का धीरे-धीरे लेकिन स्थिर संचय ➔ रोहिणी जातक कई नक्षत्रों की तरह अचानक धनवान नहीं होते। लेकिन इनके धन में एक गुण

दिखता है ""धीरे-धीरे लेकिन स्थिर रूप से संचय" अर्थात धीरे-धीरे, निरंतर, स्थिर रूप से, धन की वृद्धि होती है। ये तेज जोखिम लेने वाले नहीं होते, इसलिए आर्थिक जीवन आमतौर पर सुरक्षित रहता है।

सुख-सुविधाओं पर अधिक खर्च ➔ क्योंकि यह नक्षत्र विलास, सुंदरता और आराम से जुड़ा हैरोहिणी जातक धन बचाते भी हैं और खर्च भी खूब करते हैं। इनके खर्च मुख्यतः घर, सजावट, कपड़े व फैशन, भोजन, सौंदर्य, यात्रा, आराम व सुविधाओंपर होते हैं।कई बार यह अनावश्यक खर्च की ओर ले जाता है।

भूमि, संपत्ति और प्राकृतिक संसाधनों से लाभ ➔ पृथ्वी तत्व के कारण रोहिणी जातक जमीन और संपत्ति से जुड़ी चीजों में लाभ पाते हैं। इनमें निवेश शुभ होता है भूमि, कृषि, प्रॉपर्टी, घर/अपार्टमेंट, फार्महाउस, प्लॉट, प्राकृतिक उत्पाद, इनसे इनके धन में स्थिर और बड़ा लाभ जुड़ता है।

परिवार से मिला आर्थिक समर्थन ➔ रोहिणी जातक परिवार-प्रधान होते हैं, और उनका परिवार भी उनसे जुड़ा होता है। इस कारण परिवार से आर्थिक सहयोग, विरासत से लाभ, मातृ पक्ष से वित्तीय समर्थन, माँ का विशेष योगदान इनके जीवन में देखने को मिलता है। पिता से लाभ सामान्यतः कम होता है, पर माँ से अधिक मिलता है।

साझेदारी में सावधानी ➔ रोहिणी जातकों को एक विशेष आर्थिक चुनौती रहती है "साझेदारी में धोखा या हानि" वे दूसरों पर जल्दी भरोसा करते हैं, भावनात्मक होकर निर्णय ले लेते हैं, संबंधों के दबाव में आर्थिक फैसले कर लेते हैं इससे आर्थिक हानि का योग बनता है।

सबसे अधिक खतरा ➔ व्यापार साझेदारी, संयुक्त निवेश, दोस्तों/प्रियजनों के साथ आर्थिक लेनदेन

जीवन के आर्थिक चरण ➔ शास्त्रों के अनुसार

18-36 वर्ष:- आर्थिक संघर्ष, आय में अस्थिरता, गलत निवेश, भावनात्मक निर्णयों के कारण हानि

38-50 वर्ष:- स्थिर आय, धन संचय, व्यवसाय/करियर में सफलता, संपत्ति निर्माण

65-75 वर्ष:- सुरक्षित बचत, पारिवारिक सुख, वित्तीय आराम, संपत्ति का स्थायित्वयह नक्षत्र जीवन के मध्य और उत्तर भाग में आर्थिक रूप से खिलता है।

धन कमाने का तरीका - "विकास का ढांचा" ➔ रोहिणी जातकों का धन कमाने का तरीका तीन आधारों पर चलता है:

1. सौंदर्य और रचनात्मकता पर आधारित आय ➔ (कला, फैशन, डिज़ाइन, संगीत)
2. प्रकृति और उत्पादन पर आधारित आय ➔ (खेती, भोजन, प्राकृतिक उत्पाद, उत्पादन)
3. सुविधा और आतिथ्य पर आधारित आय ➔ (होटल, रेस्टोरेंट, वेलनेस) इन क्षेत्रों में उन्हें धन रोकने की आवश्यकता नहीं होती धन खुद बहता रहता है।

धन से जुड़ी मानसिकता ➔ रोहिणी जातकों का धन के प्रति भावनात्मक संबंध भी होता है। वे धन को मात्र "पैसा" नहीं मानते बल्कि सुरक्षा, आराम, सुंदरता, संतोष, पारिवारिक स्थिरता का प्रतीक मानते हैं। इसलिए इनके धन खर्च और कमाई दोनों में भावनात्मक रंग होता है।

आर्थिक चुनौतियाँ (Weak Points) ➔ रोहिणी जातकों की आर्थिक कमजोरियाँ:- सुंदरता/सुविधा के लिए अधिक खर्च, प्रेम/संबंधों में आर्थिक निर्णय, साझेदारी में धोखा, जल्दी भरोसा करना, भावनात्मक खरीदारी, अचानक भावनात्मक टूटन से आर्थिक गतिविधियों पर असर, इन क्षेत्रों में सावधानी बहुत आवश्यक है।

प्रेम, विवाह और दांपत्य जीवन

रोहिणी नक्षत्र 27 नक्षत्रों में सबसे प्रेमपूर्ण, संवेदनशील, रोमांटिक और संबंध-केंद्रित नक्षत्र माना जाता है।चंद्रमा इसका स्वामी है, और शुक्र इसकी प्रकृति को प्रभावित करता है इस कारण प्रेम, आकर्षण, सौंदर्य, भावनाएँ और गहन जुड़ाव इनके जीवन का केंद्र बन जाते हैं।

प्रेम जीवन (Love Life)

गहरा, सुंदर और संपूर्ण अनुभव ➔ रोहिणी जातक प्रेम को बेहद गहराई से अनुभव करते हैं। उनके लिए प्रेम केवल भावना नहीं, बल्कि आत्मिक जुड़ाव होता है।

इनके प्रेम की मुख्य विशेषताएँ ➔ अत्यंत रोमांटिक, कोमल व मधुर स्वभाव, भावनात्मक गहराई, साथी के लिए समर्पण, स्पर्श, निकटता और अंतरंगता का महत्व, सौंदर्य और आकर्षण से प्रभावित, साथ में समय बिताने को प्रेम का सबसे बड़ा रूप मानते हैं ये लोग सतही संबंध नहीं रखते। एक बार प्रेम हो जाए, तो पूरी तरह उसमें डूब जाते हैं।

प्रेम में आकर्षण (Magnetic Attraction) ➔ रोहिणी जातक स्वभाव से ही चुंबकीय होते हैं। उनमें एक प्राकृतिक आभा होती है जो लोगों को खींचती है। मधुर आवाज़, आकर्षक ऊर्जा, सुंदर व्यवहार, कोमलता, सहज कामुकता, इनकी वजह से यह नक्षत्र विरोधी लिंग में अत्यंत लोकप्रिय रहता है।

भावनात्मक सुरक्षा की आवश्यकता ➔ इन जातकों को प्रेम में सबसे ज़्यादा जरूरत होती है आश्वासन, निरंतर ध्यान, भावनात्मक सुरक्षा, स्थिरता, वफादारी, यदि साथी इन्हें उपेक्षित महसूस करा दे, तो यह उनके लिए गहरी चोट बन जाती है।

प्रेम में अधिकार भावना (Possessiveness) ➔ चंद्रमा+पृथ्वी+सर्प योनि ऊर्जा के कारण रोहिणी जातकों में अधिकार भावना (Possessiveness) बहुत प्रबल होती है। यह भावना प्रेम को गहराई देती है, संबंध में सुरक्षा देती है लेकिन ईर्ष्या, संदेह, नियंत्रण की स्थितियाँ भी उत्पन्न कर सकती है।

प्रेम में संवेदनशीलता-- जल्दी आहत होना ➔ रोहिणी जातक बहुत ही संवेदनशील होते हैं। साथी की थोड़ी उपेक्षा, बदलता दृष्टिकोण, या टोन तक इन्हें आहत कर सकता है। गलतफहमी से दुख, छोटी बात का भी भावनात्मक प्रभाव, दिल जल्दी टूटना, मन में दर्द संचित होना यह सब इनके प्रेम जीवन का हिस्सा होता है।

विवाह (Marriage)

स्थिरता और सौंदर्य का केंद्र ➔ रोहिणी जातक विवाह को बहुत पवित्र और महत्वपूर्ण मानते हैं। विवाह उनके लिए भावनात्मक सुरक्षा, परिवार, प्रेम, घर, स्थिरता का प्रतीक है।

वे विवाह में प्रेम और रोमांस, वफादारी, सुंदर और शांत घर, आराम, समझ, नियमितता और दिनचर्या, साथी से गहरा जुड़ाव चाहते हैं ये साथी के लिए दिल से समर्पित रहते हैं और हर संभव प्रयास करते हैं कि विवाह सुखमय रहे।

रोहिणी स्त्रियों का दांपत्य स्वभाव ➔ रोहिणी नक्षत्र की महिलाएँ अत्यंत सुंदर, अत्यंत प्रेमपूर्ण, भावनात्मक रूप से गहरी, साथी की देखभाल करने वाली, शादी में समर्पित, सौंदर्य और रोमांस पसंद करने वाली, घर को स्वर्ग जैसा बनाने वाली होती हैं। लेकिन उपेक्षा, धोखे का संकेत, असुरक्षा इनके लिए असहनीय है। साथी की अनदेखी को यह "भावनात्मक विश्वासघात" मान सकती हैं। और जब निर्णय ले लें वापसी नहीं करतीं।

रोहिणी पुरुषों का दांपत्य स्वभाव ➔ रोहिणी पुरुष प्रेम में जल्दी पड़ते हैं, साथी के प्रति देखभाल भरा स्वभाव रखते हैं, रोमांटिक होते हैं, परिवार को प्राथमिकता देते हैं, घर का सुख चाहते हैं, अपने साथी की सुंदरता और व्यवहार से प्रभावित रहते हैं लेकिन आलोचनात्मक दृष्टि, ईर्ष्या, संवेदनशीलता, अधिकार भावना संबंधों में समस्या पैदा कर सकती है।

अंतरंग जीवन (Sexual & Intimate Life) ➔ रोहिणी नक्षत्र सर्प योनि से जुड़ा है इसका सीधा अर्थ है कि इन जातकों की यौन ऊर्जा अत्यंत प्रबल और आकर्षक होती है। वे अंतरंगता में गहराई चाहते हैं, भावनात्मक+शारीरिक दोनों जुड़ाव, उच्च कामुकता, रोमांटिक माहौल, सौंदर्य और सुगंध से उत्तेजित, स्पर्श-संवेदनशील, इनका यौन जीवन केवल शारीरिक नहीं, भावनात्मक एकता पर आधारित होता है।

उपेक्षा, विश्वासघात या अनदेखी की स्थिति ➔ यदि साथी ध्यान न दे, संवाद कम करे, भावनात्मक रूप से दूरी बनाए तो रोहिणी जातक तुरंत असुरक्षित हो जाते हैं। यदि ये स्थिति लम्बी हो जाए तो दिल टूटना, अवसाद, संबंध से अलगाव, स्थायी ब्रेकअप हो सकता है। यह नक्षत्र उपेक्षा को "छल" जैसा अनुभव करता है।

विवाह में चुनौतियाँ ➔ रोहिणी जातकों को संबंधों में ये कठिनाइयाँ झेलनी पड़ सकती हैं ईर्ष्या, अधिकार भावना, अत्यधिक संवेदनशीलता, साथी पर भावनात्मक निर्भरता, सुंदरता/विलासिता की अपेक्षा, अपने प्रेम की तीव्रता के कारण साथी को दबाव लगना, आलोचनात्मक स्वभाव (खासकर पुरुष), छोटे-छोटे मुद्दों पर भावनात्मक टूटन, इनका मन सुंदर है लेकिन नाजुक भी।

इनसे सबसे अधिक मेल खाने वाले साथी ➔ रोहिणी जातक सबसे अच्छा जुड़ते हैं ऐसे लोगों से जो भावुक, प्रेमपूर्ण, स्थिर, भरोसेमंद, ध्यान देने वाले, सुंदरता/अंदाज़ को समझने वाले, रोमांटिक, सौम्य, संवादशील, परिवार-प्रधान हों।

दांपत्य जीवन आदर्श और वास्तविकता ➔ आदर्श प्रेम, सौंदर्य, आराम और गहराई से भरा हुआ विवाह, भावनात्मक सुरक्षा, मजबूत संबंध, घर को "स्वर्ग" जैसा बनाने की प्रवृत्ति

वास्तविकता ➔ उपेक्षा या भावनात्मक दूरी संबंध तोड़ सकती है, गलत साथी चुनने पर दिल टूटेगा, संबंधों में अत्याधिक निवेश करने से नुकसान, साथी को लगातार आश्वासन देना पड़ता है यदि साथी समझदार हो तो यह नक्षत्र सबसे खूबसूरत दांपत्य जीवन देता है।

पारिवारिक जीवन:

रोहिणी नक्षत्र परिवार और गृहस्थ जीवन को सबसे अधिक महत्व देने वाले नक्षत्रों में से एक है। इसका मूल तत्व चंद्रमा+पृथ्वी तत्व+उर्वरता है, जो व्यक्ति को परिवार, घर, मातृत्व-पितृत्व, सुरक्षा और भावनात्मक जड़ों से गहराई से जोड़ता है। इन जातकों का परिवारिक जीवन भावनाओं, सौंदर्य, स्नेह, सुरक्षा और परंपरा पर आधारित होता है।

परिवार-केंद्रित स्वभाव ➔ रोहिणी जातकों के लिए परिवार जीवन का केंद्र होता है। उनका अधिकांश मानसिक, भावनात्मक और सामाजिक जीवन परिवार के इर्द-गिर्द घूमता है। घर के लोगों को खुश रखना, परिवार में शांति बनाए रखना, रिश्तों में मधुरता लाना, घर को सुंदर और आरामदायक बनाना ये सब उनके स्वभाव में प्राकृतिक रूप से शामिल होता है।

मातृ-पक्ष से गहरा लगाव ➔ रोहिणी नक्षत्र चंद्रमा-प्रधान है इसलिए जातकों का माँ से विशेष भावनात्मक जुड़ाव होता है। माँ से मानसिक सुरक्षा, माँ के साथ सहज संबंध, मातृ-पक्ष के रिश्तेदारों से प्रेम, माँ से जीवनभर सहायता या प्रेरणाये सभी बातें इनके जीवन में प्रमुख होती हैं।

पिता से लाभ सामान्यतः कम माना गया है, लेकिन इसका अर्थ यह नहीं कि संबंध खराब होंगे बस भावनात्मक जुड़ाव माँ से अधिक रहता है।

शांत, सुखद और सौंदर्यपूर्ण गृह वातावरण की चाह ➔ रोहिणी जातक अपने घर को सुंदर, साफ-सुथरा, सुगंधित, व्यवस्थित, सौम्य, आरामदायक देखना पसंद करते हैं। घर में अव्यवस्था या तनाव इन्हें तुरंत असहज कर देता है। इनके द्‌वारा बनाया हुआ घर हमेशा "मोहक और सौम्य" स्पंदन देता है।

परिवार के प्रति गहरी जिम्मेदारी ➔ ये जातक बहुत ज़िम्मेदार होते हैं। परिवार में किसी की भी जरूरत को अनदेखा नहीं करते।माता-पिता की देखभाल, बच्चों के प्रति संवेदनशीलता, भाई-बहनों के प्रति सहायता, घर के वरिष्ठों का सम्मान, परिवार में आर्थिक/भावनात्मक योगदान इनके स्वभाव की प्रमुख पहचान है।

परिवार में सौम्य नेतृत्व ➔ रोहिणी जातक परिवार में कठोर नेतृत्व नहीं करते बल्कि सौम्य, प्रेमपूर्ण, भावनात्मक और शांत नेतृत्व उनके व्यक्तित्व का हिस्सा है। वे घर में तालमेल बनाते हैं, विवाद को शांत करते हैं, समझदारी से समाधान निकालते हैं, सभी को साथ लेकर चलने का प्रयास करते हैं, उनका व्यवहार परिवार में स्थिरता लाता है।

परिवार के साथ भावनात्मक जुड़ाव ➔ रोहिणी जातकों के रिश्ते केवल "सामाजिक" नहीं बल्कि "भावनात्मक" होते हैं। वे परिवार के हर

सदस्य के मन को समझने की क्षमता रखते हैं उनके मूड, उनकी जरूरत, उनका तनाव, उनकी भावनाएँ यह सब इन्हें तुरंत महसूस हो जाता है। इस संवेदनशीलता के कारण परिवार में उनकी उपस्थिति सभी के लिए सुखद होती है।

जीवनसाथी और बच्चों के प्रति संवेदनशीलता ➔ रोहिणी जातक जीवनसाथी को बहुत महत्व देते हैं। वे चाहते हैं कि घर में प्रेम, शांत वातावरण, समझ, रोमांस, सम्मान बना रहे।

बच्चों के लिए ➔ वे अत्यंत प्रेमपूर्ण, सुरक्षा देने वाले और ध्यान देने वाले माता-पिता होते हैं।

परिवार के लिए त्याग की प्रवृत्ति ➔ इस नक्षत्र की ऊर्जा व्यक्ति को परिवार के लिए त्याग करने योग्य बनाती है। ये लोग अपना आराम भुलाकर, अपनी प्राथमिकताएँ बदलकर, अपने संसाधन बाँटकर परिवार की भलाई के लिए प्रयास करते हैं।

परिवार में संभावित चुनौतियाँ ➔ जहाँ गुण होते हैं, वहाँ कुछ चुनौतियाँ भी होती हैं अत्यधिक संवेदनशीलता, परिवार की, छोटी-छोटी बातें इनके मन पर भारी पड़ती हैं। भावनात्मक अपेक्षाएँ ➔ ये परिवार से उसी गहराई का प्रेम चाहते हैं जो वे देते हैं।

उपेक्षा की भावना ➔ यदि परिवार ध्यान न दे, तो ये बहुत जल्दी आहत हो जाते हैं।

जिद ➔ कभी-कभी पारिवारिक निर्णयों में हठ दिखा सकते हैं।

अधिकार भावना ➔ साथी या बच्चों पर अधिक निगरानी/लगाव चुनौती बन सकता है।

परिवार में लोकप्रियता ➔ अपने कोमल स्वभाव, मधुर वाणी और प्यार करने वाली प्रकृति के कारण रोहिणी जातक परिवार में बहुत प्रिय होते हैं बुजुर्ग इनका सम्मान करते हैं, बच्चे इनके पास सहज महसूस करते हैं, परिवार के लोग इन्हें भरोसे का स्तंभ मानते हैं इनका घर में होना ही घर में शांति और ऊर्जा बढ़ाता है।

घरेलू जीवन में सुंदरता और संतुलन ➔ रोहिणी जातक सुगंध, रंग सज्जा, संगीत, सौंदर्य, पौधे, भोजन, आरामइन सबके माध्यम से घर को "जीवन्त" बनाते हैं। उनका घर हमेशा मेहमानों के लिए आकर्षक रहता है।

स्वास्थ्य और शारीरिक संरचना: (Health & Physical Constitution)

रोहिणी नक्षत्र चंद्रमा का हृदय माना जाता है और इसका स्वभाव मृदु+राजसिक+पृथ्वी तत्व का है। इस कारण इन जातकों का शरीर सुदृढ़, सुंदर, कोमल, लेकिन संवेदनशील बनता है। स्वास्थ्य भी चंद्रमा के अनुसार भावनाओं और मानसिक स्थिति से गहराई से जुड़ा होता है।

शारीरिक संरचना (Physical Constitution) ➔ रोहिणी जातक प्राकृतिक रूप से आकर्षक होते हैं। उनके शरीर में एक विशेष लालिमा और आभा होती है।

सामान्य शारीरिक गुण ➔ चमकदार, साफ और मुलायम त्वचा, चेहरे पर प्राकृतिक लालिमा, बड़ी, कोमल और आकर्षक आँखें, संतुलित और सुंदर काया, मध्यम ऊँचाई, मनमोहक मुस्कान, मधुर और शांत आवाज, प्राकृतिक सुगंध या आकर्षक और सकारात्मक आभामंडल

महिलाएँ सामान्यतः सुडौल, स्त्रैण और शालीन होती हैं

पुरुष स्लिम, आकर्षक और शांत व्यक्तित्व वाले होते हैं

रोहिणी जातकों का शरीर सौंदर्य+संतुलन+कोमलता का मिश्रण होता है।

शारीरिक ऊर्जा और प्रकृति (Prakriti) ➔ इस नक्षत्र की प्रकृति मुख्यतः कफ + वात (Kapha + Vata)

कफ प्रकृति ➔ सौंदर्य, मुलायमपन, त्वचा की चमक, गोलाई

वात प्रकृति ➔ संवेदनशीलता, मूड-स्विंग, नर्वसटेंशन

कभी-कभी पित्त (Pitta) की हल्की मात्रा त्वचा की लालिमा और गर्मी जोड़ती है।

स्वास्थ्य की ताकतें (Health Strengths) ➔ रोहिणी जातकों के शरीर में कुछ प्राकृतिक लाभ होते हैं सुंदर त्वचा, अच्छी प्रतिरोधक क्षमता, लंबी आयु की संभावना, शारीरिक स्फूर्ति, भोजन का अच्छा

पाचन, उर्वरता (fertility) का उच्च स्तर, प्रसव क्षमता (महिलाओं में) अधिक, इनका शरीर स्थिर और मजबूत होता है, लेकिन भावनात्मक रूप से संवेदनशील।

स्वास्थ्य की कमजोरियाँ (Potential Health Issues) ➔ चंद्रमा-प्रधान होने से इनका स्वास्थ्य भावनाओं, तनाव और पानी तत्व से प्रभावित होता है। रोहिणी जातकों में सामान्यतः ये समस्याएँ देखी जाती हैं

गला और गले से जुड़े रोग ➔ क्योंकि रोहिणी नक्षत्र वृषभ राशि में आता है, जो गर्दन, गला और थायरॉइड का कारक है। गले में खराश, टॉन्सिलाइटिस, थायरॉइड असंतुलन, आवाज बैठना, सूजन

रक्त और शुगर से संबंधित समस्या ➔ कफ प्रवृत्ति के कारण ब्लड शुगर असंतुलन, मधुमेह (विशेषकर पारिवारिक इतिहास हो तो), रक्त में गर्मी या सूजन

जल-धारण और सूजन (Water Retention) ➔ चंद्रमा जल तत्व का कारक है। चेहरे पर सूजन, आंखों के नीचे फुलाव, पैरों में हल्की सूजन, शरीर में पानी रुकना, महिलाओं में स्तनों में भारीपन भी सामान्य है।

श्वसन और नाक-गला समस्याएँ ➔ साइनस, एलर्जी, श्वास में हल्की समस्या, छाती में कफ

मूत्र और किडनी संबंधी समस्या ➔ कभी-कभी यूटीआई, जलन, किडनी पर हल्का दबाव

तनाव और भावनात्मक असंतुलन के कारण शारीरिक प्रभाव ➔ रोहिणी जातक भावनाओं से गहराई से जुड़े होते हैं। यदि रिश्तों में तनाव हो, उपेक्षा हो या मानसिक दबाव हो तो शरीरिक समस्याएँ तुरंत होती हैं सिर दर्द, नींद की कमी, भूख कम/ज्यादा, त्वचा नीरस, पाचन मंद, हार्मोनल बदलाव रोहिणी जातकों के "शरीर की सेहत = मन की सेहत" होती है।

जीवनशैली प्रवृत्तियाँ (Lifestyle Tendencies) ➔ रोहिणी जातक सौंदर्य-प्रिय, साफ-सुथरा और सुगंधित वातावरण पसंद करते हैं, भोजन

का खास स्वाद, अच्छी दिनचर्या, शांति और प्रकृति, आराम और सुकून, सुंदरता से घिरा घर ये जीवनशैली उन्हें मानसिक व शारीरिक दोनों रूप से स्वस्थ रखती है।

स्वास्थ्य सुधार के लिए प्राकृतिक झुकाव (प्राकृतिक उपचार) ➔ रोहिणी जातक उन चीजों से जल्दी ठीक होते हैं जो चंद्र-ऊर्जा को संतुलित करती हैं चंद्र ध्यान, प्राणायाम, धीमे संगीत, शांत वातावरण, प्रकृति (garden therapy), सुगंध (aroma therapy), पानी के पास समय बिताना, चांदनी में टहलना इनका शरीर मून हीलिंग से जल्दी पुनर्स्थापित होता है।

आहार (Diet Recommendations) ➔ कफ-वात प्रकृति को संतुलित रखने के लिए: इन्हें चाहिए हल्का गर्म भोजन, हर्बल चाय, ताज़े फल, दही का संतुलित सेवन, शहद, सूखे मेवे, गुनगुना पानी और हरी पत्तेदार सब्जियां

इनसे बचें ➔ अत्यधिक मीठा, अधिक डेयरी, बहुत ठंडे पेय, देर रात भोजन

व्यायाम और फिटनेस (Exercise & Fitness) ➔ ये जातक कठोर व्यायाम पसंद नहीं करते उन्हें चाहिए वॉक, योग, स्ट्रेचिंग, डांस, स्विमिंग, हल्का जिम, श्वसन अभ्यास, ऐसे अभ्यास जो शांत + सुंदर + लयबद्ध हों उन्हें जल्दी सूट करते हैं।

महिलाओं में विशेष स्वास्थ्य संकेत ➔ रोहिणी नक्षत्र की महिलाओं में अक्सर सुंदर त्वचा, हार्मोनल संवेदनशीलता, पीरियड के दौरान मानसिक उतार चढाव, स्तनों में भारीपन, भावनात्मक तनाव से त्वचा नीरस देखी जाती है। लेकिन उनमें स्वास्थ्य की पुनर्प्राप्ति क्षमता बहुत अधिक होती है।

मानसिक-आध्यात्मिक विकास:

रोहिणी नक्षत्र चंद्रमा का नक्षत्र है और चंद्रमा मन, भावनाएँ, अनुभूति, स्वप्न, स्मृति और अवचेतन का कारक है। इसलिए रोहिणी जातकों का मानसिक तथा आध्यात्मिक विकास अत्यंत विशेष मार्ग से गुजरता है जिसमें संवेदनशीलता, अनुभव, भावनाएँ, प्रेम, सौंदर्य, प्रकृति और

आंतरिक मौन का गहरा योगदान है। यह नक्षत्र व्यक्ति को "बाहरी सौंदर्य" से "भीतरी प्रकाश" की ओर ले जाता है।

मानसिक विकास - (Psychological Growth) ➔ भावनात्मक उथल-पुथल जल्दी होती है, संवेदनशीलता अधिक होती है, प्रेम व संबंधों में अत्यधिक निवेश करते हैं, उन्हें सीखना होता है भावनाओं को स्थिर करना, प्रतिक्रिया नहीं, समझ से उत्तर देना अपने भीतर के "नाज़ुक मन" की रक्षा करना, यह चरण इन्हें धीरे-धीरे परिपक्व बनाता है।

आत्म-जागरूकता (Self-awareness) का उदय ➔ जब ये अपनी भावनाओं के कारण उत्पन्न संघर्षों को समझना शुरू करते हैं तो उनमें "आत्म-जागरूकता" पैदा होती है। वे समझना सीखते हैं कि मैं ऐसा क्यों महसूस करता हूँ?, मेरी अपेक्षाएँ क्या हैं?, कौन-सी भावनाएँ मेरी शक्ति हैं और कौन-सी चुनौती?, मैं दूसरों के प्रभाव में कितना आने लगता हूँ? यहीं से मन का असली विकास आरंभ होता है।

संवेदनाओं का परिष्कार (Refinement of Sensitivity) ➔ रोहिणी जातक की संवेदनशीलता कमजोरी भी है और शक्ति भी। मानसिक-विकास के साथ यह संवेदनशीलता "अति-संवेदनशीलता" (Oversensitivity) से बदल कर करुणा, सौंदर्य-बोध. भावनात्मक बुद्धिमत्ता (EQ), गहरी समझ, रचनात्मकता में परिवर्तित हो जाती है। यही परिवर्तन इन्हें मानसिक रूप से सक्षम बनाता है।

आध्यात्मिक विकास - (Spiritual Growth) ➔ रोहिणी नक्षत्र की आध्यात्मिकता बड़ी शांत, सौम्य और प्राकृतिक प्रवाह वाली होती है। वे आडंबर, तर्क या कठोर तपस्या से नहीं बल्कि सौंदर्य, प्रेम, शांति, मौन, प्रकृति और कला के माध्यम से आध्यात्मिकता का अनुभव करते हैं।

प्रकृति से आध्यात्मिक जुड़ाव ➔ यह नक्षत्र पृथ्वी तत्व+चंद्र ऊर्जा का मेल है। इसलिए चाँदनी, जल, वृक्ष, फूल, ताज़ी हवा, खेत, मिट्टी इन सभी में रोहिणी जातक दिव्यता का अनुभव करते हैं। उनका आध्यात्मिक विकास प्रकृति की गोद से शुरू होता है।

सौंदर्य में दिव्यता का अनुभव ➔ रोहिणी नक्षत्र सृजन और सौंदर्य का नक्षत्र है। इनके लिए सौंदर्य = ईश्वर का प्रत्यक्ष रूप। वे संगीत, नृत्य, कला, सुगंध, रंग, सौंदर्य इन सबमें दिव्यता महसूस करते हैं। इनका ध्यान (Meditation) कल्पना और सुंदरता से जुड़ा होता है।

प्रेम की उच्चतर अवस्था ➔ आध्यात्मिक विकास में रोहिणी जातक सीखते हैं कि प्रेम में अधिकार नहीं, प्रेम में अपेक्षा नहीं, प्रेम में पकड़ नहीं, प्रेम में त्याग और स्वीकृति है, यह अवस्था इन्हें "अहंकार-शून्य प्रेम" तक ले जाती है। इस स्तर पर प्रेम एक आध्यात्मिक अनुभव बन जाता है।

मौन (Silence) और अंदरूनी स्थिरता से विकास ➔ भावनात्मक उतार-चढ़ाव के कारण रोहिणी जातकों के लिए मौन एक चिकित्सा जैसा कार्य करता है। शांत वातावरण, प्रकृति में अकेले बैठना, ध्यान, गहरी साँसें, चंद्र-ध्यान इनसे उनका मन स्थिर होता है और आध्यात्मिकता पनपती है।

चंद्र-ऊर्जा का आध्यात्मिक उपयोग ➔ चंद्रमा मन का स्वामी है इसलिए रोहिणी जातक में "मून एनर्जी" का गहरा प्रभाव होता है। जब इन्हें यह समझ आ जाती है कि चंद्रमा मन को नियंत्रित करता है, मन ध्यान को गहरा करता है ध्यान उन्हें भविष्य में गलतियाँ करने से बचाता है तो वे आध्यात्मिक रूप से परिपक्व होने लगते हैं।

मानसिक-आध्यात्मिक विकास का अंतिम परिणाम ➔ जब रोहिणी जातक अपना मानसिक और आध्यात्मिक विकास पूरा करते हैं तो उनमें नीचे दिए गुण स्पष्ट रूप से विकसित हो जाते हैं भावनात्मक संतुलन, सौंदर्य+आध्यात्मिकता का अद्भुत संगम, अंतर्ज्ञान (Intuition) की प्रबलता, गहरी करुणा और संवेदनशीलता, संबंधों में परिपक्वता, रचनात्मकता का उच्च स्तर, मन का शांत, स्थिर और स्पष्ट होना, आध्यात्मिक प्रेम की क्षमता, प्रकृति और ध्यान से जुड़ाव, आत्मा की शांति और स्थिरता का अनुभव यह विकास उन्हें दूसरों से अलग करता है क्योंकि रोहिणी नक्षत्र जीवन के दो स्तरों को जोड़ता है

(1) भौतिक सुंदरता और (2) आध्यात्मिक सुंदरताजब दोनों का मेल हो जाए तो जातक बेहद आकर्षक, शांत, स्थिर और आभामयी हो जाते हैं।

विशेष ज्योतिषीय योग, शुभ-अशुभ अवधि और उपाय:

विशेष ज्योतिषीय योग: (Special Astrological Yogas) ➔ रोहिणी नक्षत्र चंद्रमा का स्वक्षेत्र माना जाता है। इसके कारणमन, भावनाएँ, सौंदर्य, वृद्धि, उर्वरता, सुख, भौतिक समृद्धि इन सबका शक्तिशाली योग बनता है। नीचे इस नक्षत्र में बनने वाले खास योग दिए जा रहे हैं

चंद्र-रोहिणी योग (Moon in Rohini) ➔ सबसे प्रभावी योग।

फल ➔ आकर्षक व्यक्तित्व, उत्तम स्वास्थ्य, आरामप्रियता, प्रेम और सौंदर्य की ओर झुकाव, भावनात्मक गहराई, धन के प्रति संवेदनशीलता, घर, परिवार और संपत्ति का योग, कला में सफलतायह योग जातक को प्राकृतिक "चंद्र तेज" देता है।

शुक्र-रोहिणी योग (Venus influence on Rohini) ➔ यदि शुक्र रोहिणी से दृष्टि करे या शुभ योग बनाये

फल ➔ अत्यधिक सुंदरता, विलासिता, कला, मीडिया, फैशन, संगीत में उन्नति, प्रेम में सफलता, आकर्षण और चुंबकत्व, सौंदर्यपूर्ण बुद्धि, महंगे वस्त्र, आभूषण का सुख यह योग सौंदर्य और भोग के द्वार खोलता है।

ब्रह्मा-प्रजापति योग (Rohini's Deity Influence) ➔ इस योग में जातक में "उत्पादन और सृजन" की दिव्य क्षमता आती है।

फल ➔ नई चीज़ें बनाने की क्षमता, खेती, निर्माण, कला, उत्पादन में अद्भुत कौशल, परिवार निर्माण, ज्ञान, सृजन और विस्तारयह योग जातक को "निर्माता" बनाता हैnot destroyer.

रोहिणी-भूमि/संपत्ति योग ➔ जब रोहिणी+पृथ्वी तत्व+लाभ स्थान का संबंध बने

फल ➔ भूमि, भवन, वाहन, खेती, संपत्ति में सफलता सुनिश्चित।

रोहिणी-कला/संगीत योग ➔ यदि चंद्रमा/शुक्र/बुध रोहिणी को प्रभावित करें

फल ➔ संगीत, नृत्य, अभिनय, चित्रकला आदि में असाधारण प्रतिभा, मंच पर लोकप्रियता, सोशल मीडिया/स्क्रीन पर सफलता

शुभ और अशुभ अवधि

रोहिणी नक्षत्र का स्वामी चंद्रमा है और इसका मूल स्वभाव वृद्धि, सौंदर्य, उर्वरता और स्थिरता है। अतः जिन दशाओं में चंद्र, शुक्र, गुरु का सहयोग मिलता है वे प्रायः शुभ रहती हैं और जिनमें राहु, केतु, शनि, मंगल का दबाव बढ़ता है वे चुनौतीपूर्ण हो सकती हैं (कुंडली अनुसार अपवाद संभव) ।

शुभ अवधि (Auspicious Periods)

चंद्र महादशा/चंद्र अंतर्दशा ➔ मानसिक शांति, परिवार-सुख, लोकप्रियता, कला, रचनात्मकता, घर-परिवार से जुड़े कार्यों में उन्नति, विवाह/गृहस्थी के लिए अनुकूल

नोट: चंद्र शुभ भाव/शुभ दृष्टि में हो तो फल अत्यंत श्रेष्ठ।

शुक्र महादशा/शुक्र अंतर्दशा ➔ सौंदर्य, प्रेम, वैवाहिक सुख, विलास, कला, फैशन, मीडिया, हॉस्पिटैलिटी में प्रगतिस्थिर और आरामदायक जीवन

नोट: शुक्र पीड़ित न हो तभी फल पूर्ण।

गुरु महादशा/गुरु अंतर्दशा ➔ स्थिरता, सम्मान, मार्गदर्शन, संपत्ति/घर से जुड़े निर्णयों में सहायता, मानसिक परिपक्वता और संतुलन

नोट: गुरु केंद्र/त्रिकोण में हो तो श्रेष्ठ फल।

सूर्य की शुभ अंतर्दशा (जब सूर्य बलवान हो) ➔ प्रतिष्ठा, नेतृत्व, सरकारी/प्रशासनिक सहयोग, आत्मविश्वास में वृद्धि

नोट: सूर्य पीड़ित हो तो अहं/टकराव से बचें।

अशुभ अवधि (Challenging/Inauspicious Periods)

राहु महादशा/राहु अंतर्दशा ➔ भ्रम, गलत निर्णय, भावनात्मक अस्थिरता, साझेदारी/निवेश में धोखे की संभावना, अचानक उतार-चढ़ाव

सलाह: बड़े निर्णय टालें, दस्तावेज़ सावधानी से।

केतु महादशा/केतु अंतर्दशा ➔ संबंधों में दूरी, भावनात्मक शून्यता, दिशा-भ्रम, एकांत की प्रवृत्ति

सलाह: धैर्य, साधना और सरलता अपनाएँ।

शनि की अशुभ अंतर्दशा (जब शनि दबाव में हो) ➔ देरी, मानसिक बोझ, पारिवारिक तनाव, स्वास्थ्य में शिथिलता

सलाह: अनुशासन, नियमितता, धैर्य।

मंगल की अशुभ अंतर्दशा ➔ क्रोध, विवाद, आवेग, संबंधों/कार्यस्थल पर टकराव

सलाह: शांत निर्णय, जोखिम से दूरी।

महत्वपूर्ण अंतर्दशा संयोजन

शुक्र/चंद्र, चंद्र/शुक्र, गुरु/चंद्र ➔ अत्यंत शुभ

राहु/शुक्र, राहु/चंद्र ➔ आकर्षण के साथ भ्रम (सावधानी)

शनि/चंद्र ➔ भावनात्मक दबाव (धैर्य आवश्यक)

केतु/चंद्र ➔ मानसिक वैराग्य, संबंधों में दूरी

अंतिम फलादेश हमेशा कुंडली की स्थिति, भाव, दृष्टि और बल पर निर्भर करता है।

नक्षत्र के दौरान किए जाने योग्य शुभ कार्य (Do's)

इस नक्षत्र में निम्न कार्य अत्यधिक शुभ माने जाते हैं नए कार्यों की शुरुआत (स्थिरता व वृद्धि के लिए), क्योंकि इसमें "वृद्धि शक्ति" है। घर-गृहस्थी से जुड़े कार्यजैसेगृह-प्रवेश, घर सजाना, फर्नीचर खरीदना, भवन निर्माण प्रारंभ, रचनात्मक प्रोजेक्ट, प्राकृतिक कार्य, चंद्र-ध्यान, शांति साधना, भोजन/हॉस्पिटैलिटी से जुड़े शुभ आरंभ

कृषि-खेती से जुड़े कार्य ➔ बीज बोना, वृक्षारोपण, पौधों से जुड़ी किसी भी नई शुरुआत

कला-कौशल से संबंधित कार्य ➔ संगीत, कला, अभिनय का आरंभ, किसी रचनात्मक प्रोजेक्ट की शुरुआत

वैवाहिक और प्रेम संबंधी कार्य ➔ रिश्ता तय करना, विवाह, प्रेम प्रस्ताव, रोमांटिक शुरुआत

मातृत्व/जन्म से जुड़े कार्य ➔ गर्भाधान बच्चे का नामकरण, शिशु सम्बंधित खरीदारी

व्यवसाय में नई उत्पाद लाइन लॉन्च ➔ उत्पादन आधारित कार्य, Food/hospitality/beauty क्षेत्र, रोहिणी में शुरू किया कार्य स्थिर और सुरक्षित फल देता है।

रोहिणी नक्षत्र में वर्जित कार्य (Don'ts) ➔ कुछ कार्य रोहिणी नक्षत्र में वर्जित माने गए हैं

यात्रा आरंभ (Travel) ➔ यात्रा में बाधा, देरी, मानसिक अस्थिरता का योग। कानूनी/न्यायिक कार्य ➔ निर्णय भावनात्मक हो सकते हैं, वस्तुनिष्ठता घटती है।

उत्तेजना या क्रोध में लिए निर्णय ➔ जिद, अहं, भावनात्मक आवेग हानि दे सकता है। झगड़ा, बहस या वाद-विवाद चंद्र भावनाओं को बढ़ा देता है, परिणाम अनुकूल नहीं।

सर्जरी या बड़ा मेडिकल निर्णय ➔ भावनात्मक तनाव तेज़ होता है, रिकवरी धीमी।

निवेश संबंधी जोखिमपूर्ण निर्णय ➔ फिजूलखर्ची और भावनात्मक निर्णयों की संभावना।

उपाय (Remedies & Enhancers)

चंद्र शांति हेतु उपाय ➔ "ॐ सोम सोमाय नमः" का जप, सोमवार का उपवास, चावल, दूध, दही का दान, मोती (Pearl) धारण

मानसिक स्थिरता हेतु ➔ चंद्र ध्यान (Moon Meditation), चंद्र प्रकाश में ध्यान, सुगंध थेरेपी, शांत संगीत सुनना, जल तत्व के पास समय बिताना

गृहस्थ सुख हेतु ➔ सफेद वस्त्र पहनना, चंदन, कपूर, फूलों की सुगंध, घर में पौधे लगाना, माता की सेवा

प्रेम संबंध सुधार हेतु ➔ गुलाबी रंग का प्रयोग, रोज क्वार्ट्ज (Rose Quartz), चंद्र मंत्र, साथी के साथ भावनात्मक संवाद

सर्प-योनि के दोष कम करने हेतु ➔ शिव पूजा, नाग पंचमी का व्रत, तांबे का दान

रचनात्मक उन्नति हेतु, सुर/स्वर साधना, कला, संगीत का अभ्यास, हाथों से कुछ रचनात्मक बनाना

चारों चरणों का विश्लेषण (Analysis of All Four Padas)

रोहिणी नक्षत्र वृषभ राशि के भीतर आता है, जिसका स्वामी शुक्र, और नक्षत्र स्वामी चंद्रमा है।

इस कारण चारों चरणों में संवेदनशीलता, सौंदर्य, कला, भोग, प्रेम और उर्वरता का आधार समान रहता हैलेकिन हर चरण का स्वभाव, गुण, करियर, मानसिकता, प्रेम व जीवन का अनुभव अलग-अलग होता है।

प्रथम चरण(1st Pada) - वृषभ नवांश (0°-3°20') - शुक्र प्रभाव

गुण: अत्यंत सौंदर्यपूर्ण, स्थिर, कोमल, व्यवहार-कुशल

स्वभाव: शांत, मनोहर, सरल और अत्यधिक सौम्य

प्रधान विषय: सौंदर्य, प्रेम, आराम, घर, स्थिरता

व्यक्तित्व ➔ सबसे "शांत और स्थिर" रोहिणी चरण मजबूत शारीरिक सुंदरता व आकर्षण मधुर आवाज़ और शांत आभा, व्यवहार में विनम्रता और कोमलता

मनोवैज्ञानिक स्वभाव ➔ सुरक्षा और स्थिरता की तीव्र इच्छा, भावनात्मक रूप से बहुत संवेदनशील, परिवर्तन पसंद नहीं, आंतरिक रूप से प्रेम की तीव्र आवश्यकता

प्रेम और संबंध ➔ वफादार, स्थिर, ईमानदार प्रेमी, साथी से शांति, देखभाल और रोमांस चाहते हैं, उपेक्षा सहन नहीं कर पाते, स्थाई और सुखी गृहस्थ जीवन

करियर क्षेत्र ➔ कला, डिज़ाइन, संगीत, आभूषण, सौंदर्य, सजावट, भोजन व फैशन उद्योग, फार्मिंग, होटल व रेस्टोरेंट, कॉस्मेटिक व लाइफस्टाइल कार्य

चुनौतियाँ ➔ भावनात्मक निर्भरता, जिद और बदलाव का डर, छोटी-छोटी बातों से आहत होना

द्वितीय चरण(2nd Pada) - मिथुन नवांश (3°20'-6°40') - बुध प्रभाव

गुण: बुद्धिमत्ता, विवेक, संचार कौशल

स्वभाव: चतुर, तेज, वार्तालाप में कुशल

प्रधान विषय: कला + बुद्धि, सौंदर्य + अभिव्यक्ति

व्यक्तित्व ➔ आकर्षण के साथ उच्च बुद्धि का मिश्रण, रचनात्मकता और संवाद का बेहतरीन मेल, बहु-प्रतिभाशाली, तेज दिमाग और चंचल स्वभाव

मनोवैज्ञानिक स्वभाव ➔ जिज्ञासु, विश्लेषणात्मक, भावनाओं को शब्दों में व्यक्त करने में सक्षम, निर्णयों में कभी-कभी अस्थिर, मानसिक गतिविधियाँ अत्यधिक

प्रेम और संबंध ➔ रोमांटिक + बातूनी + दिलचस्प पार्टनर, बौद्धिक जुड़ाव चाहेंगे, संबंध में संवाद बहुत महत्वपूर्ण, मूड-स्विंग और बेचैनी संबंधों को प्रभावित कर सकती है

करियर क्षेत्र ➔ लेखन, संचार, मीडिया, अभिनय, एंकरिंग, यूट्यूब, मार्केटिंग, विज्ञापन, कलाकार, संगीतकार, फैशन व लाइफस्टाइलब्लॉगर

चुनौतियाँ ➔ अस्थिर मानसिकता, निर्णयों में जल्दी बदलाव, अधिक सोचने की प्रवृत्ति

तृतीय चरण (3rd Pada) - कर्क नवांश (6°40'-10°00') - चंद्रमा प्रभाव

गुण: अत्यधिक भावुक, पोषणकारी, संवेदनशील

स्वभाव: भावनात्मक गहराई, देखभाल, मातृत्व-सुलभ ऊर्जा

प्रधान विषय: परिवार, भावनाएँ, प्रेम, सुरक्षा

व्यक्तित्व ➔ अत्यधिक कोमल और दयालु, मातृत्व/पितृत्व गुण प्रबल, गहरी भावनात्मक आँखें, शांत, पोषण देने वाला स्वभाव

मनोवैज्ञानिक स्वभाव, सबसे अधिक संवेदनशील रोहिणी चरण, दूसरों की भावनाओं को तुरंत महसूस करना, भीतर दुख छिपाकर रखना, परिवार-केंद्रित सोच

प्रेम और संबंध ➔ संबंध में भावनात्मक सुरक्षा सबसे महत्वपूर्ण, साथी से पूर्ण समर्पण और देखभाल की अपेक्षा, अत्यधिक रोमांटिक, उपेक्षा होने पर गहरी चोट

करियर क्षेत्र ➔ केयर-आधारित करियर: नर्सिंग, काउंसलिंग, शिक्षक, मनोवैज्ञानिक, कला, संगीत, बच्चों से जुड़े कार्य, होटल-रेस्टोरेंट, घर सजावट

चुनौतियाँ ➔ भावनात्मक चोट जल्दी लगना, स्वभाव में संवेदनशीलता की अधिकता, परिवार/साथी पर निर्भरता

चतुर्थ चरण (4th Pada) - सिंह नवांश (10°00'-13°20') - सूर्य प्रभाव

गुण: प्रभुत्व, नेतृत्व, आकर्षण, आत्मविश्वास

स्वभाव: प्रभावशाली, ऊर्जावान, उत्साही

प्रधान विषय: रचनात्मक नेतृत्व, प्रदर्शन कला, आत्म-प्रकाश

व्यक्तित्व ➔ सबसे "आकर्षक और तेजस्वी" चरण, व्यक्तित्व में चमक, स्टाइल और शान, आत्मविश्वास और साहस प्रबल, नेतृत्व की क्षमता

मनोवैज्ञानिक स्वभाव ➔ भावनाओं में नाटकीयता, ध्यान पाने की इच्छा, आंतरिक गर्व, कड़ी मेहनत की क्षमता

प्रेम और संबंध ➔ रोमांस में जुनून, साथी से प्रशंसा और ध्यान की अपेक्षा, अधिकार भावना, संबंध में नाटक और जुनून का मिश्रण

करियर क्षेत्र ➔ अभिनय, फिल्मों, थिएटर, नेतृत्व भूमिका: मैनेजर, डायरेक्टर, ग्लैमरवर्ल्ड, फैशन, मॉडलिंग, उद्‌यमिता, कला/डिज़ाइन/क्रिएटिव ब्रांडिंग

चुनौतियाँ ➔ अहं की समस्या, साथी पर अधिकार, क्रोध और आवेग

महिलाएं- संपूर्ण विश्लेषण

रोहिणी नक्षत्र की स्त्रियाँ वैदिक ज्योतिष में सबसे आकर्षक, कोमल, भावनात्मक और सौंदर्य-प्रधान मानी जाती हैं। इनके व्यक्तित्व में चंद्रमा की शीतलता और शुक्र की सुंदरता दोनों का दिव्य मेल होता है। वे सिर्फ

बाहर से सुंदर नहीं होतीं उनकी ऊर्जा, आवाज़, चाल-ढाल, व्यक्तित्व, प्रेम के तरीके सबमें एक अनोखी "मोहकता" होती है।

शारीरिक सुंदरता (Physical Beauty) ➔ रोहिणी स्त्रियों की सुंदरता प्राकृतिक होती है किसी बनावट से नहीं, बल्कि उनकी "चंद्र-ऊर्जा" से।

उनकी मुख्य शारीरिक विशेषताएँ ➔ अत्यंत आकर्षक चेहरा, कोमल, साफ और चमकदार त्वचा, लालिमा भरे होंठ, बड़ी, शांत, भावनापूर्ण आँखें, मन-मोहक मुस्कान, स्त्रैण और सुडौल काया, मधुर, शीतल और संगीत जैसी आवाज़, सुंदर बाल और सुगंधित शरीरउनकी उपस्थिति में एक नारीत्व की गरिमा और "नैसर्गिक चुंबकत्व" होता है।

व्यक्तित्व (Personality Traits) ➔ रोहिणी महिलाएँ नरम, सौम्य और प्रेमपूर्ण व्यक्तित्व की धनी होती हैं। उनकी मूल प्रकृति कोमल लेकिन दृढ़, शांत, विनम्र, संस्कारी, मोहक और स्त्री-सुलभ, भावनात्मक, संवेदनशील, परिवार और प्रेम में समर्पित, सौंदर्य-प्रिय, शांतिप्रिय, विवादों से दूर वे लोगों को सहज महसूस कराती हैं। उनके पास बैठना ही मानसिक शांति देता है।

मानसिक व भावनात्मक स्वभाव (Mental & Emotional Nature) ➔ इनकी भावनाएँ बेहद गहरी और पवित्र होती हैं।

मानसिक गुण ➔ संवेदनशील, जल्दी प्यार करने वाली, जल्दी आहत होने वाली, सुंदर सपनों में खो जाने वाली, भावनाओं से निर्णय लेने वाली, आंतरिक दुनिया बहुत समृद्ध, प्रेम को जीवन का केंद्र मानने वाली रोहिणी महिलाएँ अपने दिल की सच्ची होती हैं किसी के लिए उनके दिल में प्रेम आ गया, तो पूरी तरह समर्पित हो जाती हैं।

प्रेम स्वभाव (Love Nature) ➔ रोहिणी नक्षत्र प्रेम का प्रतीक है। इसलिए रोहिणी स्त्रियाँ प्रेम को बहुत गंभीरता से लेती हैं।

उनके प्रेम की विशेषताएँ ➔ रोमांटिक, भावुक, स्पर्श-संवेदनशील, कोमल और समर्पित, साथी के लिए हर संभव त्याग करने वाली, प्रेम में स्थिर लेकिन अधिकार भावना वाली, उपेक्षा बिल्कुल सहन नहीं करतीं वे

अपने साथी को दुनिया समझती हैं और अपने प्रेम को पूजा के समान मानती हैं।

विवाह और दांपत्य जीवन (Marriage & Married Life) ➔ रोहिणी महिलाएँ विवाह को पवित्र संस्था मानती हैं।

दांपत्य के प्रमुख गुण ➔ सुंदर, शांत और स्नेहपूर्ण जीवनसाथी बनती हैं, घर को स्वर्ग जैसा बना देती हैं, पति की जरूरतों का गहरा ध्यान, सौंदर्य, सुगंध और सजावट से वैवाहिक जीवन सुखद, घर में प्रेम और शांति की ऊर्जा लाती हैं, परिवार में तालमेल स्थापित करती हैं

चुनौतियाँ ➔ उपेक्षा को विश्वासघात मान लेती हैं, एक बार भावनात्मक चोट लग जाए तो संबंध हमेशा के लिए तोड़ देती हैं

अधिकार भावना (Possessiveness) और भावनात्मक निर्भरता यदि साथी प्रेमपूर्ण हो, तो ये स्त्रियाँ विवाह को स्वर्ग बना देती हैं।

करियर और प्रतिभा (Career & Talent) ➔ रोहिणी महिलाएँ कला और सौंदर्य से भरपूर होती हैं।

श्रेष्ठ क्षेत्र ➔ संगीत, नृत्य, अभिनय, थिएटर, फोटोग्राफी, वीडियो क्रिएशन, फैशन, ब्यूटी, स्टाइलिंग, इंटीरियर डिजाइन, होम डेकोरेशन, पाक-कला, बेकिंग, होटल/रेस्टोरेंट, शिक्षा, काउंसलिंग, थेरेपी, अरोमा/हर्बल/स्किनकेयर इनकी रचनात्मकता इन्हें जीवन के किसी भी क्षेत्र में चमका देती है।

आध्यात्मिकता (Spiritual Nature) ➔ रोहिणी स्त्रियाँ आध्यात्मिकता को पवित्र और भावनात्मक रूप में अनुभव करती हैं ताप, तर्क या तपस्या से नहीं। उनकी आध्यात्मिकता का आधार है संगीत, सौंदर्य, सुगंध, फूल और प्रकृति, मौन, चंद्र-ऊर्जा, भावनात्मक शांति वे प्रकृति के साथ गहरी आध्यात्मिक जुड़ाव महसूस करती हैं।

सामाजिक छवि (Social Image)

समाज में रोहिणी महिलाएँ ➔ सौम्य, दयालु, शांत स्वभाव, आकर्षक, सुव्यवस्थित, संस्कारी के रूप में जानी जाती हैं। लोग उनसे बात करके

सहज महसूस करते हैं। उनकी उपस्थिति ही वातावरण में शांति और प्रेम भर देती है।

घरेलू जीवन (Home & Family) ➔ रोहिणी महिलाएँ घर को "आनंद का स्थान" बनाती हैं। घर सजाना, सुगंध व सौंदर्य, स्वादिष्ट भोजन, पौधे और प्राकृतिक सुंदरता, पवित्रता, साफ-सफाई ये सब इनके स्वभाव में स्वाभाविक होता है। वे परिवार को प्रेम से जोड़कर रखती हैं।

चुनौतियाँ (Challenges) ➔ सौंदर्य के साथ चुनौतियाँ भी आती हैं अत्यधिक संवेदनशीलता, भावनाओं को अधिक महत्व, उपेक्षा सहन न करना, अधिकार भावना, जिद, संबंधों में जल्दी टूटन, मानसिक उतार-चढ़ाव, अधिक खर्च इनका मन चंद्रमा की तरह ही बदलता है इसलिए स्थिरता सीखना इनके लिए ज़रूरी है।

रोहिणी स्त्री का असली आकर्षण (The Real Charm) ➔ यह सिर्फ उनकी सुंदरता नहीं बल्कि उनकी मधुरता उनकी पवित्र भावनाएँ, उनकी नारी सुलभ गरिमा, उनकी संवेदनशीलता, उनका प्रेम, उनका मौन, उनकी आँखों की गहराई है जो उन्हें "अलौकिक" बनाती है। वे जिस भी जगह जाती हैं वह जगह शांत, सौम्य और सुंदर हो जाती है।

रोहिणी नक्षत्र की जीवन-ऊर्जा (Life Essence)

रोहिणी स्त्री का जीवन तीन स्तंभों से चलता है ➔ प्रेम, सौंदर्य, शांति

जो व्यक्ति इन्हें ये तीन चीज़ें दे देवह इनके हृदय को हमेशा के लिए जीत लेता है।

सूर्य नक्षत्र रोहिणी (Sun in RohiniNakshatra)

सूर्य "आत्मा, अहं, प्रतिष्ठा, नेतृत्व, ऊर्जा, पिता, अधिकार और जीवन-उद्देश्य" का कारक है।

जब सूर्य रोहिणी नक्षत्र में स्थित हो, तब चंद्रमा+सूर्य की संयुक्त ऊर्जा व्यक्ति को

सौन्दर्य, प्रभाव, भावनात्मक शक्ति और आकर्षक व्यक्तित्व प्रदान करती है।

यह स्थिति जातक को जीवन में चमक, लोकप्रियता, रचनात्मकता और स्थिर सफलता देती है।

जीवन पर प्रभाव (Impact on Life)

जीवन में प्रतिष्ठा पाने के अवसर मिलते हैं लोग आकर्षित होते हैं उनकी उपस्थिति चुंबकीय होती है,

जीवन का लक्ष्य ➔ स्थिरता, सुरक्षा, सुंदर जीवन और उच्च स्थान पानाकला, सौंदर्य, सृजन, नेतृत्व में उन्नति, परिवार और संपत्ति जीवन के मुख्य स्तंभ बनते हैं विलासितापूर्ण जीवन जीने की इच्छा भावनाओं की वजह से कुछ उतार-चढ़ाव, पर सूर्य स्थिरता देता है, जीवन में प्रसिद्धि/मान-सम्मान का योग

व्यक्तित्व (Personality) ➔ सूर्य+रोहिणी मिलकर व्यक्तित्व को अनोखा रूप देते हैं

मुख्य गुण ➔ आकर्षक, सुंदर और प्रभावशाली, तेजस्वी व्यक्तित्व (सूर्य का तेज + रोहिणी की सौम्यता आत्मविश्वासी, गर्मजोशी भरा, बहु-प्रतिभाशाली शांत लेकिन भीतर मजबूत, सौंदर्य और कला-प्रिय, अपने विचारों में दृढ़

छिपी कमियाँ ➔ थोड़ा अहंकार, अधिकार भावना, अपनी इच्छाओं पर अड़े रहना, अस्वीकृति या उपेक्षा से गहरी चोट ये लोग स्वभाव से "सकारात्मक नेतृत्व" वाले होते हैं।

मानसिक और भावनात्मक स्वभाव (Mental & Emotional Nature)

सूर्य के कारण मानसिकता स्थिर और दृढ़ होती है, जबकि रोहिणी नक्षत्र इसे कोमल और भावनात्मक बनाता है।

मानसिक गुण ➔ स्पष्ट सोच, मन में स्थिरता, उच्च आदर्श, सम्मान और पहचान की चाह, व्यवस्थित, योजनाबद्ध सोच

भावनात्मक पक्ष ➔ गहरी भावनाएँ, प्रेम और ध्यान की आवश्यकता, भावनाओं में गर्मजोशी, भावनात्मक घाव थोड़ा लंबे समय तक रहते हैं

मन दूसरों की राय और प्यार से प्रभावित होता है, मन जल्दी टूटता नहीं लेकिन जब टूटता है तो गहरी चोट देता है।

करियर और पेशा (Career & Profession) ➔ सूर्य+रोहिणी = नेतृत्व+कला+स्थिरता+ विलासिता

उपयुक्त करियर ➔ प्रशासन/सरकारी पद, कला, फिल्म, अभिनय, संगीत, नृत्य, फैशन, मॉडलिंग, डिजाइन (इंटीरियर, ग्राफिक, फैशन), लक्ज़री इंडस्ट्री, रेस्टोरेंट/होटल, खेती/कृषि, रियलएस्टेट, ज्वेलरी, सौंदर्य और वेलनेस, सोशल मीडिया, इन्फ्लुएंसर

नेतृत्व वाली भूमिकाएँ (Manager/Director)

सूर्य के कारण ➔ नेतृत्व, आत्मविश्वास, मंच और प्रसिद्धि, प्रतिष्ठा इन क्षेत्रों में इनका करियर विशेष रूप से चमकता है।

आर्थिक स्थिति (Financial Aspects)

सूर्य की स्थिति आर्थिक स्थिरता और संपत्ति निर्माण का योग देती है। धन धीरे-धीरे लेकिन स्थिर आता है, संपत्ति, जमीन, वाहन, लक्ज़री वस्तुओं में लाभ, परिवार से आर्थिक सहयोग, खर्च सौंदर्य और आराम पर अधिक, जीवन में प्रसिद्धि और धन दोनों का योग, साझेदारी से बचें (धोखे की संभावना)

रोहिणी नक्षत्र स्वभाव से ही “वृद्धि” देने वाला हैऔर सूर्य इसे “स्थिर” बना देता है।

प्रेम, विवाह और दांपत्य जीवन (Love, Marriage & Married Life)

सूर्य रोहिणी नक्षत्र के प्रेम जीवन को जुनूनी+वफादार+सौंदर्यपूर्ण बनाता है।

प्रेम स्वभाव ➔ बेहद रोमांटिक, आकर्षण से भरपूर, साथी को महत्व देने वाले, संबंध में गर्मजोशी और निष्ठा, अधिकार भावना (Possessive), प्रेम को गहराई से महसूस करते हैं

विवाह ➔ सुंदर, स्थिर और प्रेमपूर्ण विवाह का योग, जीवनसाथी आकर्षक और देखभाल करने वाला, प्रेम और सुविधा दोनों आवश्यक, उपेक्षा बर्दाश्त नहीं, कभी-कभी अहं टकराव हो सकता है

दांपत्य चुनौतियाँ ➔ सूर्य का अहं+रोहिणी की संवेदनशीलता ➔ अहंकार/ईर्ष्या के कारण विवाद साथी से लगातार प्यार और सम्मान की अपेक्षा यदि सही साथी मिले तो विवाह जीवन विलासपूर्ण और स्थिर रहता है।

पारिवारिक जीवन (Family Life) ➔ परिवार-केंद्रित, परिवार में प्रतिष्ठा, माता से गहरा लगाव, घर में सुंदरता और सजावट, परिवार में नेतृत्व का स्थान, माता-पिता के लिए जिम्मेदार, बच्चों के प्रति अत्यधिक प्रेमसूर्य के कारण परिवार में "गौरव" और सम्मान भी मिलता है।

स्वास्थ्य और शारीरिक संरचना (Health & Physical Structure)

शारीरिक संरचना ➔ आकर्षक चेहरा, चमकदार त्वचा, बड़ी आँखें, मजबूत आभा (Aura), मधुर आवाज़, प्रकाशमान व्यक्तित्व

संभावित स्वास्थ्य समस्याएँ ➔ गला, गर्दन, थायरॉइड, आँखों में तनाव, रक्तचाप, जल-धारण, त्वचा में गर्मी, पेट/पाचन कमजोर, डिप्रेशन मन से आता है (उपेक्षा से) लेकिन सूर्य शरीर को अच्छी ऊर्जा और पुनर्प्राप्ति क्षमता देता है।

मानसिक-आध्यात्मिक विकास (Spiritual & Psychological Growth) ➔ सूर्य+चंद्रमा= मन+आत्मा का मेल यह योग व्यक्ति को बहुत विशिष्ट आध्यात्मिकता देता है।

आध्यात्मिक विकास के चरण ➔ भावनाओं का संतुलन, अहंकार का शोधन, प्रेम का उच्च रूप, प्रकृति से जुड़ाव, चंद्र ध्यान, सूर्य-ऊर्जा से आत्मविश्वास, कला के माध्यम से आध्यात्मिकता, सुंदरता में ईश्वर का अनुभव

इनकी आध्यात्मिकता सौंदर्य + मौन + आत्मचेतना पर आधारित होती है।

चारों चरणों में सूर्य का प्रभाव (Sun in Four Padas of Rohini)

प्रथम चरण (वृषभ नवांश) ➔ सबसे स्थिर और संतुलित, आकर्षक और प्रसन्न स्वभाव,वित्त, संपत्ति, रियलएस्टेट में लाभ, दांपत्य जीवन बेहद सुंदर, व्यावहारिक और शांत नेतृत्व

द्वितीय चरण (मिथुन नवांश) ➔ सूर्य बुद्धि और संचार देता है, आकर्षक वक्ता, मीडिया, अभिनय, लेखन में सफलता, संबंधों में संवाद बहुत महत्वपूर्ण, मानसिक उतार-चढ़ाव अधिक

तृतीय चरण (कर्क नवांश) ➔ अत्यधिक भावुक, परिवार प्रमुख, प्रेम में गहराई, माता से प्रबल संबंध, स्वास्थ्य में पानी तत्व की समस्याएँ

चतुर्थ चरण (सिंह नवांश) ➔ सूर्य सबसे शक्तिशाली, जन्मजात नेतृत्व, प्रसिद्धि और प्रभाव, अभिनय, कला, राजनीति, प्रशासन में चमक, अहंकार बढ़ सकता है, विवाह में अधिकार भावना यह चरण सबसे प्रभावशाली और तेजस्वी माना जाता है।

रोहिणी नक्षत्र (सूर्य) की महिलाएँ (Rohini Women with Sun) ➔ अत्यंत सुंदर और आकर्षक, प्रभावशाली व्यक्तित्व, आत्मविश्वासी, भावनात्मक लेकिन संतुलित, परिवार-केंद्रित, कलाप्रिय, प्रेम में समर्पित, विवाह में स्थिर और मजबूत

चुनौतियाँ ➔ थोड़ी अधिकार भावना, उपेक्षा से त्वरित भावनात्मक चोट, संबंध में सम्मान की अत्यधिक अपेक्षासूर्य का अहं कभी-कभी टकराव ला सकता है

विशेषताएँ ➔ घर को स्वर्ग जैसा बनाती हैं, स्टाइलिश और सुंदर व्यक्तित्व, बच्चों और परिवार के लिए त्याग की भावना, अपने करियर में भी चमकने की क्षमता

लग्न नक्षत्र रोहिणी (RohiniNakshatra as Ascendant)

लग्न शरीर, व्यक्तित्व, जीवन दिशा, व्यवहार, दिखावट और जन्मकालीन ऊर्जा को दर्शाता है। जब लग्न स्वयं रोहिणी नक्षत्र में हो, तब जातक का पूरा जीवन चंद्रमा + शुक्र की सम्मिलित ऊर्जा में ढल जाता है। इससे जीवन में सौंदर्य, आकर्षण, चुम्बकत्व, भावनाएँ, रचनात्मकता और स्थिर सफलता प्रमुख हो जाती है।

जीवन पर प्रभाव (Impact on Life) è जीवन बहुत हद तक भावनाओं, परिवार, सौंदर्य, सुरक्षा और प्रेम पर केंद्रित, जीवन में आराम, विलास और

स्थिरता की तलाश, धीरे-धीरे लेकिन स्थिर सफलता, परिवार से गहरा जुड़ाव, कला और सुंदरता जीवन के मूल तत्व, जीवन में भावनात्मक उतार-चढ़ाव, लेकिन अंत में संतुलन, उम्र के बढ़ने के साथ जीवन स्थिर और समृद्ध होता है, सामाजिक रूप से लोकप्रियता और प्रशंसा

रोहिणी लग्न जातक हमेशा शांत, सुंदर, स्थिर और प्रेमपूर्ण जीवन की ओर बढ़ता है।

व्यक्तित्व (Personality)

व्यक्तित्व गुण ➔ सुंदर, आकर्षक और मोहक आभा,बड़े, चमकदार और कोमल आँखें, मधुर आवाज़, शांत, संयमी, विनम्र स्वभाव, लोगों को सहज महसूस कराना, सौंदर्य-बोध अत्यंत उच्च, रचनात्मक, कला-प्रेमी, कोमल बाहरी व्यक्तित्व लेकिन भीतर मजबूत इच्छाशक्ति

कमज़ोरियाँ ➔ जिद, अधिकार भावना, धीमे निर्णय, उपेक्षा से गहरी चोट, भावनात्मक संवेदनशीलता

व्यक्तित्व में एक "मोहक सौम्यता + चंद्र तेज" स्वाभाविक रूप से होता है।

मानसिक और भावनात्मक स्वभाव (Mental & Emotional Nature)

रोहिणी लग्न वालों का मन अत्यंत सुंदर लेकिन गहरा होता है।

मानसिक गुण: ➔ कल्पनाशील, रचनात्मक, स्वभाव से शांति-प्रिय, सुंदर चीज़ों से प्रेरित, व्यवस्थित और संवेदनशील सोच

भावनात्मक गुण ➔ बहुत गहरे प्रेम करने वाले, भावनाओं को हृदय में दबा लेने वाले, असुरक्षा जल्दी महसूस करना, चंद्रमा के कारण मूड-संवेदनशीलता, प्यार और सम्मान की आवश्यकता, उपेक्षा सहन नहीं, इनका मन जल्दी आहत होता है, लेकिन जल्दी ठीक भी हो जाता है यदि सहारा मिल जाए।

करियर और पेशा (Career & Profession) ➔ लग्न में रोहिणी जातक में कला + सौंदर्य + रचनात्मक + स्थिरता + भूमि की ऊर्जा लाता है।

श्रेष्ठ करियर ➔ कला (म्यूज़िक, डांस, पेंटिंग, अभिनय), फैशन, ब्यूटी, मेकअप, स्टाइलिंग, मॉडलिंग, फोटोग्राफी, इंटीरियर डिजाइन, होटल/रेस्टोरेंट, वास्तु और वास्तुकला, खेती, पौधों, नर्सरी, रियलएस्टेट, काउंसलिंग, मनोविज्ञान, सोशल मीडिया, कंटेंट क्रिएशन, परफ्यूम, अरोमा थेरेपी, प्रोडक्शन और निर्माण कार्य

स्वभाव के अनुसार करियर ➔ सौम्य और रचनात्मक कार्य, जहां सुंदरता और कला हो, जहां टीम को शांति चाहिए, जहां संवेदनशीलता और समझ जरूरी हो

आर्थिक स्थिति (Financial Aspects) ➔ रोहिणी लग्न वाले जातकों की आर्थिक स्थिति स्थिर रहती है।धन लाभ धीरे-धीरे लेकिन लगातार, धन-वृद्धि अपनी मेहनत से समृद्धि, भूमि, घर, वाहनों का लाभ, फैमिली सपोर्ट मजबूत, विलासिता और आराम पर खर्च

आर्थिक चुनौतियाँ ➔ भावनात्मक निर्णयों से गलत खर्च, पार्टनरशिप में नुकसान, सुंदरता पर अधिक खर्च लेकिन समय के साथ वित्त बहुत स्थिर होता है।

प्रेम, विवाह और दांपत्य जीवन (Love, Marriage & Married Life) ➔ रोहिणी लग्न जातक प्रेम में बहुत गहरे और समर्पित होते हैं।

प्रेम जीवन ➔ सच्चा, मीठा, रोमांटिक प्रेम, साथी के प्रति लगाव, सुंदरता और मधुरता से आकर्षित, भावनात्मक सुरक्षा चाहते हैं, उपेक्षा से मन टूट जाता है

विवाह ➔ विवाह जीवन सामान्यतः सुखी, सुंदर और आकर्षक जीवनसाथी, घर को स्वर्ग जैसा बनाना, साथी से प्यार और ध्यान की गहरी अपेक्षा

दांपत्य चुनौतियाँ ➔ ईर्ष्या, अधिकार भावना, महसूस करना कि साथी पर्याप्त ध्यान नहीं दे रहा, भावनात्मक चोटपर सही साथी मिलने पर वैवाहिक जीवन अत्यंत मधुर होता है।

पारिवारिक जीवन (Family Life) ➔ परिवार-प्रधान, परिवार में लोकप्रिय और सम्मानित, माता से गहरा लगाव, घर साफ-सुथरा, सुंदर

और सुगंधित रखते हैं, परिवार की जिम्मेदारी उठाते हैं, परिवार में सामंजस्य स्थापित करते हैं, बच्चों के लिए अत्यंत प्रेमपूर्ण, रोहिणी लग्न के जातकों का घर हमेशा शांत, सुंदर और प्रेम से भरा रहता है।

स्वास्थ्य और शारीरिक संरचना (Health & Physical Structure)

शारीरिक संरचना ➔ सुंदर और संतुलित शरीर, चमकदार त्वचा, आकर्षक चेहरा, मधुर आवाज, बड़ी आँखें, स्त्रियाँ सुडौल और आकर्षक, पुरुष आकर्षक और शांत व्यक्तित्व

स्वास्थ्य कमजोरियाँ ➔ गले, थायरॉइड, शुगर, जल-धारण, कफ विकार, साइनस/एलर्जी, भावनात्मक तनाव से कमजोरी, स्वास्थ्य भावनाओं पर निर्भर करता है।

मानसिक-आध्यात्मिक विकास (Spiritual & Psychological Growth) ➔ रोहिणी लग्न वाले आध्यात्मिकता को सौंदर्य, शांति, संगीत, प्रकृति और प्रेम के माध्यम से अनुभव करते हैं।

आध्यात्मिक मार्ग ➔ चंद्र ध्यान, प्रकृति से जुड़ाव, संगीत में गहरा अनुभव, मौन में शांति, सुंदरता में ईश्वर का अनुभव, भावनाओं का परिष्कार, करुणा का विकास

उनकी आध्यात्मिकता बहुत कोमल, शांत और हृदय आधारित होती है।

चारों चरणों (Padas) में लग्न होने पर प्रभाव

प्रथम चरण (Taurus Navamsa) ➔ सबसे सुंदर और स्थिर व्यक्तित्व, वित्तीय स्थिरता, परिवार-केंद्रित, कला और आरामप्रियता, अत्यंत शांत और संतुलित

द्वितीय चरण (Gemini Navamsa) ➔ बुद्धिमान, वक्ता, चंचल, मीडिया और संचार में सफलता, संबंधों में संवाद महत्वपूर्ण, मन थोड़ा अस्थिर

तृतीय चरण (Cancer Navamsa) ➔ अत्यधिक भावुक, परिवार केंद्रित, प्रेम में गहराई, स्वास्थ्य में जल-तत्व की समस्याएँ

चतुर्थ चरण (Leo Navamsa) ➔ शक्तिशाली व्यक्तित्व, आकर्षक नेतृत्व, कला और मीडिया में प्रसिद्धि, थोड़ा अहंकार, अधिकार भावना अधिक

रोहिणी नक्षत्र लग्न महिलाएँ (Women with RohiniLagna) ➔ अत्यंत सुंदर और निश्छल, गरिमामय, स्त्रैण और आकर्षक व्यक्तित्व, कोमल लेकिन मजबूत, प्रेम में समर्पित, अत्यधिक पारिवारिक, घर को बहुत सुंदर बनाती हैं, बच्चे और परिवार उनका संसार होते हैं

चुनौतियाँ ➔ अधिकार भावना, उपेक्षा से गहरी चोट, भावनात्मक संवेदनशीलता, प्रेम में अत्यधिक निवेश

करियर में ➔ फैशन, मेकअप, कला, संगीत, सोशल मीडिया, इंटीरियर डिजाइनये महिलाओं को "लक्ष्मी सदृश ऊर्जा" प्रदान करती हैंदिल सुंदर, घर सुंदर, जीवन सुंदर।

05. मृगशिरा नक्षत्र

पौराणिक कथा → (मृगशिरा → खोज, प्यास, प्रेम और रहस्य की आध्यात्मिक कथा)

मृगशिरा नक्षत्र की मूल कहानी भगवान शिव, देवी पार्वती और सोम (चंद्रदेव) से जुड़ी है।इसके भीतर खोज (Search), जिज्ञासा, प्रेम, भ्रम, और ज्ञान का गहरा संदेश छिपा है।

माना जाता है कि एक समय देवी पार्वती ध्यान और एकांत में रहना चाहती थीं। संसार की हलचल से दूर, शांत वन में जाकर वह साधना में डूबीं। लेकिन साधारण रूप में जाने से उन्हें पहचाने जाने का भय था। इसलिए उन्होंने स्वयं को एक सुंदर, तेज, कोमल और चंचल हिरणी (मृगी) के रूप में परिवर्तित कर लिया।

उनका यह रूप हल्का, चंचल, मोहक और रहस्यमयी था। यही "हिरणी का सिर/Mriga+Shira" मृगशिरा नक्षत्र का मुख्य प्रतीक बनता है। जब भगवान शिव ने देखा कि पार्वती कहीं नहीं हैं वे गहरा चिंतित हो गए। और उन्होंने खोज प्रारंभ की। शिव ने जब पार्वती को खोजा, तो वे भी एक हिरण के रूप में रूपांतरित हो गए क्योंकि हिरणी को सिर्फ हिरण ही पहचान सकता था। यह दृश्य दो दिव्य ऊर्जाओं को दर्शाता है जो खोया है, उसकी खोज और अदृश्य सत्य की तलाश इसी "दिव्य खोज" की ऊर्जा को ही मृगशिरा नक्षत्र कहा जाता है। भावनाएँ, प्रेम और अनंत खोजकुछ परंपराएँ मृगशिरा को सोम (चंद्रदेव) का नक्षत्र मानती हैं। सोम स्वयं सुंदरता, भावनाएँ, रस, प्रेम और मन के स्वामी हैं।

कथा के अनुसार चंद्रदेव देवी पार्वती के रूप से इतने मोहित हुए कि उन्होंने "मृगी के रूप" की प्राकृतिक सुंदरता में एक अलौकिक सौंदर्य देखा। कई ऋषि-मुनि भी इस रूप की ओर आकर्षित हुए। इसीलिए देवी ने अपने को छिपाने के लिए मुकुट में एक "हिरण-शिर" जैसी आकृति धारण की। यह हिरण की खोज और हिरण का आकर्षण मृगशिरा की मूल ऊर्जा को समझाता है खोज, आकर्षण, भ्रम, सुंदरता, अस्थिरता, और समझ पाने की तीव्र इच्छा

कथा का अर्थ ➔ क्यों जुड़ा है यह नक्षत्र "संघर्ष और जिज्ञासा" से? ➔ भगवान शिव जितना खोजते गए, पार्वती उतनी दूर भागती गईं यहाँ तक कि एक तेज गति से आगे बढ़ने वाली ऊर्जा बन गईं। यह दर्शाता है कि सत्य की खोज कभी खत्म नहीं होती जितना पीछा करो, उतना आगे छूट जाता है, मन हमेशा कुछ नया चाहता है, जिज्ञासा कभी शांत नहीं होती, ज्ञान का पथ अनंत है, मृगशिरा जातकों में यही ऊर्जा होती है चीज़ों के मूल तक जाने की अद्भुत शक्ति।

अंत में भगवान शिव ने पार्वती के "ऊर्जा-सुगंध/प्रभा" से पहचान लिया कि यह वास्तव में उन्हीं का रूप है। यही "गंधेंद्रिय (Sense of Smell) " का महत्व है मृगशिरा नक्षत्र का मुख्य शारीरिक अंग।मृगशिरा जातक भी लोगों की नीयत, माहौल, व्यक्ति की ऊर्जा, छिपा सत्य, सिर्फ "महसूस" करके जान लेते हैं।

कथा का गहन आध्यात्मिक संदेश

मृगशिरा की मूल शक्ति (Pirana Shakti) ➔ मृगशिरा को "पिरणा शक्ति" का नक्षत्र कहा जाता है यानी "प्राप्ति की शक्ति/प्राप्ति के बाद अगली खोज की शक्ति"। कथा यही बताती है आप कुछ पाते हैं ➔ प्रसन्न होते हैं, कुछ समय बाद वह संतोष खत्म ➔ नई खोज शुरू यह चक्र चलता रहता है इसीलिए मृगशिरा जातक बहुत जिज्ञासु, ज्ञान-प्यासे, हमेशा नए अनुभव खोजने वाले, देर तक एक जगह न टिकने वाले होते हैं।

हितार्थ ➔ मृगशिरा नक्षत्र की पौराणिक कथा हमें यह सिखाती है खोज में ही जीवन का सौंदर्य है, सत्य पहले दूर लगता है, लेकिन जब

मन शांत हो जाए, स्वयं प्रकट होता है, अति-आकर्षण भ्रम पैदा करता है, अंतर्ज्ञान सत्य तक पहुँचने का माध्यम है, गति और हलचल आत्म-विकास का साधन हैं, प्रेम और आकर्षण दोनों गहन अनुभव हैं, पर उनसे ऊपर उठना भी आवश्यक है

समान्य परिचय

मृगशीरा नक्षत्र खोज, जिज्ञासा, कल्पनाशीलता और संवेदनशीलता का प्रतीक है। यह नक्षत्र व्यक्ति को सौंदर्य, संगीत, प्रकृति, ज्ञान और प्रेम की तलाश में निरंतर आगे बढ़ाता है। परंतु अस्थिर मन, संदेह और अत्यधिक विश्लेषण की प्रवृत्ति इनके लिए चुनौती बन सकती है। जब यह ऊर्जा संतुलित होती है, तो मृगशीरा जातक अत्यंत रचनात्मक, भावनात्मक रूप से गहरे और आध्यात्मिक रूप से उन्नत व्यक्ति बनते हैं।

खगोल विज्ञान (Astronomy) ➔ मृगशीरा नक्षत्र ओरायन (Orion) तारामंडल में स्थित है। इसकी प्रमुख तारा Lambda Orionis कहलाती है, जो "ओरायन के सिर" या "हिरण के सिर" के रूप में जानी जाती है। यह नक्षत्र आकाश में चार तारों के समूह के रूप में दिखाई देता है, जो मिलकर हिरण के सिर का आकार बनाते हैं।यहाँ से मृगशीरा नाम की उत्पत्ति होती है "मृग" अर्थात् हिरण और "शीर्ष" अर्थात् सिर।

नक्षत्र सीमा (Degrees) ➔ यह नक्षत्र वृषभ राशि के 23°20′ से शुरू होकर मिथुन राशि के 6°40′ तक फैला हुआ है। अर्थात् इसका प्रथम भाग (1st और 2nd चरण) वृषभ राशि में आता है, और शेष भाग (3rdऔर 4thचरण) मिथुन राशि में। इसलिए मृगशीरा दो राशियों के गुणों को धारण करता है वृषभ का स्थायित्व, सौंदर्य और भोगप्रियता, मिथुन की चंचलता, बुद्धिमत्ता और जिज्ञासाराशि स्वामी: शुक्र (वृषभ भाग) और बुध (मिथुन भाग)

स्वामी ग्रह (Lord Planet): मंगल (Mars) ➔ मंगल इस नक्षत्र का अधिपति ग्रह है। यह जातकों को ऊर्जा, उत्साह, साहस, क्रियाशीलता और खोज की भावना देता है। परंतु चूँकि मृगशीरा में चंद्र तत्व (भावनाएँ) भी

विद्यमान हैं, इसलिए यह नक्षत्र "भावनात्मक रूप से क्रियाशील" बनाता है। जातक हमेशा कुछ नया जानने या करने की खोज में रहते हैं।

मंगल की ऊर्जा इन्हें आत्मविश्वासी, साहसी और कार्यशील बनाती है, लेकिन कभी-कभी अधीरता और बेचैनी भी उत्पन्न करती है। यदि यह ऊर्जा सही दिशा में प्रयोग न हो, तो मानसिक अस्थिरता या निर्णयहीनता दिख सकती है।

देवता (Presiding Deity) ➔ सोम (चंद्रदेव)

सोम देवता अमृत, शीतलता और पोषण के प्रतीक हैं। इनकी उपस्थिति इस नक्षत्र को भावनात्मक गहराई, कल्पनाशीलता और संवेदनशीलता प्रदान करती है।

मृगशीरा जातक भावनात्मक रूप से कोमल, रचनात्मक और प्रेमपूर्ण होते हैं। इन्हें सुंदरता, संगीत और प्रकृति से विशेष लगाव होता है। लेकिन चंद्र का प्रभाव इन्हें अस्थिर भी बना सकता है मन जल्दी-जल्दी परिवर्तित होता है, इसलिए ये जल्दी बोर हो जाते हैं।

गुण (Guna): ➔ तामसिक (Tamasik)

तामसिक गुण ऊर्जा को अंतर्मुखी बनाता है। जातक गहराई से सोचते हैं, विश्लेषण करते हैं और भीतर की दुनिया में खोए रहते हैं।

मृगशीरा जातक कभी-कभी अधिक सोचने के कारण चिंता या मानसिक थकान का अनुभव करते हैं। वे कल्पनाशील और चिंतनशील होते हैं, लेकिन अधिक विचार उन्हें थका सकता है।

तत्व (Element) ➔ पृथ्वी तत्व (Earth Element)

पृथ्वी तत्व स्थिरता, व्यावहारिकता और भौतिक जीवन के प्रति लगाव देता है।

प्रभाव ➔ यह जातकों को व्यवहारिक दृष्टिकोण देता है वे अपने विचारों को कार्य में बदलने की क्षमता रखते हैं। साथ ही, उन्हें प्रकृति, भूमि और सौंदर्य से गहरा लगाव होता है।

वर्ण (Caste/Varna) ➔ किसान (Vaishya/Trader Class)

मृगशीरा जातक संसाधन-संग्रह, खोज, व्यापार, और विचारों के आदान-प्रदान में निपुण होते हैं। वे अच्छे योजनाकार और विचारक होते हैं। व्यापार, शिक्षा, अनुसंधान या रचनात्मक कार्यों में सफल होते हैं।

प्रकृति (Nature) ➔ मृदु

मृगशीरा नक्षत्र की प्रकृति मृदु है, जो कोमलता, विनम्रता और सौम्यता का प्रतीक है।

ऐसे जातक सौम्य स्वभाव के, विनम्र और रचनात्मक कार्यों में सफल होते हैं। वे दूसरों की भावनाओं को समझने में निपुण होते हैं, लेकिन अपनी भावनाओं को व्यक्त करने में कभी-कभी झिझकते हैं।

गण (Temperament) ➔ देव गण (Divine Nature)

देव गण वाले लोग आध्यात्मिक झुकाव, सद्भाव और नैतिकता से युक्त होते हैं।

मृगशीरा जातक दयालु, न्यायप्रिय और नैतिक होते हैं। लेकिन कभी-कभी अत्यधिक आदर्शवाद के कारण व्यावहारिक स्थितियों में उलझ सकते हैं।

योनि (Animal Symbol) ➔ सर्प (Serpent/Snake)

सर्प योनि संवेदनशीलता, गहराई और अंतर्ज्ञान का प्रतीक है।

मृगशीरा जातक सूक्ष्म अनुभूति रखते हैं, दूसरों के इरादों को "महसूस" कर लेते हैं। वे भावनात्मक रूप से गहराई में उतरने वाले, रहस्यमयी और कभी-कभी अधिक संदेहशील भी हो सकते हैं।

लिंग (Gender) ➔ स्त्रीलिंग (Feminine)

यह नक्षत्र स्त्रीलिंग है, इसलिए इसमें कोमलता, करुणा, कल्पना और पोषण के गुण प्रबल होते हैं। जातक संवेदनशील, कलात्मक और रचनात्मक स्वभाव के होते हैं। वे प्रेम और भावनात्मक निकटता को बहुत महत्त्व देते हैं।

शक्ति (Power/Shakti) ➔ "पिराणा शक्ति" (Pirana shakti) पूरा करने, संतुष्टि देने और प्राप्ति कराने की शक्ति"

यह शक्ति जीवन में "अर्थ" और "संतोष" खोजने की क्षमता देती है। मृगशीरा का सार है खोज (Search) ।

ऐसे लोग जीवन में निरंतर कुछ ढूंढते रहते हैं चाहे वह ज्ञान हो, प्रेम हो या उद्देश्य।यह उन्हें जिज्ञासु, गतिशील और सदैव सीखने वाला बनाता है।

दिशा (Direction) ➔ उत्तर (North)

उत्तर दिशा ज्ञान, वृद्धि और आध्यात्मिक प्रगति की दिशा मानी जाती है।

मृगशीरा जातक आत्मविकास, अध्ययन और आध्यात्मिकता की ओर उन्मुख रहते हैं। इनकी रुचि नए क्षेत्रों में खोज करने की रहती है।

रंग (Color) ➔ चांदी जैसा सफेद (Silver/White)

यह रंग शीतलता, पवित्रता और शांति का प्रतीक है। जातक में विनम्रता, सौंदर्य-बोध और मानसिक संतुलन दिखाई देता है।वे सादगी में सुंदरता खोजने वाले होते हैं।

स्वभाव ➔ द्विस्वभाव (Dual)

द्विस्वभाव नक्षत्र का अर्थ है दोहरी प्रवृत्ति या द्वंद्व।

मृगशीरा जातक कभी स्थिर रहते हैं, तो कभी अचानक निर्णय बदल देते हैं। वे बहुत जिज्ञासु होते हैं, लेकिन कभी-कभी एक दिशा में टिकना कठिन पाते हैं।

शारीरिक अंग (Body Part) ➔ नाक और गंधेंद्रिय (Nose & Sense of Smell)

नाक गंध, अनुभूति और सूक्ष्मता का प्रतीक है।

मृगशीरा जातक में सूक्ष्म निरीक्षण की क्षमता होती है। वे "सूंघकर" या महसूस कर के भी चीज़ें समझ जाते हैं। इनका अंतर्ज्ञान प्रबल होता है।

प्रवृत्ति ➔ वात प्रधान (VataPrakriti)

वात दोष गति, विचार और हल्केपन से जुड़ा होता है।

ये लोग सक्रिय, जिज्ञासु और मानसिक रूप से तीव्र होते हैं, परंतु कभी-कभी बेचैनी या अनिद्रा जैसी समस्या अनुभव कर सकते हैं। योग, ध्यान और नियमित दिनचर्या इन्हें संतुलित रखती है।

जीवन पर प्रभाव: (Impact on Life)

मृगशीरा नक्षत्र की मूल ऊर्जा "खोज (Search), जिज्ञासा (Curiosity), गति (Movement) और सूक्ष्म समझ (Sensitivity) " है। इसलिए जीवन के सभी क्षेत्रों स्वभाव, संबंध, करियर, स्वास्थ्य और आध्यात्मिकतापर इसका प्रभाव इसी "खोज" के भाव सेदेखा जाता है।

व्यक्तित्व: (Personality)

मृगशीरा नक्षत्र का मूल स्वभाव जिज्ञासा, गति, खोज, संवेदनशीलता और सूक्ष्म समझ से निर्मित होता है। चंद्र (भावना) + मंगल (ऊर्जा) का अनूठा मिश्रण यहाँ एक अत्यंत विशेष व्यक्तित्व गढ़ता है।

जिज्ञासु और ज्ञान-पिपासु व्यक्तित्व ➔ यह नक्षत्र "खोज" का पर्याय है। जातक हमेशा नई जानकारी, नया अनुभव और नई दिशा की तलाश में रहते हैं। उनके मन में अनंत सवाल होते हैं क्यों? कैसे? क्या? वे आसपास की हर चीज़ को गहराई से समझना चाहते हैं। तेज सीखने की क्षमता, विविध रुचियाँ, जल्दी बोर होने की आदत

अति संवेदनशील और भावनात्मक ➔ मृगशीरा में चंद्र के कारण भावनाएँ अत्यंत गहरी होती हैं। वे दूसरों की भावनाओं को तुरंत महसूस कर लेते हैं। शब्दों, आवाज़ और वातावरण के प्रति अत्यंत संवेदनशील होते हैं। छोटी बातों की भी चिंता, भावनाओं से जल्दी प्रभावित, आलोचना से जल्दी आहत

अंतर्ज्ञान से सम्पन्न (Highly Intuitive) ➔ मृगशीरा का मुख्य शारीरिक अंग "गंधेंद्रिय" (sense of smell) माना गया है। इसका अर्थ है कि ये जातक परिस्थितियों और लोगों को "महसूस" करके समझते हैं। तीव्र मानसिक सूझ-बूझ, लोगों के इरादे पहचान लेना, बेहतर निर्णय क्षमता

चंचल मन और बदलता मूड ➔ द्विस्वभाव + चंद्र प्रभाव = मन में लहरें लगातार उठती रहती हैं। स्थिर रहना कठिन होता है। मूडस्विंग, एक विचार से दूसरे विचार पर तेजी से जाना, कभी उत्साह, कभी शांति

रचनात्मक, कलात्मक और सौंदर्य प्रेमी ➔ प्रकृति, संगीत, कला, नृत्य, कविता इनमें आकर्षण जागता है। उनके भीतर एक जन्मजात कलाकार छिपा होता है। सुंदरता देखने और बनाने की क्षमता, गहरी कल्पनाशीलता, कलात्मक अभिव्यक्ति

बेहतरीन संप्रेषक (Excellent Communicators) ➔ जातक बोलने में कुशल होते हैं। उनकी आवाज़ में आकर्षण होता है। बातचीत में हास्य और चतुराई झलकती है। अच्छा सामाजिक प्रभाव, लोगों को आरामदायक महसूस कराना, अच्छे वक्ता, शिक्षक, लेखक

थोड़ा संदेहशील/ज्यादा सोचने की प्रवृत्ति ➔ यह नक्षत्र "स्मेल टेस्ट" करता है। जिन्हें पसंद नहीं आता, उनसे तुरंत दूरी बना लेते हैं। भरोसा करने में समय लेते हैं। रिश्तों में गलतफहमियाँ, अधिक सोचना, मानसिक दबाव

स्वतंत्रता-प्रेमी (Freedom Loving) ➔ हिरण जैसा प्रतीक इन्हें स्वभाव से मुक्त, आज़ाद और घूमने-फिरने वाला बनाता है। बंधन, नियंत्रण या दबाव इन्हें पसंद नहीं। स्वतंत्र सोच, अपने नियम खुद बनाना, नौकरी या रिश्तों में अत्यधिक नियंत्रण सहन न करना

कोमल हृदय लेकिन दूरी बनाए रखने वाला ➔ बाहर से शांत, विनम्र और सौम्य। अंदर भावनाओं का गहरा संसार। किसी पर आसानी से खुलते नहीं। गहरे मित्र कम होते हैं, दिल लगाते देर, लेकिन लग जाने पर बहुत निष्ठावान, निजी जीवन में गोपनीयता

गति और आंदोलन का व्यक्तित्व ➔ हर समय कुछ न कुछ करते रहना चाहते हैं। स्थिर बैठना कठिन। बहुत ज्यादा थकान भी महसूस करते हैं। यात्राओं का शौक, जीवन में बदलाव और नएपन की आवश्यकता, बहु-प्रतिभाशाली लेकिन कभी-कभी अस्थिर

नैतिक और सभ्य व्यक्ति ➔ ये लोग ईमानदारी, सच और नैतिकता को महत्व देते हैं। अपने वचन के प्रति बहुत निष्ठावान होते हैं। विश्वसनीय, दयालु, सम्माननीय

मानसिक और भावनात्मक स्वभाव: (Mental & Emotional)

मृगशीरा नक्षत्र का मानसिक संसार अत्यंत जटिल, संवेदनशील और गतिशील होता है। इनके भीतर एक ऐसा मन होता है जो हमेशा सक्रिय, चौकन्ना और विचारों से भरा रहता है। यह नक्षत्र मन को दो दिशाओं में खींचता है एक ओर ज्ञान की खोज, और दूसरी ओर भावनाओं की गहराई। इसी कारण इनके अंदर एक "भीतर चलता संवाद" निरंतर चलता रहता है।

मानसिक ऊर्जा का निरंतर प्रवाह (Continuous Mental Movement) ➔ इनके मन की प्रमुख विशेषता है लगातार सक्रिय रहना। विचारों की गति इतनी तेज होती है कि एक विषय पूरी तरह समझने से पहले दूसरा विषय मन में प्रवेश कर जाता है। यह मानसिक गतिविधि इन्हें बुद्धिमान बनाती है, परंतु साथ ही मानसिक थकान भी दे सकती है।

मन को बंद नहीं कर पाना, कभी-कभी दिमाग का "ओवरलोड", गहरी सोच के बाद अचानक बिखर जाना, छोटी-छोटी बातों में भी पैटर्न तलाशना

भावनाओं को अंदर रखने की प्रवृत्ति (Inward Emotional Processing) ➔ मृगशीरा जातक अपनी भावनाएँ बाहरी दुनिया से अधिक अंदर ही अंदर महसूस करते हैं। वे अपने हृदय के भाव शब्दों में कम व्यक्त करते हैं, बल्कि उन्हें मन के अंदर ही संसाधित करते हैं। भावनाओं का जमा होना, अकेले में अधिक सोचना, दूसरों को अपनी आंतरिक पीड़ा न बताना, कभी-कभी अचानक टूट जाना

सूक्ष्म निरीक्षण क्षमता (Emotional Micro-Sensitivity) ➔ भावनाओं के स्तर पर ये जातक सूक्ष्मतम संकेतों को भी पकड़ लेते हैं, किसी का बोलने का तरीका, चेहरे की बेचैनी, संवाद का टोन, या बोलने से पहले की चुप्पी तक को महसूस कर लेते हैं।

लोगों की भावनाओं को जल्दी समझते हैं, छोटी बातें भी भीतर गहरे उतर जाती हैं, दूसरों की चिंता अपने मन में ले लेते हैं, माहौल बदलते ही मन भी बदल जाता है

भीतर छिपा हुआ भय (Hidden Emotional Fears) ➔ इनके मन में कुछ मूलभूत डर गहरे छिपे रहते हैं जैसे गलत समझे जाने का डर, भावनात्मक असुरक्षा, और त्यागे जाने की चिंता। वे चाहकर भी यह डर किसी को बताते नहीं।

रिश्तों में अधिक सतर्कता, किसी पर जल्दी भरोसा न कर पाना, अपने मन की बात छिपाना, अचानक दूरी बना लेना

भावनात्मक रूप से तेज संवेदनाएँ (High Emotional Sensory Response) ➔ मृगशीरा जातक भावनाओं को सामान्य लोगों की तुलना में बहुत अधिक तीव्रता से महसूस करते हैं। एक साधारण घटना भी इनके मन में उथल-पुथल पैदा कर सकती है।

प्यार गहराई से महसूस करते हैं, आघात भी गहराई से महसूस करते हैं, खुशी का स्तर भी अधिक होता है, दुःख भी ज्यादा प्रभावित करता है

अनिश्चितता से असुरक्षा (Emotional Instability due to Uncertainty) ➔ यह नक्षत्र गति और परिवर्तन से भरा है, इसलिए इनके मन में भविष्य को लेकर स्वाभाविक चिंता रहती है। इनके लिए स्थिरता मानसिक शांति से भी अधिक महत्वपूर्ण है।

बदलती स्थितियों में बेचैनी, निर्णय लेने में हिचक, भविष्य की चिंता, इस डर से लगातार योजना बनाना कि कुछ गलत न हो जाए

गहरी भावनात्मक जुड़ाव की इच्छा (Longing for Deep Emotional Bonding) ➔ भले ही वे बाहर से सामान्य दिखें, परंतु भीतर से वे किसी ऐसे व्यक्ति की तलाश में रहते हैं जो उन्हें "पूरी तरह समझ सके। "उनका दिल संबंधों को बहुत गंभीरता से लेता है।

दिल देने में समय लेना, एक बार दिल देने पर अत्यधिक समर्पण, भावनात्मक ईमानदारी, अपनेपन की बहुत मजबूत चाह

ओवरथिंकिंग का प्रभाव (Over-Analysis of Emotions) ➔ ये जातक किसी भी स्थिति को भावनात्मक और मानसिक दोनों स्तर पर गहराई से विश्लेषित करते हैं। यह आदत बहुत बार मदद करती है, लेकिन कभी-कभी मन को उलझा देती है।

दूसरों की बातों को बार-बार सोचना, खुद को गलत ठहराना, भावनात्मक प्रतिक्रियाओं का विश्लेषण, सम्भावनाओं में खो जाना

सहानुभूति और दया का स्वभाव (Empathetic Emotional Nature) ➔ इनके भीतर करुणा का भाव बहुत विकसित होता है। दूसरों के दर्द और कठिनाई को ये अपने मन में गहराई तक महसूस करते हैं।

दूसरों के लिए बहुत कुछ करना, मदद करने की प्रवृत्ति, कमजोरों के प्रति कोमलता, अपने ऊपर बोझ लेना

भावनात्मक रूप से सुंदर लेकिन नाजुक मन (Beautiful Yet Fragile Emotional Core) ➔ मृगशीरा जातकों का दिल बहुत पवित्र, कोमल और सच्चा होता है। उनकी भावनाओं में एक मासूमियत और पारदर्शिता दिखाई देती है। लेकिन यह हृदय बहुत नाजुक भी होता है चोट जल्दी लगती है और जल्दी भूलते नहीं।

भावनात्मक घाव गहरे, धोखे को क्षमा न करना, प्यार में आदर्शवाद, आत्मा-स्तर पर जुड़ाव की खोज

करियर और पेशा: (Career Analysis)

मृगशीरा नक्षत्र का प्रमुख गुण है खोज, संवाद, चालाकी, जिज्ञासा, गति और विश्लेषण। इन गुणों के कारण जातक ऐसे करियर में उत्कृष्ट प्रदर्शन करते हैं जहाँ लगातार सीखना हो, लोगों से संवाद हो, यात्रा या गतिशीलता हो, विचारों का आदान-प्रदान हो, शोध, विश्लेषण या खोज की आवश्यकता हो मंगल + चंद्र + वृषभ--मिथुन का मिश्रण इन्हें कई क्षेत्रों में बहुमुखी बनाता है।

विश्लेषणात्मक और शोध-आधारित करियर (Analytical & Research Careers) ➔ मृगशीरा जातकों का मन सूक्ष्म निरीक्षण और गहन विश्लेषण करने में अत्यंत कुशल होता है। वे चीज़ों को सतह से नहीं देखतेउनके पीछे की वजह ढूँढते हैं।

उपयुक्त क्षेत्र ➔ शोधकर्ता (Researcher), वैज्ञानिक (Science Labs, Research Centers), फॉरेंसिक विशेषज्ञ, इन्वेस्टिगेशन

अधिकारी, साइकोलॉजिकल रिसर्च, गुप्त सूचना एवं जांच, अपराध विश्लेषक, गुप्तचर, डेटा विश्लेषक, प्रवृत्ति विश्लेषक

वे छिपी हुई बातों को समझते हैं, पैटर्न पकड़ते हैं और जिज्ञासा उन्हें गहराई तक ले जाती है।

संचार, मीडिया और अभिव्यक्ति आधारित करियर (Communication & Creative Fields) ➔ इनकी आवाज़, प्रस्तुति शैली और भावनात्मक अभिव्यक्ति बेहद सशक्त होती है।वे शब्दों से दूसरों पर प्रभाव डाल सकते हैं।

उपयुक्त क्षेत्र ➔ पत्रकार (Journalism), एंकरिंग/रेडियो जॉकी, कंटेंटराइटर, स्क्रिप्टराइटर, ब्लॉगिंग, पॉडकास्टिंग, यूट्यूब, पब्लिक रिलेशन (PR), सोशल मीडिया विशेषज्ञ, विज्ञापन और ब्रांडिंग

वे बातें करने में कुशल, आकर्षक, मज़ाकिया और भावनाएँ समझने वाले होते हैं।

यात्रा और गतिशीलता आधारित करियर (Travel & Movement Oriented Careers) ➔ मृगशीरा नक्षत्र के जातक स्थिर बैठने के लिए बने ही नहीं हैं। इनके लिए कार्य जितना गतिशील होगा, उतना बेहतर।

उपयुक्त क्षेत्र ➔ टूर गाइड, एयरलाइंस/एविएशन, ट्रैवल ब्लॉगर, पर्यटन उद्योग, सेल्स/मार्केटिंग, प्रशिक्षण और सेमिनार क्योंकि गतिशील वातावरण इन्हें ऊर्जा, उत्साह और प्रेरणा देता है।

कला, संगीत और रचनात्मक दुनिया (Arts & Creative Sectors) ➔ मृगशीरा जातकों में जन्मजात सौंदर्य-बोध और कलात्मक दृष्टि होती है। वे भावनाओं को कला में बदलने की क्षमता रखते हैं।

उपयुक्त क्षेत्र ➔ संगीतकार, गायक, नृत्य, एक्टिंग, थिएटर, ग्राफिक डिजाइन, पेंटिंग, इलस्ट्रेशन, फैशन डिजाइन, Photography क्योंकि उनकी कल्पना शक्ति बहुत मजबूत होती है और वे सुंदरता के प्रति अत्यधिक संवेदनशील होते हैं।

प्रकृति और सुगंध से जुड़े करियर (Nature & Aroma Based Careers) ➔ मृगशीरा नक्षत्र का सम्बंध "गंधेंद्रिय" (सूंघने की शक्ति) से है। इसलिए ये जातक सुगंध, पौधों और वनस्पतियों से गहरे जुड़ते हैं।

उपयुक्त क्षेत्र ➔ अरोमाथेरेपी, इत्र/परफ्यूम उद्योग, हर्बल उत्पाद, पौधों, फूलों या नर्सरी से जुड़ा कार्य, बॉटनी/पौध विज्ञान क्योंकि इनका अवचेतन मन सुगंधों और प्राकृतिक ऊर्जा से जुड़ा होता है।

शिक्षण, मार्गदर्शन और काउंसलिंग (Teaching & Guidance) ➔ इनकी भावनात्मक बुद्धि और समझ इन्हें अच्छे मार्गदर्शक बनाती है।

उपयुक्त क्षेत्र ➔ शिक्षक/प्रोफेसर, काउंसलर, थेरैपिस्ट, मोटिवेशनल स्पीकर, ट्रेनर/कोच क्योंकि वे लोगों को सहज महसूस कराते हैं और उनकी समस्याओं को गहराई से समझ लेते हैं।

तकनीकी और नवोन्मेषी क्षेत्र (Technical & Innovative Fields) ➔ मिथुन का प्रभाव इन्हें तकनीक और नवाचार की ओर खींचता है।

उपयुक्त क्षेत्र ➔ वेब डेवलपमेंट, क्रिएटिव टेक्नोलॉजी, डिजिटल प्रोडक्ट डिज़ाइन, साइबर रिसर्च, टेक ब्लॉगिंग, ऐप डेवलपमेंट क्योंकि इनके मन में हर समय नए विचार आते रहते हैं।

पशु-प्रेम और प्रशिक्षण से जुड़े पेशे (Animal Related Professions) ➔ हिरण-प्रकृति होने के कारण ये जानवरों, विशेषकर शांत स्वभाव वाले जीवों से बहुत जुड़ाव रखते हैं।

उपयुक्त क्षेत्र ➔ पशु प्रशिक्षक, पशु चिकित्सक (Vet), Pet-care विशेषज्ञ

सामाजिक और सामुदायिक कार्य (Community & Social Fields) ➔ देव-गण होने के कारण इनका हृदय दूसरों की मदद के लिए सहज रूप से आगे बढ़ता है।

उपयुक्त क्षेत्र ➔ एनजीओ, समाज सेवा, सामुदायिक विकास, मानव मनोविज्ञान आधारित कार्य

मृगशीरा जातकों की कार्य करने की शैली (Work Style Analysis) ➔ बहुत तेज सीखते हैं, किसी भी विषय का सार जल्दी पकड़ लेते हैं। जिज्ञासा उन्हें गहराई तक ले जाती है,ये सतही काम नहीं कर सकते सब कुछ समझना जरूरी लगता है। संवाद में बेहद प्रभावशाली, लोग इनके विचारों से प्रभावित होते हैं। स्थिर माहौल से बोर हो जाते हैंएक जैसी

दिनचर्या इनके लिए सबसे बड़ा बोझ है। नई चीज़ों का प्रयोग पसंद करते हैं इनोवेशन इनके कार्य का महत्वपूर्ण हिस्सा है। टीम में लोकप्रिय होते हैं हल्का हास्य, सौम्यता और संवेदनशीलता से सबके प्रिय होते हैं।

पेशे में आने वाली चुनौतियाँ (Professional Challenges) ➔ अधिक सोचने के कारण काम में देरी, एक दिशा में लंबे समय तक न टिक पाना, जल्दी मन बदलना, स्थिर वातावरण में उत्पादकता का गिरना, दूसरों की भावनाओं को ज़्यादा लेना, कई चीज़ों में रुचि होने से एकाग्रता (FOCUS) कम होना

आर्थिक स्थिति: (Financial Aspects)

मृगशीरा नक्षत्र धन-संग्रह से अधिक अनुभव-संग्रह, ज्ञान, यात्रा और मानसिक संतुष्टि पर केंद्रित होता है। इसलिए इनकी आर्थिक स्थिति उनके चुनावों, रुचियों और मानसिक स्वभाव से सीधे प्रभावित होती है।

आमदनी के स्रोतों में विविधता (Multiple Income Sources) ➔ मृगशीरा जातक एक ही प्रकार के काम पर निर्भर नहीं रह पाते। उनका मन बहु-आयामी होता है, इसलिए वे अक्सर एक मुख्य काम + एक साइड काम, फ्रीलांसिंग, क्रिएटिव प्रोजेक्ट, यात्रा आधारित कार्य, नॉलेज आधारित सेवाएँ जैसे कई स्रोतों से आय प्राप्त कर सकते हैं। जीवन में अलग-अलग चरणों पर कई आय मार्ग, फिक्स्ड आय के बजाय बदलती आय, समय-समय पर नौकरी या क्षेत्र बदलना

अनिश्चितता का भय लेकिन जोखिम कम (Low Risk Appetite) ➔ यद्यपि मृगशीरा जातक मानसिक रूप से बेचैन होते हैं, परंतु धन के मामले में वे बहुत बड़े जोखिम लेने वाले नहीं होते। वे निवेश में सुरक्षित मार्ग पसंद करते हैं। सतर्क आर्थिक निर्णय, धीरे-धीरे धन का निर्माण, बिना अध्ययन के निवेश नहीं करते, पैसे के साथ भावनात्मक नहीं, बल्कि तार्किक होते हैं

खर्च करने की शैली (Spending Pattern) ➔ विचारपूर्वक खर्च--वे अनावश्यक खर्च कम करते हैं। लेकिन जब बात आती है यात्रा, किताबें,

ज्ञान, सौंदर्य, आराम, कला, सुगंध या प्राकृतिक चीज़ें तो ये उदार खर्च कर देते हैं। खर्च भावनात्मक नहीं, अनुभव-आधारित होता है वे भावावेश में पैसा नहीं उड़ाते वे "अनुभव" और "ज्ञान" को निवेश की तरह देखते हैं।

आर्थिक स्थिरता देर से आती है (Late Organization of Finances) ➔ क्योंकि वे जीवन में बहुत सी चीज़ें सीखना और अनुभव करना चाहते हैं, इसलिए आर्थिक स्थिरता अक्सर 28-30 के बाद या जीवन के दूसरे चरण में बेहतर तरीके से बनती है। शुरुआती जीवन में सीखने और खोजने की प्रवृत्ति, करियर में दिशा बदलना, स्थिर काम में रुचि देर से होना

उच्च कमाई की क्षमता (High Earning Potential) ➔ जब ये लोग अपनी रुचि, विशेषज्ञता और मानसिक ऊर्जा एक दिशा में लगा देते हैं, तो उनमें बहुत उन्नति की क्षमता होती है। ये उन क्षेत्रों में खूब कमाते हैं जहाँ रचनात्मकता, विश्लेषण, कम्युनिकेशन, यात्रा, शोध, तकनीक, शिक्षण का उपयोग होता है। आर्थिक वृद्धि स्थिर गति से बढ़ती है, अनुभव के साथ आय में सुधार, उम्र बढ़ने के साथ कमाई बेहतर

बीच-बीच में आर्थिक उतार-चढ़ाव (Fluctuation Due to Life Choices) ➔ नक्षत्र की द्विस्वभाव प्रकृति के कारण जातकअक्सर करियर बदलते हैं, अलग-अलग चीज़ें आजमाते हैं, जिज्ञासा के कारण नए प्रोजेक्ट में जाते हैं जिससे आर्थिक स्थिरता कभी-कभी "अनियमित" लगती है। परंतु यह अस्थिरता अस्थायी होती है।

धन-संग्रह की कला (Ability to Save & Grow Wealth) ➔ इनकी व्यावहारिकता और पृथ्वी-तत्व उन्हें धीरे-धीरे: मजबूत बचत, स्थिर निवेश, व्यवस्थित जीवन शैली की ओर ले जाती है। वे बचत करना चलते-फिरते सीखते हैं, और समय के साथ बहुत बेहतर आर्थिक नियोजन करने लगते हैं।

अनावश्यक जोखिम से दूर (Avoiding Financial Loss) ➔ मृगशीरा जातक धोखे या गलत निवेश से बचने की क्षमता रखते हैं क्योंकि उनकी सूंघने की क्षमता (intuitive sense) और शंका-प्रवृत्ति उन्हें पहले ही संकेत दे देती है कि कुछ गलत है।

साहस + विश्लेषण = आर्थिक विवेक (Smart Financial Judgment) ➔ मंगल का साहस और चंद्र का विश्लेषण मिलकर इनकी आर्थिक समझ को मजबूत बनाते हैं। वे योजनाबद्ध तरीके से, सुरक्षित ढंग से, व्यावहारिक दृष्टिकोण से धन का प्रबंधन करते हैं।

आर्थिक सफलता का सूत्र (Key Formula for Financial Success) ➔ मृगशीरा जातकों की आर्थिक उन्नति हमेशा इन पर निर्भर करती है उनका मन कितनी देर तक एक दिशा में टिकता है, वे अपनी बहु-प्रतिभा को कितनी सधी हुई दिशा देते हैं, सीखने की प्रवृत्ति को कैसे उपयोग करते हैं, निर्णय लेने में कितना संतुलन रखते हैं, जब इनका ध्यान स्थिर होता है, इनके पास बहुत अच्छी आर्थिक समृद्धि प्राप्त करने की क्षमता होती है।

निष्कर्ष (Conclusion) ➔ मृगशीरा नक्षत्र जातक आर्थिक दृष्टि से बुद्धिमान, सुरक्षित निर्णय लेने वाले, बहु-आय स्रोतों वाले, देर से स्थिर होने वाले, अनुभव आधारित खर्च करने वाले, धन हानि से पहले चेतावनी पहचानने वाले और लम्बे समय में स्थिर एवं अच्छी आर्थिक प्रगति करने वाले होते हैं। उनकी आर्थिक उन्नति धीरे-धीरे लेकिन बहुत स्थिर और मजबूत आधार पर निर्मित होती है।

प्रेम, विवाह और दांपत्य जीवन

मृगशीरा नक्षत्र “खोज, संवेदनशीलता और जिज्ञासा” का नक्षत्र है। इसलिए इनके प्रेम जीवन और विवाह दोनों में गहराई, भावनात्मक सूक्ष्मता और मानसिक जुड़ाव अत्यंत महत्वपूर्ण होता है। इनका हृदय कोमल है, परंतु मन की चंचलता और संवेदनशीलता रिश्तों में विशेष चुनौतियाँ भी पैदा करती है।

प्रेम जीवन (Love Life)

भावनाओं से भरपूर लेकिन अंदर छिपी हुई प्रेम-शक्ति ➔ मृगशीरा जातक प्रेम को बहुत गहराई से अनुभव करते हैं, परंतु अपनी भावनाएँ जल्दी व्यक्त नहीं करते। वे दिल खोलने में समय लेते हैं, क्योंकि भीतर एक असुरक्षा छिपी होती है कि “क्या सामने वाला समझ पाएगा? ”धीरे-

धीरे प्यार में पड़ते हैं, शुरुआत में आरक्षित रहते हैं, अपने दिल का द्वार सिर्फ सही व्यक्ति के लिए खोलते हैं

मानसिक जुड़ाव उनके लिए अत्यंत आवश्यक ➔ यह नक्षत्र मानसिक ऊर्जा से भरा है। इसलिए इनके लिए प्रेम में सबसे महत्वपूर्ण है बातचीत, समझ, भावनात्मक गहराई, बौद्धिक समानता, अगर मानसिक कनेक्शन नहीं होता प्रेम टिक नहीं पाता।

प्रेम में अत्यधिक निष्ठा ➔ जब ये दिल से प्रेम करते हैं, तो पूरी ईमानदारी और समर्पण देते हैं। साथी को खुशी देने की पूरी कोशिश, रिश्तों में सचेत और जिम्मेदार, अपने साथी के प्रति वफादारी परंतु शंका और ज्यादा सोचने की प्रवृत्ति से कठिनाई, यह नक्षत्र कल्पनाशील है और संवेदनशील भी। इसलिए प्रेम में ये अक्सर अपने मन में बहुत सोचते हैं।

मनोवैज्ञानिक प्रभाव ➔ साथी की छोटी बातों को दिल पर ले लेना, अनजाने में गलतफहमियाँ बन जाना, ज्यादा सुरक्षा चाहने के कारण चिंता

नए अनुभवों की ओर झुकाव ➔ वे प्यार में भी नएपन, रोमांच और सीख को महत्व देते हैं। एक जैसा, स्थिर और नीरस प्रेम जीवन इन्हें बोर कर सकता है। रिश्ते में इन्हें चाहिए ताजगी, यात्रा, रोमांच, संवाद, भावनात्मक व मानसिक उत्तेजना

विवाह जीवन (Marriage Life) ➔ यह नक्षत्र विवाह में स्थिरता चाहने के साथ-साथ स्वतंत्रता भी चाहता है। इस दोहरी जरूरत के कारण विवाह के शुरुआती वर्ष संवेदनशील हो सकते हैं। यदि जीवनसाथी मानसिक रूप से इनके साथ संतुलित नहीं होता तो धीरे-धीरे दूरी बन सकती है। जीवनसाथी को होना चाहि एसमझदार, धैर्यवान, संवादप्रिय, कोमल भावनाओं को समझने वाला

दांपत्य में अक्सर तर्क-वितर्क ➔ मृगशीरा मन बहुत सक्रिय और विश्लेषणात्मक है। विवाह में वे हर बात का अर्थ खोजने लगते हैं। तर्क, विचारों का टकराव, छोटी बात पर मानसिक तनाव, लेकिन यह स्वभाव "बचाव प्रवृत्ति" के कारण होता है, न कि ज़िद के कारण।

रिश्ते में शंका का प्रवेश ➔ यह नक्षत्र "गंध" या "वाइब" से चीज़ें समझता है। इसलिए कभी-कभी बिना प्रमाण के भी संदेह का भाव जाग उठता है। अगर जीवनसाथी पारदर्शिता रखे विवाह अत्यंत संतुलित हो जाता है।

अत्यधिक संवेदनशीलता ➔ वे विवाह में छोटे-छोटे शब्दों या मूड स्विंग्स को भी गहराई से महसूस करते हैं।

सकारात्मक ➔ साथी का प्रेम, स्पर्श और प्यार इन्हें बहुत सुकून देता है, भावनात्मक जुड़ाव गहरा होता है

नकारात्मक:, छोटी चोट भी दिल में जमा हो जाती है

6. विवाह में समय के साथ परिपक्वता ➔ 32 वर्ष के बाद, मृगशीरा जातक भावनात्मक रूप से अधिक स्थिर और समझदार हो जाते हैं।उसके बाद उनके विवाह में परिपक्वता और सामंजस्य बढ़ता है।

3 दांपत्य जीवन (Marital & Conjugal Life)

भावनात्मक गहराई ➔ दांपत्य में ये सिर्फ शारीरिक संबंध नहीं चाहते वे मन, दिल और आत्मा के स्तर पर संबंध चाहते हैं। उनकी जरूरत हैभावनात्मक सुरक्षा, समझ मानसिक कनेक्शन, मधुर संवाद

अंतरंगता में संकोच + गहराई ➔ यह नक्षत्र स्त्री-ऊर्जा से भरपूर है, इसलिए दांपत्य संबंध में शुरुआत में थोड़ी झिझक, धीरे-धीरे बहुत भावनात्मक गहराई, साथी की जरूरतों को समझने की क्षमता

दांपत्य में प्रेम और दोस्ती का मिश्रण ➔ जब रिश्ता मजबूत हो जाए, तो यह जातक अपने साथी का दोस्त, प्रेमी, मार्गदर्शक, भावनात्मक सहारा सब बन जाते हैं।

तनाव का कारण ➔ अधिक सोच, अत्यधिक संवेदनशील प्रतिक्रिया, साथी की बातों को गलत समझ लेना, कभी-कभी यह दांपत्य संतुलन बिगाड़ सकता है।

दांपत्य की वास्तविक जरूरत ➔ सुरक्षा + स्वतंत्रता + संवाद, यदि ये तीन बातें मिल जाएँ, तो विवाह अत्यंत सुखी और प्रेमपूर्ण होता है।

पारिवारिक जीवन

मृगशीरा नक्षत्र सूर्य को नहीं, बल्कि चंद्र और मंगल की मिश्रित ऊर्जा रखता है। इस कारण इनका पारिवारिक जीवन भावनाओं, सतर्कता, संवेदनशीलता, और मानसिक खोज से निर्मित होता है।

जन्म परिवार का स्वभाव (Early Home Environment) ➔ मृगशीरा जातकों का बचपन प्रायः भावनात्मक रूप से सक्रिय, अनुभवों से भरा, बदलावों से गुजरता हुआ, कभी-कभी अनिश्चितता लिए हुए होता है। घर में संवेदनशील और भावनात्मक माहौल घर का वातावरण साधारणतः भावनात्मक या संवेदनशील होता है। परिवार में कोई ऐसा सदस्य अवश्य होता है जो ज़्यादा भावनात्मक, जल्दी आहत होने वाला या चंचल मन वाला हो सकता है, जिससे जातक के मन में बचपन से ही सूक्ष्म समझ विकसित होती है।

माता-पिता के साथ संबंध (Relationship with Parents)

माँ से विशेष भावनात्मक लगाव ➔ चंद्रदेव इस नक्षत्र के देवता हैं, इसलिए जातकों का अपनी माँ से विशेष प्रकार का गहरा संबंध होता है। माँ इनके मानसिक और भावनात्मक विकास पर गहरा प्रभाव डालती है। माँ के साथभावनात्मक जुड़ाव, सुरक्षा की भावना लेकिन कभी-कभी अत्यधिक निर्भरता, गलतफहमी या भावनात्मक दूरी भी बनी रह सकती है

पिता के साथ संबंध में उतार-चढ़ाव ➔ मंगल इस नक्षत्र का स्वामी है, इसलिए पिता का प्रभाव अनुशासन, अपेक्षाएँ, मानसिक दबाव या थोड़ी दूरी के रूप में दिखता है। कभी-कभी पिता-पुत्र/पुत्री संबंध में भावनात्मक दूरी या अनकहा तनाव भी रह सकता है।

भाई-बहनों से संबंध (Relationships with Siblings) ➔ मृगशीरा जातक सामान्यतः अपने भाई-बहनों के प्रति सुरक्षात्मक, संवेदनशील, जिम्मेदार रहते हैं। लेकिन गलतफहमियों की संभावना भी रहती है क्योंकि वे बहुत सोचते हैं, मन जल्दी आहत होता है और छोटे इशारों को भी गंभीरता से लेते हैं, इसलिए बचपन में छोटे तर्क-वितर्क होते हैं, परंतु उम्र बढ़ने पर रिश्ते सुधरते हैं।

घरेलू वातावरण की आवश्यकता (What They Need in Family Life) ➔ मृगशीरा जातक के लिए घर सिर्फ रहने की जगह नहीं ये उनके भावनात्मक संरक्षण (emotional shelter) की जगह होती है। उन्हें शांति, मधुर संवाद, सम्मान, समझ, निजी स्थान, बिना दबाव का वातावरण चाहिए यदि घर में शांति न हो तो उनका मन अत्यधिक बेचैन हो जाता है।

जातकों का पारिवारिक योगदान (Their Role in Family) ➔ इनका परिवार में स्वभाव समस्या सुलझाने वाला (Mediator), इनमें सूक्ष्म समझ होने के कारण ये विवाद शांत कर देते हैं। भावनात्मक सहारा, परिवार के सदस्य इन्हें अपने मन की बात बता सकते हैं, क्योंकि वे बिना जज किए सुनते हैं। जिम्मेदारी निभाने वाले, इनकी नैतिकता मजबूत होती है परिवार के लोगों के लिए अपना कर्तव्य निभाते हैं। घर को सुंदर बनाने की प्रवृत्ति, सफाई, सजावट, सुगंध, पौधे, इन चीज़ों से घर को सुंदर रखने में आनंद मिलता है।

परिवार में चुनौतियाँ (Challenges in Family Life)

संवेदनशीलता से उत्पन्न गलतफहमियाँ ➔ छोटी बातों पर भावनात्मक प्रतिक्रिया देने के कारण, परिवार वालों के साथ कभी-कभी दूरी आ सकती है।

शंका का भाव ➔ कभी-कभी जातक परिवार के किसी सदस्य की बात को "जैसा कहा गया" नहीं, बल्कि "जैसा उन्हें महसूस हुआ" वैसा समझ लेते हैं यहीं से तनाव शुरू होता है।

भावनाओं का अंदर दबा लेना ➔ वे दिल की बात बोलते नहीं, बल्कि भीतर जमा करते हैं। इससे मन में कड़वाहट बन सकती है।

निजी स्थान की आवश्यकता ➔ परिवार के लोग समझें न समझें, पर जातकों को अपने लिए "प्राइवेट स्पेस" बहुत चाहिए होता है। अगर यह सुविधा न मिले, तो चिड़चिड़ापन बढ़ सकता है।

स्वयं का परिवार विवाह के बाद का जीवन (Their Own Family After Marriage) ➔ कोमल, प्रेम से भरा, लेकिन भावनात्मक उतार-

चढ़ाव वाला, वे अपने परिवार को बहुत प्रेम करते हैं।, घर और परिवार इनके लिए सुरक्षा का दूसरा नाम है।

साथी और बच्चों के प्रति संवेदनशील ➔ बच्चों की भावनाएँ अच्छी तरह समझते हैं, साथी के मूड का तुरंत पता चल जाता है, घर में सामंजस्य रखने की कोशिश करते हैं

घर में सौंदर्य व शांति ➔ ये लोग पौधे, सुगंध, हल्का संगीत, साफ सुथरा घर पसंद करते हैं और घर को सकारात्मक ऊर्जा से भरते हैं।

बाहरी परिवार का प्रभाव (Relatives & Extended Family) ➔ मृगशीरा जातक रिश्तेदारों से दूरी भी रखते हैं और जुड़ाव भी। यह दूरी "व्यवहारिक" होती है क्योंकि ये लोग अधिक मिलना-जुलना पसंद नहीं करते, सीमित और प्रिय लोगों के साथ ही रहना पसंद करते हैं, रिश्तों में गहराई चाहते हैं, औपचारिकता नहीं

स्वास्थ्य और शारीरिक संरचना: (Body-Mind-Health Analysis)

शारीरिक संरचना (Physical Appearance & Body Structure)

आकर्षक, सौम्य और प्राकृतिक सुंदरता ➔ मृगशिरा नक्षत्र का प्रतीक "हिरण का सिर" है, इसलिए जातकों की काया में कोमलता, चपलता, सौंदर्य, हल्की तीक्ष्णता दिखाई देती है।

पतला-लंबा शरीर या स्लिमटोन ➔ अधिकतर जातक लंबे, हल्की मांसपेशियों वाले, सुदृढ़ लेकिन पतले होते हैं।शरीर पर अनावश्यक चर्बी कम रहती है (पहले चरण को छोड़कर) ।

खूबसूरत आँखें ➔ आँखें बहुत आकर्षक होती हैं गहरी, चमकीली, और भावनाएँ व्यक्त करने वाली।

त्वचा में प्राकृतिक आभा ➔ चंद्र + वायु तत्व के कारण त्वचा मुलायम, चमकदार और नमीयुक्त दिखती है।

चेहरे की बनावट ➔ लंबा चेहरा, तीक्ष्ण नाक, कोमल मुस्कान, हल्की बालों की चमकये विशेषताएँ अधिकतर देखी जाती हैं।

शारीरिक ऊर्जा और प्रकृति (Ayurvedic Constitution) ➔ प्रमुख प्रवृत्ति वात + पित्त मिश्रित, मृगशीरा जातकों में, वायु (चंचलता, गति), अग्नि (मानसिक गर्मी, चिंता) का मिश्रित प्रभाव अधिक होता है।

वात (Vata) प्रभाव जल्दी थक जाना, अनियमित दिनचर्या, नींद में बदलाव, मानसिक बेचैनी, शरीर में जकड़न या गैस

पित्त (Pitta) प्रभाव संवेदनशील पाचन, गर्मी बढ़ना, सिरदर्द, चिड़चिड़ापन कफ कम होता है इसलिए मोटापा या भारी शरीर कम देखा जाता है (पहले चरण में संभव है) ।

स्वास्थ्य से जुड़ी सामान्य प्रवृत्तियाँ (General Health Tendencies)

मानसिक तनाव ➔ मृगशीरा जातक बहुत सोचते हैं। ओवरथिंकिंग उनके स्वास्थ्य को सबसे अधिक प्रभावित करती है।

नींद की अनियमितता ➔ मन शांत न होने पर नींद हल्की या टूटती हुई रहती है।

पाचन-संवेदनशीलता ➔ संवेदनशील पेट, एसिडिटी, गैस, अपच जैसी समस्या दोहराई जा सकती है।

गर्दन, कंधे, हाथ और साँस संबंधी समस्याएँ, मृगशीरा का शरीर-अंग है नाक और गंधेंद्रिय और यह वायु तत्व से जुड़ा नक्षत्र है। इसलिए जातकों को अक्सर सर्दी, एलर्जी, साइनस, सांस में हल्की परेशानी, गर्दन-पीठ में जकड़न दिखाई देती है।

त्वचा-संवेदनशीलता ➔ धूप या गर्मी में त्वचा जल्दी प्रभावित हो सकती है।

ऊर्जा का असंतुलन ➔ कभी अचानक बहुत सक्रिय कभी पूरी तरह थके हुए। ऊर्जा स्थिर नहीं रहती।

मानसिक-भावनात्मक स्वास्थ्य का शरीर पर प्रभाव ➔ मृगशीरा जातकों का मन और शरीर एक-दूसरे से गहराई से जुड़े होते हैं।

जब मन शांत ➔ शरीर स्वस्थ,

जब मन परेशान ➔ शरीर तुरंत प्रतिक्रिया करता है जैसे

तनाव ➔ पाचन खराब

चिंता ➔ नींद खराब,

भावनात्मक चोट ➔ सिरदर्द

क्रोध या संशय ➔ शरीर में गर्मीयह "मन-शरीर का संबंध" इन जातकों में बहुत मजबूत होता है।

स्वास्थ्य की मजबूत विशेषताएँ (Health Strengths) ➔ शरीर स्वाभाविक रूप से लचीला, तेजी से रिकवरी, प्रतिरक्षा क्षमता अच्छी रहती है, मानसिक संतुलन होने पर अत्यंत स्वस्थ, प्राकृतिक बिल्डस और चेहरे पर नैसर्गिक चमक

कमजोर क्षेत्र (Weak Spots) ➔ नाक, गला, साइनस, पाचन तंत्र, मानसिक तनाव, थकान, नींद, त्वचा, गर्दन और कंधे

मृगशीरा जातकों के लिए स्वास्थ्य-सुझाव (Remedial Lifestyle - Non-medical)

हल्का और ताज़ा भोजन ➔ वात + पित्त संतुलित आहार।

नियमित दिनचर्या ➔ अनियमितता इनके लिए ज़हरीली है।

सुगंध-चिकित्सा ➔ लैवेंडर, चंदन, मोगरा (यह इनके नक्षत्र का शारीरिक तत्व है)

हल्का व्यायाम ➔ योग, प्राणायाम, सूर्य नमस्कार, भ्रामरी, ध्यान

अत्यधिक सोच को रोकने के अभ्यास ➔ जर्नलिंग, मार्गदर्शित ध्यान

बातचीत और साझा करना ➔ भावनाएँ बाहर निकालना आवश्यक।

मानसिक-आध्यात्मिक विकास: (Spiritual & Psychological)

मृगशीरा नक्षत्र स्वयं में "खोज (Search) " का प्रतीक है। मानसिक रूप से यह नक्षत्र चंद्र (भावना) और मंगल (ऊर्जा) का मेल है, इसलिए जातकों का आंतरिक संसार अत्यंत संवेदनशील, जिज्ञासु और निरंतर गति में रहता है। यही आंतरिक बेचैनी समय के साथ एक गहरे आध्यात्मिक जागरण का कारण बनती है।

मानसिक विकास की नींव ➔ 'खोज' की ऊर्जा ➔ मृगशीरा जातक मानसिक रूप से हमेशा कुछ तलाशते रहते हैं ज्ञान, सत्य, प्रेम, स्थिरता या आत्म-संतुष्टि। यह खोज उनके मानसिक विकास का मुख्य आधार है वे जीवन के हर अनुभव से सीख लेते हैं, जिज्ञासा उन्हें नई दिशा देती है, उनका मन कभी ठहरता नहीं यही उनके विकास की ताकत है, आध्यात्मिक अर्थ ➔ अन्वेषण ही उनका ध्यान (meditation) है। जैसे-जैसे वे खोजते हैं, उनका चेतन स्तर बढ़ता जाता है।

संवेदनशील मन ➔ आध्यात्मिक जागरण का पहला चरण ➔ इनका मन अत्यधिक संवेदनशील होता है। यह संवेदनशीलता अक्सर मानसिक थकान या ओवरथिंकिंग का कारण बनती है, लेकिन समय के साथ वही संवेदनशीलता अंतर्ज्ञान, सहानुभूति, भावनात्मक शुद्धिकरण, आत्मचेतना के रूप में परिवर्तित होती है। आध्यात्मिक दृष्टि से दर्द इनके जागरण का पहला गुरु बनता है। वे अपने अनुभवों को आत्मा तक ले जाते हैं और उससे सीखते हैं।

ज्यादा सोचने की प्रवृत्ति से आत्म-जागरूक विचार तक (From Overthinking to Introspection) ➔ शुरुआती जीवन में जातक बहुत सोचते हैं छोटी बातें भी मन में गहराई तक जाती हैं। लेकिन परिपक्वता के साथ यह विचार-संघर्ष "अंदर की यात्रा" बन जाता है, विचार स्पष्ट होने लगते हैं, निर्णय गहन अंतर्ज्ञान पर आधारित होते हैं, स्वयं की मनोवैज्ञानिक समझ बढ़ती है, यही परिवर्तन आध्यात्मिक विकास का मूल है:

सोच ➔ आत्मचिंतन ➔ आत्मज्ञान।

आंतरिक बेचैनी अंततः "आध्यात्मिक गति" बनती है ➔ मृगशीरा जातक स्थिर नहीं रह सकते उन्हें मानसिक या शारीरिक गति चाहिए। शुरुआती अवस्था में यह बेचैनी परेशानी लगती है लेकिन समय के साथ यह ऊर्जा आध्यात्मिक दिशा में बदल जाती है ध्यान या योग में गति का उपयोग, यात्रा या प्रकृति से जुड़कर मन का शुद्धिकरण, अनुभवों से जागरण उनकी बेचैनी ही उन्हें जागरण की राह पर आगे ले जाती है।

अंतर्ज्ञान का प्रबल विकास (Heightened Intuition) ➔ मृगशीरा का शरीर-अंग "गंधेंद्रिय" है यह सूक्ष्म संकेतों को महसूस कराने की क्षमता देता है। समय के साथ इनकी छठी इंद्रिय (Sixth Sense), सूक्ष्म अनुभूति, भविष्य-आभास, ऊर्जा पहचानने की ताकत, अत्यधिक विकसित हो जाती है।, आध्यात्मिक स्तर पर वे शब्दों से नहीं, ऊर्जा से देखते और समझते हैं।

विचारों का शुद्धिकरण (Purification of Mind) ➔ जीवन के अनुभव खासकर भावनात्मक चोट, गलतफहमियाँ, उतार-चढ़ाव इनके मन को शुद्ध करते हैं। वे सीखते हैं दूसरों को समझना, अहंकार छोड़ना, क्षमा करना, स्वयं को स्वीकारना यह प्रक्रिया धीरे-धीरे इन्हें मानसिक रूप से अत्यंत परिपक्व बनाती है।

भावनात्मक परिपक्वता का विकास (Emotional Maturity) ➔ मृगशीरा जातक शुरुआती जीवन में अधिक संवेदनशील, आसानी से आहत, भावनाओं में उलझे रहते हैं। लेकिन जैसे-जैसे उम्र बढ़ती है वे भावनाओं के मूल को समझते हैं प्रतिक्रिया के बजाय समझदारी अपनाते हैं, भावनाओं को नियंत्रित करना सीखते हैं, अपनी ऊर्जा को अंदर की ओर मोड़ते हैं परिणाम गहन भावनात्मक बुद्धिमत्ता (Emotional Intelligence).

आध्यात्मिक मार्ग प्रकृति, सुगंध, मौन, ध्यान ➔ मृगशीरा जातकों के लिए विशिष्ट आध्यात्मिक साधन हैं प्रकृति, पेड़, हवा, आकाश, यात्रासब इनकी आत्मा को शुद्ध करते हैं। सुगंध, अरोमा या प्राकृतिक गंध इनके ध्यान को गहरा करते हैं। मौन, शांत वातावरण में ये आसानी से ध्यानावस्था में जाते हैं। मानसिक ध्यान, मार्गदर्शित ध्यान, प्राणायाम जैसे श्वसन अभ्यास, त्राटक इन्हें विशेष लाभ देते हैं। लिखना, जर्नलिंग इनके मन को साफ करती है।

आत्म-खोज (Self-Discovery) ➔ मृगशीरा जातकों की सबसे बड़ी आध्यात्मिक उपलब्धि होती है स्वयं को खोज लेना। उनकी यात्रा बाहर से शुरू होकर भीतर समाप्त होती है संसार की खोज ➔ ज्ञान की खोज

➔ अनुभव की खोज ➔ मन की खोज ➔ आत्मा की खोज अंततः वे उस बिंदु पर पहुँचते हैं जहाँ उन्हें समझ आता है "खोज का लक्ष्य बाहर नहीं, अंदर है।"

जीवन के अंतिम चरण में गहरा आध्यात्मिक उत्थान ➔ मृगशीरा जातक जैसे-जैसे जीवन के मध्य चरण में प्रवेश करते हैं मन स्थिर होता है, भावनाएँ संतुलित होती हैं, अंतर्ज्ञान मजबूत होता है, जीवन के अर्थ को समझते हैं अंततः वे शांत, संयमित, आध्यात्मिक रूप से जागरूक, मानसिक रूप से मजबूत, व्यक्ति बन जाते हैं।

विशेष ज्योतिषीय योग, शुभ-अशुभ अवधि और उपाय:

विशेष ज्योतिषीय योग

मृगशीरा नक्षत्र स्वयं में एक अत्यंत विशिष्ट ऊर्जा रखता है मंगल + चंद्र + वायु तत्वइस संयोजन से कई विशेष योग बनते हैं:

चंद्र मृगशीरा योग (Moon in Mrigashira) ➔ जब चंद्रमा इस नक्षत्र में हो व्यक्ति अत्यंत जिज्ञासु, बुद्धिमान और संवेदनशील बनता है। कला, साहित्य, विश्लेषण, अनुसंधान और संचार में विशेष सफलता देता है। जातक में "स्मेल-सेंस" और सूक्ष्म अंतर्ज्ञान प्रबल होता है। रिश्तों में संदेह और अधिक सोच के कारण उतार-चढ़ाव आता है। यह योग मानसिक सूक्ष्मता और आध्यात्मिक समझ देता है।

मंगल-मृगशीरा योग (Mars influencing Mrigashira) ➔ यदि मंगल इस नक्षत्र या इससे दृष्टि में हो साहस + जिज्ञासा = अत्यंत ऊर्जावान और खोजी प्रवृत्ति, तकनीक, इंजीनियरिंग, मैकेनिकल व शोध में सफलता, कभी-कभी आवेग और मानसिक अस्थिरता, यात्रा और बदलाव की प्रबल इच्छा, यह योग "एक्सप्लोरर माइंड सेट" विकसित करता है।

शुक्र-मृगशीरा संबंध (Venus influence) ➔ जब मृगशीरा वृषभ भाग में स्थित हो और शुक्र प्रभाव में हो सौंदर्य, संगीत, नृत्य, कला में उत्कृष्ट प्रतिभा, सुंदर व्यक्तित्व, प्रेम संबंधों में आकर्षण और रोमांटिक प्रवृत्ति, आर्थिक स्थिरता देर से लेकिन मजबूत, यह योग कलाकार, डिज़ाइनर, लेखक या संगीतकार को बहुत उन्नत बनाता है।

बुध-मृगशीरा संबंध (Mercury influence) ➔ मृगशीरा के मिथुन भाग से बुध का प्रभाव बढ़ता है कम्युनिकेशन, शिक्षा, मीडिया, मार्केटिंग में सफलता, भाषाई बुद्धिमत्ता, बहु-कार्य क्षमता, युवावस्था में दिशा बदलना, करियर में विविधता यह योग "जिज्ञासा + बुद्धि" को चरम पर ले जाता है।

ग्रहों द्वारा मृगशीरा पर दृष्टि योग

बृहस्पति की दृष्टि- ज्ञान और आध्यात्मिकता वर्धित

शनि की दृष्टि- स्थिरता, अनुशासन और गहरी अंतर्दृष्टि

राहु की दृष्टि- अति-जिज्ञासा, तकनीकी और रहस्यमय विषयों में खिंचाव

केतु की दृष्टि- आध्यात्मिक वज्ञानिक शोध में महारत

जातकों के लिए शुभ अवधि और अशुभ अवधि

शुभ और अशुभ समयअवधि

दशा-अंतर्दशा अनुसार ➔ परिणाम ग्रह की शक्ति, भाव-स्थिति और दृष्टि पर निर्भर करते हैं। यहाँ मृगशिरा की मूल प्रकृति (खोज, गति, जिज्ञासा, चंद्र-मंगल ऊर्जा) के अनुसार सामान्य शुभ/अशुभ संकेत दिए जा रहे हैं।

शुभ अवधि (Auspicious Periods)

चंद्र महादशा/अंतर्दशाएँशुभ ➔ क्योंकि मृगशिरा चंद्र-देवता से जुड़ा है।

फल ➔ मानसिक शांति, लोकप्रियता, रचनात्मकता, रिश्तों में सुधार।

विशेष शुभ अंतर्दशाएँ ➔

चंद्र/शुक्र - प्रेम, कला, सौंदर्य, विवाह-वार्ता, सामाजिक लाभ

चंद्र/बुध - शिक्षा, लेखन, संचार, व्यापार, सीख

चंद्र/गुरु - ज्ञान, मार्गदर्शन, स्थिरता, परिवार-सुख

बुध महादशा/अंतर्दशाएँशुभ ➔ क्योंकि मृगशिरा की जिज्ञासा + बुध की बुद्धि।

फल ➔ करियर ग्रोथ, कम्युनिकेशन, नेटवर्किंग, व्यापार।

विशेष शुभ अंतर्दशाएँ ➔

बुध/शुक्र - मार्केटिंग, कला, PR, सौदे

बुध/गुरु - शिक्षा, कंसल्टिंग, स्थिर उन्नति

बुध/चंद्र - मीडिया, लेखन, यात्रा

शुक्र महादशा/अंतर्दशाएँशुभ ➔ क्योंकि वृषभ भाग में शुक्र अनुकूल सौंदर्य व सामंजस्य।

फल ➔ आर्थिक सुधार, प्रेम, सुख-सुविधाएँ।

विशेष शुभ अंतर्दशाएँ ➔

शुक्र/चंद्र - प्रेम-संबंध, दांपत्य सुख

शुक्र/बुध - रचनात्मक व्यापार, डिज़ाइन, ब्रांडिंग

गुरु महादशा (यदि गुरु मजबूत हो)

फल ➔ दिशा, स्थिरता, आध्यात्मिक प्रगति, परिवार-सम्मान।

शुभ अंतर्दशा ➔ गुरु/चंद्र, गुरु/बुध

अशुभ अवधि (Challenging Periods)

राहु महादशा/अंतर्दशाएँकठिन ➔ क्योंकि मृगशिरा की जिज्ञासा अति-भ्रम बन सकती है।

संभावित फल: भ्रम, गलत निर्णय, मानसिक तनाव।

कठिन अंतर्दशाएँ ➔

राहु/चंद्र - भावनात्मक अस्थिरता, चिंता

राहु/मंगल - जल्दबाज़ी, विवाद, दुर्घटना-योग

केतु महादशा ➔ क्योंकि अलगाव, दिशा-भ्रम, अचानक परिवर्तन।

संभावित फल: रिश्तों में दूरी, करियर अस्थिरता।

कठिन अंतर्दशाएँ ➔

केतु/चंद्र - अवसाद, मानसिक खालीपन

केतु/मंगल - आवेग, टकराव

मंगल महादशा (यदि मंगल पीड़ित हो) ➔ क्योंकि क्रोध + बेचैनी।

संभावित फल: संघर्ष, जल्दबाज़ी से हानि।

कठिनअंतर्दशाएँ ➔

मंगल/चंद्र - भावनात्मक विस्फोट

मंगल/राहु - जोखिम, विवाद

शनि महादशा (यदि शनि कमजोर/पीड़ित हो) ➔ क्योंकि देरी, दबाव, मानसिक बोझ।

संभावित फल: प्रगति धीमी, स्वास्थ्य/मानसिक थकान।

कठिनअंतर्दशाएँ ➔

शनि/चंद्र - अवसाद, अकेलापन

शनि/मंगल - क्रोध दबाव

संक्षिप्त निष्कर्ष

शुभ: चंद्र, बुध, शुक्र (विशेषकर चंद्र/शुक्र, बुध/शुक्र)

अशुभ: राहु, केतु, पीड़ित मंगल/शनि (विशेषकर चंद्र/मंगल/राहु अंतर्दशाएँ)

इस नक्षत्र में किए जाने योग्य शुभ कार्य (Auspicious Activities)

मृगशीरा को वृद्धि, सीखने, खोज, यात्रा, और नई शुरुआत का नक्षत्र माना जाता है।

शिक्षा से जुड़े कार्य ➔ नया कोर्स शुरू करना, परीक्षा की तैयारी, शोध या अध्ययन आरंभ करना, नई भाषा सीखना क्योंकि यह नक्षत्र ज्ञान-संचय का प्रतीक है।

यात्रा का आरंभ ➔ लघु यात्राएँ, व्यवसायिक यात्राएँ, तीर्थ यात्रा सब शुभ इस नक्षत्र में यात्रा सफलता और सीख दोनों देती है।

भवन, धार्मिक स्थल, संस्थान का शुभारंभ ➔ पाराशर मुनि के अनुसार यह नक्षत्र भवन-निर्माण, पूजा-स्थल की तैयारी और नए प्रोजेक्ट शुरू करने के लिए अनुकूल है।

विवाह से संबंधित बात-चीत ➔ विवाह संपन्न करने के लिए हमेशा उत्तम नहीं माना जाता, लेकिन प्रारंभिक चर्चा शुभ होती है।

व्यापार में नया प्रयोग/इनोवेशन ➔ क्योंकि यह नक्षत्र "नई दिशा" खोलने का संकेत देता है। नेटवर्किंग, इंटरव्यू, मीटिंग्स

कला, संगीत, लेखन आरंभ करना ➔ रचनात्मक ऊर्जा इस दिन अत्यंत सक्रिय रहती है। प्रकृति से जुड़े कार्य, पौधारोपण, ध्यान, प्राणायाम, जर्नलिंग

मृगशीरा में वर्जित कार्य (Avoid/Not Recommended Activities) ➔ मृगशीरा की ऊर्जा चंचल और खोजी प्रकृति की है इसलिए स्थिर और भारी कार्यों में यह ऊर्जा सहयोग नहीं करती।

विवाह या गृहस्थ जीवन की शुरुआत ➔ क्योंकि मानसिक अस्थिरता और संवेदनशीलता इस समय अधिक रहती है। विवाह में स्थिरता चाहिए, और यह नक्षत्र गति-पसंद है।

बहुत भारी और प्रतिबद्धता वाले निर्णय ➔ जैसे बड़ी साझेदारी, भारी निवेश, स्थायी अनुबंध, दीर्घकालिक वचनबद्धता, इस दिन मन जल्दी बदल सकता है।

संवेदनशील पारिवारिक बातचीत ➔ भावनाएँ तीव्र होती हैं, गलतफहमी होने का योग बढ़ जाता है। भावनात्मक बहस, पारिवारिक टकराव से बचना चाहिए

शत्रु या कानूनी मामलों की शुरुआत ➔ क्योंकि नक्षत्र की ऊर्जा शांति और खोज की है, युद्ध की नहीं।

जोखिमपूर्ण कार्य ➔ क्योंकि मन में बेचैनी और अस्थिरता बढ़ सकती है।

उपाय (Effective Remedies & Spiritual Practices) ➔ ये उपाय जीवन में मानसिक शांति, स्थिरता, संबंध-सामंजस्य, और आध्यात्मिक स्पष्टता बढ़ाते हैं।

चंद्र से जुड़ा उपाय ➔ मन की स्थिरता, सोमवार का व्रत "ॐ सोम सोमाय नमः" जप, सफेद चंदन, मोती, चाँदी का उपयोग

मंगल का संतुलन ➔ आवेग और बेचैनी शांति देती है "ॐ अं अंगारकाय नमः", मंगलवार को गुड़-चना दान लाल रंग कम पहनना (विशेषकर विवाद वाले दिन)

सुगंध/अरोमा चिकित्सा ➔ क्योंकि यह नक्षत्र "गंधेंद्रिय" से जुड़ा है। चंदन, लैवेंडर, गुलाब, मोगरा इनकी सुगंध मन को तुरंत शांत करती है।

ध्यान-प्रयोग (Meditation Practices) ➔ मृगशीरा पर ये ध्यान बहुत प्रभावी होते हैं त्राटक (दीपक ध्यान). श्वास जागरूकता, पेड़-पौधों के बीच ध्यान, मार्गदर्शित दृश्य-कल्पना(Guided Visualization)

विशेष मंत्र: "ॐ श्री परमेश्वर्यै नमः" (मन की बेचैनी शांत करता है)

"ॐ नमः शिवाय" (चंद्र + मंगल संतुलन का श्रेष्ठ मंत्र)

"ॐ सोम चंद्राय नमः"(मानसिक स्थिरता, भावनात्मक शुद्धिकरण)

रंग उपचार (Color Therapy) ➔ सफेद, हल्का गुलाबी, हल्का नीला ये रंग इनके मन को स्थिर करते हैं।

प्रकृति-उपचार ➔ रोज़ाना हरियाली में चलना, पौधे लगाना, मिट्टी से जुड़े कार्य, मृगशीरा की वायु ऊर्जा प्रकृति में शांत होती है।

मृगशीरा नक्षत्र ज्ञान, यात्रा, खोज और सूक्ष्म बुद्धि का नक्षत्र है। विवाह, स्थिर अनुबंध और भारी निर्णय इस नक्षत्र में टालने चाहिए। मानसिक शांति और आध्यात्मिक संतुलन के लिए चंद्र-मंगल उपाय अत्यंत प्रभावी हैं। सुगंध, प्रकृति, ध्यान और हल्के रंग इनके मानसिक एवं आध्यात्मिक संतुलन के प्रमुख साधन हैं।

चारों चरणों का विश्लेषण

मृगशीरा नक्षत्र 23°20′ वृषभ से 6°40′ मिथुन तक फैला है। इसलिए इसके चारों चरण दो अलग-अलग राशियों और चार अलग नवांशों (सिंह, कन्या, तुला, वृश्चिक) से प्रभावित होते हैं। यही कारण है कि प्रत्येक चरण का स्वभाव बेहद अलग है।

प्रथम चरण(Pada 1) ➔ वृषभ + सिंह नवांश, डिग्री: 23°20′ - 26°40′, नवांश स्वामी- सूर्य, तत्व: पृथ्वी + अग्नि,

प्रभाव ➔ स्थिरता, आत्मविश्वास, रचनात्मकता

मुख्य व्यक्तित्व विशेषताएँ ➔ अत्यंत आकर्षक, कलात्मक और रचनात्मक व्यक्तित्व, आत्म-अभिव्यक्ति में निपुण बोलने, दिखने और

रचनात्मकता में चमक, स्वाभिमानी, गरिमामय और मजबूत व्यक्तित्व, इनमें "राजसी ऊर्जा" होती है।

मानसिक स्वभाव ➔ मन स्थिर लेकिन भीतर गहरी "खोज" चलती रहती है, सुंदरता, कला, सौंदर्य और दिव्यता की तलाश, प्राचीन ज्ञान, आध्यात्मिक कला, संगीत, शास्त्रों में रुचि

करियर रुचियाँ ➔ कला, संगीत, अभिनय, आध्यात्मिक सेवाएँ, ज्योतिष, योग, मंत्रविद्या, अस्पताल, आश्रम, ध्यान स्थल में सेवा, गुप्त अनुसंधान/प्राचीन अध्ययन, ये जातक "दिव्य प्रेरणा" से काम करते हैं।

संबंध और विवाह ➔ प्रेम में स्थिर, सच्चे और गहरे, साथी से सम्मान और मानसिक जुड़ाव चाहते हैं, कभी-कभी अहंकार या आत्मसम्मान के मुद्दे से संघर्ष

चुनौतियाँ ➔ अत्यधिक आदर्शवाद, भावनाओं को छिपाना, अहं-आधारित निर्णय

आध्यात्मिक विकास ➔ ये चरण सबसे अधिक आध्यात्मिक और रचनात्मक है। यह व्यक्ति को "जीवन में विशेष उद्देश्य" खोजने की दिशा देता है।

द्वितीय चरण (Pada 2) - वृषभ + कन्या नवांश ➔ डिग्री: 26°40′ - 30°00′ ➔ नवांश स्वामी: बुध ➔ तत्व: पृथ्वी + वायु ➔ प्रभाव: विश्लेषण, विवरण, परफेक्शन

मुख्य व्यक्तित्व विशेषताएँ ➔ विश्लेषणात्मक दिमाग, सूक्ष्म ध्यान, परफेक्शनिस्ट प्रवृत्ति, जीवन में हर चीज को "सही और बेहतर" बनाना चाहते हैं, इनकी बुद्धि बहुत तेज, व्यावहारिक और गणनात्मक होती है।

मानसिक स्वभाव ➔ हर चीज़ का विश्लेषण, गलतियाँ खोजने और सुधारने की प्रतिभा, मन में आत्म-आलोचना, कभी-कभी तनाव या ज्यादा सोचना, ये लोग अपने ही मस्तिष्क के कारण थक जाते हैं।

करियर रुचियाँ ➔ विश्लेषक, डेटाएनालिस्ट, डॉक्टर, सर्जरी, लैब टेक, लेखन, संचरणन, शोध, गणित, लेखा, ऑडिट, डिजाइन, आर्किटेक्चर ये जातक "सही काम" करने में विश्वास रखते हैं।

संबंध और विवाह ➔ प्रेम में गंभीर और जिम्मेदार, साथी की कमियाँ जल्दी देख लेते हैंइसलिए रिश्तों में अधिक प्रयास चाहिए

चुनौतियाँ ➔ अत्यधिक आलोचना, छोटी-छोटी बातों में चिड़चिड़ापन, कभी-कभी भावनाओं को दबाना

आध्यात्मिक विकास ➔ आध्यात्मिकता इनके लिए "मन की शुद्धता" पर आधारित होती है। ये ध्यान, मंत्र, श्वास-प्रक्रिया से वास्तविक शांति पाते हैं।

तृतीय चरण (Pada 3) - मिथुन + तुला नवांश ➔ डिग्री: 0°00′ - 3°20′ ➔ नवांश स्वामी: शुक्र ➔ तत्व: वायु

प्रभाव: सामाजिकता, संवाद, आकर्षण

मुख्य व्यक्तित्व विशेषताएँ ➔ अत्यंत मिलनसार, बातचीत में कुशल, उत्कृष्ट वक्ता, लेखक और संचारक, रिश्तों में मानसिक और सामाजिक इंटरैक्शन, यह चरण "सामाजिक जिज्ञासा और आकर्षक बुद्धि" का प्रतीक है।

मानसिक स्वभाव ➔ तेज दिमाग, बहुत जिज्ञासु, नए विचार, नए लोग, नए अनुभव, समान विचारों वाले लोगों से जुड़ना पसंद, मन हमेशा सक्रिय रहता है।

करियर रुचियाँ ➔ शिक्षण, लेखन, ब्लॉगिंग, सेल्स, मार्केटिंग, मीडिया, पब्लिक रिलेशन, वकालत, समझौता, बातचीत, शुक्र + मिथुन = सुंदर संवाद कला।

संबंध और विवाह ➔ प्रेम में आकर्षक, रोमांटिक, साथी के साथ मानसिक बातचीत अत्यंत आवश्यक, कभी-कभी बहुत अधिक सामाजिकता से गलतफहमी

चुनौतियाँ ➔ फोकस की कमी, कभी-कभी सतही निर्णय, अधिक सामाजिक होने से भावनात्मक अस्थिरता, आध्यात्मिक विकासआध्यात्मिकता इनके लिए "ज्ञान और बातचीत" से आती है। ये वाणी, लेखन और मंत्र-उच्चारण के माध्यम से आध्यात्मिक जागरण पाते हैं।

चतुर्थ चरण (Pada 4) - मिथुन + वृश्चिक नवांश ➔ डिग्री: 3°20′ - 6°40′ ➔ नवांश स्वामी: मंगल ➔ तत्व: वायु + जल

प्रभाव: गहराई, रहस्य, तीक्ष्ण बुद्धि

मुख्य व्यक्तित्व विशेषताएँ ➔ अत्यंत गहरी सोच, मनोविज्ञान, रहस्य, गुप्त विषयों में रुचि, तीव्र बुद्धि, बहस और विश्लेषण में निपुण, यह चरण मृगशीरा का सबसे “गंभीर और तीक्ष्ण” चरण है।

मानसिक स्वभाव ➔ हर चीज़ के पीछे छिपे कारण जानने की इच्छा, गहरी अंतर्ज्ञान और मानसिक शक्ति, गुप्त जानकारी, रहस्यों और शोध में महारत, कभी-कभी संशय और अधिक जटिलता

करियर रुचियाँ ➔ मनोविज्ञान, टैरो, ज्योतिष, तंत्र, अपराध-शोध, फॉरेंसिक, गुप्तचर विभाग, आपदा सेवा, NGO, चिकित्सा, ऊर्जा-चिकित्सा, इनका मन अंधकार और गहराई दोनों समझ सकता है।

संबंध और विवाह ➔ अत्यंत भावुक और गहरे, साथी से अटूट निष्ठा की अपेक्षा, प्रेम में अत्यधिक तीव्रता और गहराई, कभी-कभी शंका और भावनात्मक उतार-चढ़ाव

चुनौतियाँ ➔ ओवरथिंकिंग, संशय, भावनात्मक तीव्रता, हर बात को गहराई से जोड़ना

आध्यात्मिक विकास ➔ यह चरण सबसे अधिक आध्यात्मिक है। इनकी आध्यात्मिकता “अज्ञात, रहस्य और परिवर्तन” से जुड़ी है। ये गहन साधना और ऊर्जा-आधारित अभ्यासों में सफल होते हैं।

महिलाएं- संपूर्ण विश्लेषण: (Personality + Life Pattern Analysis)

मृगशीरा नक्षत्र की महिलाएँ बेहद विशिष्ट ऊर्जा रखती हैं।वे चंद्र (भावनाएँ), मंगल (ऊर्जा), शुक्र-बुध (सौंदर्य व बुद्धि) और वायु-पृथ्वी तत्व का अनूठा मिश्रण हैं।इन्हें समझना आसान नहीं, पर एक बार समझ लिया जाए तो वे असाधारण, गहरी और बहुत सुंदर आत्माएं होती हैं।

स्वभाव और व्यक्तित्व (Personality Nature) ➔ आकर्षक और सौम्य व्यक्तित्व, चेहरे पर कोमलता, आँखों में चमक, और बोलने में मधुरता होती है।, इनका सौंदर्य प्राकृतिक होता है बिना प्रयास के खूबसूरत लगती हैं। चलने, पहनने और उठने-बैठने में एक "मृदु स्त्रीत्व" झलकता है।

स्वभाव कोमल परंतु भीतर गहरी शक्ति ➔ बाहर से शांत, नम्र, सौम्य लेकिन भीतर अत्यंत मजबूत और दृढ़। उनमें "भीतर से उठने वाली शक्ति" होती है।

जिज्ञासु और बहुत सोचने वाली ➔ हर बात का कारण जानना चाहती हैं। छोटी-छोटी बातों को गहराई से समझना पसंद करती हैं। कभी-कभी सोच इतनी बढ़ जाती है कि मन थक जाता है।

भावनात्मक संवेदनशीलता ➔ दूसरों के चेहरे और शब्दों में छिपी भावनाएँ तुरंत पकड़ लेती हैं। वो सिर्फ "सुनती" नहीं, "महसूस" करती हैं।

स्वतंत्रता-प्रेमी ➔ इन्हें बंधन या बहुत अधिक नियंत्रण पसंद नहीं आता। विवाह या रिश्ते में भी "अपना स्पेस" बहुत ज़रूरी होता है।

मानसिक और भावनात्मक स्वभाव (Mind & Emotion)

गहरी अंतर्ज्ञान क्षमता ➔ इनका "सिक्स्थसेंस" अत्यंत तेज होता है।, वे हवा, माहौल, और व्यक्ति की नीयत तुरंत पहचान लेती हैं।

भावनाओं को भीतर रखना ➔ इन्हें दर्द सहना आता है लेकिन व्यक्त करना नहीं। वे बिना बोले बहुत कुछ झेल लेती हैं।

जल्दी आहत, पर जल्दी संभलने वाली ➔ संवेदनशील होने के कारण चोट जल्दी लगती है लेकिन वे जल्दी ही खुद को ठीक भी कर लेती हैं।

मन बार-बार भटकता है ➔ एक समय में कई विचार चलते रहते हैं, इसलिए मानसिक हलचल, ज्यादा सोचने की प्रवृत्ति, निर्णय बदलना कमज़ोरी बन सकती है।

संबंध, प्रेम और विवाह (Love & Marriage)

प्रेम में गहराई और निष्ठा ➔ मृगशीरा महिलाएँ जब प्रेम करती हैं तो भावनात्मक और आत्मिक जुड़ाव चाहती हैं। वे ऊपरी या सतही संबंध पसंद नहीं करतीं।

साथी से उच्च अपेक्षाएँ ➔ ईमानदारी, मानसिक समानता, भावनात्मक समझ, सम्मान, पारदर्शिताये सब इनके लिए अनिवार्य है।

रिश्तों में शंका और insecurity ➔ अत्यधिक संवेदनशीलता और सूक्ष्म अनुभूति, कभी-कभी संदेह का रूप ले सकती है।

विवाह में उतार-चढ़ाव ➔ विवाह में शुरुआती वर्ष, मानसिक भटकाव, गलतफहमियाँ, भावनात्मक दूरी की वजह से चुनौती भरे हो सकते हैं। लेकिन उम्र के साथ विवाह स्थिर और सुंदर बनता है।

दांपत्य में समर्पित लेकिन स्पेस चाहने वाली ➔ वह अपने साथी के प्रति प्रेमपूर्ण, देखभाल करने वाली, रचनात्मक होती हैं, लेकिन "हर समय पास रहना" उन्हें तंग करता है।

परिवार और सामाजिक जीवन (Family & Social Life)

परिवार में शांति चाहती हैं ➔ घर का माहौल, शांत, सुंदर, संतुलित होना इनके लिए बहुत महत्वपूर्ण है।

माँ से गहरा भावनात्मक संबंध ➔ चंद्रदेव के कारण माँ का प्रभाव जीवन पर बहुत गहरा रहता है।

रिश्तेदारों से सीमित जुड़ाव ➔ ये बहुत मेलजोल पसंद नहीं करतीं। केवल दिल के लोगों से ही संबंध गहरा होता है।

करियर और जीवन पथ (Career & Life Purpose)

1. बहु-प्रतिभाशाली ➔ मृगशीरा नक्षत्र महिलाएँ कई क्षेत्रों में उत्कृष्ट हो सकती हैं लेखन, संचरणन, कला, संगीत, नृत्य, डिजाइन, फैशन, शिक्षण, मनोविज्ञान, शोध, यात्रा-आधारित करियर, अरोमा थेरेपी, प्राकृतिक चिकित्सा, ज्योतिष, ऊर्जा-हीलिंग, पत्रकारिता

जहाँ दिमाग + भावनाएँ + रचनात्मकता की जरूरत हो वही इनके लिए आदर्श कार्यक्षेत्र है।

लंबे समय तक एक काम में टिकना कठिन, मन के दोहराव और जिज्ञासा के कारण, करियर में बदलाव अधिक दिख सकता है।

आध्यात्मिकता (Spiritual Nature)

जन्मजात आध्यात्मिक ➔ इनमें बचपन से ही रहस्यमय चीज़ों, प्रकृति, ध्यान, सुगंध, ऊर्जा, ब्रह्मांडीय संकेतों को समझने की क्षमता होती है। मौन और प्रकृति इनके गुरु बन जाते हैं बारिश, पौधे, हवा इनसे इन्हें आध्यात्मिक शक्ति मिलती है। ध्यान में तेजी से उतर जाती हैं त्राटक, मंत्र ध्यान, प्राणायाम जैसे श्वसन अभ्यास इनके लिए अत्यंत अनुकूल है।

सुगंध से गहरा संबंध ➔ यह नक्षत्र "गंधेंद्रिय" से जुड़ा है, इसलिए ये महिलाएँ परफ़्यूम, फूलों, सुगंधित प्राकृतिक तेल, अरोमा थेरेपी से बहुत प्रभावित होती हैं।

कमजोरियाँ (Weaknesses) ➔ संवेदनशीलता के कारण भावनात्मक चोट, दूसरों की ऊर्जा जल्दी पकड़ लेना, ज्यादा सोचने की प्रवृत्ति, शंका, मूडस्विंग, रूटीन से ऊब जाना, भावनाएँ अंदर दबा लेना बहुत काम करने की क्षमता, लेकिन जल्दी थक जाना

विशेष शक्तियाँ (Special Strengths) ➔ तीक्ष्ण अंतर्ज्ञान, सुंदर संवाद कला, रचनात्मकता, भावनात्मक बुद्धिमत्ता, सत्य को पहचानने की क्षमता, मानसिक चपलता, सहानुभूति, आकर्षक व्यक्तित्वयह महिलाएँ "सुंदरता, बुद्धिमत्ता और संवेदनशीलता का संयोजन" होती हैं।

सूर्य नक्षत्र मृगशिरा (Sun in Nakshatra)

सूर्य जब मृगशिरा में आता है तो वह इस नक्षत्र की जिज्ञासु, खोजी, संवेदनशील, हलचल प्रेमी ऊर्जा के साथ सूर्य की आत्मबल, अहं, नेतृत्व, पहचान और दिशा को जोड़ देता है। इससे व्यक्ति का जीवन अत्यंत विशिष्ट रूप से प्रभावित होता है।

जीवन पर प्रभाव (Overall Life Impact) ➔ जीवन में निरंतर खोज का भाव, ऐसे व्यक्ति जीवन भर कुछ नया सीखने, खोजने और समझने की तलाश में रहते हैं। सूर्य उनका आत्म-उद्देश्य (Life Purpose) मृगशिरा के गुणों के माध्यम से पूरा करता है यानी सत्य की खोज, ज्ञान

की प्यास, नई दिशाओं की तलाश, जीवन में ज्यादा यात्राएँ, बार-बार स्थान परिवर्तन, छोटी यात्राएँ, नई जगहों की खोज इनमें विशेष रुचि।

आंतरिक बेचैनी ➔ स्थिरता लंबे समय तक नहीं टिकती क्योंकि सूर्य यहाँ गति और खोज का प्रतीक बन जाता है।

जीवन में दो चरण ➔ आम तौर पर 32 की उम्र से पहले - उथल-पुथल, दिशा बदलना, 32 के बाद - स्थिरता, परिपक्वता और सही रास्ता

व्यक्तित्व (Personality) ➔ सूर्य + मृगशिरा = बुद्धिमान + जिज्ञासु + आकर्षक + आत्म-अभिव्यक्तिशील, तेज दिमाग और चतुराई, संवाद में निपुण, हर समय होशियार, सतर्क, ज्ञान से भरा व्यक्तित्व, सौम्य और आकर्षक उपस्थिति

विशेष गुण ➔ अंतर्ज्ञान बहुत मजबूत, नई चीज़ें सीखने में सबसे आगे, लोगों को पढ़ने और समझने की अनोखी क्षमता, कूटनीतिक लेकिन सच्चे

नकारात्मक पक्ष ➔ निर्णय लेते-लेते मन बदलना, अधिक सोच, ज़रा-सी बात पर संवेदनशील प्रतिक्रिया, कभी-कभी संदेह या असुरक्षा

मानसिक और भावनात्मक स्वभाव (Mental & Emotional Nature) ➔ मानसिक ऊर्जा अत्यधिक सक्रिय, मस्तिष्क कभी बंद नहीं होता हर चीज़ में अर्थ ढूँढ़ना, लोगों को समझना, हर बात का कारण तलाशना। भावनाओं में गहराई, चोट जल्दी लगती है, धीरे-धीरे भरोसा बनता है, भावनाओं को व्यक्त करने में समय लेते हैं, सूर्य यहाँ "मानसिक सम्मान" चाहता है अगर कोई उनकी बुद्धि या विचारों को कम आंक दे तो बहुत आहत होते हैं।

मानसिक चुनौतियाँ ➔ चिंता, ज्यादा सोचने की प्रवृत्ति, अंदर ही अंदर भावनाएँ जमा करना, सकारात्मक मानसिक शक्तियाँ, असाधारण अंतर्ज्ञान, तेज विश्लेषण क्षमतालोगों की वास्तविक नीयत पहचानना

करियर और पेशा (Career & Profession) ➔ सूर्य + मृगशिरा करियर को संचार-आधारित + खोज-आधारित + ज्ञान-आधारित बनाता है

सर्वश्रेष्ठ करियर ➔ मीडिया/पत्रकारिता, शोध/विश्लेषण, शिक्षण/लेखन, मार्केटिंग/सेल्स, यात्रा आधारित काम, एंकरिंग, RJ, प्रस्तुति, IT,

रिसर्च, डेटा विश्लेषण, मनोविज्ञान, प्रकृति/पौधों/अरोमा आधारित पेशे, पुलिस, इंटेलिजेंस, ज्योतिष, आध्यात्मिक सेवाएँ

करियर में चुनौती ➔ एक काम से जल्दी बोर होना, मन बदलना, बहुत सोचने के कारण निर्णय लेने में देरी, करियर की ताकत, कम्युनिकेशन स्किल, रचनात्मकता, नेतृत्व, सामाजिक समझ

आर्थिक स्थिति (Financial Aspects) ➔ अनेक आय-स्रोत एक ही प्रकार का काम इनके लिए पर्याप्त नहीं इसके कारण इनके पास कई साइड-आय स्रोत बन जाते हैं। सूर्य स्थिरता देता है इससे मृगशिरा की अस्थिरता कम होती है और आय धीरे-धीरे स्थिर होती जाती है।

आर्थिक आदतें ➔ जोखिम कम लेते हैं, बुद्धिमानी से निवेश करते हैं, खर्च अनुभवों पर ज्यादा करते हैं (यात्रा, सीख, कला)

आर्थिक चुनौतियाँ ➔ करियर बदलने से अस्थिरता, भावनात्मक खर्च, अधिक सोचकर अवसर छोड़ देना

प्रेम, विवाह और दांपत्य जीवन (Love, Marriage & Married Life)

प्रेम में गहराई ➔ सूर्य यहाँ प्रेम को अत्यंत गंभीर, सच्चा और भावनात्मक बनाता है। मानसिक जुड़ाव जरूरी रिश्ता तभी चलेगा जब साथी समझदार, संवादप्रिय, भावनात्मक बुद्धिमान हो।

चुनौतियाँ ➔ ज्यादा सोचकर गलतफहमी, मानसिक दूरी, कभी-कभी शक

विवाह ➔ विवाह में शुरुआत में उतार-चढ़ाव लेकिन उम्र बढ़ने के साथ बहुत स्थिरता आती है।

दांपत्य ➔ वफादार, संवेदनशील, गहराई से प्रेम करने वाले

परिवारिक जीवन (Family Life) ➔ घर के प्रति लगाव, घर शांति, सुरक्षा और प्रेम का स्थान है।

माँ से संबंध ➔ बहुत भावनात्मक और गहरा। माँ का प्रभाव जीवनभर रहता है। पिता से अपेक्षाएँ, उनसे मान्यता और समर्थन चाहते हैं। यदि नहीं मिले तो आंतरिक खालीपन महसूस करते हैं।

परिवार में भूमिका ➔ समझदार, शांति दूत, समस्या सुलझाने वाले, भावनात्मक सहारा

चुनौतियाँ ➔ अधिक सोच से परिवार में मानसिक दूरी, निजी स्पेस की अधिक मांग

स्वास्थ्य और शारीरिक संरचना (Health & Body) ➔ शरीर, लंबा, पतला, आकर्षक आँखें, त्वचा में चमक, हावभाव में चंचलता

स्वास्थ्य प्रवृत्तियाँ ➔ साइनस/नाक की समस्या, सांस/एलर्जी, पाचन कमजोरी, चिंता/ज्यादा सोचने की प्रवृत्ति, गर्दन व कंधे में दर्द, नींद की समस्या

सूर्य का सकारात्मक प्रभाव ➔ ऊर्जा, तेज रिकवरी, जीवनशक्ति

मानसिक-आध्यात्मिक विकास (Spiritual & Psychological Growth) ➔ ज्ञान और खोज के माध्यम से आध्यात्मिकता, ये लोग बाहरी दुनिया की खोज करते-करते अंततः भीतर की खोज तक पहुँच जाते हैं।

आध्यात्मिक साधनाएँ ➔ ध्यान, मौन, प्रकृति, सुगंध, मंत्र, विकास की दिशा,

ओवरथिंकिंग ➔ आत्मचिंतन

अस्थिरता ➔ गहरी समझ

खोज ➔ आत्मज्ञान

चारों चरणों में सूर्य का प्रभाव (Sun in all 4 Padas)

प्रथम चरण (वृषभ + सिंह) ➔ नेतृत्व, रचनात्मकता, कला और आध्यात्मिकता, जीवन में प्रतिष्ठा, मजबूत व्यक्तित्व

द्वितीय चरण (वृषभ + कन्या) ➔ विश्लेषण में महारत, व्यवसाय में सफल, बुद्धिमान, तार्किक, परफेक्शनिस्ट नेतृत्व, पाचन और तनाव संबंधी समस्या

तृतीय चरण (मिथुन + तुला) ➔ उत्कृष्ट वक्ता, आकर्षक, मिलनसार, व्यापार और कम्युनिकेशन में सफलता, समाज में प्रसिद्धि

चतुर्थ चरण (मिथुन + वृश्चिक) ➔ अत्यंत गहरी सोच, रहस्यमय व्यक्तित्व, मनोविज्ञान, शोध में सफलता, शंका या चिंता का प्रभाव, गहरी आध्यात्मिकता

मृगशिरा सूर्य नक्षत्र की महिलाएँ ➔ अधिक तेजस्वी व आकर्षक, चेहरे पर तेज और आँखों में गहरी बुद्धि। स्वतंत्रता महत्वपूर्ण, विवाह या संबंध में बंधन नहीं सहतीं। करियर-केन्द्रित, भाषण, लेखन, संचार, कला और शोध में अत्यधिक सफल। संवेदनशील लेकिन मजबूत, दिल को चोट जल्दी लगती है, लेकिन टूटती नहीं और मज़बूत होकर लौटती हैं।

आध्यात्मिकता ➔ सुगंध, ध्यान, ज्योतिष, ऊर्जा-हीलिंग में उत्कृष्ट क्षमता।

लग्न नक्षत्र मृगशिरा

लग्न नक्षत्र संपूर्ण व्यक्तित्व, बाहरी व्यवहार, रूप-रंग, जीवन-दिशा और मानसिक प्रतिक्रिया का केंद्र होता है। इसलिए मृगशिरा लग्न वाले लोगों का जीवन बहुत विशिष्ट, हलचल-पूर्ण, खोजी और अत्यंत बुद्धिमान होता है।

जीवन पर प्रभाव (Overall Life Impact) ➔ जीवन एक "खोज" बन जाता है, लोग हर समय, नया सीखना, नया जानना, नई जगहें देखना, नए अनुभवकी तलाश में रहते हैं।

जीवन में अनेक बदलाव ➔ करियर, निवास, मित्र, जीवन-दिशा सबमें बार-बार परिवर्तन।

स्थिरता देर से ➔ आमतौर पर स्थिर जीवन 32 के बाद आता है।

जीवन भर गति ➔ मानो जीवन कह रहा हो "रुको मत... आगे बढ़ते रहो... खोजते रहो।"

व्यक्तित्व (Personality Traits) ➔ आकर्षक, स्लीम, चंचल, तेज-दिमाग,व्यक्तित्व में "हिरण" जैसी ऊर्जा, चपल, सुंदर, चौकन्ना, हल्का, तेज, स्वभाव में जिज्ञासा और तुरंत सीखने की क्षमता, जिस विषय में रुचि हो, उसे गहराई से पकड़ लेते हैं। कई काम कर सकते हैं लेकिन बहुत लंबे समय तक एक ही चीज़ में टिकना कठिन।

मृदुभाषी लेकिन अंदर से मजबूत ➔ बोलने का तरीका कोमल, लेकिन निर्णय लेने में बहुत बुद्धिमान।

अवलोकन शक्ति अद्भुत ➔ लोगों की नीयत, ऊर्जा, भावनाएँ तुरंत समझ लेते हैं।

मानसिक और भावनात्मक स्वभाव (Mind & Emotional Nature) ➔ अत्यंत सक्रिय मन, सोच इतनी तेज कि कभी-कभी मन थक जाता है। ज्यादा सोचने की प्रवृत्ति होती है हर बात का "क्यों" जानना जरूरी।, भावनाओं का गहरा संसार होता है जल्दी आहत, संवेदनशील

गहराई से प्रेम करने वाले, रिश्तों में ईमानदारी की चाह

संशय और चिंता की प्रवृत्ति ➔ इनकी सूक्ष्म समझ उन्हें शंका-प्रवृत्ति की ओर ले जा सकती है।

मानसिक शक्ति ➔ विश्लेषण क्षमता, अंतर्ज्ञान, बुद्धि, रचनात्मक सोचबहुत प्रबल होती है।

करियर और पेशा (Career & Profession) ➔ लग्न मृगशिरा वाले जातक "संचार + ज्ञान + खोज" वाले कार्यों में उत्कृष्ट होते हैं।

उपयुक्त करियर ➔ पत्रकारिता, मीडिया, लेखक, कवि, शिक्षक, पब्लिक रिलेशन, मार्केटिंग, शोध, विश्लेषण, IT, डेटा साइंस, मनोविज्ञान, यात्रा-आधारित काम, सेल्स, कंसल्टिंग, वनस्पति, पौधे, अरोमा थेरेपी, फॉरेंसिक, इंटेलिजेंस, ज्योतिष, तंत्र, ऊर्जा-हीलिंग

कार्य-शैली ➔ स्मार्ट वर्क, त्वरित सीख, रचनात्मकता, लोगों को समझने की शक्ति

करियर चुनौतियाँ ➔ मन जल्दी बदलना, स्थिरता की कमी, अधिक सोचने से अवसर चूकना

आर्थिक स्थिति (Financial Aspects) ➔ धन आता है "ज्ञान और कम्युनिकेशन" से, लिखने, बोलने, सिखाने, विश्लेषण करने से।

कई आय स्रोत ➔ एक से अधिक तरीकों से धन आता है। स्थिरता 30 के बाद, उम्र बढ़ने के साथ आर्थिक स्थिति मजबूत होती जाती है। खर्च, यात्रा, शिक्षा, गैजेट, अच्छे खाने, अनुभवोंपर अधिक।

आर्थिक चुनौतियाँ ➔ अनियमित आय (युवा अवस्था), मन बदलने से अवसर चूकना, अधिक सामाजिक खर्च

प्रेम, विवाह और दांपत्य जीवन (Love, Marriage & Married Life) ➔ प्रेम में गहनता + कोमलता, ये लोग दिल से प्रेम करते हैं और बदले में सच्चाई चाहते हैं।

साथी में ज़रूरी गुण ➔ संवाद, ईमानदारी, समझ, बौद्धिक जुड़ाव, रिश्ता तभी चलेगा जबदोनों के बीच मानसिक बातचीत सहज हो।

चुनौतियाँ ➔ अधिक सोच, संवेदनशीलता, कभी-कभी संदेह, निजी स्पेस की जरूरत

विवाह ➔ शुरुआत में उतार-चढ़ाव, लेकिन धीरे-धीरे स्थिर।

परिवारिक जीवन (Family Life) ➔ परिवार में शांति का स्रोत, अक्सर घर में बुद्धि और संवाद के आधार पर शांति स्थापित करते हैं।

माता का प्रभाव ➔ बहुत गहरा। पिता से भावनात्मक दूरी हो सकती है अगर सूर्य कमजोर हो। भाई-बहन से अच्छे संबंध क्योंकि संवाद में कुशल होते हैं। परिवार बदलते वातावरण में पनपता है, यात्राएँ, स्थान परिवर्तन परिवार के लिए सामान्य होता है।

स्वास्थ्य और शारीरिक संरचना (Health & Physical Structure) ➔ शरीर, लंबा, पतला, खूबसूरत आँखें, तेज दिमाग, आकर्षक काया

स्वास्थ्य समस्याएँ ➔ साइनस/नाक, श्वास/एलर्जी, हाथ-कंधे में दर्द, चिंता-तनाव, नींद की समस्या, गैस/पाचन कमजोरी

स्वास्थ्य की ताकत ➔ तेज रीकवरी, लचीलापन, ऊर्जा का प्रवाह अच्छा

मानसिक-आध्यात्मिक विकास (Spiritual & Psychological Growth) ➔ आध्यात्मिक यात्रा "खोज" से शुरू होती है और "अंतर्यात्रा" पर समाप्त होती है। इनके लिए सबसे प्रभावी साधन ध्यान, मौन साधना, प्रकृति, अरोमा (सुगंध), मंत्र जप, चंद्र साधना, मन को शांत करने से विकास कई गुना बढ़ता है।

चारों चरणों में लग्न मृगशिरा होने पर प्रभाव (Pada-Wise)

प्रथम चरण (1st Pada) - वृषभ + सिंह ➔ तेजस्वी, रचनात्मक, नेतृत्व क्षमता, कला प्रेम, शरीर थोड़ा भारी हो सकता है, अहं संवेदनशील

द्वितीय चरण (2nd Pada) - वृषभ + कन्या ➔ विश्लेषण में माहिर, परफेक्शनिस्ट, स्वास्थ्य संवेदनशील, अद्भुत स्मरण शक्ति, बहुत शांत लेकिन भीतर बेचैन

तृतीय चरण (3rdPada) - मिथुन + तुला ➔ सबसे अधिक सामाजिक, कम्युनिकेशन में माहिर, आकर्षक व्यक्तित्व, व्यापार/नेटवर्किंग में सफल

चतुर्थ चरण (4th Pada) - मिथुन + वृश्चिक ➔ गहरा, रहस्यमयी स्वभाव, मनोविज्ञान की समझ, शंका प्रवृत्ति, अद्भुत अंतर्ज्ञान, आध्यात्मिकता तीव्र

मृगशिरा लग्न वाली महिलाएँ (Women with Mrigashira Ascendant) ➔ सबसे सुंदर, कोमल और रहस्यमयी

चेहरा बेहद आकर्षक, आँखें चमकदार। संवेदनशील लेकिन गहराई से समझदार-दिल जल्दी आहत होता है लेकिन भीतर बहुत शक्ति। स्वतंत्रता प्रिय उन्हें नियंत्रण या बंधन पसंद नहीं। संवाद में निपुण-लेखन, भाषण, कला में अत्यंत उभरती हैं।

प्रेम में भावनात्मक निष्ठा- मानसिक जुड़ाव बहुत ज़रूरी।

आध्यात्मिकता ➔ सुगंध, प्रकृति, ध्यान से जल्दी जुड़ जाती हैं।

चुनौतियाँ ➔ अधिक सोच, शंका, मूडस्विंग, स्वास्थ्य संवेदनशीलता

06. Ardra (आर्द्रा) नक्षत्र

पौराणिक कथा: (Mythology)

आर्द्रा नक्षत्र का अधिष्ठाता देवता है रुद्र महादेव शिव का प्रचंड, तूफ़ानी, उग्र और विनाशकारी रूप। रुद्र वह शक्ति हैं जो जीवन में तूफ़ान लाती भी है और उसी तूफ़ान के बाद शांति, शुद्धि और नयी शुरुआत भी देती है। आर्द्रा नक्षत्र की कथा शिव की उस ऊर्जा से जुड़ी है जिसमें विनाश, क्रोध, दर्द, परिवर्तन और पुनर्जन्म सभी शामिल हैं।

जब संसार में अत्यधिक अराजकता, दुख, हिंसा और अधर्म फैल गया देवताओं ने ब्रह्मा जी से निवेदन किया"हे सृष्टिकर्ता, संसार दुखों से भरा है। कृपया ऐसा देवत्व उत्पन्न करें जो अराजकता का अंत कर सके। "ब्रह्मा जी ने अपनी शक्ति के गहन केंद्र से एक उग्र, लाल-आँखों वाले, प्रचंड और तड़ित-स्वरूप देव को उत्पन्न किया। जैसे ही वह उत्पन्न हुए, उनका शक्ति-गर्जन सुनकर ब्रह्मांड कांप उठा। वे रोते हुए जन्मे करुणा और क्रोध एक साथ लिए हुए। उनके अश्रु धरती पर गिरे और वहीं से आर्द्रा अर्थात आँसू का नक्षत्र जन्मा। ब्रह्मा ने उन्हें नाम दिया रुद्र - जो रुदन (रोना) और तड़ित (तूफ़ान) दोनों का स्वामी है। रुद्र का जन्म संसार को शुद्ध करने,अधर्म का नाश करने,और नवजीवन की शुरुआत करने के लिए हुआ था। इसलिए आर्द्रा नक्षत्र का पहला अर्थ है "रोने के बाद आने वाली स्वच्छता" अर्थात जीवन का वह चरण जहाँ संकट टूटकर आता है, पर उसके बाद एक नई सुबह जन्म लेती है।

एक अन्य कथा के अनुसार सती माता के देह-त्याग के बाद शिव जी क्रोध और वेदना से भर उठे। उनकी आँखों से आँसू बहते गए और उन आँसुओं से आर्द्रा नक्षत्र की प्रकृति निर्मित हुई एक ऐसी ऊर्जा जिसमें दर्द भी है और दिव्य जागरण भी।

शिव ने तांडव किया वह तांडव जिसने संसार की असत्य चीज़ों का विनाश कर दिया और सत्य को पुनः स्थापित किया। आर्द्रा नक्षत्र शिव के उसी रूप का प्रतीक है विनाश ➔ परिवर्तन ➔ पुनर्जन्म

आर्द्रा नक्षत्र "आँसू" का प्रतीक है ➔ कहते हैं जब शिव रुद्र रूप में रोते हैं, तो आकाश से वर्षा होती है।उ नके आँसू से धरती पर उमस, बादल और वर्षा उत्पन्न होती है। इसलिए आर्द्रा काल को "धरा का मासिक चक्र" कहा जाता है जब धरती पुराने को छोड़कर नए का स्वागत करती है। आर्द्रा नक्षत्र हमें यह अनुभव कराता है कि जीवन के तूफ़ान हमेशा विनाश नहीं लाते कभी-कभी वे मन, आत्मा और कर्म को शुद्ध करते हैं वे हमारे भीतर दबी हुई ऊर्जा को सक्रिय करते हैं, वे पुरानी अवस्थाओं को तोड़कर नई दिशा प्रदान करते हैं

रुद्र का संदेश है कि "जो टूटा है, उसे रोओ पर रोकर उठो, और नए जीवन का निर्माण करो।"

आर्द्रा जातक भी इसी कथा की ऊर्जा को अपने जीवन में जीते हैं कठिन परिस्थितियों में जन्म या बचपन, वन में संघर्ष और गहरे मोड़, गहरी संवेदनशीलता + बाहरी कठोरता, उथल-पुथल के बाद सफलता, दर्द से शक्ति का जन्म, कठिनाइयों के बीच अद्भुत धैर्य, इन लोगों के जीवन में रुद्र के तांडव के बाद की शांति अवश्य आती है।

आर्द्रा नक्षत्र की पौराणिक कथा यह सिखाती है कि विनाश अंत नहीं, बल्कि नई शुरुआत का द्वार है। जीवन में तूफ़ान इसलिए आते हैं ताकि मनुष्य अपनी सच्ची शक्ति पहचान सके।

. रुद्र आँसुओं और तूफ़ानों दोनों के देवता आर्द्रा नक्षत्र को यह शक्ति देते हैं कि जातक दर्द से सीखें, संघर्ष में जीतें, और टूटकर भी दोबारा चमकें।

सामान्य परिचय

आर्द्रा नक्षत्र मिथुन राशि में स्थित छठा नक्षत्र है। यह नक्षत्र अपने भीतर तूफ़ान, परिवर्तन, पुनर्जन्म और बुद्धि की गहराई को साथ लाता है। इसका प्रतीक "आँसू" है जो दर्द, शुद्धि और नई शुरुआत का संकेत है। देवता रुद्र और स्वामी ग्रह राहु मिलकर इस नक्षत्र में उग्रता + संवेदनशीलता + बुद्धिमत्ता + परिवर्तनशीलता चारों विशेषताओं को जोड़ते हैं।

खगोल विज्ञान (Astronomy) ➔ आर्द्रा का तारामंडल Orion में है, और इसका मुख्य तारा है ➔ Betelgeuse (बेटेलग्यूज़/अल्फा ओरायनिस) यह लाल-प्रभा वाली सुपर जायंट तारा है और पृथ्वी से अत्यंत चमकदार दिखाई देती है। इसके आसपास अन्य ओरियन तारकाएं भी इस नक्षत्र की ऊर्जा को प्रभावित करती हैं।

नक्षत्र सीमा (Degrees) ➔ मिथुन राशि में 6°40' से 20°00' तक। यह पूरा क्षेत्र राहु + बुध दोनों के प्रभाव में रहता है।

स्वामी ग्रह (Lord Planet) ➔ राहु (Rahu) ➔ राहु आर्द्रा को देता है रहस्य, प्रबल इच्छाएँ, अचानक परिवर्तन, मानसिक गहराई, तेज बुद्धि, उथल-पुथल और पुनर्जन्म, असाधारण स्मरणशक्ति

प्रतीक (Sign/Symbol) ➔ आँसू, हीरा (रुदन + कठोरता), या मानव सिर

इनके अर्थ ➔ आँसू ➔ दर्द, परिवर्तन, शुद्ध होने की प्रक्रिया

हीरा ➔ तपकर मजबूत होना

मानव सिर ➔ बुद्धि, तर्क, विश्लेषण

देवता (Presiding Deity) ➔ रुद्र (शिव का उग्र रूप)

रुद्र का प्रभाव जातक के जीवन में किसी भी क्षेत्र में गहरा रूपांतरण, पुराने ढाँचे का टूटकर नया बनना, भावनात्मक उतार-चढ़ाव, संघर्ष ➔ सफलता, कठिनाइयों के बाद स्थिरता

गुण (Guna) ➔ मनुष्य गुण (Manusha Guna)

इससे जातक व्यावहारिक, तर्कशील और मानसिक रूप से सक्रिय होते हैं।

तत्व (Element) ➔ जल तत्व (Water Element)

जल तत्व देता है गहरी संवेदनशीलता, भावनाओं का प्रवाह, परिवर्तनशील प्रकृति, अनुकूलन क्षमता, अंतर्ज्ञान

वर्ण (Caste/Varna) ➔ शूद्र वर्ण

इसका अर्थ यह नहीं कि जातक निम्न होते हैं। बल्कि इसका वास्तविक अर्थ मेहनत से सफलता पाना, संघर्षों से गुजरकर ऊँचाइयों तक पहुँचना, किसी भी कठिन कार्य को पूरा करने की शक्ति

प्रकृति (Nature) ➔ उग्र प्रकृति (Tikshna/Ugra)

उग्र प्रकृति जातक की विशेषताएँ, प्रचंड इच्छा शक्ति, तीखी प्रतिक्रिया, परिस्थितियों में तीव्रता, गहन भावनाएँ, अचानक निर्णय, संकटों से निकलकर विजयी होना

गण (Temperament) ➔ मनुष्य गण (Human Temperament)

यह गण जातक को देता है व्यवहार में बुद्धिमान दृष्टिकोण, तर्कशीलता, जीवन के संघर्षों का सामना करने की क्षमता, सामाजिकता

योनि (Animal Symbol) ➔ कुत्ता (Dog)

कुत्ते की प्रतीकात्मक ऊर्जा वफादारी, सतर्कता, सुरक्षा प्रदान करना, गहरे भावनात्मक संबंध, खतरे को पहले से पहचानने की क्षमता, आर्द्रा जातक स्वभाव से बहुत संवेदनशील और रक्षक होते हैं।

लिंग (Gender) ➔ नपुंसक (Neutral)

इससे जातकों मेंभावनाओं + बुद्धि दोनों का मिश्रण, संतुलित दृष्टिकोण, मानसिक परिपक्वता, द्वैत (Duality)

शक्ति (Power/Shakti) ➔ "यत्न शक्तिः" - कठिन प्रयास से लाभ पाने की शक्ति

किसी भी कठिन परिस्थिति को मेहनत से जीत लेना। इनका जीवन संघर्ष से चमक कर निकलता है हीरे की तरह।

दिशा (Direction) ➔ दक्षिण दिशा (South)

यह दिशा पितृ, परिवर्तन और कर्मों की दिशा मानी जाती है।

रंग (Color) ➔ हरा (Green)

हरे रंग का अर्थ उपचार, विकास, पुनर्जीवन, बुद्धि, मानसिक विस्तार

स्वभाव ➔ द्विस्वभाव (Dual Nature)

द्विस्वभाव का असर दोहरे विचार, मन में तर्क और भावना का संघर्ष, दो दिशाओं में ऊर्जा, बहुमुखी प्रतिभा, तेज अनुकूलन क्षमता

प्रवृत्ति (Pravriti) ➔ वात + पित्त प्रधान

आर्द्रा जातक में दिखने वाले वात-पित्त गुण:

वात ➔ तेज बुद्धि, बेचैनी, गति, अस्थिरता, विश्लेषण क्षमता

पित्त ➔ तीक्ष्णता, गुस्सा या चिड़चिड़ापन, निर्णय क्षमता, नेतृत्व, महत्वाकांक्षा

जीवन पर प्रभाव (Impact on Life)

आर्द्रा नक्षत्र जीवन में संघर्ष, गहराई, परिवर्तन और पुनर्जन्म देने वाला नक्षत्र माना जाता है। इसके स्वामी राहु, देवता रुद्र, और राशि स्वामी बुध इन तीनों का संयुक्त प्रभाव जातक के जीवन को तीव्र, बुद्धि-प्रधान, चुनौतीपूर्ण और अंततः अत्यंत शक्तिशाली बनाता है। आर्द्रा नक्षत्र के जातक अक्सर परेशानियों के बीच चमकने वाले लोग होते हैं।

व्यक्तित्व: (Personality)

आर्द्रा नक्षत्र का मूल तत्व है उथल-पुथल, परिवर्तन, गहरी बुद्धि, और भावनात्मक तीव्रता। स्वामी ग्रह राहु, देवता रुद्र, और राशि स्वामी बुध ये तीन शक्तियाँ मिलकर एक ऐसा व्यक्तित्व बनाती हैं जो अत्यंत विशिष्ट, गहन, और असाधारण होता है।

द्वैतात्मक व्यक्तित्व (Dual Personality Nature) ➔ आर्द्रा जातक सबसे अधिक द्विस्वभाव के लिए जाने जाते हैं। बाहर से कठोर, प्रैक्टिकल, तर्कशील अंदर से अत्यंत संवेदनशील, भावनात्मक, कोमल

यह द्वैत रुद्र ऊर्जा + रहस्यपूर्ण राहु + बुध की मानसिक सक्रियता का परिणाम है। वे अक्सर दो चरित्र जीते हैं एक जो दुनिया देखती है और एक जो अपने भीतर छिपा होता है इसलिए लोग उन्हें समझ नहीं पाते।

गहरी और तेज बुद्धि (Sharp & Deep Intelligence) ➔ आर्द्रा नक्षत्र बुद्धि और मानसिक शक्ति का नक्षत्र है। तेज विश्लेषण क्षमता, गहरे विचार, वैज्ञानिक और तार्किक सोच, हर चीज़ की जड़ तक पहुँचने की प्रवृत्ति, इनका दिमाग बिजली की गति से काम करता है। किसी भी समस्या के पीछे सच्चा कारण पहचानने में अद्भुत होते हैं।

अत्यंत संवेदनशील, पर उग्र प्रतिक्रिया ➔ आर्द्रा जातक भावनाओं को बहुत गहराई से महसूस करते हैं। लेकिन उनकी प्रतिक्रिया अक्सर तीक्ष्ण, गहरी, कभी-कभी उग्र क्योंकि वे भीतर दबाने की बजाय, ऊर्जा को बाहर प्रकट कर देते हैं। उन्हें छोटी बातें भी चुभती हैं, पर बड़ी घटनाओं में वे बेहद स्थिर और मजबूत रहते हैं।

वफादार, रक्षक और भावनात्मक रूप से जुड़ने वाले ➔ आर्द्रा का प्रतीक "कुत्ता" उनकी प्रकृति को स्पष्ट करता है बेहद वफादार, सुरक्षा देने वाले, अपने पैरों पर खड़े होने वाले, रिश्तों में गहरे जुड़ने वाले, यदि कोई आर्द्रा जातक किसी को अपना मान ले, तो वह जीवनभर साथ देता है।

रहस्यमयी और गहराई में जीने वाले (Mysterious Personality) ➔ राहु उन्हें रहस्यमय, अनजाने आकर्षण वाला, भीतर बहुत कुछ छिपाने वाला बनाता है कभी-कभी अप्रत्याशित इनके विचार और भावनाएँ अक्सर दूसरों की समझ से परे होती हैं।

मजबूत इच्छा शक्ति (Strong Willpower) ➔ आर्द्रा जातक, तय कर लें तो काम पूरा करते हैं, कठिन परिस्थितियों में टिक जाते हैं, बड़े संघर्ष झेलते हैं, असफलता से डरते नहीं रुद्र उनका मानसिक साहस बहुत मजबूत करता है।

भावनात्मक टकराव (Inner Emotional Conflicts) ➔ आर्द्रा जातक अक्सर अंदर तूफ़ान, बाहर शांति, मन में द्वंद्व, कई भावनाएँ महसूस

करते हैं एक साथ वे अत्यंत गहरे विचार और अत्यंत गहरी भावनाओं के मिश्रण से गुजरते हैं।

बोलचाल में तीक्ष्णता + बुद्धिमत्ता ➔ आर्द्रा जातक चतुराई से, तीक्ष्ण तर्क के साथ, प्रभावशाली आवाज़ में, सटीक बातें बोलते हैं हालाँकि कभी-कभी उनकी भाषा में व्यंग्य या कटाक्ष की छाया आ जाती है।

कठिन जीवन अनुभवों से निर्मित व्यक्तित्व ➔ आर्द्रा जातक का व्यक्तित्व संघर्षों से बनता है। इनके जीवन में अक्सर बचपन में तकलीफ़ें, युवावस्था में चुनौतियाँ, भावनात्मक घाव, रिश्तों में उतार-चढ़ाव, करियर में रुकावटें लेकिन अंत में वही संघर्ष इनका सबसे बड़ा हथियार बनते हैं।

मेहनती, लक्ष्योन्मुख और परिणाम देने वाले ➔ आर्द्रा जातक किसी भी काम में पूरी लगन से काम करते हैं। उनके भीतर "कठिन काम आसान से करना", "किसी भी समस्या का समाधान निकाल देना", "दबाव में श्रेष्ठ प्रदर्शन" की जन्मजात क्षमता होती है वे परिणाम-उन्मुख और प्रैक्टिकल होते हैं।

रचनात्मकता और कल्पनाशीलता ➔ राहु + बुध मिलकर इन्हें अनोखे विचार, नई दिशा में सोचने की क्षमता, अलग दृष्टिकोण, रचनात्मकता देते हैं इसलिए वे लेखक, कलाकार, शोधकर्ता, वैज्ञानिक, डिजाइनर, विश्लेषक होते हैं।

अकेलापन पसंद करते हैं, पर अकेले नहीं रह पाते यह विरोधाभास अद्भुत है। अकेलापन उनकी ऊर्जा को शांत करता है, भीड़ उन्हें थका देती है पर वे भावनात्मक रूप से किसी पर निर्भर भी हो जाते हैं यह राहु की मनोवैज्ञानिक चाल है।

आध्यात्मिक और रहस्यवादी आकर्षण ➔ आर्द्रा जातक शिव, रुद्र, तंत्र, ऊर्जा-विज्ञान, मनोविज्ञान, ध्यान, ज्योतिष में रुचि रखते हैं। वे केवल धर्म की बाहरी बातें नहीं, भीतरी सच जानना चाहते हैं।

टूटकर भी दोबारा चमकने का गुण ➔ आर्द्रा जातक में एक असाधारण शक्ति होती है जितना तोड़ोगे, उतना मजबूत होंगे, जितनी चोट मिलेगी,

उतना सीखेंगे, जितना संघर्ष होगा, उतनी सफलता आएगी यह इनकी सबसे अद्भुत खासियत है।

मानसिक और भावनात्मक स्वभाव: (Mental & Emotional Nature)

आर्द्रा नक्षत्र का मन स्थिर सरोवर नहीं बल्कि सागर की तरह गहरा, तूफ़ानी, और लगातार गतिमान होता है। राहु, रुद्र और बुध की संयुक्त ऊर्जा इनके मानसिक संसार को अद्‌वितीय बनाती है।

मन की गहराई और जटिलता (Depth & Complexity of Mind) ➔ आर्द्रा जातक का मन सतही नहीं चलता। वे हर विचार को भीतर तक महसूस करते हैं। उनका मानसिक संसार 3 परतों में काम करता है

सतह - जहाँ वे सामान्य बातचीत करते हैं

गहराई - जहाँ वे हर बात को विश्लेषित करते हैं

छाया क्षेत्र - जहाँ उनकी छिपी इच्छाएँ, डर और कल्पनाएँ रहती हैं

इनका मन हमेशा एकाधिक परतों (multiple layers) पर सक्रिय रहता है, इसलिए वे साधारण चीजें भी तीव्रता से महसूस करते हैं, घटनाओं के पीछे छिपे मकसद समझ जाते हैं, ऐसा लगता है मानो इनका मन हर वक्त "अदृश्य रूप से कार्य (background processing) " करता रहता है।

भावनाओं में तूफ़ान जैसी तीव्रता (Intense Emotional Waves) ➔ आर्द्रा जातकों की भावनाएँ हल्की लहरों की तरह नहीं बल्कि, गहरे, भारी और तेज़ तूफ़ानों की तरह उठती हैं।

खुशी ➔ अत्यधिक, दुख ➔ अत्यंत गहरा, गुस्सा ➔ बहुत तीक्ष्ण, प्रेम ➔ बहुत गहरा, निराशा ➔ अंदर तक हिलाने वाली, उनके लिए मध्यम भावनाएँ बहुत कम होती हैं। उनकी भावनाओं में तीव्रता हमेशा बनी रहती है।

भावनाओं को शब्दों में कहना कठिन (Difficulty Expressing Emotions) ➔ आर्द्रा जातक भीतर बहुत कुछ महसूस करते हैं, पर इसे

कहना आसान नहीं होता। उनकी चुप्पी में दबे हुए दर्द, अनकही इच्छाएँ, छिपी संवेदनशीलता, अनजाना डर सब कुछ मौजूद रहता है। वे अक्सर बोलने से अधिक महसूस करते हैं।

मानसिक बेचैनी और निरंतर सोच (Restless & Overactive Mind) ➔ बुध + राहु इनके विचारों को बना देता है तेज़, अनियंत्रित, लगातार चलने वाले, अनगिनत दिशाओं में फैलने वाले उनके मन में एक साथ कई विचार चलते हैं। कभी-कभी वे खुद भी नहीं समझ पाते कि किस विचार को पहले पकड़ें।

इसका परिणामः- अनिद्रा, ओवरथिंकिंग, मानसिक थकान, अचानक मूड बदलना

भावनात्मक चोटों का गहरा प्रभाव (Impact of Emotional Wounds) ➔ आर्द्रा जातक जब आहत होते हैं, तो घाव बहुत गहरा होता है। लोग क्या कहते हैं कैसे कहते हैं किन हालात में कहते हैं ये सब उनके मन पर तुरंत छाप छोड़ते हैं। वे भूलते कम हैं, पर माफ जल्दी कर देते हैं।उनकी भावनाएँ लंबे समय तक मन में बसी रहती हैं।

संवेदनशीलता और कठोरता का अनोखा संतुलन (Sensitive but Strong) ➔ उनका मन तत्काल प्रतिक्रिया देता है, गहरी चोट को महसूस करता है, अंदर तक उत्तेजित होता है लेकिन वे टूटते नहीं।, वे भावनाओं को इकट्ठा करके खुद को और मजबूत बनाते हैं। यह उनके मानसिक तंत्र का अद्भुत गुण है।

भावनाओं में "रहस्य" का तत्व (Emotional Mystique) ➔ आर्द्रा जातकों की भावनाएँ आसान नहीं होतीं। वे सीमित लोगों से खुलते हैं, बहुत कुछ छिपाकर रखते हैं, गहरे संवेदनशील होते हुए भी कम दिखाते हैं, अपने असली दर्द को कभी नहीं बताते, इसलिए वे रहस्यमयी लगते हैं।

सहनशक्ति और भावनात्मक पुनर्जन्म (Emotional Resilience & Rebirth) ➔ आर्द्रा जातकों की भावनाओं में एक असाधारण शक्ति होती है वे टूटते हैं, फिर टूटे हुए हिस्सों से नया व्यक्तित्व बनाते हैं। दर्द उनके

लिए सज़ा नहीं बल्कि ईंधन बनता है। उनके मन में जन्मजात रुद्र-ऊर्जा है जो संकट के बाद उन्हें और मजबूत बनाती है।

अवचेतन मन की शक्ति (Strong Subconscious Mind) ➔ इनका अवचेतन मन बेहद सक्रिय होता है। अंतर्ज्ञान से भरे स्वप्न (Intuitive dreams), अंतरात्मा की आवाज़/आंतरिक अनुभूति (Gut feeling), पूर्वदृष्टि/भविष्य की झलक (Foresight), छिपी हुई इच्छाएँ/गुप्त कामनाएँ (Hidden desires), मानसिक-आध्यात्मिक संवेदनशीलता/सूक्ष्म अनुभूति की क्षमता इनका अवचेतन उन्हें ऐसे संकेत देता है जो दूसरे लोग नहीं समझ पाते। वे अक्सर पहले से खतरे या बदलाव को महसूस कर लेते हैं।

प्यार का गहरा और तीव्र रूप (Deep Emotional Bonds) ➔ आर्द्रा जातक भावनात्मक रूप से गहरे जुड़ते हैं, स्टेबल रिश्ते चाहते हैं, दिल से समर्पित होते हैं, प्रेम में खुद को पूरी तरह दे देते हैं लेकिन यदि रिश्ता टूटे तो बहुत समय तक उबर नहीं पाते यादें लंबे समय तक रह जाती हैं आर्द्रा जातक का मन जटिल, गहरा, सक्रिय, रहस्यमय और उनकी भावनाएँ तीव्र, संवेदनशील, गहरी, प्रभावकारी वे ऐसे लोग होते हैं जो अंदर से तूफ़ान, बाहर से संतुलन बनाए रखते हैं।

करियर और पेशा (Career & Profession - Very Detailed Analysis)

आर्द्रा नक्षत्र कर्म और प्रयास का नक्षत्र है। इस नक्षत्र की शक्ति है "यत्न शक्ति", अर्थात कठिन मेहनत और प्रबल इच्छाशक्ति के बल पर उच्च उपलब्धियाँ हासिल करना। इन जातकों का करियर एक सीधी रेखा नहीं होता यह अनुसंधान, परिवर्तन, सीख, और पुनर्निर्माण से बना होता है।

प्राकृतिक कार्यशैली (Natural Working Style) ➔ आर्द्रा जातकों का कार्य करने का तरीका बिल्कुल विशेष विश्लेषण-केंद्रित होता है। वे किसी कार्य को शुरू करने से पहले उसकी जड़ तक जाते हैं।

वे समस्या-समाधान में सक्षम होते हैं जटिल समस्याएँ इन्हें आकर्षित करती हैं वे उलझी चीज़ों को सुलझाने में माहिर होते हैं।

तनाव इन्हें विचलित नहीं करता बल्कि इनके प्रदर्शन को और तेज करता है।

राहु का प्रभाव इन्हें अपनी सीमा से बाहर निकल कर काम करने और जोखिम लेने की क्षमता का साहस देता है।

अनुसंधान और खोज की प्रवृत्ति ➔ नई चीज़ें सीखना और उनके रहस्य खोलना इनका जीवन-धर्म है।

एक ही भूमिका में लंबे समय तक रहना इन्हें बोर कर देता है। वे बार-बार नई दिशा, नई चुनौतियाँ और नये अनुभव चाहते हैं।

श्रेष्ठ मानसिक गुण जो करियर में उपयोगी होते हैं ➔ आर्द्रा जातकों के मन में कार्यक्षेत्र के लिए तीन शक्ति केंद्र होते हैं, Analytical Mind (विश्लेषण क्षमता), Curiosity (जिज्ञासा और खोज-वृत्ति), Intensity & Focus (अत्यधिक एकाग्रता) इनका दिमाग "सामान्य जानकारी" से संतुष्ट नहीं होता। वे गहनता से काम करने वाले विशेषज्ञ लोग होते हैं।

उपयुक्त करियर क्षेत्र (Most Suitable Career Fields) ➔ आर्द्रा जातक कई क्षेत्रों में उत्कृष्ट प्रदर्शन कर सकते हैं, पर उनके लिए निर्धारित मुख्य क्षेत्र

विज्ञान, अनुसंधान और तकनीकी (Scientific & Technical Fields) ➔ यह नक्षत्र रहस्य खोलने और जटिलताओं को समझने वाला है आर्द्रा जातक उत्कृष्ट वैज्ञानिक, शोधकर्ता, खगोलशास्त्री, रसायनशास्त्री, भौतिकी विशेषज्ञ, गणितज्ञ, जैव-विज्ञानी, माइक्रोबायोलॉजिस्ट, इंजीनियर (Core + Tech), डाटा वैज्ञानिक, AI/ML विशेषज्ञ, होते हैं

IT, साइबर, टेक्नोलॉजी और डिजिटल क्षेत्र राहु इन्हें आधुनिक तकनीक में महारत देता है। ये साइबर सिक्योरिटी, एथिकल हैकिंग, डेटा विश्लेषण, सॉफ्टवेयर विकास, नेटवर्किंग, रोबोटिक्स, ब्लॉकचेन एवं क्लाउड कंप्यूटिंग में उत्कृष्ट होते हैं ये ऐसे काम पसंद करते हैं जहाँ रहस्य, तकनीक, खोज, कोड और गहराई हो।

मनोविज्ञान, व्यवहार-विज्ञान और थेरेपी क्योंकि वे भावनाओं और मन की गहराई समझते हैं।

उपयुक्त क्षेत्र ➔ मनोवैज्ञानिक व्यवहार विशेषज्ञ, सम्मोहन चिकित्सक, परामर्शदाता, मनोचिकित्सा विशेषज्ञ वे दूसरों के मन को समझने में असाधारण होते हैं।

चिकित्सा (Medical Field) ➔ विशेषकर ऐसे क्षेत्र जहाँ जटिलता, आपात स्थिति या गहराई होन्यूरोलॉजी, कार्डियोलॉजी, सर्जरी, मानसिक स्वास्थ्य, व्यवहार विशेषज्ञ, सम्मोहन चिकित्सक, परामर्शदाता, मनोचिकित्सा विशेषज्ञ, Pulmonology (फेफड़ों से जुड़ा), फॉरेंसिक चिकित्सा

मीडिया, अन्वेषण और विश्लेषण ➔ राहु + बुध इन्हें जाँच-पड़ताल या दस्तावेज़ी कार्य में उत्कृष्ट बनाता है। ये खोजी पत्रकार (Investigative Journalis), अपराध संवाददाता (Crime Reporter), डॉक्यूमेंट्री फ़िल्म निर्माता (Documentary Filmmaker), विषय वस्तु विश्लेषक/कंटेंट विश्लेषक (Content Analyst), शोधलेखक/अनुसंधान लेखक (Research Writer), मीडिया रणनीतिकार (Media Strategist) होते हैं

कला,अभिनय और स्टेज कला ➔ आर्द्रा जातक गहरी भावनाएँ महसूस करते हैं, इसलिए वे भावनाओं को अभिव्यक्त करने में बेहद सक्षम होते हैं। अभिनेता, रंगमंचकलाकार/नाट्यकलाकार, पटकथा लेखक, कवि, कथा वाचक/कहानी कार, रचनात्मक निर्देशक/क्रिएटिव डायरेक्टर

सुरक्षा, खुफिया और जाँच विभाग ➔ तूफ़ानी, रहस्यमयी और विश्लेषणात्मक प्रकृति इन्हेंउपयुक्त क्षेत्र ➔ जासूस/अन्वेषक (Detective), गुप्तसेवाएँ (Secret Services), अपराध शाखा (Crime Branch), फॉरेंसिक विश्लेषक (Forensic Analyst), खुफिया विभाग (Intelligence Bureau), सैन्य रणनीति से जुड़े पद/सैन्य रणनीतिक भूमिकाएँ (Military Strategy Roles) ये खतरे और चुनौती वाले कार्यों में भी अत्यंत सफल होते हैं।

कानून, वकालत और विवाद समाधान ➔ आर्द्रा जातक तार्किक और तीव्र तर्क क्षमता रखते हैं।

उपयुक्त क्षेत्र ➔ आपराधिक वकील (Criminal Lawyer) कानूनी विश्लेषक (Legal Analyst), शोध अधिवक्ता (Research Advocate), अंतरराष्ट्रीय क़ानून (International Law)

पर्यावरण और प्रकृति से जुड़े पेशे ➔ क्योंकि आर्द्रा नक्षत्र प्रकृति, जंगली जीवन और धरती से जुड़ा है वन्यजीव अनुसंधान (Wildlife Research), पर्यावरण विज्ञान (Environmental Science), वन अधिकारी (Forest Officer), जलवायु अध्ययन (Climate Studies)

आर्द्रा जातकों की "स्वाभाविक करियर प्रवृत्तियाँ" ➔ वे कठिन कार्य चुनते हैं कम चुनौती वाले काम में रुचि नहीं रखते। उनके काम की पहचान होती है अनुसंधान, विश्लेषण, खोज।

आधुनिक और परंपरा से अलग सोच होती है वे नई तकनीकों और नए तरह के काम जल्दी और आसानी से सीखते हैं। वे एक ही करियर में सीमित नहीं रहते समय के साथ विशेषज्ञता बदल भी सकते हैं। वे संघर्षों से गुजरकर ये नेतृत्व पाते हैं, और लोगों को कठिन परिस्थितियों में मार्गदर्शन देते हैं।

ब्रह्मांडीय प्रभाव ➔ रुद्र + राहु + बुध = करियर का सार

रुद्र ➔ कठिन परिस्थितियों में मजबूत होकर उभरने की क्षमता

राहु ➔ आधुनिक, रहस्यमय, तकनीकी और अपारंपरिक करियर

बुध ➔ बुद्धिमत्ता, विश्लेषण और तार्किक क्षमता तीनों मिलकर इन जातकों को विशेषज्ञ, समस्या समाधान कर्ता और परिवर्तनकर्ता/बदलाव लाने वाला बनाते हैं।

आर्द्रा जातकों के करियर का जीवन-चक्र

बचपन ➔ संघर्ष

युवा अवस्था ➔ दिशा खोजने की प्रक्रिया

28-32 ➔ करियर का आधार

32 से 42 ➔ करियर का उत्कर्ष

42+ ➔ स्थिरता, विशेषज्ञता और सम्मान यह पैटर्न अधिकांश आर्द्रा जातकों पर लागू होता है।

आर्द्रा जातक उन कार्यों में चमकते हैं जहाँ गहराई चाहिए, जटिलता है, खोज और रहस्य है, विश्लेषण की आवश्यकता है, परिवर्तन की ऊर्जा है, संकट प्रबंधन जरूरी है, वे अपने क्षेत्र में सुधारक (Reformer), खोजकर्ता (Researcher), और रणनीतिकार (Strategist) के रूप में जगमगाते हैं।

आर्थिक स्थिति (Financial Aspects)

आर्द्रा नक्षत्र के आर्थिक जीवन पर तीन शक्तियों का मुख्य प्रभाव होता है राहु (अनिश्चितता + अवसर), बुध (लेनदेन + बुद्धि), रुद्र ऊर्जा (तूफान + परिवर्तन) इन तीनों का संयुक्त परिणाम यह बनाता है कि आर्द्रा जातकों की आर्थिक स्थिति सीधी रेखा में नहीं चलती यह उतार-चढ़ाव, बदलाव और अचानक परिवर्तनों से भरी होती है। लेकिन, अंततः वे मेहनत + बुद्धि + जोखिम क्षमता के कारण जीवन के बाद के चरण में अच्छी स्थिरता प्राप्त करते हैं।

आर्थिक जीवन में उतार-चढ़ाव (Fluctuations in Finances) ➔ आर्द्रा जातक की आर्थिक स्थिति आमतौर पर कभी बहुत ऊपर कभी अचानक नीचे और फिर से उभरने वाली होती है। ये उतार-चढ़ाव राहु की वजह से आते हैं। राहु आर्थिक जीवन में"zig-zag pattern" बनाता है। पर एक विशेष बातवे गिरकर भी दोबारा उठ जाते हैं। उनमें वित्तीय पुनर्निर्माण की अद्भुत क्षमता होती है।

अचानक लाभ और अचानक हानि (Sudden Gains & Sudden Losses) ➔ आर्द्रा जातकों को जीवन में कम से कम 2-3 बार अचानक बड़ा लाभ मिलता है। जैसे अप्रत्याशित अवसर, अचानक प्रमोशन, बड़े प्रोजेक्ट, विदेश संबंधी लाभ, तकनीकी क्षेत्रों से पैसा, क्रिएटिव प्रोजेक्ट्स की सफलता लेकिन राहु का प्रभाव अचानक नुकसान भी ला सकता है। विशेषकर यदि जातक जोखिम को बिना योजना के अपनाएँ।

संघर्ष के बाद आर्थिक प्रगति (Progress After Struggles) ➔ आर्द्रा नक्षत्र की वित्तीय यात्रा का मूल सूत्र है "पहले संघर्ष, फिर स्थिरता, और अंत में समृद्धि। "ये बचपन या युवावस्था में वित्तीय कठिनाइयाँ झेल सकते हैं, परंतु बुद्धि और मेहनत के बल पर मजबूत आर्थिक आधार बनाते हैं।

खर्च करने की प्रवृत्ति (Spending Nature) ➔ आर्द्रा जातकों के खर्च के पैटर्न राहु की वजह से अनियमित, कभी बहुत अधिक, कभी बहुत बचत होते हैं। उनका खर्च अक्सर भावनाओं, तनाव या अचानक आवेग से प्रभावित होता है। वे भौतिक सुखों और तकनीक पर खर्च करने में उदार होते हैं। गैजेट्स, टेक्नोलॉजी, यात्रा, लक्ज़री इन पर उनका आकर्षण अधिक रहता है।

धन अर्जन शैली (Earning Style) ➔ आर्द्रा जातक पारंपरिक तरीकों से धन कमाने में रुचि नहीं रखते। वे कमाते हैं नई सोच, आधुनिक तकनीक, शोध, अन्वेषण, जोखिम लेने की क्षमता, समस्या सुलझाने की प्रतिभा से। उनके लिए आय का स्रोत अक्सर अन्य लोगों के लिए असामान्य होता है।

धन प्रबंधन क्षमता (Money Management Ability) ➔ इनमें धन प्रबंधन की प्रतिभा जन्मजात नहीं होती। वे सीखते हैं, गलतियाँ करते हैं, फिर मजबूत बनते हैं। उनका वित्तीय कौशल समय के साथ परिपक्व होता है। 28 के बाद समझ, 32 के बाद स्थिरता, 40 के बाद बुद्धिमान निवेश यह पैटर्न अक्सर देखा जाता है।

जोखिम और निवेश प्रवृत्ति (Risk & Investment Nature) ➔ आर्द्रा जातक जोखिम लेने में हिचकिचाते नहीं। राहु का प्रभाव इन्हें "उच्च जोखिम, उच्च लाभ" मानसिकता देता है।

अच्छा समय ➔ तकनीकी निवेश, स्टार्टअप, विदेशी कंपनियाँ, क्रिप्टो/ डिजिटल क्षेत्र, अनुसंधान आधारित उद्योग

बुरा समय ➔ बिना सोचे-समझे बड़ी राशि लगाना, भावनाओं में आकर निवेश करना, किसी पर अंधा विश्वास

आर्थिक स्वतंत्रता की तीव्र इच्छा (Strong Desire for Financial Freedom) ➔ आर्द्रा जातक अपनी स्वतंत्रता की रक्षा पैसे के माध्यम से करते हैं। वे चाहते हैं कि पैसा उनकी शर्तों पर आए, वे नौकरी में बंधे रहना पसंद नहीं करते, साइड आय (Side Income) उनके लिए जरूरी होती है, वे अंततः स्वतंत्र या उच्च-पद वाले कार्यों में सफल होते हैं उनके लिए धन "जीवन का आधार" नहीं, बौद्धिक और भावनात्मक स्वतंत्रता का साधन है।

धन बनाने के उनके मजबूत केंद्र (Financial Strengths) ➔ गहरी बुद्धि, आधुनिक सोच, अवसर पहचानने की क्षमता, कठिन परिस्थितियों से उभरने का साहस, तकनीकी व शोध कौशल, विश्लेषण क्षमता इन गुणों के कारण वे दीर्घकाल में वित्तीय रूप से मजबूत होते हैं।

सामान्य जीवन-पथ (Financial Life Pattern) ➔ आर्द्रा जातकों की धन यात्रा आमतौर पर

0-20 वर्ष: संघर्ष या अस्थिरता

21-30 वर्ष: दिशा खोजने की कोशिश

31-40 वर्ष: करियर बढ़ना + आर्थिक सुधार

32-42 वर्ष: आर्थिक जीवन का स्वर्णकाल

42-50+ वर्ष: स्थिरता, समझदार निवेश, जीवन की पकड़ मजबूतयह पैटर्न उनके रुद्र+राहु प्रभाव का परिणाम है।

प्रेम, विवाह और दांपत्य जीवन:

आर्द्रा नक्षत्र का स्वभाव गहराई + उग्रता + संवेदनशीलता + रहस्य से बना है।इसलिए इनके प्रेम और दांपत्य जीवन में साधारणता नहीं होती। उनकी भावनाएँ बहुत प्रबल और अत्यंत तीव्र होती हैं। आर्द्रा का प्रेम गहरा, समर्पित, भावनात्मक, परंतु तूफ़ानी और परिवर्तनशील।

प्रेम जीवन (Love Life) ➔ गहरी भावनाओं से प्रेम करते हैं आर्द्रा जातक ऊपरी या सतही प्रेम नहीं कर पाते। वे किसी से प्यार करते हैं तो दिल और आत्मा दोनों से प्रेम करते हैं। प्रेम में पूर्ण समर्पण, जब

ये किसी को "अपना" मान लें, तो उसके लिए सबकुछ कर जाते हैं।, वे निष्ठा में अत्यधिक गहरे होते हैं।

भावनात्मक रूप से जुड़ने की तीव्र चाह ➔ उन्हें ऐसा साथी चाहिए जो उन्हें समझे, भावनात्मक रूप से गहराई में जुड़ सके और उनके अंदर के तूफ़ानों को संभाल सके आकर्षण अचानक और तेज़, राहु के कारण प्रेम अचानक शुरू होता है एक रहस्यमय खिंचाव, एक गहरी चुंबकता।, परंतु भावनाएँ भी अत्यंत तीव्र होती हैं। दिल टूटने पर बहुत गहरा असर, आर्द्रा जातक दिल टूटने की चोट लंबे समय तक याद रखते हैं। वे बाहर से मजबूत दिखते हैं, पर भीतर से दर्द धीरे-धीरे सहते हैं।

प्रेम में चुनौतियाँ ➔ आर्द्रा जातकों के प्रेम में कई मनोवैज्ञानिक जटिलताएँ होती हैं भावनाएँ बहुत तीव्र होने के कारण साथी का अत्यधिक भावनात्मक या मानसिक दबाव में आ सकता है, छोटी बातों पर आहत होने की प्रवृत्ति, भावनाओं का बहुत ज्यादा ऊपर-नीचे होना।

खुद को व्यक्त करने में कठिनाई ➔ वे अपने दिल की गहराई का केवल 10-20% ही सामने ला पाते हैं। अंदर का व्यक्ति ज्यादा संवेदनशील होता है।

गलत व्यक्ति से प्रेम की संभावना ➔ राहु के कारण आकर्षण कभी-कभी गलत दिशा में चला जाता है। प्रेम भ्रम या कल्पना से शुरू हो सकता है।

विवाह स्वभाव (Marital Nature) ➔ आर्द्रा नक्षत्र जातकों का विवाह जीवन गहन रूपांतरण से भरा होता है। विवाह में देर शुभ अधिकतर जल्दी विवाह = समायोजन में कठिनाई, देर से विवाह = स्थिरता, परिपक्वता और बेहतर जीवनसाथी, बुध व राहु दोनों संकेत देते हैं कि, देर से विवाह जातक के लिए बेहतर परिणाम देता है।

जीवनसाथी की प्रकृति (Nature of Spouse) ➔ आर्द्रा जातकों का जीवनसाथी सामान्यत: मजबूत व्यक्तित्व वाला, उन्हें ऐसा साथी मिलता है जो मानसिक रूप से सशक्तऔर परिपक्व हो। क्योंकि जातकों की भावनाएँ तीव्र होती हैं, साथी धैर्यवान होता है। जिम्मेदार और स्थिर साथी जीवन में एक आधार देने वाला होता है।

आर्द्रा जातक के तूफ़ानी स्वभाव को संभालने के लिएसाथी में गहरी समझ और धैर्य होता है। आर्द्रा जातकों का दांपत्य जीवन दो चरणों में बंटा होता है

पहला चरण ➔ समझ की प्रक्रिया, भावनात्मक उलझनें, गलतफहमियाँ, अप्रत्याशित प्रतिक्रियाएँ, भावनात्मक दूरी-नज़दीकी का उतार-चढ़ाव यहाँ दोनों को एक-दूसरे को समझना सीखना पड़ता है।

दूसरा चरण ➔ स्थिरता और समर्पण, एक बार विश्वास बन गया तोरिश्ता बेहद मजबूत, भावनाएँ गहरी, वफादारी अत्यधिक, संबंध स्थायी आर्द्रा जातक अपने जीवनसाथी को बहुत समर्पण से प्यार करते हैं।

दांपत्य जीवन की चुनौतियाँ ➔

मूड की तीव्रता ➔ कभी अत्यधिक प्रेम, कभी अत्यधिक अकेलापन महसूस करना।

भावनाओं का अंदर दब जाना ➔ संचार की कमी से गलतफहमी।

तर्कशीलता + उग्रता का मेल ➔ कभी-कभी अनजाने में कटु शब्द निकल जाना।

स्वतंत्रता की चाह ➔ वे प्रेम करते हैं, पर अपनी मानसिक स्वतंत्रता भी जरूरी मानते हैं।

दांपत्य जीवन की शक्तियाँ (Strengths) ➔ फिर भी, आर्द्रा जातकों की शादी में मजबूत पहलू हैं अत्यधिक वफादारी एक बार समर्पित हो जाएँ तो कभी धोखा नहीं देते। कठिन परिस्थितियों में साथी के साथ खड़े रहते हैं। संबंध को सतही नहीं रहने देते। साथी के साथ गहरा संबंध बनाते हैं। साथी की खुशी को सर्वोपरि रखते हैं।

आर्द्रा जातकों को ऐसा साथी चाहिए जो भावनात्मक रूप से समझदार, शांत स्वभाव वाला, स्थिर मन वाला, सहनशील और परिपक्व, गहराई से प्रेम करने वाला, रहस्यमयी और गूढ़ स्वभाव को समझने वाला, भरोसा करने वाला जो उनके भीतर छिपे कोमल हिस्से को समझ सके।

पारिवारिक जीवन

आर्द्रा नक्षत्र का पारिवारिक जीवन हमेशा "साधारण" नहीं होता। राहु + रुद्र + बुध का मिश्रण ऐसा वातावरण बनाता है जहाँ भावनाएँ गहरी होती हैं, कठिन अनुभव जल्दी आते हैं, परिवार में उथल-पुथल या बदलाव होते हैं, पर जातक अपनी बुद्धि और धैर्य से संतुलन बनाता है। आर्द्रा जातक परिवार का सबसे भावनात्मक, जिम्मेदार, और आंतरिक रूप से मजबूत व्यक्ति होते हैं।

बचपन का पारिवारिक वातावरण (Childhood Family Environment) ➔ आर्द्रा जातकों के बचपन में अक्सर भावनात्मक अस्थिरता होती है घर में कभी-कभी तनाव, गलतफहमी या अचानक बदलाव।

किसी कारण से बचपन में ही परिस्थिति समझना और संभालना पड़ता है।

माता-पिता में अंतर या दूरी कभी शारीरिक, कभी भावनात्मक, कभी सोच का अंतर इनकी वजह से बच्चे को जल्दी परिपक्वता मिलती है। स्थान बदलना, परिवार में उतार-चढ़ाव या पैटर्न में परिवर्तन। आर्द्रा जातक बचपन में एक बात सीखते हैं "खुद पर निर्भर रहना।"

माता-पिता से संबंध (Relation with Parents)

माता से संबंध ➔ गहरा, भावनात्मक, पर कभी-कभी दूरी या गलतफहमी। मां उन्हें गहराई से समझती है, पर भावनात्मक उतार-चढ़ाव की वजह से संघर्ष भी हो सकता है।

पिता से संबंध ➔ कभी सम्मान, पर कभी कठोरता या दूरी का अनुभव। पिता का स्वभाव इनके ऊपर प्रभाव छोड़ता है अक्सर कठोरता और अनुशासन सिखाता है। दोनों माता-पिता के साथ संबंध गहरा, पर हमेशा आसान या स्थिर नहीं।

भाई-बहनों से संबंध (Siblings Relationship) ➔ आर्द्रा जातक भाई-बहनों में सबसे समझदार, समस्या हल करने वाले, भावनात्मक रूप से संवेदनशील, सबकी रक्षा करने वालेहोते हैं। लेकिन एक कमजोरी वे

अपनी भावनाएँ सहोदर से साझा नहीं करते, जिससे कभी-कभी वे अकेले पड़ जाते हैं। संबंध सामान्यतः अच्छे होते हैं, पर गहराई में जातक बहुत कुछ छिपाकर रखते हैं।

घरेलू वातावरण (Home Environment) ➔ आर्द्रा जातकों के घर में बार-बार परिवर्तन, अचानक समस्याएँ, बातें छिपाना, आंतरिक तनाव पर बाहरी स्थिरता बनाए रखना जैसे पैटर्न देखे जाते हैं। आर्द्रा जातक घर में अक्सर Mediator (झगड़ा सुलझाने वाला), देखभाल करने वाला/संरक्षक, भावनात्मक सहयोग/मानसिक सहारा, की भूमिका निभाते हैं।

परिवार में इनकी भूमिका (Their Role in Family) ➔ आर्द्रा जातक परिवार में संकट के समय सबसे उपयोगी, जिम्मेदारी लेने वाले, सबसे ज्यादा सोचने वाले, भावनात्मक रूप से मजबूत, छुपकर सहने वाले होते हैं। वे परिवार के परिवार की नींव का अनदेखा नायक की तरह काम करते हैं बिना दिखावा किए, सबकी जिम्मेदारियाँ उठाते हुए।

पारिवारिक संबंधों में चुनौतियाँ (Family Challenges)

गलतफहमियाँ ➔ परिवार इनके मन की गहराई नहीं समझ पाता।

चुप रहना ➔ वे बोलते कम, सहते ज्यादा हैं। भावनाओं का दबाव ➔ कभी-कभी परिवार का तनाव इन पर भारी पड़ता है।

परिवार पर अत्यधिक जिम्मेदारी ➔ कम उम्र से ही जिम्मेदारियाँ उठानी पड़ सकती हैं। परिवार में तूफ़ान आने पर इन्हें ही संभालना पड़ता है रुद्र ऊर्जा इन्हें संकट प्रबंधक बनाती है।

परिवार के प्रति भावनाएँ (Emotional Bond with Family) ➔ आर्द्रा जातक अपने परिवार से गहरा लगाव, भावनात्मक जुड़ाव, संवेदनशीलता, जिम्मेदारी, सुरक्षा, महसूस करते हैं। वे बाहर चाहे कितने भी मजबूत हों पर परिवार के लिए दिल बेहद कोमल होता है।

विवाह के बाद परिवार के साथ संबंध ➔ विवाह के बाद आर्द्रा जातक दो दुनियाओं के बीच संतुलन बनाते हैं पुराने परिवार की जिम्मेदारी नए परिवार का निर्माण, साथी और माता-पिता दोनों को संतुलित रखना, शुरुआत में कठिनाई, पर समय के साथ वे बखूबी सब संभाल लेते हैं।

जीवन के मध्य में परिवार के साथ सुधार ➔ आर्द्रा जातकों का परिवारिक जीवन धीरे-धीरे स्थिर होता है

25-30 ➔ समझ

30-32 ➔ सुधार

32-42 ➔ स्थिरता और सम्मान

42+ ➔ परिवार का मुखिया बनना

आर्द्रा जातक अंततः परिवार में सम्मान, स्थान और प्यार पाते हैं।

स्वास्थ्य और शारीरिक संरचना

आर्द्रा नक्षत्र का स्वास्थ्य तीन तत्वों से प्रभावित होता है

राहु ➔ अनिश्चितता, विषाक्तता, एलर्जी, तनाव

रुद्र ऊर्जा ➔ फेफड़े, सांस, नसों पर प्रभाव

बुध ➔ तंत्रिका तंत्र, मानसिक स्वास्थ्य

इन तीनों का मिश्रण जातक के मन और शरीर दोनों को अत्यधिक संवेदनशील बनाता है।

शारीरिक संरचना (Physical Build) ➔ आर्द्रा नक्षत्र के लोग सामान्यत आकर्षक और ध्यान खींचने वाली उपस्थिति होती है इनमें एक अनोखी आभा होती है जो भीड़ में अलग नजर आती है। विभिन्न ग्रंथों में लिखा है कि ये बहुत दुबले-पतले होते हैं, या फिर थोड़े भारी शरीर वाले दोनों चरम। द्विस्वभाव राशि की ऊर्जा इन्हें या तो... या... ("Either-Or") बनावट देती है।चेहरे पर तीक्ष्णता, तेज़ आँखें, गहरी दृष्टि, आकर्षक और एक्सप्रेसिव चीरे, आवाज़ मजबूत और प्रभावशाली, राहु व रुद्र का प्रभाव आवाज में अधिकार देता है। त्वचा का रंग मध्यम से गेहुआँ, कई जातकों में थकान या तनाव दिखाने की प्रवृत्ति।

ऊर्जा स्तर (Energy Level) ➔ आर्द्रा जातकों की ऊर्जा कभी बहुत ऊँची, कभी अचानक कम उनका ऊर्जा का ग्राफ स्थिर नहीं होता यह राहु का प्रभाव है। उच्च ऊर्जा के समयवे तेजी से काम करते हैं, दिमाग जरूरत से ज्यादा सक्रिय होता है। कम ऊर्जा के समय वे थकान, बेचैनी और उदासी महसूस करते हैं।

संवेदनशील अंग (Sensitive Body Areas) ➔ आर्द्रा जातकों के कुछ खास अंग अधिक प्रभावित होते हैं फेफड़े - सांस की समस्याएँ, श्वसन तंत्र - एलर्जी, अस्थमा, गला - संक्रमण, खांसी, कान - दर्द या कमजोरी, नसें - मानसिक तनाव त्वचा - एलर्जी, इंफेक्शन, पाचन - कभी-कभी होने वाली एसिडिटी, राहु इन अंगों को अस्थिर करता है, बुध तंत्रिका तंत्र को अधिक प्रतिक्रियाशील बनाता है।

आयुर्वेदिक दृष्टि - दोष संरचना (Vata-Pitta Dominance) ➔ आर्द्रा जातक प्रायःवात + पित्त प्रधान (कफ बहुत कम)

वात बेचैनी, अनिद्रा, चिंता, वायु विकार, ठंड लगना, अचानक कमजोरी देता है

पित्त चिड़चिड़ापन, तीव्रता, बदहजमी, शरीर में गर्मी, त्वचा लाल होना देता है इन दोनों दोषों का मिश्रण इन्हें मानसिक-शारीरिक रूप से अत्यंत संवेदनशील बनाता है।

मानसिक तनाव का शारीरिक असर (Mind-Body Link) ➔ आर्द्रा जातकों का मन और शरीर गहराई से जुड़ा है।

मानसिक तनाव ➔ तुरंत शरीर में असर, खांसी बढ़ना, छाती भारी लगना, पेट में जलन, माइग्रेन,

भावनाएँ ➔ सीधे सांस पर असर

डर ➔ सांस तेज

दुख ➔ छाती भारी

क्रोध ➔ नसें खिंच जानारुद्र ऊर्जा दिल और फेफड़ों को भावनाओं से जोड़ देती है।

संभावित स्वास्थ्य समस्याएँ ➔ (सबसे अधिक दिखने वाली प्रवृत्तियाँ)

श्वसन रोग ➔ अस्थमा, एलर्जी, धूल-धुआँ संवेदन शीलता, साइनस, गले और कान, टॉन्सिल, बार-बार गले में दर्द, कान में भराव

मानसिक-तंत्रिका तंत्र ➔ चिंता, अत्यधिक सोच, अनिद्रा और मानसिक/तंत्रिका थकावट

त्वचा ➔ एलर्जी, चकत्ते, संक्रमण और गर्मी से होने वाली एलर्जी

पाचन ➔ एसिडिटी, गैस और अनियमित भूख

सकारात्मक पक्ष उपचार शक्ति ➔ आर्द्रा जातकों में एक अद्भुत उपचारक क्षमता होती है बड़ी बीमारी के बाद तेज़ पुनर्सुधार, मजबूत प्रतिरक्षा स्मृति, मानसिक संकट से उठने की क्षमता, योग, श्वसन अभ्यास और प्राणायाम से चमत्कारी लाभउन्हें तनाव भले जल्दी होता है,पर वे उससे बाहर भी जल्दी निकल आते हैं।

स्वास्थ्य सुधारने वाले प्राकृतिक गुण ➔ आर्द्रा जातकों के भीतर पुनर्जीवन शक्ति, अद्भुत willpower (कठिन दौर में भी टिके रहना), बदलते हालात के अनुसार शरीर ढाल लेने की क्षमताये गुण उन्हें आखिरकार अच्छा स्वास्थ्य प्रदान करते हैं।

मानसिक-आध्यात्मिक विकास: (Spiritual & Psychological Growth)

आर्द्रा नक्षत्र जीवन में "विनाश ➔ शुद्धि ➔ पुनर्जन्म" के सिद्धांत पर कार्य करता है। इसका आध्यात्मिक और मानसिक विकास किसी साधारण रेखा पर नहीं चलता यह तूफ़ान, गहराई, दर्द, परिवर्तन और जागरण की यात्रा है। आर्द्रा जातक भावनाओं, बुद्धि, और कर्मों के बीच संघर्ष से गुजर कर अंततः एक अत्यंत जागरूक, बोध संपन्न और आध्यात्मिकतापूर्ण व्यक्तित्व बनते हैं।

मानसिक विकास की मूल प्रकृति (Psychological Foundation) ➔ आर्द्रा जातक मानसिक रूप से गहरे विचारक, भावनात्मक रूप से प्रबल, अत्यधिक intuitive, अंदर से संवेदनशील, बाहर से कठोर उनका मन दो परतों में चलता है **ऊपरी परत** तर्क, विश्लेषण, बुद्धि-- भीतरी परत दर्द, संवेदनशीलता, आशंकाएँ, तीव्र भावनाएँ इन दोनों परतों को संतुलित करते हुए मानसिक विकास होता है। राहु उनकी मानसिक ऊर्जा को तीक्ष्ण बनाता है, रुद्र उसमें आग और परिवर्तन जोड़ता है, और बुध उसे बुद्धिमत्ता और समझ देता है।

मानसिक संघर्ष विकास का प्रारंभिक चरण ➔ आर्द्रा जातक एक गहन आंतरिक संघर्ष से गुजरते हैं मैं कौन हूँ? मैं इतना गहरा क्यों महसूस करता हूँ? मेरे अंदर यह बेचैनी क्यों है? मैं दूसरों जैसा क्यों नहीं हूँ? इस "आंतरिक द्वंद्व" का कारण है आर्द्रा की उग्र (Tikshna) और द्विस्वभाव प्रकृति। यह चरण अक्सर आत्म-संदेह, भावनात्मक झटके, अकेलापन, ओवरथिंकिंग, भ्रम, के रूप में प्रकट होता है। लेकिन यह संघर्ष आगे आने वाली जागृति की नींव है।

भावनात्मक जागरूकता (Emotional Awareness) ➔ धीरे-धीरे आर्द्रा जातक अपनी भावनाओं को समझने लगते हैं वे पहचानते हैं कि उनकी संवेदनशीलता कमजोरी नहीं, शक्ति है। वे सीखते हैं कि दर्द उन्हें किस दिशा में ले जा रहा है। वे दूसरों की भावनाएँ पढ़ने में माहिर हो जाते हैं। उनकी संवेदना (empathy) बहुत गहरी होती हैयह आध्यात्मिक विकास का पहला संकेत है।

मन की शुद्धि का चरण (Purification Stage) ➔ ("Rudra Cleansing" Phase) यह आर्द्रा जातकों के जीवन का सबसे महत्वपूर्ण मोड़ होता है। रुद्र ऊर्जा उन्हें अपने जीवन में गलत रिश्तों, आंतरिक डर, पुरानी पीड़ा, गलत आदतें, कमजोर विचार धाराएँ, सब कुछ त्यागने पर मजबूर करती है। यह प्रक्रिया कभी सुखद नहीं होती। यह "अंदर का तूफ़ान" है जो उन्हें तोड़ता भी है और बदलता भी। यही वह समय है जहां उनका मनोवैज्ञानिक विकास सबसे तीव्र होता है।

जागरण (Awakening) ➔ एक समय आता है जब आर्द्रा जातक अपनी भावनाओं को समझ लेते हैं, अपनी शक्ति पहचान लेते हैं, जीवन की गहराई को अनुभव करते हैं, बाहरी दुनिया से कम प्रभावित होते हैं यह जागृति अचानक नहीं आंतरिक तूफान के बाद साफ आसमान की तरह आती है। इस चरण में जातक के भीतर गहरी अंतर्दृष्टि, स्थिरता, आत्मविश्वास, आंतरिक शक्ति जाग उठती है।

आध्यात्मिक प्रवृत्ति (Spiritual Inclination) ➔ आर्द्रा जातक सामान्य धर्म नहीं, बल्कि आध्यात्मिक अनुभव की ओर बढ़ते हैं। इनकी

रुचि होती है ध्यान, प्राणायाम, मंत्र, ऊर्जा विज्ञान, तंत्र-ज्ञान, रुद्र-साधना, आध्यात्मिक मनोविज्ञान, ऑकल्ट, एस्ट्रोलॉजी इनका मन ब्रह्मांड की गहराई समझना चाहता है। ये सत्य की तलाश करते हैं सिर्फ़ कर्मकांड नहीं, बल्कि वास्तविक सच्चाई

आध्यात्मिक शक्तियाँ (Spiritual Strengths) ➔ आर्द्रा जातकों के भीतर जन्मजात आध्यात्मिक गुण होते हैं अंतर्ज्ञान बेहद तेज, चेतना की गहराई, ऊर्जा को महसूस करने की क्षमता, छठी इंद्री (Sixth Sense) भविष्य की संवेदना, कर्म के सिद्धांत की समझ, आर्द्रा जातक दूसरों की भावनाएँ, ऊर्जा और मनोदशा को तुरंत पकड़ लेते हैं।

मानसिक-आध्यात्मिक परिवर्तन (Transformation Stage) ➔ यह चरण जीवन के 30-42 वर्ष के बीच बहुत तीव्र होता है।इसमें जातकपुरानी पहचान छोड़ देता है, नया व्यक्तित्व बनाता है, आध्यात्मिक समझ बढ़ती है, विचारों में परिपक्वता आती है, Karmic lessons clear होने लगते हैं वे एक "सामान्य चेतना से जागृत चेतना की ओर" की अवस्था में पहुँचते हैं।

उदात्त रूपांतरण (Higher Transformation) ➔ आर्द्रा जातक का अंतिम आध्यात्मिक स्वरूप: शांत पर शक्तिशाली, करुणा से भरपूर, सत्य को देखने वाला, दर्द से परिपक्व, मानसिक रूप से स्थिर, आध्यात्मिक रूप से जागृत रुद्र का वास्तविक आशीर्वाद यही हैविनाश के बाद शांति। दर्द के बाद जागरण। संघर्ष के बाद बोध।

विशेष ज्योतिषीय योग, शुभ-अशुभ अवधि और उपाय:

आर्द्रा नक्षत्र उग्र (Tikshna) प्रकृति का है। इसके स्वामी राहु, देवता रुद्र, और राशि स्वामी बुध होने से यह नक्षत्र परिवर्तन, संघर्ष, ज्ञान, खोज और शुद्धि का प्रतीक है। इस नक्षत्र में किए गए कुछ कार्य अत्यंत शुभ फल देते हैं, जबकि कुछ कार्य वर्जित माने जाते हैं।

आर्द्रा नक्षत्र से जुड़े विशेष ज्योतिषीय योग

आर्द्रा नक्षत्र कई प्रकार के विशेष योग बनाता है, जिनमें से कुछ अत्यंत शक्तिशाली होते हैं।

रुद्र-योग (Rudra Yoga) राहु-चंद्र योग ➔ यदि जन्म के समय चंद्रमा आर्द्रा में हो जातक संघर्षों से गुजरकर अत्यंत शक्तिशाली बनता है। नकारात्मक ऊर्जा, बाधाएँ और शत्रु अंततः पराजित होते हैं। जातक में "विनाश + पुनर्जन्म" की क्षमता आती है। यह योग व्यक्ति को उपचारक (healer), मजबूत नेता, संकटों को हराने वाला, मन-विज्ञान और रहस्यों को समझने वाला बनाता है।

जब चंद्रमा आर्द्रा में और राहु मजबूत हो जातक अंतर्ज्ञानी, सूक्ष्म अनुभूति रखने वाला और दूरदर्शी बनता है। रहस्य, गूढ़ विद्या, अनुसंधान और प्रौद्योगिकी में सफलता। पर भावनात्मक अस्थिरता + अतिसंवेदनशीलता भी हो सकती है।यह योग "अतिरिक्त धारणा शक्ति देता है।

बुध-राहु सहयोग (Mercury-Rahu Amplification) ➔ यदि बुध (Gemini lord) मजबूत हो जातक की बुद्धि चमकती है। विश्लेषण, IT, डेटा विज्ञान, मीडिया और अनुसंधान में श्रेष्ठता। भाषण, लेखन, संचार में सफलता। लेकिन यदि बुध कमजोर अत्याधिक सोच, भ्रम, गलत संचार, निर्णयों में अस्थिरता, देखी जाती है।

आर्द्रा-लग्न योग (Ardra Ascendant Effect) ➔ यदि लग्न आर्द्रा नक्षत्र में हो जातक असाधारण व्यक्तित्व रखता है। आँखें और आवाज़ बहुत प्रभावशाली होती है। जीवन में 2-3 बड़े परिवर्तन। विदेश, तकनीक, शोध क्षेत्रों में उन्नति।

आर्द्रा-शनि दृष्टि (Saturn's Aspect on Ardra) ➔ यदि शनि चंद्रमा आर्द्रा पर दृष्टि करे कठिन जीवन अनुभव, मजबूत मानसिक शक्ति, देर से सफलता, आध्यात्मिक जागरण, कर्मों की गहरी समझ, यह संयोजन जातक को बहुत परिपक्व बना देता है।

आर्द्रा जातकों के लिए शुभ-अशुभ काल

मूल सिद्धांत ➔ आर्द्रा = रुद्र ऊर्जा + राहु स्वभाव ➔ पहले उथल-पुथल, फिर शुद्धि और उन्नति। इसलिए कुछ दशाएँ तूफ़ान के बाद सफलता देती हैं, जबकि कुछ भ्रम, हानि और तनाव बढ़ाती हैं।

अत्यंत शुभ दशाएँ/अंतर्दशाएँ ➔ (उन्नति, प्रतिष्ठा, स्थिरता, दीर्घकालिक लाभ)

गुरु (Jupiter) ➔ ज्ञान, मार्गदर्शन, स्थिर प्रगति, सम्मान, गुरु आर्द्रा की उग्रता को संतुलित करता है

उपयुक्त ➔ शिक्षा, सलाहकारी भूमिकाएँ, दीर्घ परियोजनाएँ

अंतर्दशा में गुरु ➔ अशांत समय को भी फलदायी बना देता है

बुध (Mercury) ➔ बुद्धि, संचार, व्यापार, तकनीक, लेखन, आर्द्रा मिथुन मेंबुध का सहयोग श्रेष्ठ

उपयुक्त ➔ IT, डेटा, मीडिया, रिसर्च

अंतर्दशाएँ बुध/गुरु, गुरु/बुध: विशेष शुभ

सूर्य (Sun) (यदि कुंडली में समर्थ) ➔ नेतृत्व, अधिकार, पहचान

रुद्र-सूर्य = संकट प्रबंधन में चमक

अंतर्दशाएँ सूर्य/बुध, सूर्य/गुरु: विशेष उन्नति

मिश्रित फल देने वाली दशाएँ ➔ (मेहनत के बाद परिणाम सावधानी ज़रूरी)

शनि (Saturn) ➔ देर से पर स्थायी सफलता, मानसिक दबाव, देरी

उपाय ➔ अनुशासन, धैर्य

अंतर्दशाएँ शनि/बुध, शनि/गुरु: अपेक्षाकृत बेहतर

चंद्र (Moon) ➔ संवेदनशीलता, रचनात्मकता, मूड स्विंग, निर्णयों में भावुकता

उपाय ➔ भावनात्मक संतुलन

अंतर्दशाएँ चंद्र/गुरु अच्छा

चंद्र/राहु: सावधानी

अशुभ/अत्यधिक चुनौतीपूर्ण दशाएँ ➔ (भ्रम, हानि, संबंध तनाव पर आत्मशुद्धि का अवसर)

राहु (Rahu) ➔ अचानक उतार-चढ़ाव, भ्रम, गलत निर्णय, अस्थिरता

सावधानी ➔ शॉर्टकट से बचें

अंतर्दशाएँ राहु/चंद्र, राहु/केतु: अधिक जोखिम

केतु (Ketu) ➔ अलगाव, अनिश्चितता, करियर/रिश्तों में दूरी

उपाय ➔ आध्यात्मिक साधना

अंतर्दशाएँ केतु/चंद्र ➔ भावनात्मक कठिन

मंगल (Mars) ➔ ऊर्जा, साहस, क्रोध, टकराव, दुर्घटना

उपाय ➔ संयम

अंतर्दशाएँ मंगल/राहु ➔ विशेष सावधानी

अंतर्दशा के सामान्य नियम (Practical Thumb Rules)

शुभ महादशा + अशुभ अंतर्दशा ➔ धैर्य रखें, जोखिम घटाएँ

अशुभ महादशा + शुभ अंतर्दशा ➔ राहत और सुधार

बुध/गुरु की अंतर्दशा किसी भी कठिन काल को संभाल सकती है

राहु/केतु की अंतर्दशा में बड़े फैसले टालें

आर्द्रा नक्षत्र में किए जाने योग्य शुभ कार्य (Auspicious Activities)

आर्द्रा नक्षत्र उग्र होते हुए भी कई विशेष कार्यों के लिए शुभ माना जाता है।

शोध, अनुसंधान और गहन अध्ययन शुरू करना ➔ विज्ञान, मनोविज्ञान, खगोल विज्ञान, "ऑकल्ट अध्ययन, तकनीक एवं डेटा अनुसंधान आर्द्रा नक्षत्र में प्रारंभ किया गया शोध प्रायः बड़ी सफलता (Breakthrough) तक पहुँचता है।"।

नवीनीकरण, परिवर्तन और पुनर्निर्माण संबंधी कार्य ➔ यह नक्षत्र शुद्धिकरण एवं रूपांतरण का नक्षत्र है। इन कार्यों में सफलता मिलती है घर का नवीनीकरण, पुरानी संरचना का बदलाव, पुराने सिस्टम बदलना, जीवन की नई दिशा शुरू करना

शत्रु-निवारण और बाधा-नाश कार्य ➔ रुद्र ऊर्जा नकारात्मक शक्तियों को दूर करती है।न्याय-संबंधी कार्य, विपरीत परिस्थितियों का समाधान, कठिन वार्ता, विवाद निपटान आर्द्रा इन कार्यों के लिए प्रभावी है।

आधुनिक तकनीक, डिजिटल कार्य और IT प्रोजेक्ट ➔ राहु + बुध का नक्षत्र होने से तकनीकी कार्य शुभ होते हैं।

भावनात्मक शुद्धि (Emotional Cleansing) ➔ यदि किसी को भावनात्मक बोझ छोड़ना हो,आर्द्रा नक्षत्र "आंतरिक शुद्धिकरण" के लिए अत्यंत शक्तिशाली है।

आर्द्रा नक्षत्र में वर्जित कार्य (Activities to Avoid)

आर्द्रा की ऊर्जा उग्र, अस्थिर और परिवर्तनकारी हैकुछ कार्य इससे असंगत हैं और वर्जित माने जाते हैं।

विवाह या सगाई ➔ यह नक्षत्र रिश्तों में तूफ़ान लाता है।विवाह में अस्थिरता, झगड़े, दूरी या भावनात्मक संघर्ष बढ़ सकते हैं।

घर में शांति-संस्कार, गृह-प्रवेश, या मंगल कार्य ➔ आर्द्रा का स्वभाव "उग्र" है, "शांत" नहीं।इसलिए यह मंगल कार्यों हेतु शुभ नहीं।

नए भावनात्मक संबंध शुरू करना ➔ राहु की भ्रमकारी ऊर्जा के कारण गलत संबंध, अस्थिर भावनाएँ, जालसाजी या भ्रम हो सकता है।

बड़े वित्तीय निर्णय ➔ आर्द्रा नक्षत्र अचानक उतार-चढ़ाव लाता है। इस समय आवेगशील निर्णय से नुकसान संभव है।

यात्रा की शुरुआत (यदि राहु काल भी हो) ➔ अचानक रुकावटें, देरी, असुविधा संभावना।

आर्द्रा नक्षत्र के शक्तिशाली उपाय (Remedies & Upayas) ➔ आर्द्रा के उपाय राहु और रुद्र दोनों को संतुलित करने पर आधारित हैं।

रुद्राभिषेक करना ➔ विशेषकर जल, दूध, बेलपत्र, शुद्ध जल यह मन की अशांति दूर करता है और राहु को शांत करता है।

"ॐ नमः शिवाय" या "ॐ रुद्राय नमः" का जप ➔ आर्द्रा जातकों के लिए यह मंत्र जीवन-परिवर्तनकारी है। रुद्र की उग्र ऊर्जा को सकारात्मक बनाता है।

राहु शांति उपाय ➔ राहु बीज मंत्र: "ॐ भ्रां भ्रीं भ्रौं सः राहवे नमः" शनिवार को राहु शांति दान, तिल का तेल, नीले वस्त्र,सरसों दान

नाड़ी शोधन और प्राणायाम ➔ तंत्रिका तंत्र को शांत करता है (बहुत प्रभावी) । आर्द्रा जातक के चिंता, तनाव और मूड में उतार-चढ़ाव में अद्भुत लाभ।

ध्यान और चित्त-शुद्धि साधना ➔ विशेषकर आंतरिक बालक का उपचार, हृदय चक्र ध्यान, अनाहत नाद साधना

रत्न - गोमेद (Hessonite) ➔ आर्द्रा का रत्न गोमेद यह तभी पहना जाए जब राहु शुभ हो विशेषज्ञ ज्योतिषी सलाह दे, यह जीवन में स्थिरता और स्पष्टता देता है।

आर्द्रा नक्षत्र का व्रत या पूजा ➔ चंद्रमा आर्द्रा में हो तो शिव की उपासना रुद्राध्याय, बेलपत्र अर्पण, अत्यंत शुभ होते हैं।

चारों चरणों का विश्लेषण (Analysis of All Four Padas)

आर्द्रा नक्षत्र कुल 6º40' से 20º00' मिथुन में स्थित है और प्रत्येक चरण व्यक्ति को पूरी तरह अलग मानसिकता, करियर दिशा और जीवन पैटर्न देता है। नीचे 1st से 4th चरण तक का प्रामाणिक और अत्यंत विस्तृत विश्लेषण है।

प्रथम चरण (1st Pada) (6°40' - 10° मिथुन) ➔ धनु नवांश, नवांश स्वामी ➔ बृहस्पति (Jupiter)

यह चरण आर्द्रा नक्षत्र में सबसे सकारात्मक, बुद्धिमान और उच्च आदर्श वाला माना जाता है।

स्वभाव और मानसिकता ➔ हृदय से सच्चे, उदार, सीधे और विश्वास योग्य। उच्च मूल्य, नैतिकता और आदर्श को महत्वपूर्ण मानते हैं। धर्म, ज्ञान, शिक्षा, सत्य इनकी ओर झुकाव। विनम्र भी, पर व्यंग्यात्मक भी कटाक्ष करने की आदत।हास्य उनके व्यक्तित्व की सबसे बड़ी ताकत।

बुद्धि और कार्यशैली ➔ अत्यंत जिज्ञासु, सीखने वाले और शोधप्रिय। हर बात की मूल वजह जानने का प्रयास। अध्यापन, लेखन, ज्ञान बाँटने में उत्कृष्ट।

करियर प्रवृत्ति ➔ शिक्षक, प्रोफेसर, दार्शनिक, लेखक, धार्मिक/आध्यात्मिक नेता, बड़े प्रोजेक्ट प्लानर, मनोरंजन/स्टैंडअप (हास्य विशेष मजबूत) बृहस्पति इन्हें "विस्तार" देता है इनकी सोच बड़ी होती है।

संबंध और विवाह ➔ साथी से सम्मान और ईमानदारी की उम्मीद रखते हैं। व्यंग्य या कटाक्ष के कारण संबंधों में गलतफहमी संभव।

नकारात्मक पक्ष ➔ अधिक आलोचन कभी-कभी कटु शब्द। महत्वाकांक्षा अधिक, परिणाम देर से। छिपे हुए चालबाज़ी "स्मार्ट ट्रिक्स" का उपयोग।

द्वितीय चरण (2nd Pada) (10°-13°20' मिथुन) ➔ मकर नवांश, नवांश स्वामी:- शनि (Saturn)

यह चरण आर्द्रा नक्षत्र का सबसे कठोर, वास्तविक, संघर्षपूर्ण और जटिल चरण है।

स्वभाव और मानसिकता ➔ वास्तविक, सीधे और गंभीर स्वभाव। भावनाओं के बजाय व्यवहार और परिणाम पर केंद्रित। अनुशासन प्रिय, पर मन के अंदर बेचैनी। परिस्थितियों से हार नहीं मानते दृढ़ इच्छाशक्ति।

बुद्धि और मानसिक ऊर्जा ➔ कानून, टैक्निकल क्षेत्र, सिस्टम समझने की क्षमता। नियम तोड़ते नहीं पर नियम की "कमियों" का फायदा उठाते हैं। चतुर योजना बनाने में माहिर।

करियर प्रवृत्ति ➔ कानून, वकालत, प्रशासन, इंजीनियरिंग, मैकेनिकल क्षेत्रों, सरकारी कार्य, कर संग्रह, टैक्स, नियमों का पालन/आज्ञापालन, जोखिम लेकर उच्च पद पाना, यहाँ बुद्धि + चतुराई + शनि की यथार्थ सोच = सफलता का मिश्रण है।

स्वास्थ्य ➔ अस्थमा, ब्रोंकाइटिस, फेफड़ों की समस्या, श्वसन तंत्र अत्यंत संवेदनशील

संबंध ➔ स्वभाव कठोर, भावनाएँ नियंत्रित, अत्यधिक आलोचना संबंधों में दूरी ला सकती है

नकारात्मक पक्ष ➔ आर्द्रा का सबसे "नकारात्मक संभावनाओं वाला चरण, निराशा, बाधाएँ, असफलता का डर, चतुर तरीके से कानूनी खामियों का उपयोग, महत्वाकांक्षा + निराशा

तृतीय चरण (3rd Pada) (13°20'-16°40' मिथुन) ➔ कुंभ नवांश, नवांश स्वामी:- शनि (Saturn)

यह चरण आर्द्रा का "स्मार्ट प्लानर + सोशल इंटेलिजेंस + तीव्र बुद्धि वाला" स्वरूप दिखाता है।

स्वभाव और मानसिकता ➔ खुशमिज़ाज, हँसमुख, बुद्धिमान। भीड़ में बहुत जल्दी घुल-मिल जाते हैं। उत्कृष्ट वाणी बहुत प्रभावशाली वक्ता। सामाजिक नियमों को "अपने तरीके से" मोड़ लेते हैं। अलग सोच रखने वाले रचनात्मक सोच।

मानसिक क्षमता ➔ दिमाग बिजली की गति से काम करता है। अचानक मानसिक ऊर्जा के पराकाष्ठा पर आते हैं। कोई भी संरचना या सिस्टम ऊपर से नीचे तक समझ लेते हैं।

करियर प्रवृत्ति ➔ वक्ता, प्रेरक, सार्वजनिक नेता, समाज सुधारक, लेखक, बुद्धिमान रणनीतिकार, मीडिया, प्रेस, अनुसंधान, इनमें "बाहरी दृष्टिकोण वाला मन" होता है वे सिस्टम के भीतर रहकर भी उससे ऊपर उठकर सोचते हैं।

संबंध ➔ आकर्षक व्यक्तित्व के कारण पसंद किए जाते हैं। पर भीतर की अस्थिरता और रहस्यमयता रिश्तों को प्रभावित कर सकती है।

नकारात्मक पक्ष ➔ नियम अपने लिए नहीं मानते शनि का जटिल प्रभाव। कभी-कभी गलत तरीके से फायदा उठाना। समाज में ऊँची स्थिति पाने के बाद अचानक गिरावट। "चालें चलकर" लक्ष्य प्राप्त करना।

चतुर्थ चरण(4th Pada) (16°40' - 20° मिथुन) ➔ मीन नवांश
नवांश स्वामी:- बृहस्पति (Jupiter)

यह चरण आर्द्रा का सबसे भावनात्मक, दयालु, संवेदनशील और आध्यात्मिक पक्ष दिखाता है।

स्वभाव और मानसिकता ➔ बहुत शांत, दयालु और करुणामय। दूसरों की पीड़ा तुरंत महसूस कर लेते हैं। आध्यात्मिक झुकाव, गहरी संवेदनशीलता। भावनाएँ जल्दी आहत होती हैं। सत्यप्रिय, पर कभी-कभी अत्यधिक आलोचनात्मक।

बुद्धि और मन ➔ अंतर्ज्ञानी, सूक्ष्म अनुभूति वाला एवं गहरी भावनाओं से युक्त स्वभाव, लेखन की अद्भुत क्षमता, मजबूत कल्पना शक्ति, तर्क + आध्यात्मिक दृष्टि का मिश्रण

करियर प्रवृत्ति ➔ लेखन, परामर्श, आध्यात्मिक मार्गदर्शन, कानून एवं तर्क-वितर्क, दर्शनशास्त्र, हीलिंग एवं थेरेपी

परिवार और विवाह ➔ अत्यधिक भावुक। साथी के प्रति समर्पित, पर आलोचना और व्यंग्य से रिश्ते में तनाव। जीवनसाथी को लगता है कि जातक ऊँची स्थिति नहीं पा रहा।

नकारात्मक पक्ष ➔ शिक्षा में रुकावटें, भावनात्मक चोटें, गलत निवेश (speculative risks), कभी-कभी छिपी नाराज़गी, अति-संवेदनशीलता

महिलाएं- संपूर्ण विश्लेषण

आर्द्रा नक्षत्र की महिला रहस्य, गहराई, बुद्धिमत्ता, साहस, और तूफ़ानी ऊर्जा का मिश्रण होती है। उसका व्यक्तित्व साधारण नहीं वह जितनी बाहर मजबूत दिखती है, अंदर से उतनी ही संवेदनशील, भावुक और गहन अनुभवों वाली होती है। वह जीवन को सतही स्तर पर नहीं जीती उसकी हर भावना, हर निर्णय गहराई से जन्म लेता है।

व्यक्तित्व और बाहरी स्वभाव (Personality & Outer Nature) ➔

आत्मविश्वासी और प्रभावशाली ➔ उनका एक "प्रभावशाली व्यक्तित्व" होता है। लोग उसकी आँखों और आवाज़ की गहराई तुरंत महसूस करते हैं।

रहस्यमयी आकर्षण ➔ उसकी उपस्थिति में एक अवर्णनीय आकर्षण होता है। लोग उसकी तरफ खिंचे चले आते हैं बिना वजह।

सीधे बोलने वाली ➔ सच कहने से कभी नहीं डरती कभी-कभी अत्यधिक स्पष्टवादी या कठोर भी लग सकती है।

तेज बुद्धिमत्ता ➔ वह जल्दी सीखती है, जल्दी समझती है और जल्दी निर्णय लेती है। उसकी बौद्धिक क्षमता एवं भावनात्मक बुद्धिमत्ता दोनों उच्च होते हैं।

संवेदनशील पर मजबूत ➔ अंदर से वह बहुत महसूस करती है,पर बाहर से कभी कमजोरी प्रदर्शित नहीं करती।

अंदर का असली स्वभाव (Inner Emotional Nature) ➔ आर्द्रा महिला की आंतरिक दुनिया बहुत जटिल है।

गहरी भावनाएँ ➔ वह हल्की भावनाएँ नहीं गहरा प्यार, गहरा दुख, गहरा गुस्सा महसूस करती है।

चोट जल्दी, पर चुपचाप ➔ कोई गलती या तिरस्कार उसे तुरंत चोट पहुँचाता है लेकिन वह इसका ज़िक्र नहीं करती सब अंदर दबा लेती है।

स्वयं को जल्दी दोष देना ➔ अपने ऊपर कठोर दूसरों से नहीं, खुद से सबसे ज़्यादा उम्मीदें।

भय और साहस का अनोखा मिश्रण ➔ दिल में डर भी होता है और उसे जीतने का साहस भी।

झंझावात से गुजरकर और मजबूत होना ➔ आर्द्रा महिला जितना सहती है उतना ही पुनर्जन्म लेकर और मजबूत बनती है।

मानसिक संरचना (Mental Framework) ➔ विश्लेषणात्मक + जिज्ञासु ➔ वह हर चीज़ की जड़ तक जाती हैकिसी भी रहस्य को अनसुलझा नहीं छोड़ती।

अत्यधिक अंतर्ज्ञानी ➔ किसी व्यक्ति की ऊर्जा, इरादा या भाव वह तुरंत पहचान लेती है।

ओवरथिंकिंग की प्रवृत्ति ➔ राहु + बुध के कारण दिमाग बहुत तेज चलता है। कभी-कभी वही दिमाग चिंता का कारण भी बनता है। आत्म-सम्मान महत्वपूर्ण, अपमान, अनदेखी या धोखे को कभी बर्दाश्त नहीं करती।

करियर और महत्वाकांक्षा (Career & Ambition) ➔ आर्द्रा महिला महत्वाकांक्षी होती है। वह औसत या सामान्य जीवन नहीं चाहती। उसके उपयुक्त क्षेत्र विज्ञान, तकनीक, शोध, मनोविज्ञान, काउंसलिंग, कानून, न्यायपालिका, IT, साइबर, टेक, मीडिया, पत्रकारिता, अभिनय, नृत्य, कला, खुफिया विभाग या जाँच कार्य, डिजाइन, क्रिएटिव क्षेत्र, नेतृत्व क्षमतावह टीम को कंट्रोल कर सकती है लेकिन उसे दूसरों द्वारा नियंत्रित होना पसंद नहीं।

जोखिम लेने की क्षमता ➔ राहु का प्रभाव उसे साहसिक निर्णय लेने में मदद करता है।

प्रेम स्वभाव (Love Nature) ➔ आर्द्रा नक्षत्र की महिला प्यार में गहरी, भावनात्मक, समर्पित, रहस्यमयी होती है। जल्दी आकर्षित नहीं होती पर एक बार हो जाए, तो पूरी आत्मा से प्रेम करती है।

प्यार में वफादार ➔ अपने साथी के लिए अत्यंत निष्ठावान और सुरक्षात्मक।

उच्च अपेक्षाएँ ➔ भावनात्मक रूप से परिपक्व साथी चाहती है। बुद्धिमत्ता उसके लिए अनिवार्य है वह मूर्खता या सतही व्यवहार बर्दाश्त नहीं करती।

"स्वामित्व भावना नहीं, पर पूर्ण समर्पण" ➔ उसे भरोसा चाहिए दिखावटी प्यार नहीं।

विवाह और दांपत्य (Marriage & Married Life) ➔ विवाह देर से होना शुभ शुरुआती विवाह तनाव और गलतफहमी ला सकता है।

विवाह के बाद ज़िम्मेदार ➔ अपने घर को संभालना, साथी को भावनात्मक समर्थन करना दोनों काम भली-भांति करती है।

जीवनसाथी के लिए बेहद सेंसेटिव ➔ साथी की हर बात गहराई से महसूस करती है, उसके दुख को अपना दुख मान लेती है। विवाद की संभावना क्योंकि सीधा बोलना, आलोचनात्मक होना, भावनाओं को दबाना, कभी-कभी टकराव का कारण बनता है।

संबंध को बचाने वाली ताकत ➔ अगर वह किसी रिश्ते को अपना लेतो उसे टूटने नहीं देती।

पारिवारिक जीवन (Family Role) ➔ बचपन में जल्दी परिपक्व, अक्सर बचपन कठिन या अस्थिर होता है। परिवार के लिए बेहद सुरक्षात्मक होती है वह अपने प्रियजनों के लिए "ढाल" बन जाती है। परिवार में दोहरी भूमिका होती है भावनात्मक उपचारक, समस्या-सुलझाने वाली, कभी-कभी गलतफहमी का शिकार होती हैं क्योंकि वह भावनाएँ कम व्यक्त करती है।

स्वास्थ्य (Health) ➔ फेफड़ों/श्वसन तंत्र संवेदनशील, अस्थमा, एलर्जी, सर्दी-खांसी जल्दी।

मानसिक तनाव शरीर पर असर ➔ टेंशन होने पर गला, पेट, सिर, सांसबहुत जल्दी प्रभावित होते हैं।

त्वचा एलर्जी ➔ राहु के कारण संवेदनशील त्वचा रहती है।

उनकी सबसे बड़ी ताकतें (Greatest Strengths) ➔ अविश्वसनीय साहस, भावनात्मक गहराई, अत्यंत तीक्ष्ण बुद्धि, संकट/आपात स्थितिमें शांत रहने की क्षमता, अंतर्ज्ञान शक्ति, आत्मनिर्भरता, परिवर्तन को अपनाने की क्षमता, वफादारी

कमजोरियाँ (Weaknesses) ➔ ज्यादा सोचने की प्रवृत्ति, भावनाओं को दबाना, जल्दी आहत होना, आलोचना करने की आदत, कभी-कभी कठोर शब्द, अविश्वास, मूड में उतार-चढ़ाव

आध्यात्मिक पक्ष (Spiritual Side) ➔ आर्द्रा महिला गहन आध्यात्मिक होती है। वह बाहरी पूजा-पाठ नहीं अंदरूनी अनुभव, ऊर्जा और ध्यान को महत्व देती है। उपयुक्त साधनाएँ:- शिव पूजा, रुद्राभिषेक, ध्यान (विशेषकर heart chakra), नाड़ी शोधन, प्राणायाम, ऊर्जा-उपचार उसके लिए "रुद्र ऊर्जा" जीवन का अदृश्य मार्गदर्शक है।

सूर्य नक्षत्र आर्द्रा

जब जन्मकुंडली में सूर्य आर्द्रा नक्षत्र में स्थित हो, तो व्यक्ति का जीवन "शक्ति, संघर्ष, परिवर्तन और पुनर्जन्म" के सिद्धांत पर चलता है।

सूर्य = आत्मा + अहं + पहचान

आर्द्रा = तूफ़ान + शुद्धि + पुनर्निर्माण

राहु = अप्रत्याशितता + रहस्य + भ्रम

रुद्र = विनाश + सृजन + तीव्रता

इनसे ऐसा व्यक्तित्व बनता है जो साधारण जीवन जीने के लिए पैदा ही नहीं हुआ।

जीवन पर प्रभाव (Overall Life Impact) ➔ व्यक्ति 2-3 बार जीवन के बड़े मोड़ देखता है पहचान, करियर, रिश्तों या स्थान परिवर्तन

से जुड़े। सूर्य यहाँ सिखाता है "पहले परीक्षा, फिर विजय। "जीवन का वास्तविक उत्थान 28-32 के बाद शुरू होता है और 32-42 सूर्य-आर्द्रा के लिए स्वर्ण काल होता है। आर्द्रा सूर्य जातक संकट को अवसर में बदलते हैं।

जीवन-पथ: ➔ कठिन शुरुआत ➔ मानसिक जागरण ➔ नेतृत्व ➔ आध्यात्मिक परिपक्वता

व्यक्तित्व (Personality) ➔ आर्द्रा सूर्य का व्यक्तित्व रहस्यमयी + शक्तिशाली लोग इन्हें देखकर सोचते हैं "इस व्यक्ति में कुछ अलग है।" दबंग पर अंदर से संवेदनशील-बाहर कठोर, भीतर नरम दिल। तेज दिमाग + तेज जुबान- संवाद में प्रभावशाली, तीखे और सटीक शब्दों का उपयोग। नेतृत्व क्षमता जन्मजात- कभी अनुयायी नहीं बनते। स्वतंत्रता सबसे जरूरी- किसी का नियंत्रण पसंद नहीं। उच्च आत्मसम्मान- अनादर बर्दाश्त नहीं करते।

मानसिक और भावनात्मक स्वभाव (Mental & Emotional Nature) ➔ दिमाग बहुत तेज, हर बात का विश्लेषण करना, अति-जिज्ञासु, गहरी अवलोकन क्षमता वाला, अंदर सब आंकलन करने वाला मन, भावनाएँ अत्यधिक गहरी-- प्यार गहरा, दुख गहरा, क्रोध तेज, संवेदनशीलता छिपी हुई, भावनात्मक तूफ़ान, मूड अचानक बदल सकता है। दर्द चुपचाप सहने की प्रवृत्ति अपने घाव किसी को आसानी से नहीं बताते अंतर्ज्ञान अत्यधिक विकसितआर्द्रा+ सूर्य = अंतर्ज्ञानात्मक जागरूकता! तनाव अंदर खींचना जिससे बाद में मानसिक थकावट हो सकती है।

करियर और पेशा (Career & Profession) ➔ आर्द्रा सूर्य जातक बौद्धिक योद्धा होते हैं। वे किसी भी कार्य में गहराई और शक्ति ढूँढते हैं।

उपयुक्त करियर ➔ विज्ञान, शोध, रसायन, भौतिकी, साइबर सुरक्षा, IT, डेटा साइंस, दर्शन, मनोविज्ञान, कानून, वकालत, न्यायपालिका, खुफिया विभाग, गुप्तचर, RAW/IB, मीडिया, पत्रकारिता, आपदा प्रबंधन, सेना, पुलिस, प्रशासन, अभिनय, निर्देशन (रुद्र की भावनात्मक गहराई), नेतृत्व स्थान सूर्य आर्द्रा को अधिकार देता है सीनियर पदों तक अवश्य

पहुँचते हैं। नई तकनीक और आधुनिक क्षेत्रों में सफलता राहु का प्रभाव इन्हें भविष्यवादी बनाता है।

आर्थिक स्थिति (Financial Aspects) ➔ उतार-चढ़ाव भरा वित्तीय जीवन, अचानक लाभ और अचानक हानि दोनों संभव। पैसे कमाने की क्षमता बहुत ऊँची आर्द्रा सूर्य की बुद्धि और साहस इन्हें मजबूत आय देने में सक्षम है। धन धीरे-धीरे स्थिर होता है 28-32 के बाद आय स्थिर होने लगती है। टेक, रिसर्च, विदेशी कार्यों से लाभ--राहु तकनीक और विदेश को मजबूत करता है।

प्रेम, विवाह और दांपत्य जीवन (Love & Marriage) ➔ प्रेम में गहरे और समर्पित, किसी को दिल से चाहें तो पूरी आत्मा से चाहते हैं। जल्दी दिल नहीं देते सही व्यक्ति मिलने पर ही गहराई से जुड़ते हैं। संबंधों में तीव्रता प्यार नफरत दोनों गहरी। विवाह में देरी शुभ जल्दी विवाह = संघर्ष, देर से विवाह = स्थिरता साथी के लिए सुरक्षात्मक साथी को दुख सहन नहीं होता।

चुनौतियाँ ➔ जल्दी आहत हो जाना, भावनाएँ न बताना, कभी-कभी कठोर शब्द

विवाह साथी का प्रभाव ➔ सूर्य के कारण साथी "हावी होने वाला या अहंकारी स्वभाव" का हो सकता है,पर वही व्यक्ति इन्हें भावनात्मक रूप से स्थिर करता है।

पारिवारिक जीवन (Family Life) ➔ बचपन में तनाव या भावनात्मक दूरी, आर्द्रा सूर्य बचपन से ही गहरी भावनाएँ और संघर्ष अनुभव कराता है। परिवार से मानसिक जुड़ाव अधिक परंतु भावनात्मक अभिव्यक्ति कम। परिवार में नेता की भूमिका, बड़े होकर परिवार का सहारा बनते हैं। परिवार में गलतफहमी सीधे बोलने और कम भावुक दिखने के कारण।

स्वास्थ्य और शारीरिक संरचना (Health & Physical Structure) ➔ मुख्य संवेदनशील क्षेत्र फेफड़े, नर्वस सिस्टम, त्वचा, गला, पेट (acidity)

सूर्य + राहु प्रभाव ➔ गर्मी और चिंता का प्रभाव" धमनी तनाव, आधे सिर का दर्द (migraine)

शरीर ➔ चुंबकीय उपस्थिति, तेज नज़र, प्रभावशाली आवाज़ योग/प्राणायाम से अत्यंत लाभ ये लोग श्वसन संबंधी प्रथाओं से तेजी से उपचारित करते हैं।

मानसिक-आध्यात्मिक विकास (Spiritual & Psychological Growth) ➔ आर्द्रा सूर्य की आध्यात्मिक यात्रा अत्यधिक अद्भुत होती है। संघर्ष से जागरण दर्द इन्हें आध्यात्मिक बनाता है। शिव और रुद्र ऊर्जा से गहरा संबंध सूर्य यहाँ रुद्र की चेतना को जगाता है।

आध्यात्मिक विकास के चरण ➔ आंतरिक संघर्ष, टूटन, आत्म-ज्ञान, पुनर्जन्म, शक्ति, शांत चेतना अंतर्ज्ञान शक्ति बहुत मजबूत, भविष्य का संकेत पहले ही महसूस कर लेते हैं।

चारों चरणों में सूर्य का प्रभाव (Sun in All 4 Padas)

प्रथम चरण(1st Pada) धनु नवांश ➔ नेतृत्व + ज्ञान, शिक्षा, अध्यापन, प्रशासन, उच्च नैतिकता, आक्रामक सत्यवादिता, आलोचना और कटाक्ष की प्रवृत्ति, आध्यात्मिकता प्रारंभ से

द्वितीय चरण(2nd Pada) मकर नवांश ➔ बहुत मेहनती, संघर्ष भरा जीवन, करियर में देरी, कठोर स्वभाव, कानून, तकनीक, प्रशासन लाभकारी, बचपन का भावनात्मक दबाव

तृतीय चरण(3rd Pada) कुंभ नवांश ➔ सामाजिक प्रभाव, वक्तृत्व क्षमता, विज्ञान, टेक, मीडिया में सफलता, अपरंपरागत विचार, अचानक उत्थान-पतन, उच्च बुद्धिमत्ता और विद्रोही सोच

चतुर्थ चरण (4th Pada) मीन नवांश ➔ भावनात्मक गहराई, आध्यात्मिक शक्ति, कला, लेखन, काउंसलिंग उपयुक्त, संबंधों में संवेदनशीलता, पारिवारिक तनाव, उपचारात्मक गुण

आर्द्रा सूर्य में जन्मी महिलाएँ (Women with Sun in Ardra) ➔ आर्द्रा सूर्य महिलाओं में शक्ति, करुणा और रहस्य का अद्भुत मिश्रण होता है। बहुत गहरी, पर बाहर से कठोर, प्रेम में अत्यधिक निष्ठावान, करियर में महत्वाकांक्षी, लेकिन भावनात्मक घावों से प्रभावित होती हैं,

बुद्धि, तर्क और अंतर्ज्ञान का शक्तिशाली मेल, अपने परिवार को बचाने वाली योद्धा, विवाह में आत्मविश्वासी और स्पष्टवादी, भावनात्मक रूप से बहुत डीप, उत्कृष्ट संवाद और आकर्षक व्यक्तित्व इनकी आध्यात्मिक चेतना का उदय 28-36 के बीच अत्यंत गहरी होता है।

लग्न नक्षत्र आर्द्रा

जब लग्न आर्द्रा नक्षत्र में हो, तो पूरा व्यक्तित्व "रुद्र-ऊर्जा + राहु + बुध" के प्रभाव में ढलता है। आर्द्रा लग्न का जातक जन्म से ही गहरा, तीव्र, रहस्यमयी, विश्लेषणात्मक और परिवर्तनशील होता है।

जीवन पर प्रभाव (Life Impact) ➔ जीवन में 2-3 बड़े परिवर्तन-- स्थान, करियर, संबंध या मानसिक दृष्टिकोण में शक्तिशाली बदलाव। संघर्ष ➔ मजबूती ➔

सफलता का चक्र

उनका जीवन आसान नहीं होता। वे तूफ़ानों से गुजरकर चमकते हैं। देर से सफलता ➔ 25-32 तक संघर्ष, 32-42 आर्द्रा लग्न का स्वर्णकाल।

जीवन आत्म-खोज की यात्रा ➔ वे लगातार स्वयं को नए रूप में ढालते हैं। अंदरूनी बदलाव सबसे बड़ी शक्ति होते हैं।

भाग्य-प्रेरित जीवन ➔ उनका जीवन कर्मफल से मिलने वाली सीख से बना होता है और वे उन पाठों से असाधारण शक्ति प्राप्त करते हैं।

व्यक्तित्व (Personality) ➔ आर्द्रा लग्न का व्यक्तित्व भीड़ में तुरंत पहचाना जाता है। रहस्यमयी आकर्षण चाहे चेहरा साधारण हो पर औरा ("aura") इतनी तेज होती है कि लोग खिंचते हैं। तेज आँखें, गहरी दृष्टिमानो सब-कुछ पढ़ लेती हों। मजबूत आवाज + स्पष्टता कभी दबकर नहीं बोलते। साहसी + विद्रोही अन्याय बर्दाश्त नहीं करते। सत्यवादी पर कठोर सच छिपाकर नहीं कहते सीधे, कड़वे, पर सही। स्वतंत्रता आवश्यक किसी के अधीन रहना पसंद नहीं।

बुद्धि + तर्क + अंतर्ज्ञान शक्ति ➔ बुद्धि तीव्र, विश्लेषण मजबूत और अंतर्ज्ञान शक्ति अद्भुत। पहचान "साधारण से हटकर"उनका व्यक्तित्व परंपरागत ढाँचे में फिट नहीं होता।

मानसिक और भावनात्मक स्वभाव (Mental & Emotional Nature) ➔ अत्यंत गहराई से महसूस करने वाले लोग, कोई भावना सतही नहीं सब तीव्र। ज्यादा सोचने की प्रवृत्ति बुध + राहु का दिमाग लगातार चलता रहता है। भावनाओं को छिपाना लोगों को अंदर की तकलीफ़ नहीं समझ आती। जल्दी आहत होना लेकिन कभी व्यक्त नहीं करते। विश्लेषणात्मक भावनाएँ भी विश्लेषण के साथ चलती हैं। वे दिल से महसूस करते हैं पर दिमाग उसका विरोध करता है। भावनाओं का तेज़ उतार-चढ़ाव, अंतःकरण में तूफ़ान चलता है और कभी-कभी बाहर सन्नाटा। अत्यधिक "अंतर्ज्ञान आधारित भविष्य की समझ" होती है संकेत पहले ही पकड़ लेते हैं।

करियर और पेशा (Career & Profession) ➔ आर्द्रा लग्न जातक बॉक्स से बाहर सोचने वाले होते हैं। उनके लिए साधारण नौकरी नहीं, विशेष कौशल वाले कार्य" उपयुक्त होते हैं।

सर्वश्रेष्ठ करियर क्षेत्र ➔ विज्ञान और अनुसंधान, भौतिकी, रसायन, जैव-विज्ञान, मशीनें, मनोवैज्ञानिक अनुसंधान

तकनीकी क्षेत्र ➔ डेटा विज्ञान, सूचना प्रौद्योगिकी, साइबर सुरक्षा, सॉफ्टवेयर, रोबोटिक्स एवं कृत्रिम बुद्धिमत्ता (AI)

कानून, पुलिस, प्रशासन ➔ न्यायपालिका, जांच एजेंसियाँ, गुप्तचर सेवा (IB/RAW), सैन्य/पुलिस

मीडिया और सत्य की खोज से जुड़े क्षेत्र ➔ खोजी पत्रकारिता, फॉरेंसिक विश्लेषण, फ़िल्म निर्देशन

चिकित्सा क्षेत्र ➔ शल्य चिकित्सा, तंत्रिका विज्ञान, आपातकालीन चिकित्सा

कला और अभिनय ➔ आर्द्रा की गहरी भावनाएँ अभिनय में शक्ति देती हैं। संघर्ष के बाद भारी सफलता उनके करियर में महत्वपूर्ण सफलता अचानक आती है। नेतृत्व क्षमता परम्परागत नहीं वे बुद्धि से नेतृत्व करते हैं।

आर्थिक स्थिति (Financial Aspects) ➔ जीवन में आर्थिक उतार-चढ़ाव राहु-प्रभाव = अचानक लाभ और अचानक हानि, तकनीक, विदेश,

रिसर्च से धन तकनीकी क्षेत्रों में अत्यधिक लाभ। देर से आर्थिक स्थिरता-28+ के बाद स्थिति सुधरती है। पैसा कमाने की क्षमता उच्च- वे "महत्वपूर्ण एवं मूल्यवान कौशल" सीखते हैं।

प्रेम, विवाह और दांपत्य जीवन (Love & Marriage) ➔ प्रेम में गहरा और सच्चा वे सतही प्रेम नहीं करते। सही साथी चुनने में समय लेकिन एक बार चुन लिया तो अडिग। गहरी निष्ठा-बहुत वफादार।

चुनौतियाँ ➔ भावनाएँ व्यक्त नहीं करना, जल्दी आहत होना, कड़वा सच बोलना, भावनाओं का तेज़ उतार-चढ़ाव! विवाह देर से शुभ, जल्दी विवाह = संघर्ष, देर से विवाह = स्थिरता जीवनसाथी भावनात्मक रूप से मजबूत होना चाहिए आर्द्रा लग्न को संभालना आसान नहीं साथी में परिपक्वता चाहिए।

पारिवारिक जीवन (Family Life) ➔ बचपन में चुनौती, परिवार में तनाव, गलतफहमी, या अत्यधिक जिम्मेदारी। परिवार के लिए सुरक्षा कवच, बड़े होकर माता-पिता और भाई-बहनों का सहारा बनते हैं। परिवार से गहरा लगाव लेकिन दूरी भी रहती है क्योंकि वे अपने मन की बात व्यक्त नहीं करते।

स्वास्थ्य और शारीरिक संरचना (Health & Physical Structure) ➔ शारीरिक संरचना गहरी आँखे, तेज़ चाल, प्रभावशाली आभा, कंधों, गर्दन या पीठ पर ऊर्जा केंद्र

स्वास्थ्य प्रवृत्तियाँ: फेफड़े - अस्थमा, एलर्जी

गला - टॉन्सिल्स की समस्या

तंत्रिका तंत्र (Nervous System) - कमजोरी/असंतुलन

मानसिक स्थिति - चिंता (Anxiety)

त्वचा - एलर्जी/संवेदनशीलता

पाचन तंत्र - एसिडिटी/अम्लता की समस्या)

ऊर्जा उतार-चढ़ाव ➔ कभी अतिउत्साह, कभी अत्यधिक थकान। श्वास अभ्यास अत्यंत लाभकारी आर्द्रा लग्न के लिए प्राणायाम चमत्कारिक परिणाम देता है।

मानसिक-आध्यात्मिक विकास (Spiritual & Psychological Growth) ➔ रुद्र ऊर्जा का जागरण उनके जीवन में कई "अंदरूनी तूफान" आते हैं जो अंततः उन्हें आध्यात्मिक बनाते हैं।

गहरा आत्मज्ञान ➔ आर्द्रा लग्न आध्यात्मिकता बाहरी नहीं आत्म-अनुभूति आधारित होती है।

ध्यान और अंतर्मुखता ➔ उनका मन स्वाभाविक ध्यान पसंद करता है।

ऊर्जा विज्ञान में रुचि ➔ मंत्र, प्राण, नाड़ी, तंत्र, मनोविज्ञान एवं आध्यात्मिकता

जीवन का मुख्य आध्यात्मिक संदेश ➔ "विनाश ➔ शुद्धि ➔ पुनर्जागृति"

चारों चरणों (Padas) में लग्न होने पर प्रभाव

प्रथम चरण (1st Pada) (बृहस्पति - धनु नवांश) ➔ सकारात्मक, नैतिकता, उच्च बुद्धि, शिक्षक/नेता, आध्यात्मिक झुकाव, कम क्रोध

द्वितीय चरण (2nd Pada) (शनि - मकर नवांश) ➔ कठोर कर्मयोगी, जिम्मेदार, जीवन में संघर्ष, मजबूत नेतृत्व, स्वास्थ्य कमजोर, अत्यधिक अनुशासन

तृतीय चरण (3rd Pada) (शनि -कुंभ नवांश) ➔ तेज बुद्धि, अनोखे विचार, विज्ञान/तकनीक उन्नति, सामाजिक प्रभाव, नाविन्यता, बागी स्वभाव

चतुर्थ चरण (4th Pada) (बृहस्पति - मीननवांश) ➔ भावनात्मक, दयालु, अंतर्ज्ञानी, लेखक/उपचारक, संबंधों में संवेदनशीलता, रचनात्मक प्रतिभा

आर्द्रा लग्न की महिलाएँ (Ardra Ascendant Women) ➔ बहुत तेज दिमाग, भावनात्मक रूप से गहरी, आकर्षक + रहस्यमयी, निर्णय लेने में मजबूत, संबंधों में अत्यंत निष्ठावान, परिवार की रक्षा करने वाली, करियर में महात्वाकांक्षी, आध्यात्मिकता में अंतर्ज्ञानी, कभी-कभी कड़वा सच बोलने वाली, भीतर नाज़ुक, बाहर लोहे जैसी उनका जीवन संघर्ष के बाद असाधारण सफलता देता है।

07. पुनर्वसु नक्षत्र

पौराणिक कथा → पुनर्वसु नक्षत्र की अधिष्ठात्री देवी हैं माता अदिति (Aditi) जो देवताओं की जननी कहलाती हैं। अदिति को अनंत आकाश, अनंत ऊर्जा, पोषण, पवित्रता, प्रकाश और पुनर्जन्म का प्रतीक माना जाता है।

उनसे जुड़ी पौराणिक कथा इस नक्षत्र के मूल अर्थ "वापसी, पुनर्जन्म, पुनः संपन्नता, प्रकाश का अंधकार पर विजय" को गहराई से दर्शाती है।

एक समय असुरों ने देवताओं को पराजित कर दिया। दुनिया पर अधर्म, अंधकार और अशांति का शासन होने लगा। देवता अपने स्वर्गलोक से वंचित होकर पृथ्वी और अंतरिक्ष में भटकने लगे। देवताओं की माँ अदिति ने अपने पुत्रों की यह दुर्दशा देखी। वे अत्यंत व्याकुल हुईं, लेकिन निराश नहीं। उन्होंने संकल्प लिया कि वे देवताओं को उनके स्थान पर पुनः स्थापित करेंगी। अदिति ने कठोर तपस्या, उपवास, जप और पूजा की। उनका लक्ष्य था "अंदर और बाहर की बंधनों से मुक्ति और पुत्रों की नई शुरुआत। "उनकी तपस्या से प्रसन्न होकर भगवान विष्णु प्रकट हुए। अदिति ने उनसे विनती की "मेरे पुत्रों को पुनः शक्ति, प्रकाश और स्थान मिले। उन्हें पुनर्जन्म दो कि वे फिर से उठ खड़े हों। "विष्णु ने उनकी भक्ति को स्वीकार किया और अदिति के गर्भ में जन्म लेने का वचन दिया। अदिति के गर्भ से जन्म लेकर विष्णु ने वामन अवतार लिया और असुरों से देवताओं का स्वर्ग पुनः दिलाया यानी देवताओं की समृद्धि, शक्ति और स्थान की वापसी।

निष्कर्ष

पुनर्वसु नक्षत्र की पौराणिक कथा हमें सिखाती है कि ➔ जीवन में चाहे कितनी भी कठिनाइयाँ आएँ, चाहे कितना भी अंधकार छा जाए, चाहे कितना भी खो जाए अच्छाई, प्रकाश और समृद्धि फिर से लौटती है।

यही "Punar-vasu" है फिर से अच्छा होना, फिर जन्म लेना, फिर रोशन होना।

समान्य परिचय

पुनर्वसू नक्षत्र वैदिक ज्योतिष में सातवाँ नक्षत्र है। यह मिथुन 20°00' से कर्क 3°20' तक फैला हुआ है और आकाश में Castor (Alpha Geminorum) और Pollux (Beta Geminorum) नामक प्रसिद्ध सितारों से चिन्हित है।

इसका मूल अर्थ है "जो फिर से अच्छा हो जाए, जो पुनः प्रकाश और समृद्धि लेकर लौटे। "इसीलिए इस नक्षत्र के जातक जीवन में कई बार कठिनाईयों से उठकर फिर से चमकते हैं।

खगोल विज्ञान (Astronomy) Castor (Alpha Geminorum) औरPollux (Beta Geminorum) ये दोनों तारे मिथुन राशि में स्थित "जुड़वाँ भाइयों" का प्रतिनिधित्व करते हैं।

पौराणिक रूप से ➔ Castorहानि, विछोह, कमजोरी, Pollux उद्धार, पुनर्जीवन, पुनर्प्राप्ति यही ऊर्जा पुनर्वसु नक्षत्र के जीवन में देखी जाती है।

नक्षत्र सीमा (Degrees) ➔ 20°00' मिथुन - 3°20' कर्क

यह नक्षत्र मिथुन का अंत और कर्क का प्रारंभ जोड़ता है, इसलिए इसमें बुद्धि + भावनाएँ दोनों का अनोखा संगम है।

स्वामी ग्रह (Lord Planet) ➔ गुरु (Jupiter) ज्ञान, विकास, समृद्धि, नैतिकता और संरक्षण का ग्रह।

इसलिए जातक उदार, आशावादी, दार्शनिक और पुनर्निर्माण करने वाले होते हैं।

प्रतीक (Symbol) ➔ तीर-कमान की तरकश (A Quiver of Arrows)

यह प्रतीक है लक्ष्य, पुनः प्रयास, सही दिशा में लौटना, शक्ति का संचय

देवता (Presiding Deity) ➔ माता अदिति (Aditi)

देवताओं की जननी, अनंत आकाश, पोषण, सद्भाव और स्वतंत्रता का प्रतीक। इसलिए जातक दयालु, पोषण करने वाले, मुक्त सोच वाले, बंधन मुक्त और आशावादी देखे जाते हैं।

गुण (Guna) ➔ सत्त्व (Sattva)

यह नक्षत्र मानसिक और आध्यात्मिक रूप से बहुत पवित्र और शांत ऊर्जा देता है। जातक सत्यवादी, सरल और सज्जन होते हैं।

तत्व (Element) ➔ वायु (Air Element)

इससे जातक विचारशील, संचार कुशल, बुद्धिमान, अनुकूलनशील बनते हैं।

वर्ण (Varna) ➔ क्षत्रिय (Warrior Class)

इससे जातक रक्षक, संरक्षक, कर्तव्यनिष्ठ, न्यायप्रिय स्वभाव रखते हैं।

प्रकृति (Nature) ➔ मृदु (Soft/Gentle)

जातक सरल, विनम्र और सहज होते हैं, उनमें क्रोध जल्दी शांत हो जाता है, उनका आभामंडल शांतिदायक होता है

गण (Temperament) ➔ देव गण (Divine Nature)

दयालु, उदार, उच्च नैतिक मूल्यों वाले, दूसरों के भले की सोचना, Harming instinct बहुत कमरखते हैं।

योनि (Animal Symbol) ➔ महिष (Water Buffalo)

धैर्य, सहनशीलता, शांत शक्ति, जिम्मेदारीपूर्ण स्वभाव

लिंग (Gender) ➔ स्त्री (Female Energy)

इसका मतलब ऊर्जा मृदु, शांत, पोषण देने वाली और संवेदनशील होती है।

शक्ति (Shakti/Power) ➔ वसुत्व प्रापना शक्ति/वस्तु-ग्रहण शक्ति"Vastuva Prapana Shakti"

खोई हुई वस्तु, उद्देश्य या स्थिति को पुनः प्राप्त करने की शक्ति।

इसलिए जातक जीवन में बार-बार खोया हुआ फिर पाते हैं, असफलता के बाद फिर उठते हैं संघर्षों से अधिक शक्तिशाली बनकर निकलते हैं

दिशा (Direction) ➔ पूर्व (East)

पूर्व दिशा पुनर्जन्म, प्रकाश और नए आरंभ का प्रतीक है। इसीलिए जातक भविष्य-दृष्टा और प्रगतिशील होते हैं।

रंग (Color) ➔ पीला (Yellow)

गुरु का रंग, जो सकारात्मकता, ज्ञान, समृद्धि, आत्मविश्वास देता है

स्वभाव ➔ चर + द्विस्वभाव (Mutable + Dual Nature)

मिथुन-कर्क सीमा के कारण यह नक्षत्र परिवर्तनशील भी है और अनुकूलनशील भी। जातक परिस्थितियों के अनुसार अपने को ढाल लेते हैं।

प्रवृत्ति ➔ वात + कफ मिश्रित प्रकृति

वात ➔ बुद्धि, विचार, गतिशीलता, संचार

कफ ➔ दया, स्थिरता, पोषण

इसलिए जातक विचारशील भी, धैर्यवान भी, संवेदनशील भी, अनुकूलनशील भी देखे जाते हैं। यह नक्षत्र असफलताओं के बाद दूसरा मौका देता है। ऐसे लोग जीवन में कई बार गिरकर भी उठ जाते हैं।

जीवन पर प्रभाव (Impact on Life)

पुनर्वसु नक्षत्र जीवन में पुनर्जन्म, नवीनीकरण, उपचार, और खोई हुई चीज़ों की पुनः प्राप्ति का प्रतीक है। इस नक्षत्र के जातक किसी भी परिस्थिति में आशा, प्रकाश और समाधान ढूँढने की क्षमता रखते हैं।

यह नक्षत्र जातकों के जीवन के हर क्षेत्र मानसिक, भावनात्मक, सामाजिक, आर्थिक, वैवाहिक और आध्यात्मिक पर गहरा प्रभाव डालता है।

व्यक्तित्व (Personality)

पुनर्वसु नक्षत्र के लोग जन्म से ही शांत, सकारात्मक, दयालु, पोषण देने वाले और पुनर्निर्माण करने वाले स्वभाव के होते हैं। इनका व्यक्तित्व सरल लगता है, पर भीतर से बेहद गहरा, सोच युक्त और आध्यात्मिक होता है।

सौम्य और दयालु स्वभाव ➔ ये लोग भीतर से बहुत मृदु और कोमल हृदय के होते हैं। दूसरों का दर्द तुरंत महसूस करते हैं। किसी को कष्ट में देखकर बिना कहे मदद करना इनकी आदत है। इनके भीतर "देने" की भावना बहुत प्रबल होती है।

लोग इन्हें भरोसेमंद, सुरक्षित और प्यारा व्यक्तित्व मानते हैं।

आशावादी और सकारात्मक सोच ➔ कठिन परिस्थितियों में भी आशा नहीं छोड़ते। अंधकार में भी रोशनी का रास्ता ढूँढ लेते हैं। दूसरे को भी प्रेरणा देते हैं। जीवन में बार-बार गिरकर भी उठ खड़े होने का दुर्लभ गुण होता है।

आध्यात्मिक और दार्शनिक मानसिकता ➔ इनके मन में स्वाभाविक आध्यात्मिकता रहती है। आत्मचिंतन, मौन, ध्यान, ईश्वर, सत्य इनकी रुचि के विषय होते हैं। परिस्थितियों को गहरे से समझने की क्षमता होती है। हर अनुभव को सीख और विकास के रूप में देखते हैं। ये लोग जीवन को उच्च दृष्टिकोण से देखने वाले होते हैं।

कोमल व्यवहार और मधुर वाणी ➔ भाषा में कटुता या अभद्रता नहीं होती। बातों में मिठास और कोमलता होती है। जहां तनाव हो, वहां जाकर वातावरण को शांत कर सकते हैं। इनके आसपास रहकर लोग शांति महसूस करते हैं।

पुनर्निर्माण और पुनर्जीवन की क्षमता ➔ पुनर्वसु का अर्थ भी यही है फिर से अच्छा हो जाना। समस्या हल करना, टूटे रिश्ते जोड़ना, असफलता के बाद फिर से निर्माण करना, जीवन को नए तरीके से शुरू करना यह इनके लिए स्वाभाविक है। जीवन में कई बार ये "नए जन्म" की तरह उठ खड़े होते हैं।

बुद्धिमान और ज्ञान-प्रेमी ➔ गहरी सोच, तेज बुद्धि और दार्शनिक समझ इनकी पहचान है। शिक्षा, शोध, लेखन, अध्यापन में श्रेष्ठता। हर बात का कारण, अर्थ और तर्क तलाशते हैं। जटिल विषयों को भी सरल बनाकर समझने की जन्मजात प्रतिभा।

शांत लेकिन मजबूत अंदरूनी शक्ति ➔ बाहर से नरम लेकिन भीतर से बेहद मजबूत। सहनशीलता और धैर्य इनकी सबसे बड़ी ताकत है। कठिन समय में दूसरों को सहारा देते हैं। अत्यधिक मानवीय, पर अंदर से दृढ़।

परिवार और संबंधों में पोषण देने वाले ➔ परिवार में "शांति और संरक्षण" की ऊर्जा लेकर आते हैं। साथी, परिवार और बच्चों के प्रति जिम्मेदार। भावनात्मक सुरक्षा देने वाले प्रेमी/पति/पत्नी। इनके बिना कुछ भी अधूरा महसूस होता है।

रचनात्मक और संवेदनशील ➔ कला, संगीत, लेखन, काव्य, प्रकृति सबसे जुड़ाव। भावनाएँ गहरी और संवेदनशील होती हैं। सुंदरता और सरलता दोनों की ओर आकर्षित। इनके भीतर कलाकार और उपचारक दोनों छिपे होते हैं।

कमजोरियाँ (Hidden Weaknesses) ➔ उनकी कुछ कमियां भी होती हैं, जो उनकी भावना-प्रधान प्रकृति से आती हैं

जल्दी भावुक होना, दूसरों की समस्याएँ ज़्यादा उठाना, खुद को पीछे रखना, कभी-कभी स्वप्निल और अव्यवहारिक होना, प्रियजनों से चोट आसानी से लगना

इनकी दयालुता कई बार उन्हें "बहुत अच्छा" बना देती है, जिसका लोग फायदा उठा सकते हैं।

दोहरी प्रकृति (Dual Nature) ➔ Castor-Pollux दो तारों के कारण इनमें द्विस्वभाव भी होता है एक ओर आशावाद दूसरी ओर संवेदनशीलता, एक ओर कोमलता, दूसरी ओर आंतरिक दृढ़ता

सौम्यता और शक्ति का सुंदर मिश्रण।

लोकप्रियता और सामंजस्य ➔ ये लोगों में तनाव कम करते हैं। जहां जाएँ, वहाँ शांति और सकारात्मकता फैलाते हैं। समाज और परिवार में सम्मानित।

यह नक्षत्र "हीलर और शांति दूत" पैदा करता है।

मानसिक और भावनात्मक स्वभाव (Mental & Emotional Nature)

पुनर्वसु जातकों का मन अदिति की ऊर्जा से प्रभावित होता है अर्थात खुला, विस्तृत, पोषणकारी और पुनर्जीवित करने वाला मन। उनका मानसिक ढांचा सरल लग सकता है, लेकिन भीतर से अत्यंत बारीक और गहन होता है।

गहराई से विश्लेषण करने वाला मन ➔ इन जातकों का मन सतही बातों को कभी स्वीकार नहीं करता। वे हर परिस्थिति को अंदर तक महसूस करके उसका सार समझकर ही प्रतिक्रिया देते हैं। विचारों में बारीकी, निरीक्षण की क्षमता, भावनात्मक संकेतों को तुरंत पकड़ लेना इनकी खासियत है। ये लोग जीवन की घटनाओं को सिर्फ देख नहीं लेते, उन्हें पढ़ लेते हैं।

स्वाभाविक रूप से 'हीलिंग माइंडसेट' ➔ पुनर्वसु मन टूटता नहीं दूसरों को जोड़ने में सक्षम होता है। किसी का दर्द शांत करना, विवादों को सहजता से हल करना, संकट में धैर्य देना, भावनात्मक टूटन को भरना इनकी मानसिकता में यह गुण जन्मजात होता है। ये लोग प्राकृतिक "भावनात्मक उपचारक" होते हैं।

भावनाओं का प्रवाह शांत, पर गहरा ➔ भावनाएँ भीतर से बहुत गहरी होती हैं लेकिन बहाव शांत और नियंत्रित रहता है। अंदर भावुक, लेकिन बाहर स्थिर, संवेदनशील, लेकिन ओवर-रिएक्ट नहीं करते, चोट लगने पर भी संयम नहीं खोते, उनके भीतर समुद्र जैसा भावनात्मक संसार होता है गहरा, परंतु शांत। उनकी भावनाएँ तेज़ नहीं, स्थिर और गंभीर होती हैं।

स्वच्छ और निष्कपट मानसिकता ➔ इनके मन में दुराव, कपट या चालाकी नहीं बसती। वे दुनिया को सचाई और सरलता से देखते हैं। किसी को नुकसान पहुँचाने का विचार नहीं, बुरी नीयत वाले लोगों को भी माफ कर देने का स्वभाव, मानसिक शुद्धता और स्पष्टता उनकी कार्यप्रणाली को ईमानदार बनाती है। इनकी नीयत साफ होती है, और मन बिना बोझ के चलता है।

अनुकूलनशील मानसिकता (Adaptive Thinking) ➔ कठिन परिस्थिति बदलते ही ये लोग अपने सोचने का तरीका भी बदल लेते हैं।

जल्दी सीखना, परिस्थितियों से तालमेल, मानसिक कठोरता नहीं इसलिए विपरीत परिस्थितियों में भी समायोजन कर पाते हैं।

उनका मन टूटता नहीं, मुड़कर खुद को फिर से सेट कर लेता है।

भावनात्मक जिम्मेदारी उठाने की प्रवृत्ति ➔ ये लोग किसी भी रिश्ते में भावनात्मक जिम्मेदारी उठाते हैं। दूसरों की भावनाएँ समझना, लोगों की परेशानियाँ अपनी मान लेना, खुद टूटकर भी दूसरों को संभालना यह इन्हें बहुत पसंद आता है, लेकिन कभी-कभी बोझ भी बन जाता है।

वे भावनाओं में उतना ही निवेश करते हैं जितना दूसरे शायद समझ ही न पाएं।

मानसिक शांति की गहरी आवश्यकता ➔ इनकी भावनाएँ तभी संतुलित रहती हैं जब वातावरण शांत हो। तेज आवाज़, टकराव, दबाव, उत्तेजना इनपर प्रतिकूल प्रभाव डालते हैं।

इनका मन चिड़चिड़ाहट नहीं, सौम्यता चाहता है।

आत्म-नवीनीकरण की अद्भुत क्षमता ➔ जब ये भावनात्मक रूप से टूटते हैं तो कुछ समय बाद भीतर से नई ऊर्जा, नई समझ, और नई दृष्टि लेकर उठते हैं। दर्द को ताकत में बदलना, हानि को सीख में बदलना असफलता को सुधार में बदलना यह इनकी विशेषता है।

भावनात्मक गिरावट इनके लिए अंत नहीं, एक नया आरंभ होती है।

मानसिक उदारता (Mental Generosity) ➔ ये लोग दूसरों की गलतियों को जगह देते हैं। हर व्यक्ति को दूसरा मौका देना, लोगों की स्थितियों को समझना, कठोर निर्णय न लेना वे दुनिया को नैतिक रूप से नहीं, बल्कि मानवीय रूप से देखते हैं।

उनका मन निर्णय नहीं करता, समझता है।

भावनाओं को शब्दों में बदलने की कला ➔ पुनर्वसु जातक भावनाओं को सुंदर तरीके से व्यक्त कर सकते हैं लिखकर, बोलकर, कविता/संगीत/रचना द्वारा उनकी भावनाओं में इतनी सफाई और गहराई होती है कि वे दूसरों पर गहरा असर छोड़ते हैं।

इनके शब्द भावनात्मक उपचार बन जाते हैं।

पुनर्वसु जातकों का मन गहरा, शांत, जटिल लेकिन स्वच्छ, संवेदनशील लेकिन नियंत्रित, भावुक लेकिन संतुलित, टूटकर भी पुनः खड़ा होने वाला, दूसरों को उपचार देने वाला होता है। उनका भावनात्मक संसार "घावों की मरम्मत" और "नई शुरुआत" की दिव्यता से भरा हुआ होता है।

वे दूसरों को ही नहीं, खुद को भी पुनर्जीवित करने की क्षमता रखते हैं।

करियर और पेशा (Career & Profession)

पुनर्वसु नक्षत्र गुरु (Jupiter) और अदिति ऊर्जा से प्रभावित होता है, इसलिए इस नक्षत्र के जातक ज्ञान, परामर्श, पुनर्निर्माण, शिक्षण, रचनात्मकता और उपचार जैसे क्षेत्रों में असाधारण क्षमता दिखाते हैं।

उनका करियर उन क्षेत्रों में चमकता है जहाँ ज्ञान बाँटना हो, दिशा देना हो, सुधार करना हो, समझदारी चाहिए, दूसरों की मदद उपचार शामिल हो, खोज, अनुसंधान या शिक्षा हो, रचनात्मकता और संवेदनशीलता की आवश्यकता हो

ज्ञान-आधारित करियर (Knowledge-Based Careers) ➔ पुनर्वसु जातक स्वभाव से अध्ययन प्रेमी, बुद्धिमान और दार्शनिक होते हैं। इसलिए वे उन प्रोफेशनों में उत्कृष्ट होते हैं जहाँ ज्ञान का संचार, शोध या विश्लेषण आवश्यक हो।

उपयुक्त पेशे ➔ शिक्षक (Teacher), प्रोफेसर (Professor), शोधकर्ता (Research Scholar), दार्शनिक (Philosopher), इतिहासकार (Historian), मनोवैज्ञानिक (Psychologist), ज्योतिषी (Astrologer), पुरातत्वविद (Archaeologist), आध्यात्मिक अध्ययनकर्मी

इन करियर में उनकी बुद्धि और समझ नई ऊँचाइयाँ प्राप्त करती है।

शिक्षण एवं प्रशिक्षण (Teaching and Training) ➔ इस नक्षत्र की ऊर्जा "ज्ञान को देने" की है इसलिए वे उत्कृष्ट गुरु, प्रशिक्षक और मार्गदर्शक बनते हैं।

उपयुक्त भूमिकाएँ ➔ स्कूल/कॉलेज शिक्षक, ट्रेनर और कोच, लाइफ़ कोच, स्किल ट्रेनर, आध्यात्मिक गुरु, वेद/ग्रंथ/शास्त्र शिक्षक

लोग इनके बताए हुए रास्तों पर भरोसा करते हैं।

परामर्श और काउंसलिंग (Counselling & Guidance) ➔ इनकी भावनात्मक समझ और शांत स्वभाव इन्हें बेहतरीन काउंसलर बनाता है।

प्रमुख करियर ➔ काउंसलर, फैमिली काउंसलर, मैरिज काउंसलर, मेंटल वेलनेस गाइड, रिलेशनशिप गाइड, योग एवं ध्यान प्रशिक्षक

वे दूसरों की परेशानियों को हल्का कर सकते हैं।

रचनात्मक और साहित्यिक करियर (Creative & Literary Professions) ➔ पुनर्वसु रचनात्मक ऊर्जा से भरा हुआ नक्षत्र है।

इनके भीतर प्राकृतिक रूप से अभिव्यक्ति, कल्पनाशीलता, शुद्धता, संवेदनशीलतापाई जाती है।

उपयुक्त पेशे ➔ लेखक/उपन्यासकार, कवि, पटकथा लेखक, स्क्रिप्ट राइटर, पत्रकार, एडिटर, कंटेंट क्रिएटर, ब्लॉगर

इनके शब्दों में उपचार स्पष्टता दोनों होती है।

कला, संगीत और डिजाइन (Art, Music & Creative Design) ➔ इस नक्षत्र के जातक रचनात्मकता और सौंदर्य-बोध से प्रेरित होते हैं।

उपयुक्त पेशे ➔ संगीतकार, गायक, वाद्य-यंत्र कलाकार, पेंटिंग/चित्रकला, ग्राफिक डिजाइन, फैशन डिजाइन, डिजिटल आर्ट

इन क्षेत्रों में वे भावनात्मक गहराई डालते हैं।

सामाजिक सेवा और मानव कल्याण (Social Service & Humanitarian Work) ➔ अदिति की ऊर्जा उन्हें करुणामय बनाती है। इसलिए समाज सेवा इनके लिए अत्यंत अनुकूल है।

उपयुक्त पेशे ➔ NGO कार्यकर्ता, सामाजिक सुधारक, चैरिटी कार्य, महिला/बाल विकास कार्यक्रम, हेल्थकेयर सपोर्ट, आपदा राहत स्वयंसेवक

ये समाज में सकारात्मक बदलाव लाने वाले बनते हैं।

प्रशासन और पब्लिक सर्विस (Administration & Public Service) ➔ गुरु का प्रभाव इन लोगों को ज्ञान-युक्त नेता बनाता है। ये न्यायप्रिय और शांतिदूत होते हैं।

उपयुक्त पेशे ➔ सरकारी प्रशासन, पब्लिक सर्विस (IAS/State Services), शिक्षा विभाग, संस्कृति विभाग, सार्वजनिक कल्याण परियोजनाएँ, विदेश सेवा (Diplomats)

इनकी संतुलित सोच इन्हें प्रशासकीय भूमिकाओं में सफल बनाती है।

शोध और विज्ञान (Research & Science) ➔ मिथुन ऊर्जा और गुरु ग्रह की वजह से ये जातक विश्लेषण और अध्ययन में श्रेष्ठ होते हैं।

प्रमुख करियर ➔ वैज्ञानिक, शोधकर्ता, मेडिकल रिसर्च, मनोविज्ञान अनुसंधान, ज्योतिष/वेदिक रिसर्च, डेटा एनालिस्ट

इनमें विचारों को जोड़ने और गहरी समझ बनाने की क्षमता होती है।

यात्रा और अन्वेषण (Travel & Exploration) ➔ पुनर्वसु जातक खोजी प्रवृत्ति रखते हैं।वे नई जगहें, संस्कृतियाँ और ज्ञान ढूँढने में आनंद पाते हैं।

उपयुक्त भूमिकाएँ ➔ यात्रा, लेखक, टूर गाइड, ट्रैवल, डॉक्यूमेंट्री मेकर, संस्कृति शोधकर्ता, अंतरराष्ट्रीय सहयोगी कार्य

इनमें विश्व को समझने और जोड़ने की क्षमता होती है।

स्वास्थ्य और उपचार (उपचार & Wellness) ➔ चूँकि ये भावनात्मक और मानसिक उपचार स्वाभाविक रूप से करते हैं इसलिए शारीरिक/मानसिक उपचार से जुड़े करियर आदर्श हैं।

उपयुक्त पेशे ➔ योग शिक्षक, ध्यान प्रशिक्षक, हर्बल/प्राकृतिक चिकित्सक, ऊर्जा उपचार, Rekie, प्राणिक हीलिंग, होलिस्टिक थेरेपिस्ट

इनके हाथों, वाणी और ऊर्जा से उपचार प्रभाव निकलता है।

पुनर्वसु नक्षत्र के जातक उन क्षेत्रों में चमकते हैं जहाँ ज्ञान दिया जाता हो, उपचार और मार्गदर्शन की आवश्यकता हो, समाज या व्यक्ति को सुधारना हो, रचनात्मकता और संवेदनशीलता की भूमिका हो, अध्ययन और शोध शामिल हो, शांति और संयम जरूरी होये लोग ज्ञान, करुणा और रचनात्मकता के मिलेजुले गुणों से प्रोफेशन में उत्कृष्ट होते हैं।

आर्थिक स्थिति (Financial Aspects)

पुनर्वसु नक्षत्र की आर्थिक ऊर्जा गुरु (Jupiter) और अदिति (असीमित पोषण) के प्रभाव से संचालित होती है। इस कारण जातकों की आर्थिक स्थिति अनियमित शुरुआत, परंतु स्थिर और सुरक्षित अंत की ओर बढ़ती है। यह नक्षत्र "समृद्धि की वापसी" का प्रतीक है यानी धन चाहे कुछ समय के लिए कम हो जाए परंतु फिर से अवश्य लौटता है।

काफी जातकों को जीवन की शुरुआत में वित्तीय अस्थिरता, परिवार की आर्थिक चुनौतियाँ, स्वावलंबन प्राप्त करने में देर, अवसरों की कमी जैसी स्थितियाँ देखने को मिल सकती हैं।

धन देर से आता है, लेकिन स्थायी और सुरक्षित रूप में आता है।

आर्थिक पुनर्प्राप्ति (Financial Recovery) की अद्भुत क्षमता ➔ पुनर्वसु का सबसे महत्वपूर्ण आर्थिक गुण यह है कि जातक नुकसान से उबर जाते हैं, खोया हुआ फिर हासिल कर लेते हैं, गलत निवेश से सीखकर आगे बढ़ते हैं, आर्थिक गिरावट को स्थायी नहीं बनने देते

धन खो भी जाए, तो वापस आता है दूसरे लोगों की तुलना में तेज़।

खर्च और बचत की प्रवृत्ति ➔ इनका आर्थिक व्यवहार संतुलित होता है दिखावा नहीं करते, अनावश्यक खर्च से बचते हैं, बचत की सोच होती है, जोखिम कम लेते हैं, पारिवारिक सुरक्षा के लिए पैसे जुटाते हैं ये लोग "सुरक्षा-आधारित" आर्थिक सोच रखते हैं।

इनकी बचत आदतें मजबूत आर्थिक नींव बनाती हैं।

आर्थिक सौभाग्य (Financial Luck) ➔ गुरु के प्रभाव से इन जातकों में एक प्रकार का दैवी संरक्षण रहता है। कठिन समय में छिपे हुए अवसर मिल जाते हैं, मुश्किल परिस्थितियों में कोई सहायक या संसाधन अचानक मिल जाता है, सही समय पर सही व्यक्ति/सहयोग जन्म लेता है

पुनर्वसु जातक आर्थिक संकट में भी 'अदृश्य समर्थन' अनुभव करते हैं।

संपत्ति (Property & Assets) के योग ➔ घर, भूमि, वाहन, कृषि भूमि या पैतृक संपत्ति के योग मजबूत होते हैं, जीवन के मध्य या अंतिम चरण में संपत्ति संचय बढ़ता है, स्थायी संपत्ति बनाने में रुचि रखते हैं

इनकी संपत्ति धीरे-धीरे और स्थिर रूप से बढ़ती है।

पैसा कमाना नियमित लेकिन धीमी प्रगति ➔ पुनर्वसु जातक पैसे के पीछे भागने वाले नहीं होते। वे नैतिक और शांत तरीकों से पैसा कमाते हैं मेहनत, ज्ञान, परामर्श, शिक्षा, सेवा, रचनात्मकता इसलिए इनकी आर्थिक प्रगति शुरू में धीमी लेकिन लंबी अवधि में अधिक सुरक्षित होती है।

निवेश (Investment Behaviour) ➔ जोखिम कम लेते हैं, सुरक्षित निवेश पसंद करते हैं, बार-बार नुकसान की स्थिति नहीं बनती, सही सलाह मानते हैं, परिवार-केंद्रित निवेश करते हैं (जैसे घर, बच्चों की शिक्षा)

ये लोग दीर्घकालिक संपत्ति में विश्वास रखते हैं।

इस नक्षत्र की खास बात "किसी भी आर्थिक गिरावट से उभरकर पहले से बेहतर स्थिति बना लेना।" यह गुण मिलता है गुरु की वृद्धि ऊर्जा, अदिति की पुनर्निर्माण शक्ति, Castor-Pollux की द्वि-उपचार ऊर्जा

आर्थिक स्ट्रगल इनके लिए सीखने की प्रक्रिया बन जाता है।

दान और उदारता ➔ पुनर्वसु जातकदान करते हैं, ज़रूरतमंदों की आर्थिक सहायता करते हैं, अपने भोजन/संसाधन दूसरों से साझा करने वाला स्वभाव रखते हैं उनकी उदारता अक्सर जीवन में आर्थिक आशीर्वाद वापस खींच लाती है।

देने के कारण मिलने की प्रक्रिया बढ़ती है।

जीवन के अंतिम चरण में आर्थिक सुरक्षा ➔ कई जातकों के लिए स्थायी आय, परिवार और घर की मजबूती, अच्छी बचत, किसी प्रकार की संपत्ति, बच्चों से सहयोग, जीवन के बाद के वर्षों में मिलता है।

अंतिम भाग में वित्तीय सुरक्षा और सम्मान दोनों प्राप्त होते हैं।

पुनर्वसु नक्षत्र की आर्थिक स्थिति का मुख्य पैटर्न है प्रारंभ में उतार-चढ़ाव, बीच में संघर्ष और स्थिरता के बीच दोहरावदार उतार-चढ़ाव, बाद में शांति, सुरक्षा और संपन्नता, संकट से उबरने की अद्भुत क्षमता, खोया हुआ धन वापस मिलना, नैतिक और संतुलित कमाई, सुरक्षित, स्थिर आर्थिक जीवन

यह नक्षत्र जीवन में धन की कमी स्थायी नहीं रहने देता।

प्रेम, विवाह और दांपत्य जीवन(Love, Marriage & Married Life)

पुनर्वसु नक्षत्र गुरु (Jupiter) और अदिति (मातृत्व, पोषण और पुनर्जीवन) की ऊर्जा से प्रभावित होता है। इसलिए इनके प्रेम और वैवाहिक जीवन में गहराई, संवेदनशीलता, निष्ठा और पुनर्निर्माण की क्षमता प्रमुख रूप से दिखती है।

प्रेम जीवन (Love Life) ➔ पुनर्वसु जातक प्रेम में जल्दबाज़ी नहीं करते। भावनाएँ मजबूत होती हैं, परंतु वे इन्हें धीरे-धीरे व्यक्त करते हैं। वे जांचते हैं, परखते हैं भावनात्मक सुरक्षा महसूस करने पर ही खुलते हैं

इनके प्रेम की शुरुआत अक्सर दोस्ती से होती है।

इनका प्रेम भीतर से गहरा और शुद्ध होता है। वे सतही रिश्ते पसंद नहीं करते। दिल जीतना कठिन लेकिन एक बार प्रेम हो जाए तो बेहद समर्पित हो जाते हैं प्रेम में स्थिरता चाहते हैं

ये लोग “हृदय-केन्द्रित प्रेमी” होते हैं।

उपचार प्रकार का प्रेम करते हैं जहाँ जाते हैं, वहाँ प्रेम में संतुलन, शांति, विश्वास, पोषण लेकर आते हैं।

साथी इनके साथ भावनात्मक रूप से सुरक्षित महसूस करता है।

रिश्ता टूटे तो भी फिर से बनाने की क्षमता ➔ यदि इनका रिश्ता टूट जाएतो ये तुरंत हार नहीं मानते संवाद और उपचार का रास्ता अपनाते हैं, रिश्ते को दोबारा सुधारने की कोशिश करते हैं “दूसरा मौका” देने का स्वभाव इनके प्रेम जीवन की खासियत है।

भावनात्मक वफ़ादारी ➔ ये लोग एक समय में एक ही व्यक्ति को दिल से चाह सकते हैं। धोखा, छल और झूठ इन्हें गहराई से आहत करता है।

विवाह और जीवनसाथी (Marriage & Spouse) ➔ जीवनसाथी शांत, भावनात्मक और संवेदनशील मिलता है इनका जीवनसाथी समझदार, भावुक, नरम दिल, परिवार-केंद्रित, सहयोगी होता है।

जीवनसाथी इनके जीवन में स्थिरता और मानसिक शांति लाता है।

पति/पत्नी से मजबूत भावनात्मक बंधन ➔ इनका विवाह केवल सामाजिक संस्था नहीं बल्कि गहरे दिल से जुड़ा रिश्ता बनता है। दोनों के बीच सहजता, भावनात्मक खुलापन, एक-दूसरे पर भरोसा, कठिन समय में साथ रहना

यह विवाह में आध्यात्मिक गहराई लाता है।

विवाह में nurturing energy ➔ पुनर्वसु ऊर्जा अदिति की है इसलिए विवाह में पोषण, देखभाल, संवेदनशीलता, सुरक्षा इनके द्‌वारा स्वाभाविक रूप से आती है।

कुछ जातकों का विवाह देर से होता है क्योंकि ये लोग सही साथी खोजते हैं, मन से पूरी तरह जुड़ना चाहते हैं, भावनात्मक सुरक्षा चाहते हैं

जल्दी समझौता नहीं करते। इस कारण विवाह थोड़ा देर से या सोच-समझकर होता है।

व्यक्तिगत स्वतंत्रता का सम्मानचाहते हैं, ये अपने साथी की स्वतंत्रता और स्पेस का सम्मान करते हैं। बंधन नहीं डालते, विश्वास के साथ प्रेम करते हैं, साथी को अपनी पहचान जीने देते हैं

दांपत्य जीवन (Married Life) ➔

दांपत्य जीवन में शांति और संतुलन ➔ पुनर्वसु जातक अपने घर में एक शांत और सकारात्मक वातावरण बनाते हैं। विवाद जल्दी शांत कर लेते हैं, संघर्षों को बातचीत से सुलझाते हैं, घर में प्रेम और सौहार्द की ऊर्जा लाते हैं

इनके दांपत्य जीवन में एक उपचारक आभा रहती है।

घर-परिवार में सामंजस्यकारी भूमिका ➔ ये दोनों पक्षों को संतुलित करते हैं जीवनसाथी की भावनाएँ समझते हैं, संयुक्त परिवार में शांतिदूत की भूमिका निभाते हैं

ये विवाह में एक स्थिरता प्रदान करने वाला व्यक्तित्व होते हैं स्थिति को स्थिर रखने वाले।

रिश्ते में पुनर्निर्माण की क्षमता ➔ यदि दांपत्य जीवन में कठिन समय आए ये टूटते नहीं, वापस बनाते हैं, धैर्य रखते हैं रिश्ते को समय और उपचार देते हैं

हर समस्या के बाद रिश्ता और गहरा होता है।

भावनात्मक संवेदनशीलता ➔ इनकी भावनाएँ गहरी होती हैं, इस कारण छोटी बातें इनका मन दुखा सकती हैं, कदम-कदम पर सुरक्षा और भरोसा चाहते हैं, साथी के व्यवहार से भावनात्मक रूप से प्रभावित होते हैं

इनका दांपत्य प्रेम आधारित होता है, तर्क आधारित नहीं।

बच्चों और परिवार को प्राथमिकता ➔ विवाह के बाद परिवार, घर, बच्चों की शिक्षा, नैतिक वातावरण इनकी प्राथमिकताएँ बन जाती हैं।

ये घर को एक शांत, सुरक्षित और आध्यात्मिक वातावरण देते हैं।

चुनौतियाँ (Possible Challenges) ➔ पुनर्वसु जातकों का स्वभाव अनेक बार इन चुनौतियों को जन्म देता है:

भावनात्मक चोट जल्दी लगना ➔ संवेदनशील होने के कारण छोटी बात से निराश हो सकते हैं।

साथी की गलतियों को ज़्यादा सहना ➔ कभी-कभी क्षमा देना उनकी कमजोरी बन जाती है।

आदर्शवाद ➔ रिश्ते को बहुत आदर्श बना देना और जब चीज़ें वैसी न हों, तो निराश होना।

दो बार रिश्ते का अनुभव ➔ कुछ लोग पहले रिश्ते में असंतोष या पहले विवाह में चुनौती फिर दूसरा संबंध अधिक स्थिर का अनुभव कर सकते हैं।

पुनर्वसु नक्षत्र के जातकों का प्रेम और विवाह जीवन गहरा, शुद्ध, उपचार देने वाला, भावनात्मक सुरक्षा से भरा, शांतिपूर्ण, परिपक्व और पुनर्निर्माण की क्षमता वाला होता है। ये लोग अपने विवाह को "बांधने" से ज्यादा "संजोने" को महत्व देते हैं। उनका प्रेम दिल से आता है और दांपत्य जीवन मन, हृदय और आत्मा तीनों को पोषण देता है।

स्वास्थ्य और शारीरिक संरचना(Health & Physical Constitution)

पुनर्वसु नक्षत्र गुरु (Jupiter) और अदिति (पोषण एवं पुनर्जीवन) से प्रभावित होने के कारणइन जातकों का शरीर और स्वास्थ्य मजबूत, पुनर्स्थापित होने वाला, और संतुलित होता है। हालाँकि कुछ विशिष्ट स्वास्थ्य-पैटर्न भी देखे जाते हैं जो इस नक्षत्र के जातकों में सामान्य हैं।

शारीरिक संरचना (Physical Structure) ➔ लंबा और संतुलित शरीर, अक्सर इनका कद: लंबा, अनुपातिक, सधी हुई चाल वाला होता है। वे भीड़ में अलग दिखते हैं।

चेहरा शांत और आकर्षक ➔ इनके चेहरे पर विशेष शांत, कोमल और सौम्य अभिव्यक्ति रहती है। लंबा या अंडाकार चेहरा, शांत भाव, आँखों में दया और गहराई, मधुर मुस्कान, नाक थोड़ी लंबी या सीधी इनके चेहरे पर "आंतरिक शांति" झलकती है।

शरीर पर हल्का मोटापा ➔ गुरु ग्रह का प्रभाव इन्हें पेट, कमर, कंधों अथवा चेहरे पर हल्का मोटापा दे सकता है। बहुत मोटे नहीं होते, लेकिन "सॉफ्ट-बॉडी स्ट्रक्चर" होता है।

त्वचा और बाल ➔ अधिकतर नरम त्वचा, रंग गोरा से गेहुँआ, बाल घने या लहरदार, चेहरे पर प्राकृतिक निखार देखा जाता है।

व्यक्तित्व में सौम्यता ➔ इनका शरीर "आक्रामक" न होकर मृदु, सौम्य और कोमल स्वभाव दिखता है।उनके चलने-फिरने में भी एक शांति और संतुलन होता है।

स्वास्थ्य (Health Patterns)

प्राकृतिक उपचार Power ➔ पुनर्वसु जातकों की सबसे बड़ी स्वास्थ्य विशेषता वे जल्दी ठीक हो जाते हैं। छोटी बीमारियाँ, तनाव, दुर्घटनाएँ, मानसिक थकान से रिकवरी सामान्य लोगों की तुलना में तेज़ होती है। यह अदिति की "पुनर्जीवन शक्ति" का प्रभाव है।

प्रारंभिक जीवन में स्वास्थ्य चुनौतियाँ ➔ बचपन या युवावस्था में सर्दी-जुकाम, संक्रमण, श्वसन समस्याएँ, एलर्जी जैसी छोटी-मोटी समस्याएँ हो सकती हैं।

श्वसन तंत्र (Respiratory System) संवेदनशील ➔ कई जातकों में अस्थमा प्रवृत्ति, एलर्जिक राइनाइटिस, धूल/धुएँ से संवेदनशीलता, सीने में भारीपन देखा जा सकता है।

यह मिथुन (Air element) और गुरु की वायु-वृद्धि का प्रभाव है।

पाचन और यकृत (Liver) से जुड़ी समस्याएँ ➔ गुरु अधिक पीड़ित होने पर पाचन धीमा, गैस, अम्लता, लीवर की कमजोरी, पेट फूला हुआ जैसी प्रवृत्ति दिखाई दे सकती है।

वजन से संबंधित असंतुलन ➔ वे जल्दी मोटे नहीं होते लेकिन धीरे-धीरे वजन बढ़ सकता है विशेषकर बैठे रहने वाली जीवनशैली में। थायरॉइड सुस्ती, पानी रुकना, पेट/कूल्हों में वजन जमा होना आम है।

मनो-शारीरिक स्वास्थ्य (Psychosomatic Health) ➔ इनका स्वास्थ्य मन की शांति से सीधे जुड़ा है। जब मानसिक तनाव या घर में बहस बढ़ती है, तो माइग्रेन, थकान, घबराहट, अनिद्रा BP में हल्का उतार-चढ़ाव हो सकता है।

इनकी भावनाएँ शरीर पर असर डालती हैं।

इन जातकों में लंबी आयु के योग मजबूत होते हैं। बड़ा रोग होने की संभावना कम, लेकिन छोटी समस्याएँ बार-बार हो सकती हैं।

रोग-प्रवृत्तियाँ (Common Health Tendencies)

श्वसन तंत्र ➔ सर्दी, खाँसी, एलर्जी, अस्थमा

पाचन तंत्र ➔ गैस, भारीपन, लीवर फंक्शन कम

तंत्रिका तंत्र ➔ तनाव-संवेदनशीलता, अनिद्रा

वजन ➔ धीरे-धीरे बढ़ना

त्वचा ➔ एलर्जी, सूखापन

भावनात्मक स्वास्थ्य ➔ जल्दी आहत होना, भावनात्मक थकान

स्वास्थ्य के सकारात्मक पहलू ➔ तेज़ पुनर्प्राप्ति, मजबूत प्रतिरक्षा प्रणाली, दीर्घकालिक रोग कम, मानसिक मजबूती, स्वस्थ जीवनशैली अपनाने की क्षमता, योग/ध्यान से तुरंत लाभ, दयालु मन के कारण शरीर में प्राकृतिक संतुलन

स्वास्थ्य सुधारने वाली प्राकृतिक प्रवृत्तियाँ ➔ पुनर्वसु जातक वे गतिविधियाँ पसंद करते हैं जोउनके स्वास्थ्य को स्वाभाविक रूप से मजबूत बनाती हैं, जैसे प्रकृति में जाना, सुबह की धूप, योग, ध्यान, सरल, सात्त्विक भोजन, तनाव-मुक्त दिनचर्या, इन्हें "उपचारक पर्यावरण" की आवश्यकता होती है।

मानसिक-आध्यात्मिक विकास(Spiritual & Psychological Growth)

पुनर्वसु नक्षत्र की ऊर्जा "अदिति" (सृष्टि की आदिम माता) और "गुरु" (ज्ञान, विस्तार, सद्भाव) से निर्मित होती है इसलिए इस नक्षत्र के जातकों की मानसिक और आध्यात्मिक यात्रा धीरे-धीरे, गहराई से और स्वाभाविक रूप से विकसित होती है। यह नक्षत्र जातक को जीवन के हर अनुभव से जागरूकता, परिष्कार, आत्म-ज्ञान और प्रकाश की ओर ले जाता है।

मानसिक विकास (Psychological Growth) ➔ इन जातकों के मन में विश्लेषण, सूक्ष्म निरीक्षण और घटनाओं से अर्थ निकालने की असाधारण क्षमता होती है। बचपन में यह क्षमता अविकसित रहती है लेकिन 25-32 की उम्र के बाद यह प्रबल होती है।

वे जीवन की हर घटना में छिपा संदेश समझने लगते हैं।

भावनात्मक परिपक्वता की यात्रा ➔ आरंभिक जीवन में जल्दी आहत होना, आत्मबल का उतार-चढ़ाव, भावनात्मक संवेदनशीलता दिखती है। लेकिन अनुभवों से गुजरते हुए वेअपनी भावनाओं को समझना उन्हें स्वस्थ तरीके से व्यक्त करना सहानुभूति और सीमाओं का संतुलन, धैर्य और स्पष्टता सीख जाते हैं।

भावनाएँ उनकी कमजोरी नहीं, उनकी ताकत बन जाती हैं।

आत्म-नवीनीकरण (Inner Renewal) ➔ पुनर्वसु नक्षत्र आत्म-नवीनीकरण का प्रतीक है। इन जातकों का मानसिक विकास हर कठिनाई के बाद नया दृष्टिकोण, नई समझ और नई शक्ति के साथ पुनः जन्म लेता है।

ये लोग पुराने प्रारूप तोड़कर नए रूप में उभरने की क्षमता रखते हैं।

मानसिक शांति की ओर झुकाव ➔ समय के साथ इनके भीतर मौन का महत्व, शांति की गहराई, भावनात्मक स्थिरता, कम बोलकर ज्यादा समझना जैसे गुण विकसित होते हैं।

मानसिक परिपक्वता का चरम "समझना > प्रतिक्रिया देना।"

सद्भाव और क्षमा का उदय ➔ उनकी मानसिक वृद्धि का सबसे बड़ा संकेत है क्षमा की परिपक्व क्षमता। वे समझते हैं कि आक्रोश थकाता है, क्षमा मुक्त करती है इसलिए जीवन के उत्तरार्ध में उनका मन अत्यंत स्वच्छ, शांत और हल्का हो जाता है।

आध्यात्मिक विकास (Spiritual Growth) ➔ पुनर्वसु जातक जन्म से ही आध्यात्मिक होते हैं लेकिन उनका आध्यात्मिक विकास उम्र के साथ खिलता है। इनमें स्वाभाविक प्रवृत्ति होती है सत्य की खोज, अस्तित्व को समझना, ईश्वर की उपस्थिति महसूस करना, अनुभवों से सीखना, आत्मा और प्रकृति से जुड़ना

आध्यात्मिकता इनके भीतर जन्मजात है, बस समझ धीरे-धीरे जागती है।

ध्यान और मौन के साथ गहरा संबंध ➔ इनकी आत्मा को मौन, ध्यान, प्राणायाम, प्राकृतिक वातावरण, जल, वायु और सूर्य से गहरा जुड़ाव मिलता है।

ध्यान इनके मन को संतुलित करके आत्मा को ऊँचाई देता है।

आध्यात्मिक जागरण (Spiritual Awakening) एक महत्वपूर्ण मोड़ ➔ पुनर्वसु जातकों के जीवन में किसी समय (आमतौर पर 28-36 की उम्र में) एक आध्यात्मिक मोड़ आता है जब पिछली पीड़ा, संघर्ष, निराशा, असफलता, हानि, उन्हें स्व-चेतना की ओर ले जाती है।, यह वह अवस्था है जिसमें उनका आत्मिक जन्म होता है।

अंधकार से प्रकाश की ओर लौटना ही पुनर्वसु का वास्तविक जागरण है।

सेवा और दयालुता से आध्यात्मिक शक्ति ➔ इन जातकों का आध्यात्मिक विकास, धर्म-कर्म, मंत्र-जप या पूजा तक सीमित नहीं होता बल्कि दूसरों की मदद, किसी का दर्द कम करना, मार्गदर्शन देना, अपना अनुभव साझा करना इन्हें आध्यात्मिक रूप से अधिक ऊँचा उठाता है।

इनकी करुणा इनके साधना का केंद्र है।

जीवन में दूसरे मौके की आध्यात्मिक समझ ➔ पुनर्वसु की ऊर्जा पुनर्जन्म और पुनर्प्राप्ति है। इसलिए जातक धीरे-धीरे समझ लेते हैं कि गलतियाँ मानव हैं, सीखना ही विकास है, हर हानि में कोई शिक्षा छिपी है, गिरना अंत नहीं, शुरुआत है

इनका आध्यात्मिक विकास "स्वीकार और पुनर्निर्माण" पर आधारित होता है।

उच्चतर मनोदशा (Higher Consciousness) ➔ आयु के साथ इनका sixth sense बहुत मजबूत होता है। लोगों को पढ़ने की क्षमता, घटनाओं के संकेत समझना, समय की पहचान, निर्णयों में स्पष्टता इनकी अंतर्ज्ञान शक्ति को ऊँचा करती है।

अहंकार का क्षय ➔ इनका विकास उन्हें ego छोड़ने की दिशा में ले जाता है खुद को श्रेष्ठ न मानना, दूसरों की भावनाएँ समझना, अपनी सीमाओं को पहचानना

वे विनम्रता में शक्ति ढूँढने लगते हैं।

जीवन के उद्देश्य का बोध ➔ आध्यात्मिक परिपक्वता के बाद इन्हें महसूस होता है मैं किसलिए हूँ?, मेरी भूमिका क्या है?, मुझे किस दिशा में चलना है? उनके जीवन में स्पष्टता और उद्देश्य जागता है।

पुनर्वसु नक्षत्र जातकों का मानसिक-आध्यात्मिक विकास एक पवित्र यात्रा है जहाँ मन अनुभवों से परिपक्व होता है, भावनाएँ संयमित और बुद्धिमान बनती हैं, आत्मा संघर्षों में अपनी रोशनी पाती है, ध्यान और मौन के माध्यम से आंतरिक शांति मिलती है, क्षमाशील स्वभाव

आध्यात्मिक ऊँचाई देता है, सेवा और दयालुता इनके धर्म बन जाते हैं, अंत में एक गहरी, स्थिर और विस्तृत चेतना जागती है

इनका आध्यात्मिक शिखर है"अंधकार से प्रकाश की ओर लौटकर आत्मा को पुनः जन्म देना"(यही पुनर्वसु का वास्तविक अर्थ है "फिर से अच्छा हो जाना")

विशेष ज्योतिषीय योग, शुभ-अशुभ अवधि, शुभ और वर्जित कार्य, तथा उपाय

विशेष ज्योतिषीय योग(Important Astrological Yogas)

पुनरारंभ योग (Rebirth/Renewal Yoga) ➔ यह नक्षत्र सबसे बड़ा योग बनाता है

असफल जीवन कार्य दोबारा सफल होते हैं, अचानक खोया हुआ सुख/ धन वापस आता है, संबंध और करियर दोबारा सुधरते हैं, जीवन में "दूसरा मौका" मिलता है

यह "नवीनीकरण और पुनर्जीवन" का शक्तिशाली योग है।

ज्ञान-विस्तार योग (Wisdom Expansion Yoga) ➔ गुरु + मिथुन/ कर्क =उच्च बुद्धि, वेद-शास्त्र का ज्ञान, लेखन/शिक्षण में महारथ

जातक जीवन में किसी स्तर पर "ज्ञान देने वाला" अवश्य बनता है।

सुरक्षा और संरक्षण योग (Protection Yoga) ➔ अदिति की दिव्य ऊर्जा के कारण जातक में दैवी संरक्षण, संकट में बचाव, माता-पिता का आशीर्वाद, दुर्घटनाओं से सुरक्षित रहना, जन्मकुंडली में पुनर्वसु होने पर यह योग बहुत मजबूत होता है।

सत्य-धर्म योग (Dharma & Purity Yoga) ➔ सत्तोगुण + गुरु के प्रभाव से जातक: नैतिक, सच्चा, नियमबद्ध, दयालुबनता है।

ऐसे लोग अनैतिक कार्यों में सफलता नहीं पाते।

उपचार & Restoration योग ➔ इस नक्षत्र में ग्रह होने से जातक दूसरों को भावनात्मक उपचार देता है, घर और परिवार में शांति लाता है, टूटे हालात को जोड़ देता है, "नकारात्मक ऊर्जा को अवशोषित कर समाप्त करता है।"

देवगणयोग ➔ दैवीय सहायता, सहज समाधान, कठिन परिस्थितियों में भी 'सही दिशा' मिलना

Varagottama/Pushkara योग (विशेषकर 4th Pada में) ➔ यदि ग्रह चौथे चरण में हो अत्यंत शुभ फलों वालाजीवन में उन्नति, मनोबल & आध्यात्मिक श्रेष्ठता, संतानों का सुख, उच्च प्रतिष्ठा

पुनर्वसु नक्षत्र की शुभ-अशुभ अवधि (Detailed Analysis)

पुनर्वसु नक्षत्र का मूल स्वभाव है पुनर्जीवन, उपचार, आशा और दोबारा उन्नति इसलिए इसके जातकों के जीवन में समय-चक्र (Time Cycles) का प्रभाव सीधा, गहरा और स्पष्ट दिखाई देता है। हर शुभ अवधि इन्हें ऊपर उठाती है और हर चुनौतीपूर्ण अवधि इन्हें भीतर से मजबूत बनाती है।

शुभ अवधि (Favorable/Auspicious Periods)

गुरु (Jupiter) महादशा/अंतरदशा शुभ होती है क्योंकि गुरु पुनर्वसु का मुख्य स्वामी ग्रह है। गुरु वृद्धि, ज्ञान, संरक्षण और धर्म का कारक है। अदिति (देवी) की कृपा गुरु के माध्यम से सक्रिय होती है।

इस समय में जीवन में स्थिरता और स्पष्टता आती है, बिगड़े रिश्ते सुधरते हैं, शिक्षा, अध्यापन, लेखन, आध्यात्मिक उन्नति, विवाह, संतान, घर, प्रतिष्ठा मेंप्रगति, आत्मविश्वास शांत लेकिन मजबूत होता है।

मानसिक-भावनात्मक प्रभ ➔ मन हल्का, निर्णय स्पष्ट, भविष्य के प्रति आशा, क्षमा और समझ बढ़ती है

यह समय पुनर्वसु के लिए "स्वर्णिम विकास काल" माना जाता है।

चंद्रमा की अंतरदशा (Emotional उपचार Phase) शुभ होती है क्योंकि पुनर्वसु भावनात्मक रूप से चंद्र-प्रभावित है, चंद्रमा मन, मातृत्व, पोषण और शांति का कारक है।

इस समय में भावनात्मक घाव भरते हैं, परिवार और माता से सहयोग, घर बदलना, गृह-सुख,प्रेम संबंधों में नरमी और गहराई, आंतरिक शांति और आत्म-स्वीकृति।

मानसिक-शारीरिक प्रभाव → नींद बेहतर, तनाव कम, रचनात्मकता बढ़ती है

यह समय "उपचार और आंतरिक स्थिरता" देता है।

बृहस्पति (Jupiter) का शुभ गोचर (2nd, 4th, 5th, 9th, 11th भाव से)

गोचर-वार प्रभाव:

2nd भाव:- परिवार, वाणी, स्थिरता, आत्म-सम्मान बढ़ता है।

4th भाव:- मानसिक शांति, घर, वाहन, माता का सुख।

5th भाव:- बुद्धि, प्रेम, संतान, रचनात्मकता, शिक्षा।

9th भाव:- भाग्य, गुरु कृपा, आध्यात्मिक उन्नति, यात्रा।

11th भाव:- उपलब्धियाँ, इच्छापूर्ति, समाज में पहचान।

इन गोचरों में जीवन "expand" करता है, टूटता नहीं।

कर्क राशि का गोचर काल शुभ होता है क्योंकि पुनर्वसु का एक भाग कर्क में आता है।, कर्क चंद्र और मातृत्व का क्षेत्र है।

इस समय में भावनात्मक संतुलन, पारिवारिक सुख, विवाह, संतान, गृहस्थ जीवन में सुधार, पुराने तनावों से मुक्ति।

सूर्य और चंद्रमा का मिथुन/कर्क में होना

इस समय में मन और आत्मा में तालमेल, संवाद बेहतर, रिश्तों में स्पष्टता, निर्णय सरल और व्यावहारिक।

यह समय "जीवन संतुलन चरण" होता है।

अशुभ/चुनौतीपूर्ण अवधि (Challenging Periods) → पुनर्वसु के लिए अशुभ समय का अर्थ नुकसान नहीं, बल्कि "भीतर से पुनर्निर्माण" होता है।

राहु/केतु महादशा या अंतरदशा चुनौतीपूर्ण होती है क्योंकि राहु भ्रम लाता है।, केतु अलगाव और रिक्तता।

संभावित प्रभाव → भावनात्मक असंतुलन।, गलत निर्णय।, रिश्तों में दूरी।, विश्वास का टूटना।, दिशा भ्रम।

मानसिक असर → ज्यादा सोचना (Overthinking), बेचैनी, आत्म-संदेह

यह समय आत्म-परीक्षा और आंतरिक स्पष्टता का है।

शनि का गोचर 8th या 12th भाव से कठिन होता है क्योंकि शनि पुनर्वसु की सौम्यता के विपरीत कठोरता लाता है।

इस समय में मानसिक थकान, एकांत, रिश्तों में दूरी, स्वास्थ्य में गिरावट, धैर्य की परीक्षा लेकिन यह समय आध्यात्मिक परिपक्वता भी देता है।

""धीमा लेकिन गहरा रूपांतरण चरण""

मंगल की प्रतिकूल स्थिति समस्या देती है क्योंकि पुनर्वसु मृदु नक्षत्र है, मंगल उग्र।

संभावित प्रभाव ➔ गुस्सा, विवाद, जल्दबाज़ी, चोट या सूजन, रिश्तों में टकराव

क्रोध नियंत्रण अनिवार्य।

जन्म नक्षत्र में अमावस्या/ग्रहणसंवेदनशील होता है क्योंकि चंद्र कमजोर होता है, मन अस्थिर।

इस समय में भावनात्मक खालीपन, निर्णय में भ्रम, आत्मविश्वास गिरना, नींद व पाचन समस्या

इन दिनों मौन, ध्यान और निर्णय-स्थगन आवश्यक।

शुभ-अशुभ समय का मानसिक और शारीरिक प्रभाव

शुभ समय:- ऊर्जा, आशा, स्पष्टता, विकास

अशुभ समय:- थकान, आत्म-संदेह, पुनर्निर्माण

शुभ समय में नए कार्य आरंभ, विवाह/संबंध तय, घर/वाहन क्रय, अध्ययन, शिक्षा, आध्यात्मिक साधना, बड़े निर्णय जैसे कार्य किए जा सकते हैं

अशुभ समय में जल्दबाज़ी में निर्णय, संबंध तोड़ना, झगड़े, जोखिम भरा निवेश, अहंकार में निर्णय करने से बचें

पुनर्वसु नक्षत्र में समय चक्र का अर्थ है:

शुभ समय ➔ विस्तार, सुख, उपचार

अशुभ समय ➔ आत्म-शुद्धि, पुनर्निर्माण

यह नक्षत्र कभी तोड़ता नहीं या तो बढ़ाता है, या भीतर से मजबूत बनाता है।

नक्षत्र में किए जाने वाले शुभ कार्य(Activities Favored by Nakshatra)

यह नक्षत्र “नया आरंभ” और “पुनर्निर्माण” का प्रतीक है, इसलिए इन कामों के लिए सर्वोत्तम है

नए कार्यों की शुरुआत ➔ नया व्यापार, नया घर, नई नौकरी, नए प्रोजेक्ट, नई पढ़ाई, नए रिश्तों की शुरुआत

उपचार/उपचार कार्य ➔ योग अध्यापन, ध्यान, मानसिक या भावनात्मक उपचार, काउंसलिंग, रिलेशनशिप सुधार

ज्ञान से जुड़े कार्य ➔ शिक्षा प्राप्त करना, शिक्षा देना, लेखन, प्रकाशन, आध्यात्मिक अध्ययन

यात्रा आरंभ ➔ धार्मिक यात्रा, विदेश यात्रा, बुद्धि-विकास यात्राएँ, शोध और अध्ययन यात्रा

घर की मरम्मत/पुनर्निर्माण ➔ घर का नवीनीकरण, नया सजावट, पुराने समस्याओं का समाधान

संतान संबंधी शुभ कार्य ➔ गर्भाधान, बच्चों की पढ़ाई शुरू कराना, बच्चे से जुड़ा कोई शुभ संस्कार

पुनर्वसु नक्षत्र में वर्जित कार्य(Activities to Avoid)

आक्रामक/क्रूर कार्य ➔ यह नक्षत्र मृदु है इसमें हिंसा, लड़ाई, और कठोर कार्य वर्जित हैं।

व्यवसायिक झगड़े/मुकदमे ➔ यह समय विवादों के लिए अशुभ है।

रिश्तों का अंत ➔ इस नक्षत्र का स्वभाव “जोड़ना” है, “तोड़ना नहीं। ”इसलिए अलगाव या तलाक की प्रक्रिया यहाँ कठिन परिणाम देती है।

अत्यधिक वित्तीय जोखिम ➔ उच्च जोखिम वाला निवेश यहाँ अनुकूल नहीं।

क्रोध, आरोप, टकराव ➔ बहस या तीखे निर्णय प्रतिकूल रहते हैं।

उपाय (Remedies)

गुरु (Jupiter) का सशक्तिकरण ➔ गुरुवार को व्रत, पीले वस्त्र पहनना, तुलसी की पूजा, पीले चने/गुड़ का दान

अदिति/माता शक्ति की उपासना ➔ "ॐ अदित्यो नमः", माता दुर्गा/आदिशक्ति की आराधना, माँ को प्रसन्न करने वाले कार्य (सेवा, दयालुता)

शांति और उपचार के लिए मंत्र ➔ "ॐ श्री गुरवे नमः" या"ॐ नमो भगवते वासुदेवाय"

नक्षत्र का तत्व-संतुलन (जल-वायु) ➔ शुद्ध जल पीना, ध्यान में श्वास-प्राणायाम, चिंता और अत्यधिक चिंतन से बचना

पुखराज (Yellow Sapphire) ➔ यदि गुरु कमजोर हो तो पहन सकते हैं(कुंडली देखकर ही पहनें) ।

दान ➔ पुस्तकें, पीला भोजन, शिक्षा-सामग्री, गरीब बच्चों की मदद

ये उपाय सीधे अदिति की करुणा और गुरु की कृपा को सक्रिय कर देते हैं।

पुनर्वसु नक्षत्र नया आरंभ, पुनर्स्थापना, उपचार और देव-आशीर्वाद, ज्ञान और शांति, दैवी सुरक्षा, कठिनाइयों के बाद रोशनीका नक्षत्र है। इससे जुड़े योग जातक को जीवन में बार-बार उन्नति, समझ और पुनर्निर्माण का अवसर देते हैं। शुभ समय में उन्नति तेज होती है और अशुभ समय में आध्यात्मिकता एवं धैर्य राहत देते हैं।

चारों चरणों का विश्लेषण (4 Padas Analysis)

प्रथम चरण (1st Pada) - मेष नवांश (20°00' - 23°20' मिथुन) ➔ ग्रह स्वामी मंगल

ऊर्जा: सक्रियता, नवप्रवर्तक, तेज बुद्धि, नया आरंभ

स्वभाव: गतिशील, साहसी, दृढ़ और आत्मविश्वासी

व्यक्तित्व ➔ यह चरण सबसे अधिक ऊर्जावान, साहसी और अग्रणी है। जातक नए विचारों, नए प्रोजेक्ट्स और नई दिशाओं की ओर स्वभावतः आकर्षित होते हैं। बातों में स्पष्ट, व्यवहार में सीधे और लक्ष्य

प्राप्ति के लिए दृढ़ रहती है। शांत बाहरी स्वभाव के बावजूद अंदर से आग जैसी ऊर्जा।

मानसिकता और भावनाएँ ➔ तेज निर्णय क्षमता, भावनाओं में स्वाभाविकता, जल्दी प्रतिक्रिया, लेकिन उतनी ही जल्दी शांत भी, मन में नया शुरू करने का उत्साह हमेशा रहता है

करियर प्रवृत्ति ➔ नेतृत्व क्षमता प्रबल, जोखिम लेने की क्षमता, एक साथ कई कार्य करने की क्षमता में माहिर, शोध, टेक्नोलॉजी, विज्ञान, मैनेजमेंट, खेल, आर्मी जैसे क्षेत्रों में सफलता, लेखन/शिक्षण में भी मजबूत ऊर्जा

संबंध और विवाह ➔ प्रेम में साफ़ बात करने वाला, रिश्ते में साहस, स्पष्टता और ईमानदारी, साथी के प्रति सुरक्षात्मक स्वभाव, यदि संवाद न हो तो कभी-कभी क्रोध

स्वास्थ्य ➔ श्वसन, नाक, फेफड़ों की समस्याएँ, अधिक ऊर्जा के कारण थकान जल्दी, पेट से जुड़ी गर्मी/अम्लता

जीवन-पथ ➔ जीवन में कई नए आरंभ

असफलता ➔ दोबारा शुरुआत, शत्रुओं पर विजय, परिश्रम से प्रतिष्ठा

यह चरण पुनर्वसु के “नए जन्म” वाले गुण को सबसे अधिक शक्तिशाली बनाता है।

द्वितीय चरण (2nd Pada) - वृषभ नवांश (23°20’ - 26°40’ मिथुन) ➔ ग्रह स्वामी शुक्र

ऊर्जा: स्थिरता, सौंदर्य, भौतिकता, संवेदनशीलता

स्वभाव: जमीन से जुड़ा, व्यावहारिक और संवेदनशील स्वभाव

व्यक्तित्व ➔ सौम्य, शांत, सुंदर व्यक्तित्व, व्यवहार में संतुलन, धैर्य और आकर्षण, स्थिर दिमाग और नियंत्रित भावनाएँ, अपने लोगों की सुरक्षा और सुविधा का अत्यधिक ध्यान

मानसिकता ➔ व्यावहारिक बुद्धिमत्ता, भौतिक चीजों की समझ, कला, संगीत और सौंदर्य में परिष्कृत स्वाद, जीवन में स्थिरता की तलाश

करियर प्रवृत्ति ➔ रचनात्मक, व्यावहारिक और व्यवसायिक सोच वाला, होटल, पर्यटन, फैशन, संगीत, खाना, कला, डिजाइन, रियल एस्टेट, व्यापार, आयात-निर्यात, उत्कृष्ट सौदेबाज़ी की क्षमता, लेखन और कूटनीति में भी सफलता

संबंध और विवाह ➔ प्रेम में समर्पित और वफादार, संवेदनशील और प्रेम से भरा स्वभाव, "कई बार रिश्ते बहुत गहरे और भावनात्मक रूप से तीव्र होते हैं।" यदि रिश्ते में प्रेम कम हो जाए, तो असंतोष होता है

स्वास्थ्य ➔ गले, टॉन्सिल, थायरॉइड, वजन बढ़ना, पित्त/कफ असंतुलन

जीवन-पथ ➔ मेहनत से भौतिक सुखों की प्राप्ति, परिवार और रिश्तों का केंद्र, जीवन में "सुविधा" एक बड़ा लक्ष्य

यह चरण पुनर्वसु की पालन-पोषण करने वाली ऊर्जा को सुंदरता और भौतिक स्थिरता में बदल देता है।

तृतीय चरण (3rd Pada) - मिथुन नवांश (26°40' - 30°00' मिथुन) ➔ ग्रह स्वामी बुध

ऊर्जा: बुद्धि, संप्रेषण, सीखने की क्षमता, जिज्ञासा

स्वभाव: मानसिक, अनुकूलनशील और हाजिरजवाब व्यक्तित्व

व्यक्तित्व ➔ बहुत तेज दिमाग, बुद्धिमान, वार्तालाप निपुण, अपने विचारों को शब्दों में बदलने की अनोखी क्षमता, कल्पना शक्ति अद्भुत, सामाजिक, हास्यप्रिय, लेकिन अंदर से संवेदनशील

मानसिकता ➔ विश्लेषण करने की क्षमता, वैज्ञानिक और तार्किक दृष्टिकोण, कई विषयों में रुचि, भावनाएँ भी तर्क के माध्यम से समझते हैं

करियर प्रवृत्ति ➔ लेखन, पत्रकारिता, शिक्षा, रिसर्च, वैज्ञानिक कार्य, पब्लिक स्पीकिंग, सूचना-प्रसारण, मीडिया, अनुवाद, भाषा, साहित्य, IT, डेटा विश्लेषण में भी श्रेष्ठ

संबंध और विवाह ➔ प्रेम में बौद्धिक जुड़ाव खोजते हैं, सुखद वार्तालाप इनके लिए प्रेम का मुख्य आधार, इश्क़बाज़ी की प्रवृत्ति, लेकिन दिल से वफादार, साथी को मानसिक रूप से समझने की क्षमता

स्वास्थ्य ➔ तंत्रिका तंत्र थकान, दाँत/मसूड़ों की समस्या, नींद का असंतुलन, मानसिक अत्यधिक चिंतन

जीवन-पथ ➔ ज्ञान प्राप्ति में उन्नति, कई करियर परिवर्तनों की संभावना, जीवन में प्रयोग और विस्तार

यह चरण पुनर्वसु की बुद्धि-ऊर्जा का सर्वोच्च स्तर दर्शाता है।

चतुर्थ चरण (4th Pada) - कर्क नवांश (0°00' - 3°20' कर्क) ➔ ग्रह स्वामी चंद्रमा

ऊर्जा: भावनाएँ, पोषण, मातृत्व, आध्यात्मिकता

स्वभाव: शांत, कोमल, अंतर्ज्ञानी

यह चरण "पुष्कर नवांश एवं वर्गोत्तम ग्रह की सर्वोच्च शक्ति और शुभ फल का योग" दोनों होता है, इसलिए सबसे अधिक शुभ, शक्तिशाली और आध्यात्मिक माना जाता है।

व्यक्तित्व ➔ अत्यंत सौम्य, दयालु, पोषक, भीतर से अत्यधिक संवेदनशील, लोगों के लिए उपचार ऊर्जा रखते हैं, चेहरे पर चंद्रमा जैसी कोमलता

मानसिकता ➔ अंतःप्रज्ञा (intuition) प्रबल, भावनाएँ गहरी लेकिन शांत, घर, परिवार, "रिश्तों में जड़ से जुड़ा हुआ", अत्यंत आध्यात्मिक और आत्म-जागरूक

करियर प्रवृत्ति ➔ कला, संगीत, गायन, फिल्म, लेखन, मनोविज्ञान, काउंसलिंग, उपचार, योग, आध्यात्मिक क्षेत्र, प्रशासन, शिक्षा, लोगों का मार्गदर्शन और संवेदनात्मक कार्य

संबंध और विवाह ➔ प्रेम में बहुत स्नेहपूर्ण, साथी की भावनाओं को तुरंत समझ जाते हैं, परिवार-केन्द्रित, कभी-कभी भावनात्मक अतिभार

स्वास्थ्य ➔ तनाव से पेट/छाती पर असर, जल तत्व "अत्यधिक जिज्ञासा का असंतुलन और ओवर-सेंसिटिविटी थकान का कारण बनते हैं।"

जीवन-पथ ➔ आध्यात्मिक उन्नति, जीवन में पुनर्जीवन के कई चरण, लोगों के लिए मार्गदर्शक बनना, सबसे अधिक "राशी/नक्षत्र का आशीर्वाद" यहीं मिलता है

यह चरण पुनर्वसु का श्रेष्ठतम रूप है शांति, उपचार और दिव्यता से पूर्ण।

महिलाएं- संपूर्ण विश्लेषण

पुनर्वसु नक्षत्र गुरु (Jupiter) और अदिति (देवताओं की जननी) की ऊर्जा से प्रभावित है। इसलिए इस नक्षत्र में जन्मी महिलाएँ प्राकृतिक रूप से नए आरंभ, उपचार, शांति, आदर्शवाद, दयालुता और बुद्धिमत्ता से भरपूर होती हैं। उनका व्यक्तित्व आंतरिक ईमानदारी, नारीत्व की ऊँचाई और आध्यात्मिकता का सुंदर मिश्रण होता है।

व्यक्तित्व और बाहरी छवि (Outer Personality) ➔ इन महिलाओं की उपस्थिति में एक प्राकृतिक शालीनता होती है। वे बिना बोले भी "कोमल आभा" के कारण सबसे अलग दिखाई देती हैं। नजरों में गर्माहट, चेहरे पर शांति, आँखों में भावनात्मक गहराई, मुस्कान में सादगी, विनम्र व्यवहार

जहाँ जाती हैं, माहौल शांत और सहज हो जाता है।

उनका आकर्षण loud नहीं होता, बल्कि सौम्यता, कोमलता, स्वच्छता, नैसर्गिक सुंदरता से बना होता है। उनका व्यक्तित्व "आंतरिक सुंदरता" का प्रतीक होता है।

मानसिकता (Mind & Thinking)

गहरी सोच और अंतर्दृष्टि (Intuition) होती है इनकी सोच सतही नहीं होती वे लोगों को बिना कहे समझ लेती हैं, परिस्थितियों को गहराई से महसूस करती हैं, अंतर्ज्ञान आधारित निर्णय लेती हैं

अंतर्ज्ञान इनकी सबसे बड़ी शक्ति है।

वे क्रोध या उत्तेजना की बजाय, समझ, संयम और भावनाशीलता से काम लेती हैं।, उनके भीतर अद्भुत धैर्य पाया जाता है।

समस्या समाधानकर्ता और उपचारक मन होता है किसी को भावनात्मक सहारा देना, दुख में साथ खड़ा होना, टूटे रिश्तों को जोड़ना,

परिवार में शांति लाना, इनकी मानसिक आदत है।, वे सहज ही लोगों के घाव भर देती हैं।

भावनात्मक स्वभाव (Emotional Nature) ➔ भावनात्मक रूप से गहरी लेकिन स्थिर होती है इनके भावनाओं में गहराई होती है, लेकिन वे अधिक प्रतिक्रिया नहीं देतीं। वो प्रेम, दुख, कष्टसबको बहुत अंतर्मुखी तरीके से महसूस करती हैं।

दिल जल्दी आहत होता है क्योंकि वे संवेदनशील होती हैं, कठोर शब्द, गलतफहमी, असम्मान से उनका मन जल्दी दुखी होता है। लेकिन वे आसानी से माफ भी कर देती हैं।

निष्ठावान और समर्पित होती हैं एक बार दिल से जुड़ जाएँ तो जीवन भर साथ निभाती हैं।, वे निष्ठा को बहुत महत्व देती हैं।

शिक्षा, बुद्धिमत्ता और कैरियर (Education & Career) ➔ ज्ञान-प्रेमी और प्राकृतिक बुद्धिमत्ता पुनर्वसु महिलाएँ पढ़ने-लिखने में रुचि, विश्लेषण क्षमता, सूक्ष्म निरीक्षण, "तार्किक और अंतर्ज्ञानी, बुद्धि की धनी होती हैं।

उपयुक्त करियर ➔ वे उन प्रोफेशनों में चमकती हैं जहाँ ज्ञान, उपचार, सेवा, परामर्श, और रचनात्मक अभिव्यक्ति होटीचर/प्रोफेसर, काउंसलर/मनोवैज्ञानिक, लेखक/कवि, पत्रकार/स्क्रिप्ट लेखक, योग-ध्यान प्रशिक्षक, आध्यात्मिक कार्य, सामाजिक सेवा, चिकित्सा/नर्सिंग, कला, संगीत, डिजाइन इनके काम में कोमलता और बुद्धिमत्ता का सुंदर संतुलन देखने को मिलता है।

प्रेम और संबंध (Love Life) ➔ प्यार में ईमानदारी और समर्पण होता है वे सतही संबंध में विश्वास नहीं रखतीं। जब प्रेम करती हैं तो दिल खोलकर, ईमानदारी से, पूरे समर्पण सेकरती हैं।

भावनात्मक सुरक्षा चाहती हैं उन्हें ऐसे साथी की आवश्यकता होती है जो भरोसा, संवेदनशीलता, ईमानदारी, स्थिरता दे सके।

संबंध में पालन-पोषण करने वाली ऊर्जा होती है वे अपने पार्टनर को "भावनात्मक सुकून, शांति, उपचार और प्रेरणा प्रदान करती हैं"। साथी इनके साथ भावनात्मक रूप से संतुष्ट महसूस करता है।

विवाह और दांपत्य जीवन (Marriage & Married Life)

आदर्श पत्नी और सहायक और देखभाल करने वाली जीवनसाथी होती हैं विवाह इनके जीवन का महत्वपूर्ण आधार होता है। वे घर चलाने और रिश्ते संभालने में माहिर होती हैं। परिवार के साथ सामंजस्य, पति के लिए सहयोग प्रणाली, घर में शांति लाना, बच्चों का पोषण इनकी प्राकृतिक भूमिका है।

दूसरों की खुशी में अपनी खुशी ढूँढती हैं, यह अक्सर उनकी कमजोरी भी बन जाती है क्योंकि वे अपनी ज़रूरतें पीछे रख देती हैं, त्याग करती रहती हैं

ऐसे में उन्हें भावनात्मक सीमाएँ सीखने की जरूरत होती है।

दो बार प्रेम या विवाह की संभावना होती हैं कुछ जातिकाएँ एक कठिन या अधूरा संबंध झेलकरदूसरे विवाह/रिश्ते में स्थिरता पाती हैं। यह पुनर्वसु की "नवीकरणीय ऊर्जा का हिस्सा है।

पारिवारिक जीवन (Family Life) ➔ ये महिलाएँ परिवार में उपचार और सामंजस्य लाती हैं। उनकी उपस्थित से तनाव कम,प्यार बढ़ता, संबंध सुधरतेहैं।

माँ के रूप में अत्यंत पोषक होती हैं वे अपने बच्चों को नैतिकता, प्रेम, अनुशासन, भावनात्मक सुरक्षा सब कुछ देती हैं।

स्वास्थ्य (Health)

मुख्य संवेदनशील क्षेत्र ➔ श्वसन तंत्र, गला, पाचन

भावनात्मक तनाव ➔ हार्मोनल असंतुलन

सकारात्मक पक्ष यह है कि इनमे स्व-उपचार (self उपचार) बहुत मजबूत होता है।

आध्यात्मिक प्रवृत्ति (Spiritual Nature) ➔ इनके भीतर बचपन से ही आध्यात्मिकता की जड़ें होती हैं ध्यान, प्रार्थना, मौन, प्रकृति के साथ संबंध, अंतर्ज्ञान से प्राप्त संदेश इनकी दिनचर्या का हिस्सा बन जाते हैं।

दूसरों को उपचार देना ही इनकी साधना होती है इनके आध्यात्मिक विकास का मूल करुणा, सहायता, क्षमा, प्रेम, परिवार और समाज के लिए उपचार में निहित है।

यह नक्षत्र "दिव्य स्त्री ऊर्जा" देता है।

पुनर्वसु नक्षत्र की महिलाएँ बहुत शालीन, सरल लेकिन गहरी, "अंतर्ज्ञानी लेकिन व्यवहारिक, प्रेमपूर्ण और पालन-पोषण करने वाली, आध्यात्मिक और शांत, परिवार की नींव, भावनात्मक रूप से संवेदनशील, उपचार ऊर्जा से भरपूरहोती हैं।

उनका जीवन उतार-चढ़ाव से गुजर कर आखिरकार शांति, ज्ञान और भावनात्मक परिपक्वता तक पहुँचता है। वे जहाँ भी होती हैं प्रकाश, सुरक्षा, उपचार और उम्मीद लेकर आती हैं।

सूर्य नक्षत्र पुनर्वसु (Sun in Punarvasu Nakshatra)

सूर्य = आत्मा, आत्मविश्वास, पहचान, पितृ-ऊर्जा, नेतृत्व, उद्देश्य

पुनर्वसु = पुनर्जन्म, उपचार, बुद्धि, दया, पुनर्प्राप्ति, दिव्य पोषण

इस संयोजन से जातक का जीवन प्रकाश + पुनर्जीवन + शांति + बुद्धि का अनोखा मेल बनता है।

जीवन पर प्रभाव (Impact on Life) ➔ जीवन में दोबारा उठने की शक्ति बहुत प्रबल। कठिन समय आता है, पर सूर्य जातक को फिर से चमकने देता है। जीवन में एक से अधिक बार नए आरंभ, नए अवसर, नए अध्याय मिलते हैं। जातक की आत्मा दयालु, प्रकाशमय और शांत होती है। यह व्यक्ति अपने जीवन से दूसरों को प्रेरणा देता है।

जीवन उतार-चढ़ावों से भरा हो सकता है, लेकिन अंत शुभ और स्थिर होता है।

व्यक्तित्व (Personality Traits) ➔ "व्यक्तित्व में शाही अंदाज़, साथ में सादगी। प्रकृति तेजस्वी लेकिन नरम और विनम्र। आदर्शवादी, नैतिक और सच्चे। चेहरे पर सौम्य चमक, आचरण में संतुलन। लोगों को स्वाभाविक सुरक्षा, विश्वास और शांति का अनुभव कराते हैं। ईमानदारी

इनके व्यक्तित्व की रीढ़ है। कूटनीति की जगह सत्य और स्पष्टता को प्राथमिकता।

प्रकाश और शांति का अनूठा मिश्रण।

मानसिक और भावनात्मक स्वभाव (Mental & Emotional Nature) ➔ मन शांत, संयमित और बहुत गहरा। दूसरों की भावनाएँ समझने की अद्भुत क्षमता। भावनात्मक बुद्धिमत्ता उच्च। नकारात्मक स्थितियों में भी सकारात्मकता ढूँढ लेते हैं। भावनाएँ स्थिर लेकिन संवेदनशील। पितृ-पक्ष से भावनात्मक लगाव। ध्यान, मौन और आत्म-विश्लेषण से मानसिक शक्ति बढ़ती है।

"मन उपचार भी देता है और जल्दी ही स्वयं को ठीक भी कर लेता है"।

कैरियर और पेशा (Career & Profession) ➔ सूर्य + पुनर्वसु जातक उन कार्यों में चमकते हैं जिनमें नेतृत्व + ज्ञान + सुधार + सेवा की आवश्यकता हो।

उपयुक्त करियर ➔ शिक्षक/प्रोफेसर, सरकारी अधिकारी, एडमिनिस्ट्रेशन, विदेश सेवा/कूटनीति, आध्यात्मिक गुरु, लेखक/वक्ता, मनोविज्ञान, काउंसलिंग/उपचार, कानून/जज, NGO/सोशियल वर्क, शिक्षा से जुड़े कार्य, स्वास्थ्य सेवा

ये लोग जहाँ भी जाते हैं सुधार, शांति और प्रकाश लाते हैं।

आर्थिक स्थिति (Financial Condition) ➔ धन धीरे-धीरे, पर स्थिर रूप से बढ़ता है। पिता या पिता-तुल्य व्यक्ति से लाभ। धन का नुकसान होने पर भी वापस पाने की क्षमता। नैतिक कमाई- अनैतिक तरीकों से धन नहीं टिकता। मध्य आयु के बाद वित्तीय स्थिति बहुत अच्छी होती है। भूमि, घर, संपत्ति के योग मजबूत।

अंततः सुरक्षित और सम्मानपूर्ण आर्थिक जीवन।

प्रेम, विवाह और दांपत्य जीवन (Love, Marriage & Married Life)

प्रेम में ईमानदार और समर्पित, विवाह में स्थिरता और सम्मान को महत्व साथी के लिए भावनात्मक संरक्षक की भूमिका,रिश्ते में शांति, उपचार,

और आपसी सम्मान लेकर आते हैंकभी-कभी अत्यधिक आदर्शवादी होने से दिल दुख सकता है।

दो रिश्ते या दूसरा विवाह कुछ मामलों में संभव (विशेषकर यदि 1st या 3rd Pada में सूर्य हो) ।परिवार और बच्चों के लिए संपूर्ण मार्गदर्शक ऊर्जा।

इनका विवाह जीवन नैतिक, शांत, और भावनात्मक रूप से मजबूत होता है।

परिवारिक जीवन (Family Life) ➔ परिवार का प्रकाश स्तंभ बनते हैं। पिता का प्रभाव महत्वपूर्ण, भाइयों/बहनों को सलाह, समर्थन और सुरक्षा देते हैं, परिवार में शांति, सम्मान और नैतिकता का वातावरण बनाते हैं, परंपराओं और संस्कारों का आदर, माता-पिता दोनों के लिए सुरक्षात्मक ऊर्जा।

घर को उपचार, सामंजस्य और सकारात्मकता देने वाले।

स्वास्थ्य और शारीरिक संरचना (Health & Physical Structure)

शारीरिक संरचना ➔ चेहरा आकर्षक और शांत, आँखों में गहराई, लंबा शरीर, हल्का वजन बढ़ने की प्रवृत्ति, त्वचा सौम्य और साफ

स्वास्थ्य ➔ पाचन, सीने या फेफड़ों, तनाव-जनित थकान, लिवर या पित्त असंतुलन

सकारात्मक पक्ष ➔ इनकी उबरने की शक्ति बहुत मजबूत होती है।

मानसिक-आध्यात्मिक विकास (Spiritual & Psychological Growth) ➔ आध्यात्मिकता स्वाभाविक है, प्रयास नहीं करना पड़ता। जीवन की कठिनाइयों को "आध्यात्मिक अध्ययन" की तरह देखते हैं। एक उम्र के बाद अंतरात्मा का गहन जागरण होता है। स्वयं भी उपचार पाते हैं और दूसरों को भी उपचार देते हैं, सत्यवादी, क्षमाशील, करुणामय। ध्यान, जप, ज्ञान और मौन इनके लिए अत्यंत शुभ।

अंततः ये उच्च आध्यात्मिक चेतना तक पहुँचते हैं।

चारों चरणों (Padas) में सूर्य का प्रभाव

प्रथम चरण (1st Pada) (मेष नवाँश) ➔ सूर्य सबसे तेजस्वी, नेतृत्व अत्यधिक, आत्मविश्वास प्रबल, दो बार करियर परिवर्तन, पिता से गहरा कर्म संबंध

द्वितीय चरण (2nd Pada) (वृषभ नवाँश) ➔ शांति + स्थिरता, कला, सौंदर्य, संगीत में विशेष योग, वित्तीय स्थिरता, वैवाहिक जीवन मधुर

तृतीय चरण (3rd Pada) (मिथुन नवाँश) ➔ बुद्धि, लेखन, बोलने की शक्ति, लेखक, वक्ता, शिक्षक के रूप में प्रसिद्धि, विश्लेषणात्मक सोच, प्रेम जीवन में द्वैत

चतुर्थ चरण (4th Pada) (कर्क नवाँश) ➔ सूर्य यहाँ अत्यंत सुखद और शक्तिशाली, मातृत्व, परिवार, आध्यात्मिकता विशेष, उपचार ऊर्जा बहुत प्रबल, परिवार में सम्मान, प्रतिष्ठा, शांति

पुनर्वसु सूर्य नक्षत्र महिलाएँ (Women)

व्यक्तित्व ➔ अत्यंत सौम्य, शांत और आकर्षक, सौम्य स्त्री ऊर्जा, भावनाओं में गहराई

मानसिकता ➔ "अंतर्ज्ञान आधारित निर्णय क्षमता, परिपक्व, धैर्यशील, अंतर्दृष्टि से भरपूर और भावनात्मक रूप से बुद्धिमान

विवाह ➔ प्रेमपूर्ण पत्नी, घर में उपचार और शांति, पति की प्रेरक शक्ति कुछ महिलाओं को एक कठिन संबंध के बाद दूसरा अधिक सुखद संबंध मिलता है

करियर ➔ शिक्षिका, काउंसलर, होलिस्टिक कार्य, लेखन, सार्वजनिक सेवा, समाज में सम्मानित

स्वास्थ्य ➔ थकान, पाचन या हार्मोनल असंतुलन, जल्दी ठीक होने की क्षमता

आध्यात्मिकता ➔ प्रार्थना, ध्यान, सेवा, स्वाभाविक रूप से उपचार, दिव्य मातृ ऊर्जा (Aditi Energy)

सूर्य + पुनर्वसु = सर्वश्रेष्ठ रूप में "दिव्य स्त्री प्रकाश"।

लग्न नक्षत्र पुनर्वसु (Punarvasu Nakshatra as Ascendant)

लग्न = आपका शरीर, स्वभाव, दुनिया के सामने आपका व्यक्तित्व, जीवन की दिशा

पुनर्वसु = पुनर्जीवन, दयालुता, बुद्धि, शांति, विस्तार, उपचार

इसलिए पुनर्वसु लग्न वाले लोग सद्भाव, सादगी, नैतिकता, पुनर्जीवन शक्ति और दिव्य संरक्षण से भरे होते हैं।

जीवन पर प्रभाव (Overall Life Impact) ➔ जीवन में कठिनाइयाँ आती हैं, पर हर बार जीवन नए रूप में संवरता है। उतार-चढ़ाव और बाधाएँ इनके जीवन का हिस्सा हैं, लेकिन अंत में सफलता अवश्य मिलती है। जीवन में बार-बार "नई शुरुआत" के योग करियर में, संबंधों में, सोच और आध्यात्मिकता में, दैवीय संरक्षण खतरों से बार-बार बचाव, अचानक सहायता।

जीवन का मुख्य थीम "गिरकर भी फिर उठना और हर बार बेहतर बनना।"

व्यक्तित्व (Personality) ➔ अत्यंत सौम्य, शांत और विनम्र व्यक्तित्व, चेहरे पर प्राकृतिक पवित्रता और शांति, बोलने का ढंग मधुर, व्यवहार में सरलता, लोगों में सुरक्षा और विश्वास का भाव जगाते हैं, आदर्शवादी और सच्चे, अपने सिद्धांतों के प्रति प्रतिबद्ध, सभी को जोड़ने वाले (harmonizer)

इनका व्यक्तित्व आध्यात्मिकता, बुद्धिमत्ता और करुणा का सुंदर संगम होता है।

मानसिक और भावनात्मक स्वभाव(Mental & Emotional Nature)

मन की विशेषताएँ ➔ गहरी सोच, अंतर्दृष्टि मजबूत, दूसरों की भावनाएँ तुरंत समझ लेना, भावनात्मक उपचार देने की क्षमता, धैर्यवान और सहनशील, क्रोध बहुत कम, पर अपमान गहराई से महसूस करते हैं

भावनात्मक पैटर्न ➔ भावनाएँ अंदर दबा लेते हैं, बाहर से शांत, अंदर से अत्यंत संवेदनशील, प्रेम और संबंधों में भरोसा महत्वपूर्ण

इनका मन समुद्र की तरह ऊपर से शांत, भीतर से गहरा।

कैरियर और पेशा (Career & Profession) ➔ "पुनर्वसु लग्न वाले जातक उन क्षेत्रों में उत्कृष्ट होते हैं जहाँ ज्ञान, शिक्षण, उपचार, रचनात्मकता, अनुसंधान, परामर्श और सेवा की आवश्यकता होती है।"

संभावित श्रेष्ठ करियर ➔ शिक्षण (Teacher/Professor), लेखन, कविता, पुस्तक, पत्रकारिता, मनोविज्ञान, काउंसलिंग, डॉक्टर, नर्सिंग, हर्बल/नेचुरोपैथी, आध्यात्मिक गुरु, योग/ध्यान शिक्षक, NGO/समाजसेवा, सरकारी/प्रशासनिक सेवा, शोध (Research, Science), भाषाओं, साहित्य, संस्कृति, कला से जुड़े कार्य, अभिनय, संगीत और रचनात्मक क्षेत्र

इनका करियर सिर्फ पैसा कमाने का साधन नहींएक "मिशन" बन जाता है।

आर्थिक स्थिति (Financial Condition) ➔ धन धीरे-धीरे स्थिरता देता है, शुरुआती जीवन में उतार-चढ़ाव, मध्य आयु के बाद आर्थिक स्थिरता, नैतिक कमाई ➔ अनैतिक मार्गों से धन नहीं टिकता, घर-भूमि-संपत्ति के योग, अचानक संकट में भी धन बच जाता है (दैवी संरक्षण)

अंततः धन-सुरक्षा, स्थिरता और सम्मान मिलता है।

प्रेम, विवाह और दांपत्य जीवन(Love, Marriage & Married Life)

प्रेम ➔ प्रेम में गहराई और निष्ठा, भावनात्मक रूप से ईमानदार सतही रिश्ते पसंद नहीं, बल्कि साथी के लिए उपचारकारी ऊर्जा रखने वाला व्यक्तित्व।"

विवाह ➔ विवाह स्थिर, शांत और सम्मानपूर्ण, आदर्शवादी होने से कभी-कभी निराशा, कुछ लोगों को पहला रिश्ता सफल न होकर दूसरा सुखमय मिलता है, "विवाह में वे पोषण देने वाले, समझदार और नैतिक जीवनसाथी होते हैं।"

दांपत्य जीवन ➔ घर में शांति, संवाद और उपचार, पार्टनर को नैतिक और भावनात्मक समर्थन, परिवार को जोड़ने का काम करते हैं

इनके विवाह में "सहयोग + उपचार + सम्मान" मुख्य आधार है।

पारिवारिक जीवन (Family Life) ➔ परिवार का केंद्र-स्तंभ, माता-पिता से गहरा लगाव, भाई-बहनों को मार्गदर्शन, परिवार के विवादों को

शांत करने की शक्ति, घर में आध्यात्मिक और शांतिपूर्ण वातावरण, सभी को जोड़ने वाले, इनका घर इनकी ऊर्जा से शांत, सुरक्षित और सुखद होता है।

स्वास्थ्य और शारीरिक संरचना (Health & Physical Structure)

शारीरिक संरचना ➔ लंबा या संतुलित शरीर, शांत, सौम्य चेहरा, आँखों में दिव्य गहराई, हल्की मोटापे की प्रवृत्ति, गरिमामय हाव-भाव

स्वास्थ्य ➔ श्वसन/सर्दी-जुकाम, पाचन/गैस/अम्लता, तनाव-जनित थकान, भावनात्मक रूप से आहत होने पर मानसिक बोझ, थायरॉइड/हार्मोनल असंतुलन की संभावना

सकारात्मक पक्ष: ➔ बहुत जल्दी सुधार। स्वास्थ्य में चुनौतियाँ छोटी, लेकिन बार-बार गंभीर नहीं।

मानसिक-आध्यात्मिक विकास (Spiritual & Psychological Growth)

जन्मजात आध्यात्मिकता ➔ जीवन की कठिनाइयों से आत्मज्ञान उभरता है 28-36 वर्ष तक बड़ा आध्यात्मिक जागरण, ध्यान/मौन/भक्ति से गहरा जुड़ाव, दूसरों को उपचार देना इनके आध्यात्मिक पथ का हिस्सा, अहं का कम होना, दया, क्षमा और समझ से आध्यात्मिक उन्नति इनकी आत्मा का वास्तविक विकास "दूसरों को सुधारते-सुधारते स्वयं सुधरने" से होता है।

चारों चरणों में लग्न होने पर प्रभाव (Impact of Each Pada When Ascendant)

प्रथम चरण(1st Pada) -मेष नवांश (Aries Navamsa) ➔ अधिक आत्मविश्वास, अग्रणी व्यक्तित्व, तेज निर्णय क्षमता, मजबूत नेतृत्व, करियर में बार-बार नई शुरुआत, फिट शरीर, तेज चलने-फिरने का तरीका

द्वितीय चरण(2nd Pada) - वृषभ नवांश (Taurus Navamsa) ➔ सौम्य और व्यावहारिक स्वभाव, सुंदर, आकर्षक व्यक्तित्व, कला, संगीत, व्यापार में योग, भावनाएँ स्थिर, आर्थिक स्थिरता बेहतर

तृतीय चरण(3rd Pada) - मिथुन नवांश (Gemini Navamsa) ➔ सबसे बुद्धिमान, witty और स्पष्ट और प्रभावशाली अभिव्यक्ति, संचार आधारित करियर में सफलता, मानसिक तीक्ष्णता, दोहरी प्रकृति ➔ दो हितों में फँसना, वजन कम, शरीर लचीला

चतुर्थ चरण(4th Pada) - कर्क नवांश (Cancer Navamsa) ➔ अत्यंत सौम्य, दयालु और अंतर्ज्ञानी, उपचार क्षमता प्रबल, आध्यात्मिकता उच्च, चेहरे पर चंद्रमा जैसी शांति, परिवार, घर, मातृत्व की ऊर्जा प्रबल, यह चरण पुष्कर + वर्गोत्तम होने से अत्यंत शुभ

महिलाएँ (Women)

व्यक्तित्व ➔ अत्यंत कोमल, सौम्य और नैतिक, सरल सौंदर्य, प्रबल अंतर्ज्ञान शक्ति

मानसिकता ➔ गहरी, विश्लेषणात्मक, भावनात्मक रूप से बुद्धिमान, बिना बोले दूसरों का दर्द समझ लेती हैं

विवाह ➔ देखभाल करने वाला और समझदार जीवनसाथी, विवाह के बाद घर में उपचार energy, कुछ में पहला विवाह चुनौतीपूर्ण, दूसरा बहुत बेहतर

करियर ➔ शिक्षण, उपचार, कला, लेखन, परामर्श और महिला सशक्तिकरण से जुड़ा काम

स्वास्थ्य ➔ पाचन, थकान, हार्मोनल असंतुलन, तनाव-संवेदनशीलता

आध्यात्मिकता ➔ देवी-ऊर्जा प्रबल, भक्ति, ध्यान, ध्यानात्मक संगीत

पुनर्वसु लग्न की महिलाएँ सौम्यता, बुद्धि और उपचार का प्रतीक होती हैं।

यदि लग्न पुनर्वसु नक्षत्र हो तो जातक शांत, दयालु, बुद्धिमान, पुनर्जीवन क्षमता वाला, करियर में शिक्षण, उपचार, लेखन, प्रेम में ईमानदार और निष्ठावान, परिवार में शांति का आधार, स्वास्थ्य संवेदनशील लेकिन तेज़ी से उबरने की शक्ति, आध्यात्मिक रूप से उच्च, जीवन में कई नई शुरुआतका जीवन जीता है।

08. पुष्य नक्षत्र

पौराणिक कथा (Mythological Story of Pushya Nakshatra)

पुष्य नक्षत्र की कथा बृहस्पति (देवगुरु), अदिति (देवमाता) और देवताओं से गहराई से जुड़ी हुई है। यह नक्षत्र "पोषण, सुरक्षा और दिव्य पालन" की ऊर्जा का प्रतीक है इसी कारण इसे सभी नक्षत्रों में सर्वाधिक शुभ माना गया है।

वेदों में अदिति को देवमाता कहा गया है। उनके गर्भ से आदित्य देवगण (वरुण, मित्र, भग और अर्यमा, आदि) जन्मे जो समस्त सृष्टि को सुरक्षा, प्रकाश और पोषण प्रदान करते हैं।

अदिति की यह मातृ-ऊर्जा ही पुष्य नक्षत्र का मूल है।

कथा के अनुसार अदिति अपने पुत्रों को अमृत, दूध और दिव्य पोषण देती थीं। उनकी इस पालन-पोषण की क्रिया को देवताओं ने "दिव्य पुष्टिकारक शक्ति" कहा। इसी ऊर्जा का नाम पड़ा पुष्य, अर्थात पोषण देने वाला, वृद्धि करने वाला।

इसलिए इस नक्षत्र का प्रतीक गाय का थन (Udder of Cow) माना गया क्योंकि गाय भी माता के समान पोषण देने वाली है। पुष्य नक्षत्र के देवता बृहस्पति हैं जो देवताओं के गुरु, मार्गदर्शक और आध्यात्मिक संरक्षक हैं।

कथा के अनुसारएक समय देवता अपनी शक्तियाँ खो बैठे थे असुरों ने तीनों लोकों में आतंक मचा रखा था। देवताओं का मनोबल टूट चुका था। तब गुरु बृहस्पति ने देवताओं को शिक्षा दी "जब तक तुम धर्म,

संयम और करुणा के मार्ग पर नहीं चलोगे, तब तक शक्ति का पुनर्जन्म नहीं होगा। "देवगण गुरु के मार्गदर्शन में धर्म और संयम का पालन करने लगे। इसके बाद अदिति ने देवताओं को फिर से पोषण दिया और उनकी शक्तियाँ पुनः लौट आईं। यह "शक्ति का पुनर्जन्म" ही पुष्य नक्षत्र की ऊर्जा है। अर्थात पतन के बाद उत्थान, क्षय के बाद पुनर्जन्मऔर कमज़ोरी के बाद दिव्य बल का लौट आना।

एक अन्य पौराणिक प्रसंग में बताया गया है कि बृहस्पति ने ब्रह्मा की दीक्षा लेकर वर्षों तक कठोर तप किया जिससे उन्हें अद्वितीय आध्यात्मिक ज्ञान प्राप्त हुआ। उनके तप के प्रभाव से देवता पुनः समृद्ध हुए राजा और ऋषि मार्गदर्शन के लिए उनके पास आते थे संसार में धर्म, नीति, और करुणा का प्रसार हुआ इस "ज्ञान-ऊर्जा का विस्तार" भी पुष्य नक्षत्र का गुण है।

इसलिए पुष्य नक्षत्र को "ब्रह्मवर्चस शक्ति" अर्थात आध्यात्मिक तेज और धर्मबल बढ़ाने वाली शक्ति कहा गया है।

बाल-कृष्ण और यशोदा का संबंध - एक लोककथा रूपांतरण कुछ पौराणिक ग्रंथों में एक सुंदर रूपक मिलता है जब बाल-कृष्ण रोते थे, तो यशोदा उन्हें दूध पिलाती थीं। जैसे ही कृष्ण माँ का स्पर्श पाते, उनका सारा कष्ट दूर हो जाता। योगियों ने इस दृश्य को "पुष्य ऊर्जा" का प्रतीक माना:

दूध = पोषण, माता = सुरक्षा, बालक = जीवात्मा

अर्थात जीवात्मा को माता रूपी ऊर्जा (देवी) द्वारा पोषण मिलता है ठीक वैसे ही जैसे पुष्य नक्षत्र आत्मा को स्थिरता देता है।

पुष्य का नाम "अत्यंत शुभ" क्योंकि पुराणों में एक प्रसंग मिलता है जब वेद-व्यास ने सभी नक्षत्रों की शक्तियों की तुलना की तो उन्होंने कहा "जहाँ धर्म का पोषण हो वही सर्वश्रेष्ठ है इसलिए पुष्य नक्षत्र सबसे शुभ है। "क्योंकि यहाँ अदिति का मातृत्व है, बृहस्पति का ज्ञान है, शनि का अनुशासन है, और जल तत्व की संवेदनशीलता है, यह त्रिगुण ऊर्जा मिलकर जीवन को सुरक्षित, स्थिर और समृद्ध बनाती है।

जब चंद्रमा पुष्य नक्षत्र में प्रवेश करता है तो देवता उसकी उज्ज्वलता और मन-बुद्धि की शक्ति को बढ़ाते हैं। ऊपर से बृहस्पति का आशीर्वाद चंद्रमा के मन को स्पष्ट करता है जिससे व्यक्ति का मन शांत, बुद्धि स्थिर और कर्म सात्त्विक हो जाता है यही कारण है कि वैदिक ज्योतिष में कहा गया "चंद्रमा का पुष्य में होना सौभाग्य का संकेत है।"

पुष्य की कथा हमें यह सिखाती है जीवन में कभी भी पोषण की कमी नहीं होती धर्म, संयम और करुणा ये तीन स्तंभ हर शक्ति को वापस लाते हैं जहाँ प्रेम और सुरक्षा है, वहीं दिव्यता का वास है हर पतन के बाद पुनर्जीवन अदिति और बृहस्पति की ऊर्जा से संभव है

सामान्य परिचय (General Introduction)

पुष्य नक्षत्र वैदिक ज्योतिष में अत्यंत शुभ, पालन-पोषण, धर्मशीलता और स्थिरता का नक्षत्र माना जाता है। इसका नाम "पुष्टि" शब्द से लिया गया है, जिसका अर्थ है "पोषण, वृद्धि, ऊर्जा देना और जीवन को पुष्ट करना"। यह नक्षत्र वह दिव्य मातृ-ऊर्जा दर्शाता है जो हर जीव को संरक्षण, सुरक्षा और आध्यात्मिक पोषण प्रदान करती है।

खगोल विज्ञान (Astronomy) ➔ Astronomical Stars (Pushya Constellation) पुष्य नक्षत्र 3 प्रमुख तारों से मिलकर बना है Asellus Borealis (Gamma Cancri), AsellusAustralis (Delta Cancri) और Theta Cancri ये तारे कर्क राशि के मध्य भाग में स्थित हैं और प्राचीन ज्योतिष इन्हें "गाय का थन" जैसी आकृति से जोड़ता है।

नक्षत्र सीमा (Degrees) ➔ 3°20' कर्क ➔ 16°40' कर्क अर्थात यह नक्षत्र पूरी तरह कर्क राशि में स्थित है इससे पुष्य जातकों में कर्क राशि का पोषण, संवेदनशीलता और करुणा अधिक देखी जाती है।

जीवन में प्रभाव ➔ व्यक्ति भावनात्मक, सुरक्षा प्रदान करने वाला और संवेदनशील होता है परिवार, परंपराओं और सामाजिक मूल्यों को बहुत महत्व देता है, गहरी मातृ-ऊर्जा

स्वामी ग्रह (Lord Planet) - शनि (Saturn)

अनुशासन, जिम्मेदारी, संरचना, कर्तव्यपुष्य नक्षत्र शनि के कारण व्यवहार में गंभीरता, धैर्य, स्थिरता और व्यावहारिकता लाता है। यही कारण है कि पुष्य जातक जीवन में धीरे-धीरे, परंतु स्थिर गति से ऊँचाइयों तक पहुँचते हैं। समय के पाबंद, आयु बढ़ने के साथ सफलता, कानून, प्रशासन, सेवा, शिक्षण व संगठनात्मक क्षेत्रों में प्रगति

प्रतीक (Symbol/Sign) ➔ मुख्य प्रतीक:

गाय का थन (Udder of a Cow) और कमल पुष्प और धनुष-बाण

प्रतीक का अर्थ पोषण, प्रेम, मातृत्व, शुद्धता, दिव्यता, लक्ष्य पर पुनः ध्यान केंद्रित करने की क्षमता

जातक दूसरों की मदद करता है, भावनात्मक रूप से देखभाल करने वाला स्वयं से अधिक दूसरों का कल्याण सोचने वाला

देवता (Presiding Deity) ➔ बृहस्पति (Brihaspati) --बृहस्पति देवताओं के गुरु हैं। ये धर्म, ज्ञान, नैतिकता और आशीर्वाद का प्रतिनिधित्व करते हैं।

जातक धार्मिक, दयालु और न्यायप्रिय, शिक्षा, सलाह देने, समाज मार्गदर्शन में श्रेष्ठ, परोपकार, दान और आध्यात्मिक झुकाव अधिक

गुण (Guna) - सात्त्विक (Sattva)

शुद्ध विचार, नैतिकता, धर्म और नियम में विश्वास, शांत और विनम्र व्यवहार

तत्व (Element) - जल तत्व

भावनात्मक गहराई, संवेदनशीलता, प्रेम और करुणा, कल्पनाशीलता

जीवन में प्रभाव ➔ परिवार और संबंधों में गहरा जुड़ाव, कोमल स्वभाव, भावनात्मक बुद्धिमत्ता

वर्ण (Caste/Varna) - ब्राह्मण

शिक्षा, ज्ञान और उपदेश देने की प्रवृत्ति, नियमों का पालन, धार्मिक और आध्यात्मिक मार्गदर्शन

प्रकृति (Nature) - मृदु प्रकृति (Soft & Gentle Nature) ➔ पुष्य नक्षत्र मृदु (Soft) नक्षत्र माना गया है।

सौम्यता और कोमलता, संघर्ष से बचकर शांति बनाना, दूसरों की भावनाओं का ध्यान रखना

गण (Temperament) - देव गण ➔ देवगण दया, नैतिकता और सत्वगुण का प्रतीक हैं।

मददगार, दानशील, धार्मिक, सत्यवादी

योनि (Animal Symbol) - बकरा (Goat)

स्थिरता, दृढ़ता, पहाड़ जैसी कठिनाइयों पर चढ़ने की क्षमता, धीरे-धीरे पर लगातार प्रगति

लिंग (Gender) - पुरुष

रक्षक (Protector), जिम्मेदार, नेतृत्व और स्थिरता की भावना

शक्ति (Power/Shakti) - ब्रह्मवर्चस शक्ति ➔ अर्थ:- आध्यात्मिक, नैतिक और ज्ञान-ऊर्जा का निर्माण करने की शक्ति

शिक्षा देने की क्षमता, आध्यात्मिक उत्थान, दूसरों को उठाने की ऊर्जा

दिशा (Direction) - उत्तर (North)

स्थिरता, व्यवहारिकता, दीर्घकालिक लक्ष्य

रंग (Color) - गहरा नीला या काला

गहराई, रहस्य, अनुशासन, जिम्मेदारी

स्वभाव- स्थिर (Fixed Nature)

बदलते निर्णयों से बचना, दृढ़ संकल्प, लंबी अवधि की योजनाओं में सफलता

प्रवृति (प्रकृति दोष) - कफ प्रवृत्ति (Kapha Dominance कफ स्वभाव का अर्थ धीमा पर स्थिर, धैर्यवान, पोषण देने वाला, संबंधों को थामे रखने वाला

भावनात्मक स्थिरता, जीवन में कम उतार-चढ़ाव, परंतु कभी-कभी आलस्य या ओवर-अटैचमेंट

जीवन पर प्रभाव (Impact on Life)

पुष्य नक्षत्र जीवन में "धर्म, पोषण, स्थिरता, और दीर्घकालिक सफलता" का प्रतीक है। यह नक्षत्र जन्मजात रूप से व्यक्ति में मातृ-ऊर्जा, ज़िम्मेदारी, दया और संयम भर देता है। ग्रह-स्वामी शनि और देवता बृहस्पति मिलकर इन जातकों को अनुशासन + ज्ञान का अनोखा मेल देते हैं।

व्यक्तित्व (Personality)

पुष्य नक्षत्र वैदिक ज्योतिष का वह नक्षत्र है जो "पोषण, संरक्षण, मातृत्व, धर्म, और स्थिरता" का प्रतीक है। इसलिए इस नक्षत्र में जन्मे लोग स्वभाव से अत्यंत संयमी, कर्तव्यनिष्ठ, जिम्मेदार और शांत होते हैं।

इनकी ऊर्जा में शनि की स्थिरता और बृहस्पति की धर्मशीलता स्पष्ट झलकती है।

पोषण देने वाला व्यक्तित्व (Nurturing Personality) ➔ पुष्य जातकों की सबसे प्रमुख विशेषता है दूसरों की देखभाल करना और उन्हें सुरक्षा देना।

इनका व्यवहार परिवार, मित्र और साथी को भावनात्मक सुरक्षा देना, कठिन समय में सहारा बनना, अपने आसपास शांति और संतुलन बनाए रखना, किसी को दुख या परेशानी में देख नहीं पाना ये लोग स्वभाव से ऐसे होते हैं कि उनसे मिलने वाला हर व्यक्ति "आरामदायक और सुरक्षित" महसूस करता है।

शांत, स्थिर और संयमी स्वभाव (Calm, Stable & Composed Nature) कर्क राशि का गहन भाव + शनि का अनुशासन ➔ पुष्य जातकों को अत्यंत धैर्यवान, शांतचित्त और भावनात्मक रूप से स्थिर बनाता है।

जल्दबाजी नहीं करते, हर बात को सोच-समझकर निर्णय लेते हैं, कठिन परिस्थितियों में भी शांत रहते हैं, गुस्सा दिखाने के बजाय भीतर दबा लेते हैं ऐसे लोग घर, समाज और कार्यस्थल सभी जगह स्थिरता और सुरक्षा का भाव उत्पन्न करते हैं।

जिम्मेदार और कर्तव्यनिष्ठ (Highly Responsible Personality) ➔ यह नक्षत्र शनि द्वारा शासित है, इसलिए जातक जिम्मेदार, कर्मठ, अनुशासित, भरोसेमंद होते हैं। इन पर किसी भी प्रकार का कार्य सौंपा जाए, ये उसे पूरी निष्ठा से पूरा करते हैं।उन पर भरोसा न करना लगभग असंभव होता है।

धर्मपरायण और नैतिक सोच (Religious & Ethical Mindset) ➔ देवता बृहस्पति होने के कारण पुष्य लोग हमेशा सत्यवादी, नैतिक, सिद्धांतों वाले, धार्मिक/आस्थावानहोते हैं। इनका जीवन-पथ धर्म, करुणा और नैतिकता से निर्देशित होता है। वे गलत काम करने या गलत लोगों से जुड़ने से स्वभावतः बचते हैं।

भावनात्मक रूप से गहरे लेकिन नियंत्रित (Emotionally Deep Yet Controlled) ➔ जल तत्व व कर्क राशि के कारण भावनाएँ गहरी होती हैं लेकिन शनि के कारण वे उन्हें नियंत्रण में रखते हैं। इसलिए ये जातक अपने दिल की बातें बाहर नहीं लाते, भावनाओं को अंदर ही अंदर संभालते हैं, गहरे प्रेम करने वाले होते हैं, विश्वास बनने में समय लेते हैं इनमें "संवेदनशीलता + धैर्य" का अद्भुत मिश्रण होता है।

सहयोगी, दयालु और विनम्र (Helpful, Kind & Humble) ➔ यह नक्षत्र देवगण में आता है इसलिए जातक अत्यंत विनम्र, सरल और सेवा-भाव वाले होते हैं। दूसरों की मदद करने का गुण जन्मजात, प्रतिदान की अपेक्षा नहीं रखते, समाज में सम्मानित, गरीबी, बीमारी या समस्या में फंसे लोगों को उठाने वाले ऐसे व्यक्तित्व से समाज में "स्थिरता" आती है।

बुद्धिमान और व्यावहारिक विचारक (Wise & Practical Thinker) ➔ शनि और गुरु दोनों का प्रभाव इन्हें निर्णय लेने में बुद्धिमान, व्यवहारिक, जमीन से जुड़े, समस्या-समाधान में सक्षम बनाता है। इनकी सलाह अक्सर सटीक और गहरी होती है।

मधुर वाणी और संयमित बोलचाल (Sweet & Controlled Speech) ➔ पुष्य जातक बोलने में अत्यंत सावधान रहते हैं। कटुता नहीं, किसी

को आहत न करना, सोच-समझ कर शब्द चुनना, इनकी वाणी शांत, विनम्र और प्रभावशाली होती है।

गोपनीयता पसंद (Private Personality) ➔ ये लोग निजी जीवन को सार्वजनिक नहीं करते। अपनी भावनाएँ छुपाकर रखते हैं, परिवार की समस्याएँ किसी को नहीं बताते, मन की बातें सिर्फ विश्वसनीय लोगों से साझा करते हैं अपने निजी संसार को सुरक्षित रखना इनकी विशेषता है।

धीरे-धीरे पर स्थायी सफलता (Slow but Steady Success) ➔ चूँकि शनि का प्रभाव है, इसलिए इन जातकों की सफलता: देर से परंतु स्थायी, सम्मानजनक और दीर्घकालिक होती है। युवावस्था में उतार-चढ़ाव और परीक्षाएँ होती हैं लेकिन 32-36 वर्ष के बाद तेज प्रगति शुरू होती है।

छाया पक्ष (Shadow Traits) ➔ जहाँ इतने गुण हैं, वहीं कुछ चुनौतियाँ भी होती हैं जिम्मेदारियों का बोझ, भावनाओं को दबाने की आदत, अत्यधिक संवेदनशील, "नहीं" कहने में कठिनाई, दूसरों द्वारा उपयोग हो जाना, कभी-कभी नियंत्रणप्रिय होना, परंपराओं से अत्यधिक बंध जाना

मानसिक और भावनात्मक स्वभाव(Mental & Emotional Nature)

पुष्य नक्षत्र जल तत्व, कर्क राशि और शनि तीनों के संयोजन से एक अत्यंत गहन, संवेदनशील, अनुशासित और संरचित मानसिकता उत्पन्न करता है। यह नक्षत्र व्यक्ति के मन को एक विशेष प्रकार की "गहरी भावनात्मक बुद्धि + नियंत्रित भावनाओं" का मिश्रण देता है।

भावनाओं को गहराई से महसूस करने की क्षमता ➔ पुष्य जातक घटनाओं को सतही रूप में नहीं लेते वे हर बात को भीतर तक महसूस करते हैं परंतु उसे तुरंत व्यक्त नहीं करते।

भावनाओं का अनुभव अत्यधिक गहराई के साथ, छोटी बात भी मन को छू सकती है, संवेदनशीलता भीतर तक पैठी हुई, दूसरों की भावनाएँ

तुरंत समझने की क्षमता उनके भीतर चलने वाला भावनात्मक संसार बहुत समृद्ध होता है, पर अक्सर छुपा हुआ।

भावनाओं पर नियंत्रण (Emotional Control) ➔ कर्क राशि की गहनता + शनि का अनुशासन ➔ भावनाएँ होती बहुत हैं, परंतु व्यक्त बेहद कम होती हैं। इनके व्यवहार में दिखाई देता है मन में उथल-पुथल चल रही होती है, पर चेहरा शांत, भावनाओं को व्यक्त करने से पहले कई बार परखना, संवेदना को सीमित रखना, प्रतिक्रिया देने से पहले खुद को रोक लेना यह नियंत्रित भावनात्मक प्रणाली उन्हें “मजबूत लेकिन कोमल” बनाती है।

भावनाओं का संचित होना (Emotional Accumulation) ➔ पुष्य नक्षत्र का एक विशेष मनोवैज्ञानिक पैटर्न है यह लोग बातों को भीतर जमा करते जाते हैं। वे खुलकर रोते नहीं, दुख प्रकट नहीं करते, मन की तकलीफ केवल विश्वासपात्र को बताते हैं, भीतर-ही-भीतर भावनाएँ इकट्ठी होती जाती हैं कभी-कभी यह जमा हुआ भाव बाद में भावनात्मक थकान या तनाव बना देता है।

कर्तव्य-भाव के कारण भावनात्मक दमन ➔ पुष्य जातक अपनी जिम्मेदारियों को सर्वोपरि रखते हैं। इस वजह से उनका मन अक्सर कहता है “मेरी भावनाएँ बाद में पहले दूसरों का कर्तव्य।“ इससे वे स्वयं के भीतर की आवश्यकताओं को दबा देते हैं।

इस वजह से अपनी जरूरतों को महत्व न देना, दूसरों को संतुष्ट करने में स्वयं की भावनाओं को पीछे रखना, आत्म-देखभाल में कमी, यह भावनात्मक आत्म-त्याग की प्रवृत्ति बन जाती है।

भावनात्मक सुरक्षा की तीव्र आवश्यकता ➔ पुष्य का प्रतीक “गाय का थन ”अर्थात पोषण और सुरक्षा। इसी कारण उनके मन में एक गहरी आवश्यकता रहती है सुरक्षित संबंध, स्थिर वातावरण, भरोसेमंद लोग यदि वातावरण अस्थिर या आलोचनात्मक हो जाए तो उनका मन बेचैन हो जाता है।

मन का सावधानीपूर्वक खुलना (Selective Emotional Sharing) ➔ ये लोग हर किसी से खुलते नहीं। उनका मन "गेटकीपर" की तरह काम करता है कौन भरोसे लायक है?, किससे क्या साझा करना है?, कौन मेरे मन को समझ सकता है?, एक बार किसी पर भरोसा कर लें तो मन पूरी तरह खोल देते हैं परंतु यह प्रक्रिया धीमी और चयनात्मक होती है।

भावनात्मक वफादारी और स्थिरता ➔ दूसरों के साथ भावनात्मक रूप से जुड़ने के बादवे अत्यंत वफादार और स्थिर रहते हैं।

मन की मुख्य विशेषताएँ ➔ संबंधों में निरंतरता, भावनाओं में दृढ़ता, जुड़ाव के बाद कभी पीछे नहीं हटना, साथी/परिवार की सुरक्षा की चिंता उनके लिए भावनात्मक संबंध "पवित्र" होते हैं।

भावनाओं में संतुलन और संयम ➔ शनि का प्रभाव उन्हें भावनाओं में "संरचना और अनुशासन" देता है।

परिणामत: परिस्थितियों में तुरंत प्रतिक्रिया नहीं देते, मानसिक-संतुलन बनाए रखते हैं, कठिन समय में भी शांत रहकर सोचना, भावनाओं को तर्क और धैर्य के साथ जोड़नाइनकी भावनाएँ कम होती नहींबस गहरी और नियंत्रित रहती हैं।

अत्यधिक सहानुभूति (High Empathy) ➔ पुष्य जातक दूसरों की भावनाओं को अपने मन में अवशोषित कर लेते हैं।

इस वजह से दूसरों का दुःख उन्हें छू जाता है, वे बिना कहे मदद करने लगते हैं पर कभी-कभी दूसरों की समस्याएँ उठाकर चलने लगते हैं भावनात्मक बोझ बढ़ने लगता है इनमें स्वाभाविक "हीलिंग" ऊर्जा होती है।

आध्यात्मिक रूप से संवेदनशील मन ➔ बृहस्पति का प्रभाव मन को आध्यात्मिक बना देता है।

मन की आध्यात्मिक प्रवृत्तियाँ ➔ ध्यान, प्रार्थना या मौन में राहत, भीतर से स्थिरता और पवित्रता की खोज, ईश्वर/धर्म पर गहरा विश्वास, अंतर्ज्ञान प्रबलउनकी भावनाएँ आध्यात्मिक ऊर्जा का स्रोत बन जाती हैं।

पुष्य नक्षत्र का मानसिक और भावनात्मक स्वभाव"गहन संवेदनशीलता + अनुशासित भावनाएँ + जिम्मेदारी + आध्यात्मिकता"का अद्‌वितीय मिश्रण है। ये लोग मन से बहुत कोमल, भावनाओं से गहरे परंतु व्यवहार में अत्यंत संयमी और नियंत्रित होते हैं।

करियर और पेशा (Career & Profession Analysis)

पुष्य नक्षत्र सेवा, पोषण, सुरक्षा, शिक्षण, अनुशासन और आध्यात्मिकता का नक्षत्र है। इसलिए इस नक्षत्र में जन्मे जातक उन सभी पेशों में उत्कृष्ट होते हैं जहाँ जिम्मेदारी, नेतृत्व, सहानुभूति, सलाह देना, संरचना बनाना या मार्गदर्शन शामिल हो। शनि के कारण कर्तव्यनिष्ठा और गुरु बृहस्पति के कारण नैतिक बुद्धि इनका करियर इन्हें "विश्वासयोग्य, दायित्वपूर्ण और सम्मानित" भूमिका की ओर ले जाता है।

सेवा-प्रधान और देखभाल से जुड़े पेशे (Care & Service-Oriented Careers) ➔ पुष्य नक्षत्र का मूल तत्व "पोषण" है, इसलिए जातक उन पेशों में उत्कृष्ट होते हैं जहाँ दूसरे लोगों की मदद करना मुख्य उद्देश्य हो।

उपयुक्त क्षेत्र ➔ डॉक्टर (सामान्य चिकित्सा/बाल चिकित्सा/कैंसर चिकित्सा), नर्स, मेडिकलअसिस्टेंट, मनोवैज्ञानिक, काउंसलर, हीलर, थेरेपिस्ट, सामाजिक कार्यकर्ता (Social Worker), NGO कार्य, मानव कल्याण कार्य उपयुक्तक्योंकि ये लोग भावनात्मक रूप से समझदार, शांत और धैर्यवान होते हैं।

शिक्षा, शिक्षण और ज्ञान-साझा करने वाले पेशे (Education & Teaching) ➔ देवगुरु बृहस्पति की ऊर्जा इन्हें जन्मजात "गुरु-तत्व" देती है। अतः ये उत्कृष्ट शिक्षक, प्रोफेसर, शिक्षक-प्रशिक्षक (Teacher Trainer), ट्यूटोरियल कोच, आध्यात्मिक शिक्षक, धार्मिक या दार्शनिक वक्ता, योग/ध्यान प्रशिक्षक बनते हैं

क्योंकि इनमें धैर्य, स्पष्टीकरण की क्षमता और मार्गदर्शन देने का स्वभाव होता है।

प्रशासनिक, सरकारी और जिम्मेदारी वाले कार्य (Administrative & Government Roles) ➔ शनि का प्रभाव जातक को संरचना, अनुशासन और नियमों का पालन कराने वाला बनाता है।

उपयुक्त पेशे ➔ प्रशासक (Administrator), सरकारी अधिकारी, पुलिस/सेना में नेतृत्व भूमिकाएँ, कोर्ट/ज्यूडिशियल सिस्टम में जिम्मेदारी वाले पद, नगर प्रशासन, नगरपालिका, सामाजिक विभाग, स्कूल/कॉलेज प्रिंसिपल या मैनेजर, मानव संसाधन प्रमुख/अनुपालन अधिकारी उपयुक्त क्योंकि ये लोग नियम, नैतिकता और अनुशासन को स्वाभाविक रूप से अपनाते हैं।

सुरक्षा, संरक्षण और समाज हित वाले पेशे (Protection & Social Safety) ➔ पोषण और सुरक्षा की ऊर्जा जातक को ऐसे कार्यों में आगे लाती है जो दूसरों की रक्षा व देखभाल से जुड़े हों।

उपयुक्त क्षेत्र ➔ बाल कल्याण, महिला सुरक्षा कार्यक्रम, सामाजिक सुरक्षा योजनाएँ, पुनर्वास केंद्र, आपदा राहत से जुड़ी भूमिकाएँ, परामर्श एवं संकट हस्तक्षेप उपयुक्त? क्योंकि इनके भीतर "सबको सुरक्षित रखने" की प्राकृतिक प्रवृत्ति होती है।

अनुसंधान और विश्लेषण (Research & Analytical Fields) ➔ शनि मानसिक संरचना देता है और चंद्रमा अंतर्ज्ञान।

उपयुक्त पेशे ➔ मनोविज्ञान शोधकर्ता, मेडिकल या बायोलॉजिकल रिसर्च, इतिहास, पुरातत्व, डेटा विश्लेषक, नीति अनुसंधान (Policy Research), समाजशास्त्रीय अध्ययन उपयुक्त क्योंकि गहराई से सोचने और लंबे समय तक एक कार्य पर टिके रहने की क्षमता।

कला, रचनात्मकता और संस्कृति से जुड़े पेशे (Creative & Cultural Careers ➔ हालाँकि यह नक्षत्र मुख्यतः सेवा-प्रधान है, लेकिन कर्क राशि की वजह से रचनात्मक संवेदनशीलता भी होती है।

उपयुक्त पेशे ➔ संगीत, गायन, इंटीरियर डिजाइन, वास्तु, आर्किटेक्चर, नृत्य जिसमें भाव-अभिनय शामिल, शास्त्रीय कला, कविता, लेखन, सांस्कृतिक आयोजन, परंपरा संरक्षण उपयुक्तक्योंकिइनका भावनात्मक संसार अत्यंत गहरा और सौन्दर्यपूर्ण होता है।

कृषि, डेयरी, और पोषण से जुड़े पेशे (Agriculture, Dairy & Nutrition) ➔ पुष्य का प्रतीक गाय का थन है इसलिए "पोषण आधारित" कार्य इनके लिए बहुत स्वाभाविक है।

उपयुक्त क्षेत्र ➔ कृषि, डेयरी फार्मिंग, पोषण विशेषज्ञ (Nutritionist), भोजन एवं पोषण अनुसंधान, ऑर्गेनिक खेती, हर्बल मेडिसिन उपयुक्त क्योंकि ये लोग वास्तविक "जीवन देने" वाले कार्यों में प्रसन्न रहते हैं।

परामर्श (Counseling, Guidance & Mentorship) ➔ इनमें दूसरों की बात शांत मन से सुनने, समझने और समाधान देने की क्षमता होती है।

उपयुक्त भूमिकाएँ ➔ विवाह परामर्शदाता, पारिवारिक चिकित्सक, जीवन मार्गदर्शक, करियर परामर्शदाता, आध्यात्मिक मार्गदर्शक उपयुक्त क्योंकि इनकी आवाज, धैर्य और निर्णय क्षमता लोगों को संतुलन देती है।

रियलएस्टेट, भवन निर्माण और घर-संबंधित काम (Real Estate & Housing-Related Work) ➔ कर्क राशि घर का प्रतिनिधित्व करती है इसलिए पुष्य जातक "गृह-निर्माण और सुरक्षा" वाले कार्यों में भी सहज होते हैं।

उपयुक्त पेशे ➔ रियल एस्टेट कंसल्टेंट, आर्किटेक्ट, सिविल इंजीनियर, इंटीरियर डिजाइन, होम मैनेजमेंट, संपत्ति प्रबंधन

आध्यात्मिक, धार्मिक और अनुष्ठान-संबंधित पेशे (Spiritual & Ritualistic Roles) ➔ बृहस्पति का प्रभाव व्यक्ति में आध्यात्मिक गहराई लाता है।

उपयुक्त क्षेत्र ➔ पुजारी, आध्यात्मिक गुरु, ज्योतिषी, आयुर्वेद विशेषज्ञ, मंत्र-साधना, योग-मार्गदर्शक, धार्मिक ग्रंथों के व्याख्याता

पुष्य नक्षत्र जातक के करियर की प्रमुख पहचान है

"ऐसे लोग स्वाभाविक रूप से उन भूमिकाओं में आगे आते हैं जहाँ वे दूसरों की सुरक्षा करते हैं, मार्गदर्शन देते हैं, सेवा करते हैं, शिक्षा देते हैं या उनका पोषण करते हैं।"उनका करियर उनकी आत्मा की ही तरह स्थिर, दायित्वपूर्ण, सेवा-आधारित और समाज-उन्नायक होता है।

आर्थिक स्थिति (Financial Aspects)

पुष्य नक्षत्र की आर्थिक संरचना अत्यंत दिलचस्प है क्योंकि इसके स्वामी ग्रह शनि (Saturn) और देवता बृहस्पति (Jupiter), धन के प्रति दो विपरीत परंतु पूरक दृष्टिकोण देते हैं:

शनि ➔ धीमी, स्थिर, परिश्रम से अर्जित आय

गुरु ➔ शुभ अवसर, सम्मान और दीर्घकालिक वृद्धि

इसलिए पुष्य जातकों की आर्थिक यात्रा आमतौर पर "धीरे पर स्थायी" होती है।

आर्थिक प्रारंभ धीमी शुरुआत लेकिन स्थायी नींवपुष्य जातकों का बचपन या किशोरावस्था आर्थिक रूप से बहुत मजबूत नहीं होती।

इसका कारण होता है प्रारंभिक आयु में शनि का दमन, पारिवारिक जिम्मेदारियाँ, स्वभाव से बचत की प्रवृत्ति नहीं होती, धीरे-धीरे वित्तीय समझ विकसित होती है, परिणामत: युवा उम्र में सीमित साधन, 15-16 वर्ष के आसपास वित्तीय चुनौतियाँ, परिवार पर आर्थिक निर्भरता

युवावस्था (20-32 वर्ष) संघर्ष और सीख का समय ➔ इस अवधि में जातक धन प्रबंधन, बचत, मेहनत का मूल्य, जिम्मेदारी के साथ आय अर्जन, आय में उतार-चढ़ाव, स्थिरता की खोज, कार्य और आय के बीच संघर्ष, कुछ समय पर आर्थिक दबाव सीखते हैं यह अवधि "वित्तीय शिक्षा" का समय होती है।

परिपक्व अवस्था (33+ वर्ष) आर्थिक स्थिरता का वास्तविक आरंभ ➔ जैसे ही शनि परिपक्व (36 वर्ष) होता है, पुष्य जातकों की वित्तीय स्थिति अचानक नहीं, बल्कि मजबूती से उठने लगती है।

मुख्य विशेषताएँ ➔ स्थायी आय, पद-प्रतिष्ठा से बढ़ी हुई कमाई, दीर्घकालिक और सुरक्षित कैश-फ्लो, पहले से अधिक सेविंग, यह पुष्य नक्षत्र की असली आर्थिक उन्नति का काल है।

36-50 वर्ष

वास्तविक आर्थिक उन्नति और संपत्ति निर्माण ➔ शनि + गुरु का परिपक्व प्रभाव मिलता है।इस समय: स्थावर संपत्ति (घर, जमीन),

निवेश, प्रमोशन और पदोन्नति, व्यवसाय में लाभ, परिवार में धन वृद्धि, प्रतिष्ठा + आय = स्थिरता यह पुष्य नक्षत्र का "अत्यधिक शुभ" चरण होता है।

स्थावर संपत्ति का योग (Real Estate & Property) ➔ पुष्य जातक जन्म से ही: घर, भूमि, अचल संपत्तिकी ओर आकर्षित होते हैं क्योंकि कर्क राशि "घर" का प्रतिनिधित्व करती है।

इस नक्षत्र में प्रमुख संपत्ति योग स्वयं का घर, दो घर होने का योग, पारिवारिक भूमि से लाभ, भवन निर्माण या सुधार में निवेश

धन-संग्रह (Savings & Stability) ➔ पुष्य जातक अनावश्यक खर्च नहीं करते। वे धीरे-धीरे धन बचाते हैं और उचित समय पर सही निवेश करते हैं।

धन-संग्रह की विशेषताएँ ➔ दीर्घकालिक जमा, कम जोखिम वाले निवेश, सावधानी पूर्वक निर्णय, आकस्मिक खर्च कम वे कभी अचानक अमीर नहीं दिखते परंतु धीरे-धीरे एक मजबूत वित्तीय स्थिति बना लेते हैं।

धन प्रबंधन (Money Management Style) ➔ इनकी आर्थिक शैली तीन स्तंभों पर आधारित होती है:

सावधानी ➔ ये जोखिम भरे निवेश या अत्यधिक जल्दी पैसे कमाने के रास्तों से दूर रहते हैं।

जिम्मेदारी ➔ परिवार और भविष्य की सुरक्षा को प्राथमिकता देते हैं।

अनुशासन ➔ बचत, निवेश और खर्च में संतुलन रखते हैं।

आय के स्रोत (Sources of Income) ➔ पुष्य जातकों की आय मुख्यतः इन क्षेत्रों से आती है

स्थिर नौकरी (सरकारी सेवा/प्रशासन/नर्सिंग/शिक्षण) ➔ सेवा आधारित पेशे, प्रॉपर्टी/रियलएस्टेट, काउंसलिंग/सलाह, कृषि/डेयरी, धार्मिक या आध्यात्मिक कार्य, शिक्षणइनके काम में स्थिरता होती है, इसलिए आय भी स्थिर रहती है।

आर्थिक चुनौतियाँ (Financial Challenges) ➔ पुष्य जातकों को कुछ चुनौतियों का सामना करना पड़ता है:

गलत लोगों पर भरोसा कर लेना ➔ ये दयालु होते हैं, इसलिए नुकसान उठाने का खतरा।

अत्यधिक जिम्मेदारी ➔ कभी-कभी पारिवारिक जिम्मेदारियों में धन खर्च हो जाता है।

स्वभाव से धीमी प्रगति ➔ तेज़ी से धन अर्जन करने की प्रवृत्ति कम होती है।36 वर्ष से पहले आर्थिक संघर्ष यह शनि की परखा है।

धन का उपयोग (Spending Pattern) ➔ ये लोग परिवार, शिक्षा, स्वास्थ्य, धार्मिक कार्य, ज़रूरतमंदों की सहायता में धन खर्च करते हैं फिजूलखर्ची बहुत कम,परंतु सेवा में उदार होते हैं।

विशेष योग (Special Financial Traits)

जीवन भर स्थिरता ➔ धन धीरे आता है पर हमेशा स्थिर रहता है।

सुरक्षित निवेश का योग ➔ रियलएस्टेट, बीमा, फिक्स्ड सेविंग्स में विशेष लाभ।

दान का योग ➔ ये लोग कमाएँ चाहे जितना पर दान अवश्य करते हैं यह उनके भाग्य को बढ़ाता है।

प्रेम, विवाह और दांपत्य जीवन

पुष्य नक्षत्र प्रेम, पोषण, भावनात्मक गहराई और रिश्तों में स्थिरता का नक्षत्र है। इस नक्षत्र का स्वभाव जल तत्व + कर्क राशि + शनि + गुरु व्यक्ति को प्रेम और वैवाहिक जीवन में गहराई, ज़िम्मेदारी, वफादारी और परिपक्वता प्रदान करता है।

प्रेम (Love Life) ➔ पुष्य जातक प्रेम में अत्यंत भावुक होते हैं, लेकिन इसे तुरंत व्यक्त नहीं करते। ये लोग ऐसे साथी की तलाश करते हैं जो भरोसेमंद, स्थिर, संवेदनशील और भावनात्मक रूप से परिपक्व हो इनका प्रेम क्षणिक नहीं होता बल्कि धीरे-धीरे पर मजबूत आधार पर खड़ा होता है।

इनके प्रेम का मूल आधार “भावनात्मक सुरक्षा” है।जब इन्हें लगे कि साथी भरोसेमंद है, तब ये पूर्ण रूप से खुलते हैं।

विशेषताएँ ➔ भावनाओं में गहराई, प्रेम में पवित्रता, संबंध को पोषित करने की क्षमता, दूसरों की जरूरतें समझने का कौशल

नक्षत्र का स्वभाव पोषण देने वाला" है इसलिए ये प्रेमी के रूप में बहुत संरक्षण देने वाले होते हैं। साथी को सुरक्षा, भावनात्मक सहारा, मानसिक स्थिरता, जीवन की कठिनाइयों में साथये सब प्रदान करते हैं।

शनि के प्रभाव से ये कुछ हद तक संकोची और अंतर्मुखी होते हैं। ये प्रेम को शब्दों से अधिक कर्मों से व्यक्त करते हैं। देखभाल, सेवा, सुरक्षा, समय देना, इनकी प्रेम-भाषा है।

प्रेम में चुनौतियाँ ➔ जल्दी दिल नहीं खोलते, कभी-कभी अत्यधिक संवेदनशील, स्वयं की भावनाओं को दबाकर चलते हैं साथी के लिए अपने आप को बलिदान कर सकते हैं, भावनात्मक चोट धीरे भरती है, यदि साथी कठोर, अस्थिर या स्वार्थी हो तो पुष्य जातक भीतर ही भीतर टूट सकते हैं।

विवाह (Marriage) ➔ यह नक्षत्र विवाह के लिए सबसे स्थिर नक्षत्रों में से एक माना जाता है। विवाह में जिम्मेदारी, सम्मान, आत्मीयता, वफादारी, परंपराओं का महत्व, गहरे रूप से दिखता है।

साथी से अपेक्षाएँ ➔ पुष्य जातक चाहते हैं कि उनका साथी विश्वसनीय, भावनात्मक रूप से उपलब्ध, संवेदनशील, परिवार-प्रिय, समझदार हो। यदि साथी ऐसा हो, तो विवाह अत्यंत सुखमय होता है।

संस्कार और सांस्कृतिक मूल्यों को महत्व ➔ कर्क राशि का प्रभाव पारंपरिक विवाह की ओर झुकाव लाता है। इनके विवाह में परिवार, संस्कार और परंपराएँ महत्वपूर्ण भूमिका निभाते हैं।

कर्मिक या भाग्य आधारित विवाह ➔ पुष्य नक्षत्र अक्सर ऐसे विवाह लाता है जहाँ साथी जीवन में गहरा परिवर्तन लाता है, विवाह आध्यात्मिक उन्नति लाता है, परिवार की जिम्मेदारियाँ बढ़ती हैं, दांपत्य जीवन से आत्म-ज्ञान होता है

दांपत्य जीवन (Married Life) ➔ इनका गहरे प्रेम और परस्पर पोषण वाला वैवाहिक जीवन होता है पुष्य जातक दांपत्य जीवन में अत्यंत भावुक, संरक्षणकारी और जिम्मेदार होते हैं।

इनका उद्देश्य होता है घर में शांति बनाए रखना, रिश्ते को संभालना, साथी को भावनात्मक सुरक्षा देना, परिवार को स्थिर रखना

परिवार-केंद्रित जीवन ➔ चूंकि यह नक्षत्र कर्क राशि में आता है इसलिए विवाह के बाद परिवार उनके जीवन का केंद्र बन जाता है, घर को सुरक्षित और आरामदायक बनाना पसंद, बच्चों के प्रति अत्यधिक लगाव, घर को आध्यात्मिक/धार्मिक वातावरण देना

समझौता और त्याग की क्षमता ➔ पुष्य जातकों में संबंध को बचाने और संभालने की क्षमता अत्यंत उच्च होती है। वे अहं से नहीं बल्कि "परिवार और दांपत्य की स्थिरता" से सोचते हैं।

दांपत्य जीवन में संभावित चुनौतियाँ

भावनाओं का दमन ➔ साथी के सामने अपनी परेशानियाँ नहीं बताते, जिससे गलतफहमियाँ हो सकती हैं।

जिम्मेदारी का बोझ ➔ परिवार और रिश्तों को संभालते-संभालते भावनात्मक थकान आ सकती है।

अत्यधिक जुड़ाव और अपेक्षा ➔ कभी-कभी साथी से अधिक संवेदनशीलता से जुड़ जाते हैं, जिससे आहत होने का डर। कभी-कभी साथी पर निर्भरताहोती है, भावनात्मक सुरक्षा की जरूरत के कारण जुड़ाव गहरा हो जाता है।

पुष्य जातकों के लिए आदर्श जीवनसाथी (Ideal Partner for Pushya Natives) ➔ पुष्य जातकों के लिए आदर्श साथी वह है जो शांत, संवेदनशील, भावनात्मक रूप से स्थिर, परिवार-प्रिय, परिपक्व, वफादार और सहयोगी हो।

श्रेष्ठ संगति कर्क, मीन, वृषभ, कन्या, वृश्चिक के साथ हो सकती हैं, पुष्य नक्षत्र का प्रेम और विवाह जीवन गहरी भावनात्मकता, स्थिरता और परिपक्वता से भरा होता है।

ये जातक अपने जीवनसाथी और परिवार को प्रेम, सुरक्षा, पोषण और सम्मान देकर एक सुंदर और शांतिपूर्ण दांपत्य रचाते हैं। उनका प्रेम स्थिर, सौम्य और आत्मीय होता है और उनकी शादी "कर्तव्य + भावनात्मकता + परंपरा" का सामंजस्य बन जाती है।

पारिवारिक जीवन

पुष्य नक्षत्र पारंपरिक रूप से पोषण, संरक्षण, मातृ-ऊर्जा और परिवार-केन्द्रितता का प्रतीक है। इसलिए इस नक्षत्र में जन्मे लोग पारिवारिक जीवन में विशेष प्रकार की स्थिरता, संवेदनशीलता और जिम्मेदारी प्रदर्शित करते हैं। इनका पारिवारिक जीवन अत्यंत गहरा, भावनात्मक, जिम्मेदार और आध्यात्मिक आधार पर टिका होता है।

परिवार के प्रति गहरी निष्ठा (Strong Family Loyalty) ➔ पुष्य जातकों का पहला गुण है परिवार के प्रति उच्चतम निष्ठा।

विशेषताएँ ➔ परिवार को जीवन की प्राथमिकता मानना, भावनात्मक व भौतिक रूप से परिवार को सुरक्षित रखना, बुजुर्गों, माता-पिता, बच्चों और जीवनसाथी के प्रतिसमर्पण, परिवार का सम्मान बढ़ाने में विश्वास इनकी पहचान ही परिवार-कर्तव्य से होती है।

बचपन और प्रारंभिक जीवन का प्रभाव ➔ ज्योतिष के अनुसार पुष्य जातकों का बचपन पूरी तरह आसान नहीं होता।

संभावित अनुभव ➔ बचपन में जिम्मेदारियाँ, माता-पिता के साथ भावनात्मक दूरी या चुनौतियाँ, घरेलू परिस्थितियों का दबाव, अस्थिरता या असुरक्षा की भावना, इसी वजह से बड़े होने पर ये "अपने परिवार को सुरक्षित, स्थिर और संतुलित बनाना" अपना जीवन-उद्देश्य बना लेते हैं।

मातृ-ऊर्जा का प्रभाव (Mother Influence) ➔ पुष्य नक्षत्र पूरी तरह कर्क राशि में होने से इसमें मातृ-ऊर्जा अत्यधिक प्रबल होती है। इस प्रभाव के कारण माँ की भूमिका और अपेक्षाएँ गहरा असर डालती हैं, माँ से सीखे संस्कार जीवन भर साथ रहते हैं, कई बार माँ कठोर, अनुशासित या सामाजिक नियमों के अनुसार चलने वाली होती है इसी कारण जातक भी परिवार में कर्तव्य-प्रधान भूमिका निभाते हैं, भावनाओं और अनुशासन का मिश्रण अपनाते हैं

परिवार को सुरक्षित रखने की प्रवृत्ति (Protective Nature) ➔ पुष्य जातक स्वभाव से "संरक्षक" होते हैं। वे सुनिश्चित करते हैं कि परिवार सुरक्षित रहे, कोई सदस्य भावनात्मक रूप से अकेला न पड़े,

समस्याएँ परिवार से बाहर न जाएँ, घर में सम्मान और शांति बनी रहे वे कठिन परिस्थितियों में परिवार के "सहन-स्तंभ" बनकर खड़े होते हैं।

गृहस्थ जीवन में शांति-प्रियता (Peaceful Domestic Approach) ➔ वे झगड़ों, विवादों और अनावश्यक बहसों से दूर रहते हैं।

उनका उद्देश्य घर को मानसिक रूप से शांत रखना, अनावश्यक टकराव से बचना, संतुलन और समझ बनाए रखना इनकी उपस्थिति से घर में सुकून और स्थिरता का भाव आता है।

घरेलू वातावरण में आध्यात्मिकता ➔ वे घर में धार्मिक, पारंपरिक और शास्त्रीय माहौल रखना पसंद करते हैं।

सम्भावित रुचियाँ:- पूजा-पाठ, त्योहारों का पालन, संस्कारों का महत्व, परिवार में नैतिक मूल्यों की रक्षायह नक्षत्र घर को "संस्कारिक ऊर्जा" से भर देता है।

पारिवारिक कर्तव्यों का निर्वाह ➔ पुष्य जातकों पर अक्सर घर चलाने की जिम्मेदारी, माता-पिता का ध्यान, भाई-बहनों की मदद, बच्चे पालने में विशेष भूमिकाका बोझ अधिक रहता है।वे कर्तव्यों से भागते नहीं बल्कि पूरे समर्पण से निभाते हैं।

परिवार में उनकी भूमिका (Role in Family) ➔ वे परिवार में अक्सर मार्गदर्शक, सलाहकार, सहारा, मध्यस्थ और भावनात्मक आधार की भूमिका निभाते हैं। उनकी राय का आदर किया जाता है।

चुनौतियाँ (Challenges in Family Life) ➔ हालाँकि ये परिवार प्रेमी होते हैं लेकिन इनको कुछ चुनौतियों से भी गुजरना पड़ता है

भावनात्मक दमन ➔ अपनी भावनाओं को व्यक्त नहीं करते। गलतफहमियाँ पैदा हो सकती हैं।

अति-जिम्मेदारी ➔ परिवार का भार बहुत अधिक कंधों पर आ जाता है।

त्याग-मानसिकता ➔ हर सदस्य के लिए खुद को बलिदान कर देते हैं।

पीढ़ीगत संघर्ष ➔ संस्कार और अनुशासन के कारण युवा पीढ़ी से मतभेद हो सकते हैं।

साथी पर अधिक अपेक्षा ➔ कभी-कभी अपनी भावनात्मक सुरक्षा के लिए साथी पर निर्भर हो जाते हैं।

भविष्य का अपना परिवार ➔ विवाह के बाद पुष्य जातक घर में स्थिरता, सुरक्षा और सम्मान लाते हैं, बच्चों के पालन-पोषण में अत्यधिक समर्पित होते हैं, जीवनसाथी को सम्मान, सुरक्षा और भावनात्मक देखभाल देते हैं, समस्याओं को शांतिपूर्वक संभालते हैं, उनके घर में "बड़प्पन, संस्कार और शिष्टाचार" का माहौल रहता है।

परिवार और आत्मिक कनेक्शन ➔ इनके लिए परिवार सिर्फ सामाजिक इकाई नहीं,बल्कि आध्यात्मिक बंधन होता है। वे मानते हैं कि परिवार कर्मिक बंधन है, सेवा और त्याग से पितृ-पुण्य मिलता है, परिवार की उन्नति = स्वयं की उन्नति

स्वास्थ्य और शारीरिक संरचना

पुष्य नक्षत्र पूरी तरह कर्क राशि में आता है और इसका स्वामी शनि, तत्व जल, और प्रमुख प्रभाव चंद्र का होता है।

शारीरिक संरचना (Physical Structure/Appearance) ➔ चेहरा और अभिव्यक्ति,चेहरे पर सौम्यता, कोमलता और शांति, गहरी, दयालु और संवेदनशील आँखें, चेहरे पर "सुकून देने वाली" अभिव्यक्ति, त्वचा अपेक्षाकृत मुलायम और गोरी/गेंहुए रंग की झलक

शरीर का बनावट ➔ औसत से मध्यम शरीर, शरीर में गोलाई और कोमलता

महिलाएँ- छाती और कूल्हे क्षेत्र विकसित, पुरुष-- मजबूत ऊपरी शरीर, परंतु मुलायम चेहरा

विशेष संकेत (Signature Marks) ➔ छाती या कॉलर बोन के पास तिल/निशान, बच्चों में मुलायम त्वचा और गोल चेहरा, कभी-कभी बचपन में पेट-फूला हुआ

आकर्षक और सभ्य व्यक्तित्व ➔ इनका वक्तृत्व और शरीर-भाषा "विश्वास" और "सम्मान" उत्पन्न करती है, सौम्यता, विनम्रता, और लयपूर्ण और आकर्षक चाल-ढाल

स्वास्थ्य प्रवृत्तियाँ (Health Tendencies) ➔ चंद्र + जल तत्व + शनि का संयोजन शरीर को संवेदनशील बनाता है। यह नक्षत्र फेफड़े और छाती को दर्शाता है।

संभावित समस्याएँ ➔ खाँसी, कफ, अस्थमा या सांस लेने में तकलीफ़, ठंड जल्दी लगना, एलर्जिक प्रतिक्रियाएँ

पेट और पाचन (Digestive System) ➔ कर्क राशि पेट का प्रतिनिधित्व करती है।

संभावित समस्याएँ ➔ गैस, अपच, एसिडिटी, पाचन धीमा, भोजन से संवेदनशीलता

छाती और स्तन क्षेत्र (Breast & Chest Area) ➔ विशेषकर पुष्य महिलाओं में हार्मोनल बदलाव, स्तन में कोमलता, लैक्टेशन से जुड़ी समस्याएँ

मनो-शारीरिक रोग (Psychosomatic Issues) ➔ भावनाएँ शरीर को सबसे अधिक प्रभावित करती हैं।

संभावित परिणाम ➔ तनाव से पेट दर्द, भावनात्मक दबाव से माइग्रेन, मन परेशान हो तो पाचन समस्या

शनि के कारण हड्डियों व जोड़ की समस्या, गर्दन, कंधा, पीठ दर्द, मुद्रा से संबंधित (Posture-related) समस्याएँ, विटामिन डी/कैल्सियम की कमी

मानसिक स्वास्थ्य (Mental & Emotional Health) ➔ कर्क + चंद्रमा + जल तत्व ➔ भावनात्मक संवेदनशीलता।

भावनाओं को भीतर रखना, घर-परिवार की समस्याओं से मन प्रभावित होना, मनःस्थिति में बदलाव, अकेले में रोकर भावनाओं को संतुलित करना, दूसरों की पीड़ा अवशोषित कर लेना उनकी मानसिक प्रणाली होती है।

संभावित भावनात्मक चुनौतियाँ ➔ चिंता/घबराहट, भावनात्मक थकान, अति-चिंतन/ज़रूरत से ज़्यादा सोचना, अपराधबोध, आत्म-दोषारोपण/स्वयं को दोष देना

आयु-स्तर पर स्वास्थ्य प्रभाव (Age-wise Health Patterns)

बचपन (0-16 वर्ष) ➔ पेट, सर्दी-खाँसी, छाती संबंधित समस्याएँ, धीमी रोग प्रतिरोधक क्षमता

युवावस्था (16-30 वर्ष) ➔ भावनात्मक तनाव से मन प्रभावित, पाचन व गैस्ट्रिक समस्याएँ

परिपक्व आयु (30-45 वर्ष) ➔ हार्मोनल बदलाव, जोड़ों में जकड़न, मानसिक दबाव

45+ वर्ष ➔ शनि के कारण घुटने, रीढ़, joints, स्तन/छाती स्वास्थ्य का ध्यान, चिंता कम होकर मानसिक स्थिरता बढ़ती है

आहार और जीवनशैली सुझाव (Lifestyle & Diet Patterns) ➔ गर्म भोजन, हल्के मसाले, कम तला-भुना, दूध/दही नियंत्रित मात्रा में, अदरक, अजवाइन, सौंफ, गुनगुना पानी

प्राणायाम, भुजंगासन, ताड़ासन, कपालभाति (हल्के रूप में), वॉकिंग/स्विमिंग

भावनात्मक स्वास्थ्य ➔ ध्यान, दैनिक विचार लेखन, नियमित नींद, नकारात्मक लोगों से दूरी, घर में शांत वातावरण

विशेष स्वास्थ्य गुण (Unique Health Traits)

तेज़ रिकवरी शक्ति ➔ शरीर में उपचार योग्यता अच्छी होती है। बीमारी जल्दी लगती है, पर ठीक भी जल्दी होते हैं। संवेदनशील लेकिन मजबूत प्रतिरक्षा होती है, भावनाओं के संतुलन से रोग प्रतिरोधक क्षमता ऊँची और स्थिर रहती है।

भावनाओं का शरीर पर सीधा प्रभाव पड़ता है इनका शरीर मन की स्थिति को तुरंत दर्शाता है।

मानसिक-आध्यात्मिक विकास(Psychological & Spiritual Growth)

पुष्य नक्षत्र ब्रह्मांड की पोषक शक्ति (Nurturing Energy) का नक्षत्र है।इसकी ऊर्जा व्यक्ति को जन्म से ही संवेदनशील मन, दया, धर्म, अनुशासन और आध्यात्मिक चेतना प्रदान करती है। मानसिक विकास यहाँ "भावनात्मक गहराई + अनुशासित बुद्धि" के माध्यम से होता है और आध्यात्मिक विकास "सेवा + धर्म + आत्म-समर्पण" के द्वारा।

मानसिक संरचना की नींव (Foundation of Psychological Growth)

गहरी भावनाएँ + शांत व्यवहार ➔ पुष्य जातक अनुभव बहुत गहरे स्तर पर करते हैंलेकिन अपने मन को सतह पर शांत रखते हैं। यह द्वैत उन्हें आत्मनिरीक्षण (Self-reflection), भावनात्मक बोध, सहानुभूति (Empathy), मन के भीतर सूक्ष्म समझकी अद्भुत क्षमता देता है।

संवेदनशीलता से जागरूकता की ओर यात्रा ➔ इन जातकों की मानसिकता का पहला चरण होता है भावनाओं से अभिभूत होना लेकिन परिपक्वता के साथ यह बदलता है भावनाओं को समझने में निपुणता, भावनाओं को शक्ति में बदलना, दूसरों की भावनाओं को पढ़ने की क्षमता, आंतरिक शांति की खोज यह उनकी मानसिक ऊर्जा को "सूक्ष्म चेतना" में बदल देता है।

कर्तव्यभाव ➔ मानसिक दृढ़ता का विकास ➔ पुष्य जातक जीवन में जल्दी जिम्मेदारियाँ उठाते हैं। ये जिम्मेदारियाँ, चाहे भारी हों या कठिन इनके मानसिक विकास को तीन स्तरों में आगे बढ़ाती हैं

भावनात्मक अनुशासन ➔ वे अपनी ऊर्जा और भावनाओं को नियंत्रित करना सीखते हैं।

मानसिक स्थिरता ➔ दबाव में भी संतुलित निर्णय लेने की क्षमता विकसित होती है।

धैर्य और सहिष्णुता ➔ समस्याओं का सामना शांत मन से करने की क्षमता जन्मती है।

आत्मनिरीक्षण और मन की अंतर्दृष्टि (Deep Self-Insight) ➔ पुष्य नक्षत्र आत्ममंथन का नक्षत्र है। इनका मन बार-बार भीतर जाने की प्रवृत्ति रखता है।

इससेगहरी आत्म-समझ, अपने भय, इच्छाओं और कमजोरी को पहचानना, मानसिक और भावनात्मक स्तर पर "सच" का सामना, अंतर्निहित बुद्धि (Inner Wisdom) यह उन्हें मनोवैज्ञानिक रूप से बहुत गहरा बनाता है।

आध्यात्मिकता की ओर स्वाभाविक झुकाव (Natural Spiritual Inclination) ➔ इस नक्षत्र के देवता बृहस्पति हैं इसलिए जातकों में आध्यात्मिकता जन्मजात होती है।

आध्यात्मिक गुण ➔ ईश्वर/ऊर्जा पर विश्वास, दया और करुणा, सत्य, धर्म और नैतिकता की खोज, सेवा को उपासना मानना, मन की शांति के लिए ध्यान/प्रार्थना इनका आध्यात्मिक मार्ग प्रयास से नहींबल्कि स्वाभाविक आकर्षण से बनता है।

पीड़ा से उत्पन्न आध्यात्मिक जागरण ➔ इस नक्षत्र के जातक अक्सर मानसिक या भावनात्मक चुनौतियों से गुजरते हैं, जैसे परिवार में जिम्मेदारियाँ, भावनात्मक दबाव, मानसिक आघात, आत्म-त्याग लेकिन यही पीड़ाएँ इन्हें आध्यात्मिक रूप से ऊँचा उठाती हैं। दर्द-शक्ति बनने लगता है यह आत्मा को मजबूत, दयालु और परिपक्व बनाता है। वे समझते हैं कि "सच्ची शक्ति भीतर की शांति है।"

सेवा के द्वारा आध्यात्मिक विकास ➔ पुष्य नक्षत्र का मुख्य सूत्र है"सेवा ही साधना"। उनकी आध्यात्मिकता प्रकट होती है दूसरों को भावनात्मक सहारा देकर, जरूरतमंदों की सहायता से, परिवार को सुरक्षित रखकर, मानसिक शांति फैलाकर, समाज में संरचना और नैतिकता बनाए रख कर इनकी सेवा-वृत्ति ही इनका आध्यात्मिक पथ है।

मन की परिपक्वता के चरण (Stages of Mental Evolution)

चरण 1:- संवेदनाओं में उलझा मन ➔ बचपन/युवावस्था ➔ भावनाओं का बोझ, जिम्मेदारियाँ, असुरक्षा

चरण 2 समझ विकसित होना ➔ 20-30 वर्ष ➔ आत्मनिरीक्षण,मानसिक अनुशासन बनना, भावनाओं पर नियंत्रण

चरण 3 शांति और जागरूकता ➔ 30-40 वर्ष ➔ संतुलन, स्थिरता, आत्मविश्वास, मनोवैज्ञानिक बुद्धि

चरण 4 आध्यात्मिक परिपक्वता ➔ 40+ ➔ आंतरिक शांति, सेवा-आधारित आध्यात्मिकता, परिपक्व मन, धर्म-आधारित जीवन

मनोवैज्ञानिक शक्ति (Psychological Strengths) ➔ पुष्य जातक मन से अत्यंत धैर्यवान, भावनात्मक बुद्धिमान, जिम्मेदार, संवेदनशील, नैतिक, गहरे स्तर पर समझने वालेहोते हैं। इनकी सबसे बड़ी शक्ति है भावनाओं को ज्ञान में बदलने की क्षमता।

मानसिक-आध्यात्मिक चुनौतियाँ (Growth Challenges) ➔ हर विकास की तरह यहाँ भी कुछ बाधाएँ होती हैं अपनी भावनाओं को दबाना, दूसरों के दुख को अवशोषित कर लेना, अत्यधिक जिम्मेदारी का बोझ, आत्म-त्याग, अकेलेपन का डर, भावनात्मक थकानइन चुनौतियों से उठकर ही इनका विकास पूर्ण होता है।

आध्यात्मिक उन्नति के उपकरण (Tools for Their Growth) ➔ पुष्य जातकों के लिए श्रेष्ठ मार्ग ध्यान (Meditation), प्राणायाम, मंत्र-साधना, मनोनिग्रह, सेवा और दान, परिवार की जिम्मेदारियों में संतुलन, भावनाओं को स्वस्थ रूप से व्यक्त करना, प्रकृति और जल तत्व से जुड़ना

विशेष ज्योतिषीय योग, शुभ-अशुभ अवधि, शुभ और वर्जित कार्य, तथा उपाय

विशेष ज्योतिषीय योग(Special Astrological Yogas)

बृहस्पति-शनि संयोजन योग (Guru-Shani Blend) ➔ पुष्य नक्षत्र में जन्मे जातक बृहस्पति की दिव्यता और शनि की अनुशासनशीलता दोनों का मिश्रित फल प्राप्त करते हैं।

परिणामत: जीवन में नैतिकता, धर्म और कर्तव्य का पालन, धीमी लेकिन स्थिर सफलता, नेतृत्व क्षमता, दूसरों को मार्गदर्शन देने की शक्ति, गहरी आध्यात्मिक बुद्धि

चंद्रमा का विशेष प्रभाव (Moon's Strong Influence) ➔ क्योंकि नक्षत्र पूर्णतः कर्क राशि में है मानसिक तीक्ष्णता, गहरी भावनात्मक बुद्धिमत्ता, परिवार और सुरक्षा की भावना, अंतर्ज्ञान (Intuition) अत्यंत सटीक, स्त्रियों में मातृ-ऊर्जा का प्रखर विकास

ब्रह्मवर्चस शक्ति योग ➔ पुष्य नक्षत्र की विशेष शक्ति ब्रह्मवर्चसा शक्ति कहलाती है, धर्म, आध्यात्मिकता और ज्ञान का सृजन करने की शक्ति।

परिणामत: आध्यात्मिक नेतृत्व, धार्मिक कार्यों में सफलता, उपदेश/शिक्षण क्षमता, धार्मिक संस्थानों से लाभ

गृह-सुख और स्थावर संपत्ति योग ➔ कर्क राशि + शनि का प्रभावजातक को घर, जमीन और संपत्ति का लाभ देता है।

दो घर होने की संभावना, पारिवारिक संपत्ति से लाभ, भवन निर्माण या रियलएस्टेट शुभ

न्यायप्रियता और कर्मयोग ➔ शनि का प्रभाव जातक को न्यायप्रिय और कर्मप्रधान बनाता है। प्रशासन, न्याय, पुलिस, सामाजिक कार्य, परामर्श और नेतृत्व भूमिकाएँ, समाज में सम्मान व विश्वास

संरक्षण योग (Protective Yoga) ➔ पुष्य नक्षत्र के जातक स्वभाव से रक्षक होते हैं।

फलत: दूसरों की सुरक्षा और कल्याण में आगे, बच्चों, बुजुर्गों, जरूरतमंदों का सहारा, परिवार में "सहारे के स्तंभ" की भूमिका

पुष्य नक्षत्र जातकों के लिए जीवन की शुभ-अशुभ अवधि

पुष्य नक्षत्र का मूल स्वभाव पोषण, स्थिरता, अनुशासन और धर्म है। इसलिए शुभ फल धीरे-धीरे, स्थायी रूप में आते हैं और अशुभ फल दबाव, देरी, भावनात्मक बोझ के रूप में।

शुभ अवधि (Auspicious Periods)

गुरु (बृहस्पति) की महादशा/अंतर्दशाअत्यंत शुभ

फल ➔ शिक्षा, ज्ञान, धर्म, प्रतिष्ठा, करियर में मार्गदर्शन और सम्मान, आध्यात्मिक उन्नति, परिवार में संतुलन

विशेष रूप से शुभ अंतर्दशा: गुरु/चंद्र, गुरु/शुक्र, गुरु/बुध

चंद्र महादशा/अंतर्दशा भावनात्मक शुभता

फल ➔ पारिवारिक सुख, घर, वाहन, माता से लाभ, मानसिक शांति, विवाह/संतान विषयक सकारात्मकता, ध्यान, भावनात्मकता बढ़ती है, पर कुल मिलाकर सहायक रहती है।

शुक्र की महादशा/अंतर्दशा सौम्य शुभता

फल: ➔ प्रेम, वैवाहिक सुख, कला, सौंदर्य, सामाजिक संबंध, जीवन में सुख-सुविधाएँ, स्त्रियों के लिए विशेष शुभ

विशेष रूप से शुभ अंतर्दशा ➔ शुक्र/गुरु, शुक्र/चंद्र

बुध की अंतर्दशा (परिपक्व आयु के बाद) सशर्त शुभ

फल ➔ लेखन, शिक्षा, सलाह, संचार में उन्नति, व्यावसायिक समझ बढ़ती है

शर्त ➔ बुध 32 वर्ष के बाद अधिक शुभ फल देता है।

शनि की महादशा (यदि कुंडली में अनुकूल हो) स्थायी शुभता

फल ➔ दीर्घकालिक स्थिरता, संपत्ति, पद, जिम्मेदारी, सामाजिक सम्मान, फल देर से, पर मजबूत और टिकाऊ।

अशुभ अवधि (Inauspicious/Challenging Periods)

राहु की महादशा/अंतर्दशा सबसे चुनौतीपूर्ण

प्रभाव ➔ भ्रम, अस्थिरता, अचानक निर्णयों से नुकसान, पारिवारिक तनाव, मानसिक उलझन

बड़े निर्णय टालें, गलत संगति से दूर रहें

केतु की महादशा/अंतर्दशा भावनात्मक विच्छेद

प्रभाव ➔ अकेलापन, पारिवारिक दूरी, करियर में अनिश्चितता, भावनात्मक शून्यता

सकारात्मक पक्ष ➔ आध्यात्मिक जागरण संभव

मंगल की अशुभ स्थिति की दशा ➔ टकराव

प्रभाव ➔ क्रोध, पारिवारिक विवाद, स्वास्थ्य पर प्रभाव, वैवाहिक तनाव

विशेषकर ➔ मंगल/राहु, मंगल/केतु

बुध की दशा (बाल्यावस्था/कम उम्र में)

प्रभाव ➔ माता से मतभेद, आलोचनात्मक स्वभाव, मानसिक अस्थिरता

आयु अनुसार सामान्य संकेत

0-16 वर्ष ➔ स्वास्थ्य/परिवार संबंधी उतार-चढ़ाव

16-32 वर्ष ➔ संघर्ष, सीख, दिशा निर्माण

33-50 वर्ष ➔ स्थिरता, उन्नति, सम्मान

50+ वर्ष ➔ आध्यात्मिक शांति, सामाजिक प्रतिष्ठा

पुष्य नक्षत्र के दौरान किए जाने योग्य शुभ कार्य

विशेष कार्य जो इसके दौरान अत्यंत शुभ हैं ➔ पूजा-पाठ, दान, शिक्षा से जुड़ी शुरुआत, विद्या आरंभ (Letter Initiation), गृह-प्रवेश, आध्यात्मिक साधना, औषधि निर्माण, बच्चे का नामकरण, उपवास/धार्मिक व्रत, धन, संपत्ति और आध्यात्मिक कार्यों के लिए यह सर्वश्रेष्ठ नक्षत्र माना जाता है। शास्त्रों में पुष्य को "सर्वसिद्ध नक्षत्र" कहा गया है।

पुष्य नक्षत्र में वर्जित कार्य

यद्यपि पुष्य अत्यंत शुभ है लेकिन शास्त्रों में इसे विवाह के लिए अनुपयुक्त माना गया है।

अशुभ कार्य ➔ विवाह/शादियाँ कारण यह नक्षत्र अत्यधिक पोषणकारी है, जिससे दांपत्य में असंतुलन बन सकता है अत्यधिक जोखिम वाले कार्य, ऋण लेना, क्रोध/निर्णय में जल्दबाजी या भावनात्मक दबाव में

निर्णय, नकारात्मक कर्म या छल, झगड़ा, कटु वाणी, गुप्त या अनैतिक कार्य, नई साझेदारी (Partners with Confusion), प्रियजनों से झगड़ा, अधैर्य से किया गया कोई भी कदम वर्जित है।

उपाय (Remedies) ➔ यदि नक्षत्र अशुभ फल दे रहा हो या मानसिक तनाव अधिक होतो ये उपाय अत्यंत प्रभावकारी हैं:

मंत्र उपाय (Mantra Remedies) ➔ मुख्य मंत्र "ॐ बृहस्पतये नमः॥" क्योंकि देवता बृहस्पति हैं।

अन्य प्रभावी मंत्र: "ॐ नमःशिवाय॥"

"ॐ श्रां श्रीं श्रौं सः चन्द्रमसे नमः॥" (चंद्र बल बढ़ाने हेतु)

"ॐ शं शनैश्चराय नमः॥" (शनि संतुलन हेतु)

ॐ बृहस्पतये नमः॥

दान-पुण्य (Charity Remedies) ➔ पुष्य नक्षत्र में दान अत्यंत शुभ माना जाता है।

सर्वोत्तम दान: दूध/दही, भोजन (अन्नदान), पीले वस्त्र, गरीब बच्चों की शिक्षा सहायता, किताबें और धार्मिक साहित्य

स्वास्थ्य और मन को संतुलित करने के उपाय क्योंकि पुष्य जातक भावनात्मक होते हैं, चंद्र बल बढ़ाने के लिए चांदनी में ध्यान, प्राणायाम (विशेषकर अनुलोम-विलोम), तामसिक भोजन से दूरी, घर में सुगंधित दीपक, धूप

जल तत्व संतुलन उपाय ➔ क्योंकि नक्षत्र जल प्रधान है गुनगुना पानी, जल-दान, नदियों/झीलों के पास ध्यान, समुद्री नमक से स्नान

गौ-सेवा (Cow Worship Remedy) ➔ पुष्य का प्रतीक गाय का थन है इसलिए गौ-सेवा या गौ-दान अत्यंत फलदायी है।

रत्न-उपाय (Gemstone Remedy) ➔ (ज्योतिषीय परामर्श के बाद ही धारण करें)

शुभ रत्न: पीला पुखराज (Pukhraj) बृहस्पति के लिए, मोती (Pearl) चंद्र बल हेतु

चारों चरणों का विश्लेषण(Analysis of All Four Padas)

पुष्य नक्षत्र कर्क राशि के 3°20' से 16°40' तक फैला है। चारों चरण क्रमशः सिंह, कन्या, तुला और वृश्चिक नवांश में आते हैं। इस कारण प्रत्येक चरण का स्वभाव, लक्ष्य, मानसिकता और जीवन-पथ अलग होता है।

प्रथम चरण (1st Pada) (3°20' - 6°40' कर्क) - सिंह नवमांश सूर्य का प्रभाव

मुख्य ऊर्जा ➔ सूर्य + कर्क = भावुकता में नेतृत्व, संरक्षण, गौरव, आत्मविश्वास

व्यक्तित्व ➔ स्वाभाविक नेतृत्व-भाव, जिम्मेदार, मुखर लेकिन भावनात्मक, परिवार के सम्मान और प्रतिष्ठा को बहुत महत्व, आत्मसम्मान ऊँचा, अपनी पहचान बनाना चाहते हैं, लोगों को प्रेरित करने की क्षमता, मजबूत इच्छा शक्ति, भावनाओं में दृढ़ता, निर्णय लेने में आत्मविश्वास, दूसरों के लिए रोल मॉडल बनने का स्वभाव

रिश्ते ➔ साथी को संरक्षित करने वाले, संबंध में जिम्मेदारी, वफादारी, प्रशंसा और सम्मान की अपेक्षा, दिल टूटा तो अंदर ही अंदर संघर्ष

आध्यात्मिक पथ ➔ सूर्य ऊर्जा ➔ आत्मज्ञान, धर्म और आत्म-शक्ति, पूजा, मंत्र, सूर्य साधना से उन्नति

करियर ➔ सरकारी कार्य, प्रशासन, शिक्षा, नेतृत्व भूमिकाएँ, वकालत, लेखन, प्रेरणा-वक्ता

स्वास्थ्य ➔ पीठ दर्द, हृदय क्षेत्र में दबाव, अधिक तनाव ➔ BP समस्याएँ

चुनौतियाँ ➔ गर्व अधिक हो सकता है, भावनात्मक गुस्सा, सम्मान की अत्यधिक अपेक्षा

यह चरण भावुक राजा जैसा है दयालु, संरक्षक, नेतृत्व वाला, और सम्मान-प्रिय।

द्वितीय चरण (2nd Pada) (6°40'-10°00' कर्क) - कन्या नवमांश - बुध का प्रभाव

मुख्य ऊर्जा ➔ बुध + कर्क = भावनात्मक बुद्धिमत्ता, विश्लेषण क्षमता, सेवा-वृत्ति

व्यक्तित्व ➔ व्यावहारिक, ईमानदार, मेहनती, छोटी बातों में भी संवेदनशील, दूसरों की मदद करने में आनंद, संयमित व्यवहार, शांत ऊर्जा, पूर्णतावादी (Perfectionist) स्वभाव

मानसिकता ➔ सूक्ष्म से सूक्ष्म बात पकड़ने की क्षमता, विश्लेषणात्मक, तार्किक, संगठित, दिनचर्या, अनुशासन और संरचना पसंद

रिश्ते ➔ देखभाल करने वाले, संबंधों में स्थिरता चाहते हैं, भावनाओं को शब्दों में व्यक्त करना कठिन, आलोचना से जल्दी आहत

आध्यात्मिकता ➔ सेवा के माध्यम से आध्यात्मिक उन्नति, व्रत, नियम, साधना में अनुशासन, कर्म-योगी मानसिकता

करियर ➔ चिकित्सा, नर्सिंग, पोषण विशेषज्ञ, अकाउंटिंग, रिसर्च, जर्नलिज्म, योग और हीलिंग

स्वास्थ्य ➔ पाचन, एसिडिटी, चिंता से संबंधित समस्याएँ

चुनौतियाँ ➔ खुद और दूसरों से अधिक अपेक्षाएँ, Overthinking, छोटी चिंताओं से मानसिक बोझ

यह चरण संवेदनशील, बुद्धिमान, सेवा-भावी और व्यावहारिक है।

तृतीय चरण (3rdPada) (10°00'-13°20' कर्क) - तुला नवमांश - शुक्र का प्रभाव

मुख्य ऊर्जा ➔ शुक्र + कर्क = भावनात्मक सुंदरता, संतुलन, सौंदर्य, सामाजिक कोमलता

व्यक्तित्व ➔ अत्यंत आकर्षक, सौम्य, परिष्कृत और गरिमामय व्यक्तित्व, कला, संगीत, सौंदर्य से प्रेम, विनम्र, मीठा बोलने वाले, सामाजिक संबंध बनाने में कुशल

मानसिकता ➔ सोच में संतुलन, भावनाओं को प्रेम, कला, संगीत में व्यक्त करते हैं, शांति, सुकून और सुंदरता की तलाश

रिश्ते ➔ रोमांटिक, नाजुक, वफादार, जीवनसाथी से प्रेमपूर्ण व्यवहार, घर को सुन्दर और आरामदायक बनाते हैं, कभी-कभी रिश्ते में निर्भरता

आध्यात्मिकता ➔ सौंदर्य में ईश्वर का अनुभव, संगीत/कला के माध्यम से ध्यान, भक्ति मार्ग अनुकूल

करियर ➔ कला, वास्तुकला, डिजाइन, घर/सम्पत्ति संबंधित कार्य, सोशल वर्क, कूटनीति, पब्लिक रिलेशन

स्वास्थ्य ➔ किडनी, शुगर, हार्मोन संतुलन, भावनात्मक तनाव ➔ शारीरिक कमजोरी

चुनौतियाँ ➔ सतहीपन, लोग-खुश करने की प्रवृत्ति, भावनाओं में जल्दी बह जाना

यह चरण सबसे सौम्य, कलात्मक और सामाजिक है सुंदरता, शांति और प्रेम का प्रतीक।

चतुर्थ चरण (4th Pada) (13°20'-16°40' कर्क) - वृश्चिक नवमांश - मंगल का प्रभाव

मुख्य ऊर्जा ➔ मंगल + कर्क = गहरी भावनाएँ, तीव्रता, शोध, आध्यात्मिकता, रहस्य

व्यक्तित्व ➔ गहरा, रहस्यमय, मजबूत अंतर्ज्ञान, भावनाओं को भीतर रखने वाला, अपने प्रियजनों के लिए अत्यधिक सुरक्षात्मक, मानसिक रूप से तीक्ष्ण, गहरे विषयों, अनुसंधान में रुचि

मानसिकता ➔ मन बहुत गहरा और पैठने वाला, छिपी बातें, भावनाएँ, मनोविज्ञान आसानी से समझ लेते हैं, संकट में अद्भुत धैर्य

रिश्ते ➔ गहरा प्रेम, मगर भावनाओं की तीव्रता, अधिकार जताने वाली प्रवृत्ति, जीवनसाथी के प्रति अत्यधिक समर्पण, भावनिक चोट गहराई तक जाती है

आध्यात्मिकता ➔ तंत्र, मंत्र, ध्यान, साइलेंस मेडिटेशन, गूढ़ विद्या, मनोविज्ञान में प्रतिभा, आध्यात्मिक जागरण की उच्च संभावना

करियर ➔ मनोवैज्ञानिक, ज्योतिषी, शोध, फॉरेंसिक, इतिहास, पुरातत्व, गुप्तचर विभाग, डॉक्टर (विशेषकर सर्जरी), आध्यात्मिक गुरु

स्वास्थ्य ➔ भावनाएँ अंदर रखने से तनाव, पेट, जननांग, हार्मोन, मानसिक बोझ, नींद में अस्थिरता

चुनौतियाँ ➔ संवेदनशीलता ➔ आक्रामकता, अति-सोच, भावनात्मक विस्फोट, भरोसे की कमी यह चरण सबसे गहरा, शक्तिशाली और आध्यात्मिक रूप से उन्नत है।

महिलाएं- संपूर्ण विश्लेषण

पुष्य नक्षत्र की महिलाएँ अद्भुत संयोजन होती हैं, कोमलता + अनुशासन + करुणा + नेतृत्व + आध्यात्मिकता। इनकी ऊर्जा पूरी तरह "देवी-त्व" (Divine Feminine Energy) का मिश्रण है। इनके भीतर पोषण, संरक्षण, धार्मिकता, सेवा और शक्ति एक साथ होती हैं।

बाहरी व्यक्तित्व और अभिव्यक्ति (Outer Personality & Aura)

कोमल लेकिन दृढ़ व्यक्तित्व होता है इनमें एक ऐसा आकर्षण होता है जो ऊँचा या शोरगुल वाला नहीं, बल्कि सौम्य, कोमल और गरिमामय होता है।"।

चेहरे पर तेज और करुणाहोती हैं, शांत आँखें, मुलायम चेहरे की संरचना, सौम्य मुस्कान, आँखों में भावनात्मक गहराई

ड्रेसिंग स्टाइल ➔ साधारण, शालीन, सौम्य और सुरुचिपूर्ण, रंग चुनने में सफेद, क्रीम, नीला, पीला, और हल्के रंग। पहला प्रभाव "यह महिला विश्वसनीय, संस्कारी और शांत है।" लोग स्वाभाविक रूप से इनके पास "सहायता और मार्गदर्शन लेने आते हैं।

आंतरिक स्वभाव (Inner Nature) ➔ भावनात्मक रूप से गहरी लेकिन संयमी होती हैं दिल बहुत कोमल होता है लेकिन वे अपनी भावनाएँ सतह पर नहीं लातीं।

अत्यधिक निष्ठावान और जिम्मेदार होती हैं इन महिलाओं के जीवन में परिवार, प्रेम और कर्तव्य हमेशा प्रथम स्थान पर होते हैं।

सहानुभूति और मातृ-ऊर्जा होती हैं, इनमें स्वाभाविक पोषणकारी गुण होते हैं वे लोगों की भावनाओं को बिना कहे समझ लेती हैं।

"व्यवहार में विनम्रता और शालीनता होती है न कभी शोरगुल, न अनावश्यक ड्रामा, और न ही गलत तरीके से ध्यान आकर्षित करने की प्रवृत्ति।"

मानसिकता और विचार शैली (Mental Frame & Thinking Pattern) ➔ विश्लेषण + अंतर्ज्ञान का सुंदर मिश्रण वे कर्क राशि की अंतर्ज्ञानी स्वभाव और बृहस्पति की बुद्धिमत्ता को साथ लेकर चलती हैं।

गहरी सोच होती हैं चीज़ों को सतही तौर पर नहीं देखतीं, निर्णय विवेक और भावना दोनों से लेती हैं

अत्यधिक रूप से संवेदनशील होती हैं दूसरों की बातों, भावनाओं और माहौल को अवशोषित कर लेती हैं।

भावनाओं को सँभालकर रखने की प्रवृत्ति होती हैं अपनी पीड़ा दूसरों को नहीं बतातीं परिवार को बोझ न देने की भावना।

परिवार और घरेलू जीवन (Family Orientation) ➔ पुष्य महिलाएँ प्राकृतिक रूप से परिवार का केंद्र होती हैं। इनके कारण पूरा घर संतुलित और स्थिर रहता है।

घर संभालने में दक्ष होती हैं स्वच्छता और सजावट, बच्चों के प्रति परवाह, रिश्तों का संतुलन, परिवार के विवादों को शांत करना वे सब संभाल लेती हैं।

मां की भूमिका विशेष रूप से मजबूतहोती हैइनमें मातृ-ऊर्जा स्वाभाविक रूप से उच्चतम रहती है।संस्कारवान, भावनात्मक रूप से सुरक्षित और समर्पित माँ बनती हैं।

प्रेम और विवाह जीवन (Love & Marriage Dynamics)

इनका प्रेम सच्चा, गहरा और वफादार होता है, इनके लिए प्यार सिर्फ रोमांस नहीं बल्कि एक पवित्र दिल का बंधन है।

वे अपने पति को भावनात्मक समर्थन, मानसिक शांति, स्थिरता, घर का संतुलन देती हैं। संबंध में सम्मान और सुरक्षा चाहती हैं, इनका दिल प्यार नहीं, विश्वास चाहता है।

संभावित चुनौतियाँ ➔ भावनात्मक चोट जल्दी लगना, आवश्यकता से अधिक त्याग, साथी पर भावनात्मक निर्भरता, अक्सर लोग उनका फायदा उठा लेते हैं

करियर और पेशा (Career Orientation) ➔ पुष्य महिलाएँ दो प्रकार से करियर में चमकती हैं

सेवा आधारित क्षेत्र ➔ शिक्षा, काउंसलिंग, चिकित्सा, समाज सेवा, योग-ध्यान, पोषण, बाल-संबंधी क्षेत्र

नेतृत्व लेकिन सौम्य कार्य ➔ प्रशासन, मैनेजमेंट, HR, गृह सज्जा/आर्ट, धार्मिक/आध्यात्मिक संगठन, काम में ईमानदारी + समर्पण वे कभी आधा-अधूरा काम नहीं करतीं। उन्हें विश्वसनीय और जिम्मेदार माना जाता है।

स्वास्थ्य और संवेदनशीलता (Health Constitution) ➔ इनका शरीर चंद्र और जल तत्व से जुड़ा है। पेट और पाचन, छाती, फेफड़े, हार्मोनल असंतुलन, भावनात्मक तनाव, कफ-वात समस्याएँ हो सकती है

भावनाएँ ➔ शरीर पर असर ➔ जल्दी व्यथित होने से सिरदर्द, नींद की कमी, बेचैनी, पाचन समस्या हो सकती है।

आध्यात्मिकता (Spiritual Nature) ➔ पुष्य महिलाएँ जन्म से ही आध्यात्मिक होती हैं। उनमें "देवी-ऊर्जा" का एहसास होता है।

आध्यात्मिक गुण ➔ करुणा, दान, सेवा, प्रार्थना और मंत्रों से लगाव, मानसिक शांति की खोज, देवी-पूजा में गहरा झुकाव वे पूजा-पाठ, व्रत और ध्यान को सिर्फ धार्मिक नहीं आत्मिक शक्ति का स्रोत मानती हैं।

कमजोरियाँ और चुनौतियाँ (Weaknesses & Challenges)

अत्यधिक भावनात्मकता होती है इसलिए बहुत जल्दी आहत होती हैं।

लोगों को खुश रखने की आदत होती है अतः अपनी जरूरतों को दबा देती हैं।

खुद को थकाकर दूसरों की सेवा करने वाली होती हैं इससे मानसिक थकान हो सकती है।

अधिक जिम्मेदारी का बोझ लेने की आदत होती है इसलिए घर के हर बोझ को खुद उठा लेती हैं।

पीड़ा दिल में दबा लेना लेने का स्वभाव इससे चिंता या भावनात्मक थकावट बन सकता है।

चारों चरणों के अनुसार महिलाएँ

प्रथम चरण (सिंह) ➔ नेतृत्व, गरिमा, सम्मान-प्रिय, मजबूत, घरेलू नेता

द्वितीय चरण (कन्या) ➔ बुद्धिमान, परोपकारी, सेवा-भावी, जिम्मेदार

तृतीय चरण (तुला) ➔ कलात्मक, सौम्य, प्रेमपूर्ण और सुरुचिपूर्ण, सामाजिक

चतुर्थ चरण (वृश्चिक) ➔ गहरी, रहस्यमयी, आध्यात्मिक, भावनात्मक, अंतर्ज्ञानी

सूर्य नक्षत्र पुष्य

पुष्य नक्षत्र में सूर्य अत्यंत शक्तिशाली और संयमित ऊर्जा देता है। यह संयोजन व्यक्ति को कर्तव्यनिष्ठ, पारिवारिक, परंपरागत, भावनात्मक रूप से संवेदनशील, और आध्यात्मिक रूप से जागरूक बनाता है।

जीवन पर प्रभाव (Impact on Life) ➔ जीवन में स्थिरता + जिम्मेदारी ➔ सूर्य यहाँ व्यक्ति के जीवन कोअनुशासन, कर्तव्य, परिवार-केंद्रितता, नैतिकता, सम्मानकी ओर मोड़ता है।

धीरे-धीरे पर स्थायी सफलता ➔ सूर्य + शनि का मिश्रण व्यक्ति को धीमे पर लगातार आगे बढ़ाता है। जीवन की शुरुआत थोड़ी चुनौतीपूर्ण हो सकती है लेकिन 28-35 वर्ष के बाद उन्नति सुनिश्चित है।

सामाजिक सम्मान ➔ व्यक्ति अपनी समाज/परिवार में सम्मान, प्रतिष्ठा और नैतिकता के लिए जाना जाता है।

व्यक्तित्व (Personality) ➔ शांत लेकिन दृढ़ होते हैं, इन लोगों का व्यक्तित्व गहरा, शांत, संयमी और परिपक्व होता है। बिना आवाज़ ऊँची किए प्रभाव डालते हैं।

जिम्मेदार और नेतृत्व क्षमता ➔ घर, समाज, कार्यस्थल, हर जगह वे नेतृत्व-स्वभाव दिखाते हैं।

भावनात्मक गरिमा ➔ सूर्य यहाँ व्यक्ति को, आत्म-सम्मान, भावनात्मक अनुशासन और गरिमा का संतुलन देता है। भीतर मातृ-ऊर्जा भी व्यक्ति में संरक्षण और देखभाल का भाव मजबूत होता है।

मानसिक और भावनात्मक स्वभाव

गहरी संवेदनशीलता + आत्म-नियंत्रण ➔ वे हर बात को दिल से महसूस करते हैं लेकिन भावनाओं को बाहर नियंत्रित तरीके से प्रकट करते हैं।

मन में परिपक्वता ➔ किसी भी समस्या को शांत दिमाग से सुलझाना, जीवन में संतुलित दृष्टिकोण, भावनाएँ निर्णय पर हावी नहीं होने देना

परिवार से mental bonding ➔ मां/घर से मानसिक ऊर्जा गहराई से जुड़ी होती है। कभी-कभी बचपन की घटनाओं का प्रभाव लंबे समय तक बना रहता है।

भावनात्मक चुनौतियाँ ➔ अपराधबोध, भीतर का बोझ, पारिवारिक अपेक्षाएँ और अत्यधिक जिम्मेदारी ये सभी मिलकर तनाव को बढ़ाते हैं।"

करियर और पेशा (Career & Profession) ➔ सूर्य यहाँ पेशे में सम्मान और स्थिरता लाता है।

प्रमुख करियर क्षेत्र ➔ प्रशासन, सरकारी सेवाएँ, मैनेजमेंट, HR, शिक्षा, अध्यापन, काउंसलिंग, सामाजिक सेवा, धार्मिक/आध्यात्मिक कार्य, रियलएस्टेट, चिकित्सा, देखभाल से जुड़ा काम, परिवारिक व्यवसाय

सूर्य ➔ नेतृत्व ➔ ये लोग किसी भी क्षेत्र में नेतृत्व या जिम्मेदार पद पर पहुँचते हैं।

कमजोरियाँ ➔ भावनात्मक बोझ के कारण निर्णय में देरी, दूसरों की समस्याएँ अपने सिर ले लेना

आर्थिक स्थिति (Financial Condition) ➔ स्थिर और वृद्धिशील आर्थिक स्थिति, सूर्य यहाँ धीरे-धीरे पर स्थायी वित्तीय विकास देता है।

28-35 के बाद धन वृद्धि ➔ इस आयु के बाद आय में मजबूती आती है।

घर, भूमि, संपत्ति से लाभ ➔ पुष्य का स्वभाव "स्थावर" (स्थिर) संपत्ति को सक्रिय करता है।

परिवार के लिए धन-संचयन ➔ ये व्यक्ति कमाते अपने लिए नहीं बल्कि पूरे परिवार के लिए हैं।

प्रेम, विवाह और दांपत्य जीवन

प्रेम में स्थिरता ➔ सूर्य यहाँ व्यक्ति कोवफादार, जिम्मेदार, रक्षक, प्रेमी/साथी बनाता है। विवाह में परंपरा, इनका विवाह अक्सर पारंपरिक मूल्यों पर आधारित होता है।

जीवनसाथी के लिए सुरक्षात्मक ➔ वे अपने साथी को सुरक्षा और भावनात्मक सहयोग देते हैं।

चुनौतियाँ ➔ भावनाओं को कम व्यक्त करना, परिवार की अपेक्षाएँ वैवाहिक बंधन पर दबाव ला सकती हैं, ईगो-सम्बंधित मतभेद यदि सूर्य कष्ट में हो

जीवनसाथी ➔ सौम्य, परिपक्व और संवेदनशील साथी सबसे अनुकूल।

पारिवारिक जीवन (Family Life) ➔ परिवार-केंद्रित जीवन, सूर्य + पुष्य व्यक्ति का जीवन परिवार के इर्द-गिर्द घूमता है।

माता/पितृ-भूमिका ➔ माता के प्रति मजबूत भावनात्मक बंधन, पिता से जिम्मेदारी और नेतृत्व सीखते हैं

परिवार का स्तंभ ➔ व्यक्ति घर का मजबूत सहारा होता है।

घरेलू शांति बनाए रखते हैं ➔ घर में संतुलन, परंपरा और अनुशासन पसंद करते हैं।

स्वास्थ्य और शारीरिक संरचना

शारीरिक संरचना ➔ सुसंस्कृत, शांत चेहरे के भाव, ऊपरी हिस्सा मजबूत, छाती/पेट में संवेदनशीलता, आँखें आकर्षक और कोमल

स्वास्थ्य प्रवृत्ति ➔ पाचन, (अम्लता), छाती, फेफड़ों, श्वसन संबंधी समस्याएँ, BP, तनाव, नींद में कमी, भावनात्मक दबाव से बीमारी बढ़ती है

मानसिक-आध्यात्मिक विकास (Spiritual & Psychological Growth)

सूर्य ➔ आत्मज्ञान ➔ सूर्य यहाँ व्यक्ति को जीवनभर आंतरिक शक्ति की ओर ले जाता है।

आध्यात्मिकता का मुख्य मार्ग सेवा, धर्म, शांत मन, परिवार के प्रति कर्तव्य, सत्य और सदाचार

पीड़ा से आत्मबोध ➔ भावनात्मक अनुभवों से व्यक्ति गहरी आध्यात्मिक परिपक्वता प्राप्त करता है।

अंतर्ज्ञान + अनुशासन ➔ आध्यात्मिकता व्यवहार, नैतिकता और सेवा में प्रकट होती है सिर्फ पूजा में नहीं।

चारो चरणों में सूर्य का प्रभाव (Sun in All Four Padas)

प्रथम चरण (1st Pada) सिंह नवमांश (3°20'-6°40') ➔ सबसे शक्तिशाली सूर्य। आत्मविश्वास, नेतृत्व, घर परिवार में अधिकार, प्रशासनिक करियर,ऊँचा सामाजिक सम्मान, पिता समान जिम्मेदारी

कमजोरी:- ईगो, निर्णायक गुस्सा

द्वितीय चरण (2nd Pada) कन्या नवमांश (6°40'-10°00') ➔ बुद्धिमत्ता + भावनात्मक संतुलन। व्यावहारिकता, उत्कृष्ट विश्लेषण क्षमता, स्वास्थ्य, सेवा क्षेत्रों में सफलता, अनुशासित व्यक्तित्व

कमजोरी:- आत्म-आलोचना, चिंता/घबराहट

तृतीय चरण (3rd Pada) तुला नवमांश (10°00'-13°20') ➔ कलात्मक, कूटनीतिक, गरिमामय सूर्य। आकर्षक व्यक्तित्व, सामाजिक लोकप्रियता, कला, मीडिया, HR में सफलता, संतुलित सोच

कमजोरी:- लोगों को खुश करने की प्रवृत्ति

चतुर्थ चरण (4th Pada) वृश्चिक नवमांश (13°20'-16°40') ➔ गहराई, रहस्य, आध्यात्मिक सूर्य। खोजी मानसिकता, आध्यात्मिक जागरण, मनोविज्ञान, ज्योतिष, गूढ़ विद्या, गहरे भावनात्मक संबंध

कमजोरी:- भावनात्मक तीव्रता, स्वामित्व-भाव

पुष्य सूर्य की महिलाएँ ➔ अत्यंत गरिमामयी और शालीन, चेहरे पर तेज और सौम्यता साथ-साथये महिलाएँ घर को संभालती नहीं बल्कि घर का चरित्र और ऊर्जा बनाती हैं।

भावनात्मक रूप से मजबूत होती हैं गहरी करुणा, उच्च जिम्मेदारी, परिवार के लिए त्यागशील

करियर में सम्मानजनक पद ➔ शिक्षा, प्रशासन, काउंसलिंग, आध्यात्मिक कार्य, मैनेजमेंट आदि।

दांपत्य जीवन ➔ पत्नी के रूप में वफादार, बुद्धिमान, परिवार-प्रिय। साथी से सम्मान और भावनात्मक सुरक्षा की अपेक्षा।

स्वास्थ्य ➔ हार्मोन असंतुलन, छाती/पेट समस्याएँ, भावनात्मक तनाव।

आध्यात्मिकता ➔ देवी-ऊर्जा, पूजा, मंत्र-साधना, सेवा-कर्म में रुचि।

लग्न नक्षत्र पुष्य (Pushya As Ascendant Nakshatra)

पुष्य नक्षत्र लग्न में होने पर व्यक्ति का पूरा व्यक्तित्व, जीवन-शैली, सोच, ऊर्जा और भाग्य इस नक्षत्र की पोषणकारी लेकिन अनुशासित प्रकृति द्वारा निर्देशित होता है। यह जीवनभर "आंतरिक सुरक्षा, भावनात्मक स्थिरता, जिम्मेदारी, परंपरा और आध्यात्मिकता" को प्राथमिकता देता है।

जीवन पर प्रभाव (Impact on Life)

जीवन में सुरक्षा और स्थिरता की खोज ➔ पुष्य लग्न वाले लोग जन्म से ही "सुरक्षित घर, सुरक्षित संबंध, सुरक्षित जीवन" निर्माण की ओर आकर्षित होते हैं।

धीमी लेकिन स्थिर प्रगति ➔ इनका जीवन तेजी से उछाल नहीं लेता लेकिन हर कदम स्थायी और स्थिर सफलता की ओर ले जाता है।

परिवार और समाज में सम्मान ➔ लोग इन पर भरोसा करते हैं।ये व्यक्ति समाज में "विश्वास-योग्य, शांत और शालीन" छवि बनाते हैं।

जिम्मेदारियाँ बहुत जल्दी जीवन में आती हैं ➔ अक्सर बचपन/ युवावस्था में ही घरेलू या भावनात्मक जिम्मेदारियाँ निभानी होती हैं।

व्यक्तित्व (Personality) ➔ चेहरे पर गंभीरता नहीं, बल्कि "कोमल गरिमा" दिखाई देती है।

सादगी + परिपक्वता ➔ यहाँ बाहरी दिखावा कम, आंतरिक स्थिरता अधिक होती है।

अत्यंत अनुशासित ➔ शनि की ऊर्जा इन्हें संगठित, जिम्मेदार और व्यावहारिक बनाती है।

संरक्षणकारी स्वभाव ➔ ये व्यक्ति परिवार, साथी, मित्र सभी के लिए सुरक्षा की ढाल बनते हैं।

अंतर्मुखी लेकिन सक्षम ➔ भीड़ पसंद नहीं, लेकिन महत्वपूर्ण मौकों पर वे नेतृत्व करते हैं।

मानसिक और भावनात्मक स्वभाव

गहरी भावनाएँ लेकिन नियंत्रित अभिव्यक्ति ➔ ये बाहर से शांत दिखते हैं, अंदर से बेहद भावुक।

मजबूत अंतर्ज्ञान ➔ मन और वातावरण की सूक्ष्म ऊर्जा को तुरंत पकड़ लेते हैं।

भावनात्मक जिम्मेदारी ➔ दूसरों की भावनाओं की ज़िम्मेदारी भी अपने कंधों पर ले लेते हैं।

सोच संतुलित ➔ दिमाग ➔ शनि, दिल ➔ चंद्र, परिणाम ➔ भावनात्मक बुद्धिमत्ता + परिपक्वता

चुनौतियाँ ➔ तनाव को दबाकर रखना, अपराधबोध और अत्यधिक जिम्मेदारी का बोझ

करियर और पेशा ➔ करियर में स्थिरता और सम्मान, तेजी की बजाय धीरे-धीरे ऊंचे पदों तक पहुँचते हैं।

श्रेष्ठ करियर क्षेत्र ➔ प्रशासन, सरकारी सेवा, शिक्षा, अध्यापन, काउंसलिंग, मनोविज्ञान, चिकित्सा, नर्सिंग, योग/आध्यात्मिक कार्य, रियलएस्टेट, मैनेजमेंट, HR, सामाजिक सेवा

विशेष गुण ➔ गहरी समझ, नैतिकता, सहनशीलता, परिवार और टीम के लिए सहारा

आर्थिक स्थिति (Financial Condition)

आर्थिक स्थिति स्थिर रहती है ➔ पुष्य लग्न व्यक्ति को धन धीरे-धीरे लेकिन निश्चित रूप से देता है।

संपत्ति का योग ➔ घर, भूमि, वाहन, पारिवारिक संपत्ति, खुद निवेश करके संपत्ति बढ़ाना

खर्च नियंत्रित ➔ ये व्यक्ति बिना सोचे-समझे पैसे खर्च नहीं करते।

आर्थिक संकट लंबे समय तक नहीं टिकता ➔ क्योंकि व्यक्ति स्वयं को अनुशासन और बुद्धिमानी से संभाल लेता है।

प्रेम, विवाह और दांपत्य जीवन ➔ प्रेम में गंभीर और प्रतिबद्धहोते हैं"फ्लर्ट" वाली प्रवृत्ति इनके स्वभाव में नहीं होती।

साथी के पोषणकारी ऊर्जा होती है वे साथी को भावनात्मक, मानसिक और भौतिक सभी रूपों में पोषण देते हैं।

विवाह स्थिर, धार्मिक और पारिवारिकहोता है संबंधों में परंपरा और सम्मान को प्राथमिकता।

दांपत्य की चुनौतियाँ ➔ भावनाओं को दबाकर रखना, जिम्मेदारियाँ अधिक लेना, साथी से भावनात्मक गहराई चाहना

जीवनसाथी का स्वभाव ➔ सौम्य, संवेदनशील, स्थिर और परिवार-प्रिय साथी शुभ।

पारिवारिक जीवन ➔ परिवार केंद्रित व्यक्तित्व, घर इनके लिए मंदिर जैसा होता है।

माता के साथ गहरा संबंध ➔ कभी-कभी भावनात्मक बोझ या अपेक्षाएँ भी रहती हैं।

परिवार में "स्तंभ" ➔ सबके समस्याओं का समाधान स्वयं ढूंढते हैं।

बच्चों के प्रति अत्यधिक स्नेह ➔ संतानों के लिए पोषणकारी, धैर्य और सुरक्षा का भाव।

स्वास्थ्य और शारीरिक संरचना

शारीरिक संरचना ➔ गोल चेहरा, शांत आँखें, आकर्षक, कोमल बनावट, ऊपरी शरीर (छाती) प्रमुख

स्वास्थ्य प्रवृत्ति ➔ पाचन समस्या, कफ/छाती, फेफड़ों का रोग, तनाव से BP/सिरदर्द, नींद की कमी, भावनात्मक बीमारी (psychosomatic)

बचाव ➔ भावनाएँ दबाना बंद करें, प्राणायाम, हल्का भोजन, परिवार की जिम्मेदारी बाँटना

मानसिक-आध्यात्मिक विकास

आत्मा का स्वभाव सेवा और पोषण ➔ आध्यात्मिकता इनके लिए "कर्म + करुणा + अनुशासन" है।ध्यान, दान, परिवार का कल्याण, आध्यात्मिक अध्ययन, पूजा/साधना, भावनाओं का शुद्धीकरण, बड़ा जागरण (Spiritual Awakening), 30-40 की उम्र में आत्मिक उन्नति तीव्र होती है।

चारो चरणोंमें लग्न होने पर प्रभाव

प्रथम चरण (1st Pada) (सिंह नवमांश) ➔ व्यक्तित्व राजसी, नेतृत्व क्षमता, आकर्षक उपस्थिति, कभी-कभी अहं, सरकारी/प्रमुख भूमिकाओं में सफलता

द्वितीय चरण (2nd Pada) (कन्या नवमांश) ➔ "स्थिर मन, सेवा-भावी और व्यवहारिक; स्वास्थ्य, उपचार और काउंसलिंग के क्षेत्र में सफलता, साथ ही हल्की चिंता की प्रवृत्ति।"

तृतीय चरण (3rdPada) (तुला नवमांश) ➔ "सौंदर्य और संतुलन से युक्त, सामाजिक और आकर्षक व्यक्तित्व; कला, जनसंपर्क (PR) एवं कर्मचारी प्रबंधन (HR) में उत्कृष्टता।"

चतुर्थ चरण(4th Pada) (वृश्चिक नवमांश) ➔ गहरी भावनाएँ, अंतर्ज्ञान अत्यंत मजबूत, मनोविज्ञान, शोध, आध्यात्मिक क्षेत्र, भावनात्मक उतार-चढ़ाव

पुष्य लग्न की महिलाएँ

अत्यंत स्त्री-सुलभ ऊर्जा ➔ कोमलता + शक्ति + गरिमा का अद्भुत मेल।

परिवार की आधारशिला ➔ घर को व्यवस्थित, सुरक्षित और शांत रखने में माहिर।

विवाह के बाद गहरा समर्पण ➔ साथी और बच्चों के लिए पूरी तरह पालन-पोषण करने वाली।

करियर ➔ काउंसलर, शिक्षक, मनोविज्ञान, चिकित्सा, आध्यात्मिक/ धार्मिक कार्य

स्वास्थ्य ➔ हार्मोन, पाचन, कफ/फेफड़े, भावनात्मक बोझ

आध्यात्मिक रूचि ➔ पूजा, मंत्र, उपवास, ध्यान, देवी उपासना

09. अश्लेषा नक्षत्र

पौराणिक कथा

अश्लेषा नक्षत्र के अधिदेवता हैं नाग देवता, जिन्हें सर्पों के राजा भी कहा जाता है।यह नक्षत्र "सर्प-ऊर्जा", "विष शक्ति", "बंधन", "जकड़न" और "गुप्त शक्ति" का प्रतीक है।

प्राचीन काल में देवता और असुरों के बीच भयंकर युद्ध छिड़ा हुआ था। असुर बहुत शक्तिशाली होते जा रहे थे, और देवताओं की सेना टूटने लगी थी। देवताओं ने ब्रह्मांड की सूक्ष्म शक्तियों को पुकारा और कहा "हमारी रक्षा करो, हमें ऐसी शक्ति दो जिससे असुरों पर विजय पा सकें। "तभी देवताओं ने अश्लेषा नक्षत्र में एक विशेष यज्ञ, पूजन और आहुतियाँ दीं। अश्लेषा नक्षत्र की शक्ति प्रकट हुई नागों की अदृश्य, विषैली, गुप्त शक्ति। यह शक्ति इतनी प्रबल और भयावह थी कि असुरों ने युद्धभूमि में प्रवेश करते ही भीतर से डर, भ्रम और हताशा महसूस की। वे बिना लड़े ही पीछे हट गए। इससे दो बातें स्पष्ट हुईं अश्लेषा नक्षत्र शत्रु का नाश खुले युद्ध से नहीं, बल्कि भीतर से करता है। इस नक्षत्र का विष-तत्व अदृश्य होता है, लेकिन अत्यंत प्रभावी और रणनीतिक। इसलिए अश्लेषा जातक को कहा गया "तुम्हारे भीतर वह विष-शक्ति है जिससे तुम किसी भी विरोधी को परास्त कर सकते हो।"

कथा 2 नागों का वरदान "बंधन और नियंत्रण की शक्ति"

अश्लेषा नक्षत्र के देवता नाग हैं। नाग अत्यंत बुद्धिमानऔर शक्तिशाली होते हैं। कथा के अनुसार, ब्रह्मा ने नागों को तीन वरदान दिए "लोगों के

मन को फँसाने की क्षमता।" "अपनी कुंडली (coiling) से किसी को भी बांध लेने की शक्ति।" "विष और अमृत दोनों का ज्ञान।" क्योंकि नाग अपनी कुंडली से किसी को पकड़कर जकड़ सकते हैं नाग छाया में रहते हैं जैसे अश्लेषा जातक का रहस्यपूर्ण जीवन, नाग विष धारण करते हैं जैसे अश्लेषा जातक का "भेदक शब्द" और "मानसिक प्रभाव" इसी वजह से अश्लेषा जातकों को प्राकृतिक रूप से गहन मनोवैज्ञानिक शक्ति, सम्मोहन शक्ति, और भावनात्मक नियंत्रण की क्षमता मिलती है।

कुंडलिनी शक्ति और अश्लेषा ➔ आध्यात्मिक ग्रंथों में अश्लेषा को कुंडलिनी के मूल बिंदु से जोड़ा गया है। कुंडलिनी एक कुंडली मारकर बैठी सर्प-ऊर्जा है, जो सुप्त होती है अत्यंत शक्तिशाली होती है और जागृत होने पर जीवन बदल देती है, अश्लेषा का सर्प प्रतीक इस ऊर्जा से सटीक मेल खाता है। यह नक्षत्र चेतावनी देता है कि "यदि शक्ति गलत दिशा में जागृत हो जाए, तो विनाश का कारण बन सकती है।" यह कारण है कि अश्लेषा जातक अत्यधिक संवेदनशील होते हैं, भीतर गहरा डर लिए चलते हैं और नियंत्रण (control) को अपनी सुरक्षा समझते हैं क्योंकि उनके भीतर कुंडलिनी का "अधजागृत" रूप चलता रहता है।

"अश्लेषा" शब्द संस्कृत के "अश्लिष" से निकला है, जिसका अर्थ है लिपटना, कसकर पकड़ना, बंधन बनाना, छोड़ना नहीं नाग अपनी कुंडली से शिकार को पकड़ कर धीरे-धीरे उसका दम घोंटते हैं। इस प्रतीकात्मक ऊर्जा को ही मिथक में कहा गया "अश्लेषा का आलिंगन मुक्ति नहीं, बंधन का प्रतीक है। "इसलिए जातक अपने प्रियजनों पर नियंत्रण रखता है, संरक्षण के नाम पर सीमाएँ बनाता है, रिश्तों में "कसकर पकड़ने" की प्रवृत्ति रखता है इस सबके पीछे है उसका मूल भय "लोग छोड़कर चले न जाएँ।"

सामान्य परिचय (General Introduction)

अश्लेषा नक्षत्र कर्क राशि का नौवाँ नक्षत्र है, जो रहस्य, नियंत्रण, मनोवैज्ञानिक शक्ति और गहन भावनात्मक ऊर्जा का प्रतीक माना जाता

है। यह नक्षत्र सर्प जाति, विष शक्ति, बंधन, गुप्तता, और कुंडलिनी ऊर्जा से जुड़ा हुआ है। इसमें जन्मे जातक अत्यंत सूक्ष्म बुद्धि, विश्लेषण क्षमता और भावनात्मक नियंत्रण की प्रवृत्ति रखते हैं। यह नक्षत्र व्यक्तित्व में चंचलता, रहस्य, आंतरिक डर और तीव्र अंतर्ज्ञान पैदा करता है।

खगोल विज्ञान (Astronomy) ➔ अश्लेषा नक्षत्र Hydra तारामंडल की 6 तारों से बनता है ➔ Ε Hydrae, δ Hydrae, σ Hydrae, ρ Hydrae, η Hydrae और ϰ Hydrae

नक्षत्र सीमा (Degrees): ➔ कर्क राशि 16°40' से 30°00' तकयह पूरी तरह कर्क राशि में स्थित है, इसलिए चंद्रमा और जल तत्व की गहरी भावनात्मक छाप मिलती है।

स्वामी ग्रह (Lord Planet) ➔ बुध (Mercury)

तीव्र मानसिक शक्ति, विश्लेषण और निरीक्षण क्षमता, भावनात्मक बातों को सोचकर महसूस करना, दूसरों के मन को पढ़ लेने की क्षमता, संवाद में छिपे अर्थ निकालना, शब्दों से प्रभावित करने की अद्भुत क्षमता,कभी-कभी अत्यधिक चालाकी और मनो-संचालन (manipulation)

प्रतीक (Symbol) ➔ कुंडली मारा हुआ सर्प

पकड़ बनाने की आदत, रिश्तों में कसकर पकड़ना, छोड़ना मुश्किल, सुरक्षा पाने के लिए नियंत्रण की प्रवृत्ति, गुप्त, रहस्यप्रिय स्वभाव, परिस्थितियों को अपने तरीके से लपेट लेना, खतरों से बचने की तीव्र क्षमता, मनोवैज्ञानिक शक्ति

देवता (Presiding Deity) ➔ नाग देवता (Serpent Kings)

रहस्य, गहरे भाव, छिपी हुई इच्छाएँ, मानसिक/भावनात्मक सम्मोहन, सूक्ष्म ऊर्जा का नियंत्रण, जासूसी, गुप्त कार्यों में रुचि, विषैली बातें या चुभने वाले शब्द, बदला लेने की प्रवृत्ति "मैं किसी को पकड़ लूँ, कोई मुझे न छोड़े" जैसी मानसिकता

गुण(Gunas) ➔ "प्राथमिक गुण तमस, द्‌वितीयक गुण रजस"

अवचेतन मन की गहराइयों में उतरना, भावनाओं का दमन, पुरानी बातों को पकड़कर रखना, गुस्सा भीतर दबाना, अंधेरे, रहस्य, और गूढ़ विषयों में रुचि

तत्व (Element) ➔ जल तत्व (Water Element)

भावुकता लेकिन अंदर ही रहकर, रिश्तों में भावनात्मक निर्भरता, भीतर के डर, insecurity, सुरक्षा की तीव्र इच्छा, आँसू, घाव, पुराने दुख साथ रखना

वर्ण (Caste/Varna) ➔ ब्राह्मण वर्ण

ज्ञान-ध्यान, शोध, अध्ययन की प्रवृत्ति, मानसिक स्तर पर तीव्र शक्ति, मन्त्र, तंत्र, रहस्यविद्या में योग्यता, शब्दों और विचारों से प्रभाव डालने की क्षमता

प्रकृति (Nature) ➔ तीक्ष्ण-उग्र प्रकृति (Hard/Sharp/Intense)

निर्णय जल्दी और तीखे, भावनात्मक प्रतिक्रियाएँ प्रबल, जब गुस्सा आए तो बहुत तीव्र, शब्द तीखे, असरदार, किसी को मानसिक रूप से तोड़ भी सकते हैं

गण (Temperament) ➔ राक्षस गण

गहरी इच्छाएँ, छिपी हुई योजनाएँ, मस्तिष्क अधिक काम करता है, आंतरिक असुरक्षा के कारण नियंत्रण की प्रवृत्ति"जो मैं चाहूँगा वही होगा" वाला स्वभाव, संबंधों में मनोवैज्ञानिक पकड़ बनाना

योनि (Animal Symbol) ➔ बिल्ली (Cat)

चुप, सतर्क, देखने-समझने वाले, पैंतरे बदलना, अपने क्षेत्र का नियंत्रण चाहना, घात लगाना, प्रतीक्षा करना, आकर्षक लेकिन दूर से देखने वाले, दूसरों के मूड पढ़ने में माहिर

लिंग (Gender) ➔ स्त्रीलिंग

भावनाएं आंतरिक रूप से गहरी, पोषणकारी लेकिन चिपकू स्वभाव वाला, संबंधों में भावनात्मक बंधन, अंतर्ज्ञान बहुत प्रबल

शक्ति (Shakti/Power) ➔ ""विषलेषणा शक्ति" (Vishaleshana Shakti) " शत्रु को हराने की शक्ति

शब्दों, विचारों, नजर और व्यवहार से दूसरों पर प्रभाव डालना, विरोधियों को मनोवैज्ञानिक रूप से परास्त करना, गहन सम्मोहक उपस्थिति, दूसरों के मन को पढ़ना, कभी-कभी स्वयं विष का अनुभव (भावनात्मक दर्द, अपराधबोध)

दिशा (Direction) ➔ पूर्व-दक्षिण (South-East)

ऊर्जा लगातार फैलती है, भावनाएं दिशा खोजती हैं, लगातार लोगों से जुड़ने चिपकने की प्रवृत्ति

रंग (Color) ➔ लाल (Red)

तीव्र ऊर्जा, जुनून, स्वामित्व भावना, आकर्षण और खतरे का मिश्रण

स्वभाव ➔ चर प्रकृति (Movable)

विचार जल्दी बदलते हैं, मानसिक अस्थिरता, भावनाओं में भी गतिशीलता, तय की हुई जिंदगी नहीं उतार-चढ़ाव

प्रवृत्ति ➔ कफ + पित्त

भावनात्मक जलन + भावनात्मक भारीपन, भीतर में तीव्रता लेकिन बाहर शांत दिखना, मन में दबाव, बोझ, भावनात्मक विष (मनमुटाव, अपराधबोध और ईर्ष्या) बनना

जीवन पर प्रभाव (Impact on Life)

अश्लेषा नक्षत्र का स्वभाव सर्प समान रहस्यमय, गहन, मनोवैज्ञानिक और बाँधने वाला होता है। यह नक्षत्र जन्मजात रूप से दिमाग, भावनाओं और संबंधों पर नियंत्रण (Control + Psychology) की शक्ति देता है। जीवन में अश्लेषा जातक जो अनुभव करते हैं, उनमें एक तीव्र "भावनात्मक कसावट" और "अंदरूनी विष" शामिल होता है वही विष जो गलत दिशा में जाए तो नुकसान करता है और सही दिशा में जाए तो चमत्कार करता है।

व्यक्तित्व (Vyaktitva)

अश्लेषा नक्षत्र का व्यक्तित्व सर्प की तरह रहस्यमय, गहन, आकर्षक और मनोवैज्ञानिक प्रभाव वाला होता है। इनके भीतर भावनाएँ गहरी, बुद्धि तीक्ष्ण, और नियंत्रण की तीव्र इच्छा होती है। ये लोग दूसरों पर प्रभाव डालने और उनके मन को पढ़ने की अनोखी क्षमता रखते हैं। अश्लेषा जातक बाहर से शांत, संयमी और सामान्य दिखते हैं लेकिन भीतर

भावनाएँ गहरी, विचार तीव्र, असुरक्षाएँ छिपी होती हैं, वे अपनी असली भावनाओं और इरादों को कभी सामने नहीं लाते।

सर्प समान व्यक्तित्व (Snake-like Aura) ➔ अश्लेषा जातक का व्यक्तित्व सर्प जैसा माना जाता है चुपचाप देखते हैं, समझते हैं, आवाज़ नरम लेकिन असर गहरा, चालाकी नहीं बल्कि गहरी मनोवैज्ञानिक समझ, धीरे-धीरे किसी को अपने प्रभाव में ले आते हैं, उनकी उपस्थिति ही सम्मोहक होती है।

अद्भुत निरीक्षण क्षमता (Powerful Observation) ➔ इनकी सबसे बड़ी ताकत लोग क्या सोच रहे हैं?, कौन क्या छिपा रहा है?, किसका असली इरादा क्या है? इन सबको ये तुरंत पकड़ लेते हैं। इन्हें धोखा देना बहुत मुश्किल है।

गहरी मानसिक शक्ति और विश्लेषण क्षमता ➔ बुध + कर्क का संयोजन इन्हें बनाता है: विश्लेषक, मनोवैज्ञानिक, स्ट्रैटेजिस्ट, योजनाकार वे हर परिस्थिति का गहराई से मानसिक विश्लेषण करते हैं।

भावनाओं को पकड़कर रखने वाला स्वभाव (Emotional Grip) ➔ यह नक्षत्र “बंधन” और “फँसाव” का प्रतीक है। इसलिए जातक भावनाओं को छोड़ नहीं पाते, बीती बातें पकड़ कर रखते हैं, रिश्तों में पकड़ बनाना चाहते हैं, अपने प्रियजनों को जाने नहीं देते वे भावनात्मक रूप से “चिपकू स्वभाव वाले” हो सकते हैं।

रहस्यमयी और गूढ़ व्यक्तित्व (Mysterious Nature) ➔ अश्लेषा जातक अपनी बातें कम बताते हैं, अपनी असलियत को छिपाते हैं, लोगों को दूरी पर रखते हैं, एक रहस्यमय, आकर्षक आभा रखते हैं, लोग उन्हें समझ नहीं पाते और यही उनकी शक्ति है।

दोहरा स्वभाव (Dual Personality) ➔ ये लोग प्रसंग और परिस्थिति के व्यक्ति होते हैं। जरूरत पड़ने पर नरम, शांत, नम्रऔर परिस्थिति बिगड़े तो तीक्ष्ण, तेज़, छिपा हुआ विष उगलने वाले दोनों रूप इन में मौजूद हैं।

आकर्षक लेकिन खतरनाक (Magnetic yet Dangerous) ➔ अश्लेषा जातक बहुत आकर्षक होते हैं आँखें सम्मोहक, चाल धीमी और नियंत्रित, बोलने का अंदाज़ मोहक, आभा रहस्यमयी लेकिन जब चोट लगती है या उन्हें धोखा लगता है वे विषैले शब्दों से वार कर सकते हैं।

अपने क्षेत्र में नियंत्रण चाहते हैं (Territorial Behavior) ➔ जैसे बिल्ली (योनि) अपना क्षेत्र बनाती है अश्लेषा जातक भीघर, संबंध, मित्र, भावनाएँ सब पर मनोवैज्ञानिक नियंत्रण रखना चाहते हैं।

संबंधों में गहरी पकड़ और स्वामित्व भावना ➔ वे अपने प्रियजनों पर गहरा भावनात्मक अधिकार रखते हैं। वे कहते कम हैं, महसूस ज्यादा करते हैं। और डरते हैं "कहीं मेरा कोई मुझसे छिन न जाए। "इसीलिए इन्हें नियंत्रण की इच्छा रहती है।

बदला लेने की प्रवृत्ति (Revengeful Nature) ➔ अगर कोई धोखा दे, अपमान करे या उनके विश्वास को तोड़े तो ये बहुत समय तक उसे नहीं भूलते। धीरे-धीरे, चुपचाप बदला ले सकते हैं।

अत्यंत अंतर्ज्ञानी, छठी इंद्रिय बहुत मजबूत ➔ अश्लेषा जातक माहौल/ऊर्जा तुरंत पकड़ लेते हैं किसी की ऊर्जा पहचान लेते हैं, झूठ-पाखंड तुरंत समझ जाते हैं, सपनों के माध्यम से भी संकेत पाते हैं इनकी छठी इंद्रिय अद्भुत होती है।

अंदरूनी भय और असुरक्षा की भावना ➔ इनके भीतर एक गहरा डर होता है छोड़ दिए जाने का, खोने का, अस्वीकृति का यह डर बचपन के अनुभवों से आता है।

आध्यात्मिक रूप से शक्तिशाली ➔ अगर सही दिशा मिले तो मंत्र सिद्धि, तंत्र, कुंडलिनी, ध्यान, उपचार, रहस्यात्मक विद्‌या इनमें असाधारण प्रगति कर सकते हैं।

संक्षेप में रहस्यमयी, गहरी भावनाओं वाले, अत्यंत सहज ज्ञानात्मक (intuitive), चालाक नहीं रणनीतिक, भावनात्मक नियंत्रण चाहते हैं, अविश्वसनीय निरीक्षण क्षमता, आकर्षक और सम्मोहक, धीरे-धीरे प्रभाव

जमाते हैं, बदले की प्रवृत्ति, अंदर असुरक्षा की भावना, बाहर से शांत, भीतर से ज्वालामुखी

मानसिक और भावनात्मक स्वभाव(Mental & Emotional Nature)

अश्लेषा नक्षत्र के जातकों का मन अत्यंत जटिल, गहन, बहुपरतीय (multi-layered) और सामान्य लोगों से बिल्कुल अलग होता है। इनके भीतर भावनाएँ तरल भी हैं और तीक्ष्ण भी ठीक कर्क राशि के पानी और बुध की मानसिक धार का मिश्रण।

अत्यधिक अंतर्मुखी और मन की गहराइयों में रहने वाले ➔ अश्लेषा जातक अक्सर अपने आंतरिक संसार में इतना डूबे रहते हैं कि उनका वास्तविक मन बाहरी दुनिया को दिखाई ही नहीं देता। वे विचारों को भीतर-संरक्षित करते हैं, भावनाओं को भीतर दबाकर रखते हैं, अपनी पीड़ा भी अकेले सहते हैं यह उन्हें मानसिक रूप से गहराई देता है, लेकिन अंदर अकेलापन भी।

भावनात्मक विसंगति (Emotional Duality) ➔ उनका मन दो चरम सीमाओं पर चलता है बहुत गहरी भावनाएँ लेकिन उन्हें व्यक्त न करने की आदत इस कारण भावना + दिमाग का संघर्ष चलता रहता है अंदर दबे हुए भाव समय-समय पर विष की तरह उभर सकते हैं, भावनाओं का प्रसंस्करण धीमा होता हैवे जो महसूस करते हैं, उसे तुरंत व्यक्त नहीं करते उसे भीतर पकाते हैं।

भावनात्मक स्मृति बहुत मजबूत ➔ अश्लेषा जातक भावनाएँ और अनुभव बहुत समय तक याद रखते हैं, विशेषकर अपमान, ठेस, अस्वीकृति, धोखा, ये स्मृतियाँ इनके अवचेतन में जमा रहती हैं और व्यक्तित्व को आकार देती हैं। यह स्मृति उन्हें सावधान बनाती है, लेकिन कभी-कभी मन में "भावनात्मक विष" भी पैदा कर देती है।

अवचेतन भय और मानसिक असुरक्षाएँ ➔ इनके मन में बचपन से जुड़े कुछ गहरे भय मौजूद रहते हैं छोड़ दिए जाने का डर, भावनात्मक

असुरक्षा, भरोसा टूटने का डर, खोने का भय, यह भय इन्हें दूसरों पर मानसिक पकड़ बनाने की ओर धकेलता है।

मानसिक रूप से हाइपर-अवेयर (Hyper Awareness) ➔ अश्लेषा जातक किसी भी जगह लोगों की भावनाओं और कंपन (vibrations) को तुरंत पकड़ लेते हैं। उनका मन कमरे का माहौल पढ़ लेता है, चेहरे की सूक्ष्म हरकतें पहचानता है, स्वर, शब्द, नज़र सबका अर्थ निकालता है यह क्षमता उन्हें सुरक्षा देती है लेकिन मानसिक थकान भी।

जटिल भावनात्मक प्रसंस्करण ➔ वे किसी भावना को पहले देखते हैं फिर विश्लेषण करते हैं फिर उसकी वजह समझते हैं और फिर धीरे-धीरे उसके साथ जीना सीखते हैं इसलिए वे भावनाओं को तुरंत प्रतिक्रिया में नहीं बदलते उनका मन एक "भावनात्मक प्रयोगशाला" की तरह काम करता है।

छलावरण और भावनाओं को छिपाने की क्षमता ➔ अश्लेषा का चित्त भावनाओं को नियंत्रण में रखने के लिए एक स्वाभाविक ढाल बनाता है। वे अपने असली भाव कम दिखाते हैं, दर्द को चुपचाप संभाल लेते हैं, खुशी भी सीमित रूप में ही प्रकट करते हैं, उनकी भावनाएँ सतह पर नहीं गहराई में होतीं हैं।

अत्यधिक अंतर्ज्ञानी, कई बार अलौकिक स्तर तक ➔ इनका मानसिक स्वभाव अंतर्ज्ञान (intuition), पूर्वाभास, प्रतीकात्मक समझ, सपनों के माध्यम से संकेत इनमें उत्कृष्ट होता है। अश्लेषा जातक कभी-कभी दूसरों की सोच तक महसूस कर लेते हैं। यह गुण उन्हें रहस्यवादी, उपचार, रहस्यमय ज्ञान, मनोविज्ञान और ऊर्जा कार्यों में सक्षम बना सकता है।

भावनात्मक उलझन और आत्मसंघर्ष ➔ इनके भीतर लगातार यह संघर्ष चलता है "भावना कहती है पकड़ो", "दिमाग कहता है छोड़ो" इस वजह सेभावनात्मक भ्रम, संवेदनशीलता बढ़ना, निर्णय प्रक्रिया में टकराव, अंदर ही अंदर तनाव इनके मन का यह द्वंद बहुत सूक्ष्म होता है, लेकिन गहरा असर छोड़ता है।

दमन की प्रवृत्ति भावनाओं को भीतर रोक लेना ➔ अश्लेषा जातक भावनाओं को व्यक्त करने में सहज नहीं होते। वे अक्सर आहत भावनाओं को भीतर रखते हैं, आंसू छिपाते हैं, गुस्सा भीतर जमा करते हैं, बातों को मन में दबाते हैं यह दबाव समय के साथ "भावनात्मक विष" में बदल सकता है।

भावनाओं में लहरों जैसा उतार-चढ़ाव ➔ इनके मन में एक समय शांति दूसरे ही पल बेचैनी यह उतार-चढ़ाव भीतर ज्यादा महसूस होता है, बाहर दिखता कम है।

उपचार की क्षमता लेकिन पहले स्वयं को उपचार करने की आवश्यकता ➔ अश्लेषा जातक दूसरों की भावनाएँ समझते हैं, दूसरों को भावनात्मक रूप से सांत्वना दे सकते हैं, उपचार या परामर्श में उत्कृष्ट हो सकते हैं लेकिन स्वयं अपनी भावनाओं को उपचार करने में कठिनाई महसूस करते हैं।

करियर और पेशा (Career & Profession)

अश्लेषा नक्षत्र के जातकों की पेशेवर दिशा उनकी मनोवैज्ञानिक समझ, अवलोकन-शक्ति, रणनीति, रहस्यप्रियता, गहरी संवेदनशीलता और नियंत्रण क्षमता के आधार पर बनती है। यह नक्षत्र लोगों की भावनाओं, दिमाग और छिपे हुए सत्य से जुड़ा हुआ है इसलिए जातक उन करियर में श्रेष्ठ होते हैं जहाँ गहराई चाहिए, विश्लेषण चाहिए, रणनीति चाहिए, रहस्य या गोपनीयता हो, लोगों के व्यवहार को समझना जरूरी हो अश्लेषा जातक सामान्य नहीं, बल्कि विशेषज्ञ होते हैं।

मनोविज्ञान, व्यवहारिक क्षेत्र और उपचार प्रोफेशन ➔ अश्लेषा का स्वभाव गहरे मनोवैज्ञानिक पैटर्न समझने वाला होता है।

जातक इन क्षेत्रों में स्वाभाविक रूप से सफल होते हैं ➔ मनोवैज्ञानिक (Psychologist), परामर्शदाता (Counsellor), व्यवहार विश्लेषक, सम्मोहन चिकित्सक/पूर्वजन्म चिकित्सक, क्लिनिकल थैरेपिस्ट नैदानिक चिकित्सक, ऑटिज़्म, ध्यान-अभाव एवं अति सक्रियता विकार ADHD

(Attention Deficit Hyperactivity Disorder) एवं व्यवहार विकारों के विशेषज्ञ, मानसिक स्वास्थ्य कार्यकर्ता, भावनात्मक उपचारकइनके पास दूसरों के मन को पढ़ने की क्षमता अद्भुत होती है।

गुप्त, अनुसंधान और जासूसी से जुड़े करियर (Secretive & Investigative Fields) ➔ अश्लेषा जातकों की बुद्धि गहरी और तीक्ष्ण होती है, और वे उन कार्यों की ओर आकर्षित होते हैं जिनमें रहस्य, छिपे हुए तथ्य, जांच, पर्दे के पीछे का काम, सूचना का विश्लेषण आवश्यक हो।

गुप्तचर एजेंसियाँ (Intelligence Agencies) ➔ RAW, IB, CID, CBI, जासूस (Detective), **फॉरेंसिक विशेषज्ञ**, **आपराधिक जांच**, **साइबर जांच**, **अनुसंधान एवं विश्लेषण विशेषज्ञ,** गुप्त विभागों में सरकारी नौकरी ये लोग गहराई से सत्य खोजने में कुशल होते हैं।

शोध, विज्ञान और गहन अध्ययन वाले पेशे ➔ बुध + कर्क इन्हें शोधकर्ता, आविष्कारक, विश्लेषक, वैज्ञानिक बनाता है वे कई बार अपनी जिज्ञासा के कारण असाधारण खोज भी कर सकते हैं।

वैज्ञानिक (Scientist - Biology, Psychology, Marine Science) ➔ **चिकित्सा या समुद्र अध्ययन से जुड़े शोधकर्ता**, **प्रयोगशाला विशेषज्ञ**, **समुद्री जीवविज्ञानी**, **टॉक्सिकोलॉजी (विष-विज्ञान) विशेषज्ञ**, **फ़ार्मास्यूटिकल शोधकर्ता**, **जेनेटिक रिसर्च** *इन सभी का Marine Life समुद्री जीवन (Marine Life) से एक प्राचीन/पुराना संबंध माना गया है।*

प्रशासन, प्रबंधन एवं नियंत्रण-आधारित भूमिकाएँ ➔ **अश्लेषा जातक** नियंत्रण, सिस्टम और पर्यवेक्षण (Supervision) से जुड़ी भूमिकाओं में अद्भुत प्रदर्शन करते हैं। ये छोटे समूहों की निगरानी और संचालन में विशेष रूप से श्रेष्ठ होते हैं।

उपयुक्त भूमिकाएँ ➔ प्रशासक (Administrator), HR विशेषज्ञ, ऑफिस मैनेजर, क्वालिटी कंट्रोल

सिक्योरिटी हेड, इंटरनल ऑडिट, रिस्क मैनेजमेंट, कंप्लायंस विशेषज्ञ। इनकी विशेषता है कि ये **हर छोटी गतिविधि पर गहरी नज़र रखते हैं** और सिस्टम को सुचारु बनाए रखते हैं।

मीडिया, लेखन, संचरणन एवं संचार-आधारित करियर ➔ बुध ग्रह इनके भीतर लेखन, विश्लेषण और अभिव्यक्ति की तीव्र क्षमता प्रदान करता है।

उपयुक्त क्षेत्र ➔ लेखक (विशेषकर डार्क, साइकोलॉजिकल, मिस्ट्री विधा में), संचरणक, पटकथा लेखक, स्टोरी एनालिस्ट, खोजी पत्रकार, सोशल मीडिया स्ट्रैटेजिस्ट, सार्वजनिक वक्ता, डॉक्यूमेंट्री निर्माता ये लोग **कहानी की परतें खोलने और छिपे अर्थों को समझने** में असाधारण होते हैं।

विषैले पदार्थों एवं रसायनों से जुड़े करियर ➔ अश्लेषा नक्षत्र का **विष (Poison)** से गहरा संबंध माना गया है, जो इन्हें इन क्षेत्रों में विशेष रूप से सक्षम बनाता है केमिकल इंडस्ट्री, विष-विज्ञान, ड्रगरिसर्च, फ़ार्मास्यूटिकल उत्पादन, फ़ॉरेंसिक टॉक्सिकोलॉजी, मेडिकल पॉयज़न कंट्रोल। इनकी **मानसिक सहन शक्ति और गहराई** इन्हें जटिल, संवेदनशील और जोखिम भरे क्षेत्रों के लिए अत्यंत उपयुक्त बनाती है।

सुरक्षा, अवरोध और सीमा नियंत्रण वाले कार्य ➔ अश्लेषा नक्षत्र का स्वभाव "सीमा और बंदिश" से जुड़ा है। इसलिए जातक उन पेशों में सफल होते हैं, जहाँ सुरक्षा, सीमाओं का नियंत्रण, निगरानी, संरचना की सुरक्षा महत्वपूर्ण हो। सुरक्षा, सुरक्षा अवरोध/बाधाएँ, सीमा सुरक्षा, कस्टम्स अधिकारी, आव्रजन विभाग, जेल प्रबंधन, सुरक्षा प्रणाली डिज़ाइन, फ़ायरवॉल एवं साइबर सुरक्षा। वे सतर्क, सूक्ष्म और शंकालु स्वभाव के कारण इन भूमिकाओं में दक्ष होते हैं।

कानून, न्याय एवं रणनीति से जुड़े पेशे ➔ अश्लेषा जातक छिपी सच्चाई निकाल सकते हैं, कानूनी खामियाँ खोज सकते हैं, तार्किक जाल समझते हैं, रणनीति बना सकते हैं इसलिए ये इन क्षेत्रों में भी मजबूत होते हैं वकील (विशेषकर आपराधिक या साइबर क़ानून के क्षेत्र में), कानूनी रणनीतिकार, मध्यस्थ, मध्यस्थता (आर्बिट्रेशन), अनुपालन क़ानून (Compliance Law),

तांत्रिक, आध्यात्मिक और रहस्यात्मक विद्या आधारित कार्य ➔ अश्लेषा की ऊर्जा तांत्रिक है। अगर दिशा सही मिले तो ऊर्जा उपचारक,

गूढ़ साधक, टैरो विशेषज्ञ, अंक ज्योतिषी, ज्योतिषी, कुंडलिनी साधक, मंत्र-साधक इस क्षेत्र में ये जन्मजात विशेषज्ञ होते हैं।

जल, और समुद्री उद्योग से जुड़े पेशे ➔ क्योंकि अश्लेषा समुद्री सर्प-ऊर्जा से जुड़ा है, इसलिए **नौवहन/शिपिंग**, **नौसेना**, **समुद्री अनुसंधान**, **समुद्र अभियांत्रिकी (ओशन इंजीनियरिंग), मत्स्य उद्योग**, **जल के भीतर होने वाली परियोजनाएँ**, **मर्चेंट नेवी जैसे पेशों में देखे जा सकते हैं**

लोगों के प्रबंधन एवं सूक्ष्म-प्रबंधन (माइक्रो-मैनेजमेंट) पर आधारित नौकरियाँ ➔ अश्लेषा जातक माइक्रो मैनेजमेंट में प्रो होते हैं। वे छोटे समूह, निजी टीम, **क्लोज़-निट (आपस में घनिष्ठ) प्रोजेक्ट्स को बेहतर ढंग से संभालते हैं। टीम पर्यवेक्षक**, **हॉस्पिटैलिटी प्रबंधक**, **इवेंट समन्वयक**, **पर्सनल, मैनेजर**, **गोपनीय सहायक**

आर्थिक स्थिति (Financial Aspects)

अश्लेषा नक्षत्र की आर्थिक स्थिति स्थिर नहीं होती। इनके जीवन में धन आता भी है और जा भी सकता है, क्योंकि इनके मन, स्वभाव और कर्म तीनों में "कसकर पकड़ना" और "अचानक छोड़ देना" दोनों प्रवृत्तियाँ चलती हैं। यह नक्षत्र धन का निर्माण करता है, लेकिन धन का संरक्षण (Preservation) इनके लिए बड़ा चुनौतीपूर्ण क्षेत्र है।

पैसे के प्रति मानसिकता ➔ ("कसकर पकड़ना" vs "खो देने का डर") अश्लेषा जातक पैसे को बहुत महत्व देते हैं लेकिन पैसा संतुलित सुरक्षा की दिशा में नहीं, बल्कि भावनात्मक सुरक्षा, मानसिक स्थिरता, शक्ति, नियंत्रण, के प्रतीक के रूप में देखते हैं। धन को पकड़े रहना चाहते हैं लेकिन भीतर "धन खो जाने का गहरा भय" भी चलता है यह संयोजन उन्हें कई बार अत्यधिक खर्च या अत्यधिक कंजूसी दोनों छोरों पर ले जाता है।

आर्थिक उतार-चढ़ाव स्थिरता कम, परिवर्तन अधिक ➔ अश्लेषा नक्षत्र चर स्वभाव का है और चर नक्षत्र अक्सर वित्त में उतार-चढ़ाव देता है। इनमें देखा गया कि जीवन में एक समय बहुत धन, दूसरे समय

अचानक नुकसान यह नक्षत्र स्थिर और धीमी प्रगति नहीं देता बल्कि अचानक लाभ, अचानक हानि का पैटर्न देता है।

चरणों के अनुसार धन प्राप्ति और हानि के पैटर्न

प्रथम चरण (1st Pada) (धनु नवांश - बृहस्पति) ➔ धन अर्जन की क्षमता अच्छी, सेवा/मेहनत से धन लेकिन शत्रुओं और स्वास्थ्य से नुकसान का योग

द्वितीय चरण (2nd Pada) (मकर नवांश-शनि-गंड मूल) ➔ सबसे अधिक धन हानि का चरण पैसे टिकते नहीं, गलत निर्णय/लोभ से नुकसान, उधार न लौटाना या दूसरों का पैसा अटक जाना, आर्थिक परेशानियाँ बार-बार

तृतीय चरण (3rdPada) (कुंभ नवांश-शनि) ➔ धन आता है लेकिन "छुपा हुआ स्रोत" या "गुप्त कार्यों" से मातृ पक्ष को आर्थिक हानि, अनियंत्रित खर्च, भावनात्मक कारणों से आर्थिक गिरावट

चतुर्थ चरण (4th Pada) (मीन नवांश-बृहस्पति) ➔ धन प्राप्ति "अचानक" लेकिन दूसरों पर भरोसा करके नुकसान, धोखे की वजह से आर्थिक संकट, विदेश/दूर स्थान से धन-आय

आर्थिक नुकसान होने का कारण ➔ अश्लेषा जातक में आर्थिक हानि 3 मानसिक कारणों से होती है

भावनात्मक खर्च ➔ भावनात्मक तनाव में अचानक पैसा खर्च कर देते हैं।

लोगों पर जल्दी विश्वास ➔ रिश्तों में पकड़ बनाने के लिए दूसरों को आर्थिक रूप से मदद करते हैं, जिससे हानि होती है।

नियंत्रण-आधारित निर्णय (Control-based decisions) ➔ धन को पकड़ने की लालसा उन्हें गलत निवेश या गलत साझेदारी की ओर ले जा सकती है।

धन प्राप्ति के स्रोत (Income Sources) ➔ शोध, विज्ञान, चिकित्सा, मनोविज्ञान, उपचार, सुरक्षा, जांच, गुप्त विभाग, लेखन, मीडिया, समुद्री, जहाज़ी, प्रशासनिक भूमिकाएँ, तंत्र, ज्योतिष, रहस्यात्मक क्षेत्र, विष-

विज्ञान (Toxicology) या रसायन उद्योग इन क्षेत्रों में सफलता मिलने पर धन सुरक्षित रूप से बढ़ता है।

धन-सुरक्षा (Financial Security) की कमी ➔ सबसे बड़ी चुनौती है धन का स्थाई रूप से बचना। वे धन कमाते हैं, लेकिन भावनात्मक निर्णय, संबंधों में अत्यधिक निवेश, अचानक गुस्सा या असंतुलन, भागीदारों पर भरोसा, छल पूर्ण प्रभाव (Manipulation) से जुड़े परिणाम, इनसे पैसा निकल जाता है।

धन के दौर (Age-wise Financial Pattern) ➔

आयु 17-30 ➔ सीखने का दौर, छोटी कमाई, अचानक खर्च

आयु 30-35 ➔ कुछ स्थिरता, लेकिन भावनात्मक गलतियों से नुकसान

आयु 35-36 ➔ क्लासिकल ज्योतिष अनुसार बड़े आर्थिक नुकसान (शनि-बुध-चंद्र के संकेतों के अनुसार)

आयु 40 के बाद: ➔ अचानक, अर्जित न किया गया धन/बिना मेहनत का धन जैसे विरासत, बीमा, मुआवज़ा/क्षतिपूर्ति, परिवार से मदद, सरकारी लाभ या कोई भाग्यवश प्राप्त राशि।

धन के साथ भावनात्मक संबंध ➔ अश्लेषा का धन भावनाओं से जुड़ा धन है। इनके लिए पैसा शक्ति, सुरक्षा, नियंत्रण, भावनात्मक पकड़ का माध्यम है। इसलिए पैसा कमाने की इच्छा गहरी, खोने का डर भी गहरा, भावनाओं से प्रभावित निर्णय देखे जाते हैं।

धन समस्याओं का मूल कारण अपराधबोध और भय का चक्र ➔ अश्लेषा जातक अंदर छिपे अपराधबोध, डर और भावनात्मक चोटों के कारण धन को संभावित सुरक्षा समझते हैं। लेकिन गलत लोगों पर भरोसा, गलत फैसले, रिश्तों के दबाव, भावनात्मक हेरफेर (Emotional manipulation) का सामना, उन्हें हानि की ओर ले जाता है।

प्रेम, विवाह और दांपत्य जीवन

अश्लेषा नक्षत्र रिश्तों में सबसे गहरा, सबसे संवेदनशील और सबसे जटिल अनुभव करवाता है। इन जातकों का प्रेम सरल नहीं होता उनके लिए

प्रेम = सुरक्षा + भावनात्मक पकड़ + गहरापन + वफादारी है। वे किसी से भी जल्दी नहीं जुड़ते, लेकिन जुड़ जाएँ तो गहराई अत्यधिक होती है।

प्रेम सम्बन्ध में इनका स्वभाव (Love Nature) ➔ अत्यधिक गहरे और संपूर्ण समर्पित ये ऊपर से भले अंतर्मुखी लगें, पर जब किसी को दिल में जगह दे देते हैं, तो पूरी intensity से प्यार करते हैं। इनके लिए प्रेम सतही नहीं होता बल्कि आत्मा तक जुड़ा हुआ होता हैं।

आकर्षण रहस्यमय (Mysterious Charm) ➔ इनकी ऊर्जा में चुंबकत्व होता है, जिससे लोग स्वतः आकर्षित होते हैं। इनकी आँखें और चुप्पी भी कई बातें कह देती हैं। भरोसा बहुत देर से लेकिन पूरी तरह संबंध शुरू करने में समय लगता है। लेकिन एक बार भरोसा हो जाए, तो साथी को अपने जीवन का केंद्र बना लेते हैं।

प्रेम में भावनात्मक अधिकार ➔ इनमें गहरी स्वामित्व-भावना होती है यह प्रेम से आती है, अहंकार से नहीं। वे अपने प्रिय व्यक्ति को खोने से डरते हैं इसीलिए उसे अपने करीब रखना चाहते हैं।

अश्लेषा जातकों की प्रेम-पसंद (What They Want in Love) ➔ वे ऐसे साथी चाहते हैं जो भावनात्मक रूप से गहरे हों, जो उन्हें छोड़कर न जाएँ, जो निष्ठावान हों, जिन पर भरोसा किया जा सके, जो मानसिक रूप से मेल करते हों, जो इनके मनोदशा में उतार-चढ़ाव (mood swings) को संभाल सकें बाहरी सुंदरता से अधिक, वे भावनात्मक सुरक्षा और आध्यात्मिक निकटता ढूँढते हैं।

रिश्ते में पैदा होने वाली उलझनें (Relationship Complexities) ➔ अश्लेषा नक्षत्र रिश्तों में दो छोरों पर चलता है गहरी चाहत, और खोने का डर यह संयोजन, ईर्ष्या, अधिकार-भाव, भावनात्मक चिपकाव/अत्यधिक भावनात्मक निर्भरता, संदेह पर सूक्ष्म नियंत्रण जैसे व्यवहार जन्म सकता है। इनका असली भय"अगर मैं ढीला पड़ गया तो मेरा कोई छिन जाएगा" इसलिए वे साथी के जीवन में अत्यधिक संलग्न हो जाते हैं।

विवाह (Marriage Life) ➔ अश्लेषा जातक विवाह को बहुत गंभीरता से लेते हैं। उनके लिए शादी सिर्फ सामाजिक संबंध नहीं बल्कि

भावनात्मक सुरक्षा, जीवनसाथी पर निर्भरता, गहराई, समर्पण, बंधनका पवित्र गठबंधन है।

एकनिष्ठ और पूरी तरह समर्पित पति/पत्नी ➔ वे धोखा नहीं देते और उम्मीद करते हैं कि साथी भी नहीं देगा।

साथी की भावनाओं का गहराई से विश्लेषण ➔ ये जीवनसाथी की छोटी-छोटी चीजें निरीक्षण करते हैं। कभी-कभी यह रिश्ते को अत्यधिक विश्लेषण से जटिल बना सकता है।

नियंत्रण की प्रवृत्तियाँ ➔ अश्लेषा जातक विवाह में सीमाएं बनाते हैं, नियम बनाते हैं, साथी के जीवनको समझना और प्रबंधन करना चाहते हैं यह प्रभुत्व नहीं बल्कि भावनात्मक सुरक्षा का तरीका है।

विवाह में चुनौतियाँ (Challenges in Marriage)

अधिकार-भाव ➔ साथी की स्वतंत्रता को लेकर चिंता।

अत्यधिक हस्तक्षेप ➔ साथी के जीवन में बहुत गहराई से घुस जाना। कभी-कभी परिवार वालों तक।

भावनात्मक हेरफेर (Emotional manipulation) (अनजाने में) ➔ यह जानबूझकर नहीं होता लेकिन "मैं तुम्हारे लिए सब कर रहा हूँ" वाला व्यवहार साथी को दबाव महसूस करा सकता है।

विश्वासका मुद्दा ➔ कभी-कभी संदेह या असुरक्षा विवाह में तनाव ला सकती है।

मनोदशा में उतार-चढ़ाव ➔ चंद्रमा + बुध का प्रभाव विवाह को प्रभावित करता है।

सकारात्मक पक्ष (Beautiful Strengths in Marriage) ➔ अश्लेषा जातक अपने विवाह को गहराई, निकटता और निष्ठा से भर देते हैं, साथी की मनोवैज्ञानिक ज़रूरतों को पहचानते हैं, भावनात्मक उपचार कर सकते हैं, प्रेम बेहद सच्चा और स्थाई होता है, साथी के लिए अत्यंत संरक्षणात्मक, जीवन भर साथ निभाने वाले, दंपत्ति के रूप में आध्यात्मिक रूप से जुड़ा हुआ उनका विवाह "सतही प्रेम" नहीं होता बल्कि आत्मा, मन और हृदय के स्तर पर जुड़ाव होता है।

दांपत्य जीवन (यौन एवं वैवाहिक निकटता) ➔ अश्लेषा नक्षत्र के दांपत्य में गहरी कामुकता/इंद्रिय-सुख की भावना, गहन भावनात्मक जुड़ाव, प्रबल आकर्षण/तीव्र जुनून, अधिकार-भाव से भरा प्रेम, भावनात्मक और शारीरिक स्तर का मिश्रण देखा जाता है। वे साथी को सिर्फ शरीर से नहीं पूरे अस्तित्व से प्रेम करते हैं। इनका दांपत्य अग्नि जैसा नहीं बल्कि गहरे समुद्र जैसा होता है।

वैवाहिक अनुकूलता (Marriage Compatibility) ➔

अनुकूल नक्षत्र

रोहिणी, मृगशीर्षा, पुनर्वसु, अनुराधा, उत्तरा फाल्गुनी

ये नक्षत्र अश्लेषा की तीव्रता को संतुलित करते हैं और संबंध में प्रेम, समझ व स्थिरता लाते हैं।

मध्यम अनुकूलता

हस्त, श्रवण, रेवती

संबंध सामान्य रूप से चलता है, पर आपसी समझ और संवाद आवश्यक होता है।

कठिन अनुकूलता

मघा, मूल, ज्येष्ठा, आश्लेषा (स्वयं)

इनमें अहंकार, नियंत्रण या मानसिक टकराव के कारण वैवाहिक तनाव संभव है।

मुख्य सिद्धांत

अश्लेषा जातक के लिए सफल विवाह का आधार है

विश्वास + भावनात्मक संतुलन + स्वतंत्रता का सम्मान

पारिवारिक जीवन

अश्लेषा नक्षत्र का पारिवारिक जीवन बेहद गहरा, भावनात्मक और कई बार चुनौतीपूर्ण भी होता है। यह नक्षत्र बंधन, जुड़ाव, पारिवारिक जकड़न, सुरक्षा की इच्छा और मनोवैज्ञानिक संबंधों का प्रतीक है। इसलिए इनके पारिवारिक जीवन में प्रेम भी गहरा होता है और अपेक्षाएँ भी।

परिवार से गहरा लगाव लेकिन भारी भावनात्मक जुड़ाव ➔ अश्लेषा जातक अपने परिवार से गहरा भावनात्मक रिश्ता रखते हैं। वे परिवार को अपना "सुरक्षा कवच" मानते हैं घर से गहरा जुड़ाव रखते हैं, परिवार की भावनाओं को गंभीरता से लेते हैं लेकिन यह लगाव सामान्य नहीं बल्कि बहुत गहराई वाला होता है। पारिवारिक संबंधों को दिल से निभाते हैं, हर सदस्य की स्थिति, भावनाएँ, दर्द महसूस कर लेते हैं उनके लिए परिवार = भावनात्मक आधार

बचपन का अनुभव (Childhood Imprint) ➔ अश्लेषा जातकों के बचपन में कुछ न कुछ भावनात्मक कमी दिखाई देती है माँ की भावनात्मक उपस्थिति की कमी, बचपन में उपेक्षा, भावनात्मक सुरक्षा का अभाव, वातावरण में तनाव या अनिश्चितता, इसी वजह से वयस्क होने पर वे भावनाओं को कसकर पकड़ते हैं, परिवार पर नियंत्रण की प्रवृत्तियाँ आती हैं, भावनात्मक सुरक्षा ढूँढते हैं यह बचपन की कमी जीवनभर की पारिवारिक ढांचे को आकार देती है।

माँ के साथ संबंध ➔ अश्लेषा जातकों और उनकी माँ का संबंध कई बार जटिल, अधूरा, उलझा हुआ, भावनात्मक रूप से भ्रमित करने वाला हो सकता है।

मां कई बार भावनात्मक रूप से अनुपस्थित काम या पति में अधिक व्यस्त बच्चों के लिए समय/ऊर्जा नहीं

परिणामत: जातक के मन में "भावनात्मक रिक्तता" बनती है बाद में यह परिवार/संबंधों में अत्यधिक आसक्ति बन जाता है यदि चंद्रमा कमजोर हो या 2nd/3rd चरण में हो, तो मां को स्वास्थ्य या आर्थिक नुकसान भी होता है।

पिता के साथ संबंध सम्मानजनक लेकिन दूरी पूर्ण, संवाद कम, भावनात्मक जुड़ाव सीमित हो सकता है। 4th चरण में अश्लेषा होने पर पिता को आर्थिक/मानसिक परेशानी जातक के कारण हो सकती है।

भाई-बहनों से संबंध ➔ अश्लेषा जातक अपने भाई-बहन के प्रति रक्षात्मक रहते हैं। लेकिन नियंत्रण की प्रवृत्तियाँ, सलाह देना, सीमा तय

करना जैसी आदतें संबंधों को जटिल बना सकती हैं। यदि परिवार में माँ की कमी महसूस हुई हो तो जातक किसी एक भाई/बहन से अत्यधिक भावनात्मक जुड़ाव कर सकता है।

परिवार में भूमिका "नियंत्रक और संरक्षक" ➔ अश्लेषा जातक परिवार में दोहरी भूमिका निभाते हैं

संरक्षक ➔ परिवार की ज़िम्मेदारी उठाते हैं, हर समस्या को हल करना चाहते हैं, नुकसान से बचाना चाहते हैं

नियंत्रक ➔ परिवार को "अपने तरीके" से प्रबंधित करते हैं, नियम बनाते हैं, सीमा तय करते हैं, सबको सुरक्षा देने की भावना से, सबको अपने प्रभाव में रखते हैं वे पारिवारिक सीमा को सुरक्षा का ढांचा मानते हैं लेकिन कभी-कभी परिवार को भावनात्मक दम घोंटने वाला लग सकता है।

परिवार में आने वाली चुनौतियाँ ➔ अत्यधिक हस्तक्षेप, जातक परिवार के हर मामले में शामिल होना चाहते हैं यह उनसे प्यार के कारण होता है, पर दूसरों को दबाव महसूस हो सकता है।

अपराधबोध उत्पन्न करने वाले पैटर्न ➔ अनजाने में अपराधबोध पैदा करना "मैंने तुम्हारे लिए कितना किया..."

भावनाओं को दबाकर रखना ➔ जिसके कारण अचानक विस्फोट हो जाना।

परिवार से अत्यधिक अपेक्षाएँ ➔ वे चाहते हैं कि परिवार वफादार रहे परिवार उनकी इच्छाओं को समझे, कोई उन्हें छोड़े नहीं यह संबंधों में तनाव बना सकता है।

अत्यधिक संरक्षण ➔ कई बार बच्चों/जीवनसाथी को इतना संरक्षण करते हैं कि उनकी स्वतंत्रता कम हो जाती है।

सकारात्मक पक्ष ➔

अत्यधिक देखभाल और भावनात्मक जुड़ाव ➔ अश्लेषा जातकों का परिवार-पक्ष अत्यंत कोमल और प्रेमपूर्ण भी होता है। वे परिवार के लिए त्याग कर सकते हैं, परिवार की जरूरतें समझते हैं, भावनात्मक गहराई देते हैं, कठिन समय में परिवार को साथ रखते हैं, वृद्ध माता-पिता की

देखभाल में आगे रहते हैं, पारिवारिक एकता बनाए रखने में अतुलनीय होते हैं वे परिवार का मनोवैज्ञानिक आधार-स्तंभ होते हैं।

बच्चों के प्रति व्यवहार ➔ अश्लेषा जातक बच्चे को अत्यधिक प्रेम, अत्यधिक सुरक्षा, गहरा भावनात्मक बंधन देते हैं। लेकिन बच्चों की स्वतंत्रता सीमित कर देते हैं, उन्हें अपने पास और अपने नियंत्रण में रखना चाहते हैं, बच्चों को छोड़ने (let go) में कठिनाई होती है यदि बच्चा दूर जाए या स्वतंत्र निर्णय ले तो जातक भावनात्मक रूप से परेशान हो सकते हैं।

परिवार के लिए सबसे बड़ी चुनौती और समाधान

सबसे बड़ी चुनौती ➔ आसक्ति + भय + नियंत्रण = पारिवारिक तनाव

सर्वोत्तम समाधान ➔ सीमाओं को स्वीकार करना, बच्चों/साथी को स्वतंत्रता देना, भावनाएँ खुलकर व्यक्त करना "नियंत्रण= प्रेम " वाली धारणा छोड़ना, अश्लेषा जातक जैसे ही नियंत्रण की जगह स्वीकार्यता लाते हैं उनका पारिवारिक जीवन सबसे अधिक शांत और संतुष्ट होता है।

स्वास्थ्य और शारीरिक संरचना

अश्लेषा नक्षत्र चंद्रमा, जल तत्व और बुध के प्रभाव से बना है इसलिए इन जातकों का स्वास्थ्य और शरीर दोनों ही भावनात्मक और मानसिक प्रभावों से बहुत अधिक प्रभावित होते हैं। इनके स्वास्थ्य में उतार-चढ़ाव का मुख्य कारण है अंदर का दबा तनाव, अवचेतन भय, और शरीर में जमा मानसिक विष (toxic emotions) ।

शारीरिक संरचना (Physical Appearance & Body Structure) ➔

गहरी, पैनी, सम्मोहक नज़र ➔ इनकी आँखें तेज़, गहरी और भेदने वाली होती हैं वो सर्प जैसी सतर्कता दिखाती हैं।

चेहरे पर गंभीरता और रहस्यमयी भाव ➔ चेहरे का भाव सामान्य लोगों की तुलना में शांत, गंभीर, कम बोलने वाला और अंतर्ज्ञानी दिखता है।

हड्डियों और शरीर की आकृति ➔ इनमें देखने में आते हैं बड़े या मांसल हाथ, पतली गर्दन, वज़न का कभी बढ़ना-कभी घट जाना, मध्य

भाग के आसपास भारीपन, पानी तत्व के कारण शरीर में सूजन की प्रवृत्ति

महिलाएँ (Females) ➔ सुंदरता कम पारंपरिक, चेहरे पर हल्की असमानता, बाल घने लेकिन कुछ रूखे, थकान और तनाव चेहरे पर जल्दी दिखता है, आंखों में स्थिर चमक या भय

पुरुष (Males) ➔ शरीर भाषा में संकोच, लेकिन चेहरे पर शक्ति और आकर्षण कभी-कभी हल्का झुकाव लिए हुए देह-भंगिमा चेहरा "रहस्यमय या पढ़ा न जा सकने वाला"

स्वास्थ्य की मुख्य कमजोरियाँ (Major Health Indicators) ➔ अश्लेषा नक्षत्र के जातक निम्न क्षेत्रों में सबसे अधिक संवेदनशील होते हैं

पाचन तंत्र (Digestive Problems) ➔ यह उनके स्वास्थ्य का सबसे कमजोर भाग है। गैस, अम्लता, कब्ज, अनियमित पाचन, IBS (irritable bowel syndrome), फूड सेंसिटिविटी, पेट में भारीपन, क्योंकि अश्लेषा जातक भावनाएँ पेट में जमा करते हैं।

विषाक्तता (Toxicity) शरीर में विष जमा होना ➔ अश्लेषा "विष" से जुड़ा है। इसीलिए इनके शरीर में सूजन, एलर्जी, त्वचा पर चकत्ते, दवाओं का दुष्प्रभाव, खाद्य विषाक्तता (Food poisoning), रसायनों के प्रति संवेदनशीलता, देखने को मिलता है। कई बार गलत दवाओं/नशे की चीज़ों पर निर्भरता भी हो सकती है।

तंत्रिका तंत्र संबंधी विकार/मानसिक तनाव से जुड़े विकार ➔ बुध + चंद्रमा मिलकर मानसिक तनाव को बढ़ाते हैं चिंता, अति-चिंतन, घबराहट/बेचैनी, घबराहट की अनुभूति, भावनात्मक थकान, नींद में बाधा/नींद संबंधी परेशानियाँ, दिल की धड़कन बढ़ना (palpitations) इनका मन शरीर को सीधे प्रभावित करता है।

जननांग और गुप्त रोग (Venereal Issues) ➔ क्लासिकल ग्रंथ बताते हैं कि यौन कमजोरी, संक्रमण, गुप्त रोग, प्रजनन संबंधी समस्याएँ विशेषकर 2nd और 3rdचरण में यह अधिक दिखाई देता है।

त्वचाऔर बालों की समस्याएँ ➔ तनाव के कारण त्वचा पर फुंसियाँ/मुहांसे निकलना त्वचा का काला पड़ना (Pigmentation), बालों का झड़ना, रूखापन, खुजली, तनाव के कारण होने वाले त्वचा पर चकत्ते आम हैं।

श्वसन एवं छाती संबंधी समस्याएँ ➔ चंद्रमा का प्रभाव साँस फूलना, छाती में जकड़न, अचानक सांसों में भारीपन, नमी के प्रति संवेदनशीलता इनमें देखा जाता है।

स्वास्थ्य पर मानसिक तनाव का प्रभाव ➔ अश्लेषा जातक का स्वास्थ्य उनकी भावनात्मक अवस्था पर निर्भर करता है। जब वेभावनात्मक रूप से आहत होते हैं, अपराधबोध या असुरक्षा में होते हैं, नियंत्रण खोते हैं, दबाव में होते हैं तो शरीर सबसे पहले प्रतिक्रिया करता है पेट में दर्द, छाती में भारीपन, सिरदर्द, अचानक कमजोरी, अनिद्रा, शरीर में भारीपन उनका शरीर भावनाओं का भंडारगृह है।

जीन्स और जन्मजात प्रवृत्तियाँ (Genetic & Birth tendencies) ➔ अश्लेषा जातकों में बचपन से ही कमजोर रोग प्रतिरोधक क्षमता, संवेदनशील तंत्रिका तंत्र, मनो दैहिक समस्याएं, नमी/ठंड से जल्दी प्रभाव देखा जा सकता है।

उपचार प्रवृत्ति (Self-उपचार Style) ➔ अश्लेषा जातकों में उपचार शक्ति होती है, लेकिन वे अपने शरीर के संकेतों को नजरअंदाज करते हैं, तनाव को दबाकर रखते हैं, भावनात्मक मुक्ति (emotional release) की ज़रूरत है, इनके लिए सबसे प्रभावी उपचार पानी से जुड़े उपाय, श्वास-प्रश्वास अभ्यास, ध्यान, चंद्र उपचार, नमक स्नान शारीरिक ही नहीं, मनोवैज्ञानिक उपचार जरूरी है।

चरणों के अनुसार स्वास्थ्य

प्रथम चरण 1st Pada (धनु - गुरु) ➔ यकृत संबंधी समस्याएँ, वसा का जमाव, पाचन की गति धीमी होना

द्वितीय चरण 2nd Pada (मकर - शनि) ➔ हड्डियाँ, जोड़, दीर्घकालिक बीमारियाँ, कमज़ोरी, धीमी रिकवरी/धीरे ठीक होना

तृतीय चरण 3rdPada (कुंभ - शनि) ➔ तंत्रिका तंत्र, भावनात्मक टूटन/मानसिक विघटन, माँ की बीमारी का प्रभाव

चतुर्थ चरण 4th Pada (मीन - गुरु) ➔ शरीर में पानी का जमाव, लसीका तंत्र (लिम्फेटिक) से जुड़ी समस्याएँ, हार्मोनल असंतुलन

विशेष ज्योतिषीय योग, शुभ-अशुभ अवधि, शुभ और वर्जित कार्य, तथा उपाय"

विशेष ज्योतिषीय योग (Special Astrological Yogas)

विष-योग (Poison Yoga) ➔ अश्लेषा नक्षत्र नाग/सर्प ऊर्जा से जुड़ा है। इस नक्षत्र में चंद्रमा, राहु, केतु, बुध, मंगल आदि के संयोजन से "विष योग" बन सकता है।

इस योग के लक्षण ➔ मन में तीव्र भावनात्मक विष, नकारात्मक स्मृतियाँ पकड़कर रखना, तीखी वाणी, बचपन की मानसिक चोटों के कारण व्यवहारिक विसंगतियाँ, दूसरों पर एक सम्मोहक प्रभाव, भावनाओं से गहराई से प्रभावित निर्णय, यह योग कठिन भी हो सकता है और आध्यात्मिक स्तर पर दुर्लभ शक्ति भी दे सकता है।

नाग योग (Naga Yoga) ➔ यह तब बनता है जब चंद्रमा अश्लेषा में और कुंडली में, राहु/केतु 5-9 या 2-8 में हो या शेष नक्षत्रों में सर्प-ऊर्जा सक्रिय हो

फल ➔ अंतर्ज्ञान शक्ति, गहरी कामुकता, असाधारण उपचार शक्ति, भावनात्मक, परिवर्तन, गूढ़ विद्या की ओर झुकाव,तीव्र/गहन मानसिकता यदि मार्ग गलत हो तो संदेह, अधिकार-भाव, ईर्ष्या, अपराधबोध पैदा करता है।

बुध-चंद्र भावनात्मक विश्लेषण योग ➔ बुध और चंद्रमा का संबंध होने पर अत्यधिक विश्लेषण, गहन चिंतन, भावनात्मक बुद्धिमत्ता, मनोविज्ञान दक्षता बनाता है। लेकिन विपरीत स्थिति में अत्याधिक सोच, चिंता, अनिर्णय बढ़ता है।

आध्यात्मिक जागरण योग ➔ यदि गुरु, केतु या चंद्रमा अश्लेषा को सकारात्मक रूप से देख रहे हों कुंडलिनी जागरण, तंत्र-मंत्र सिद्धि, उपचार शक्तियाँ, पूर्वजन्म की स्मृतियाँ, तीव्र अंतर्ज्ञान मिलता है।

शुभ-अशुभ अवधि (Favorable&Unfavorable Periods)

अश्लेषा का स्वामी बुध है, इसलिए बुध की दशा विशेष महत्व रखती है।

शुभ अवधि

बुध महादशा ➔ करियर, व्यापार और शिक्षा में प्रगति, वाणी, बुद्धि और योजना से सफलता, लेखन, मीडिया, व्यापार में लाभ

गुरु महादशा ➔ भाग्य वृद्धि, विवाह और संतान सुख, आध्यात्मिक उन्नति और सम्मान

शुक्र महादशा ➔ धन, सुख, संबंध और आराम, प्रेम और विवाह में सुधार

अंतर्दशा (Antardasha) प्रभाव शुभ संयोजन

बुध + गुरु: ज्ञान और सफलता

बुध + शुक्र: धन और संबंध लाभ

गुरु + चंद्र: मानसिक शांति और परिवार सुख

गुरु का गोचर ➔ 2, 5, 7, 9, 11 भाव से शुभ परिणाम विवाह, धन, संतान और भाग्य में वृद्धि

शनि का शुभ गोचर ➔ 3, 6, 11 भाव से मेहनत का फल और करियर में स्थिरता

अशुभ अवधि

राहु महादशा ➔ मानसिक भ्रम, धोखा और अस्थिरता, गलत निर्णय और रिश्तों में समस्या

केतु महादशा ➔ अलगाव, अकेलापन, करियर में अनिश्चितता, आध्यात्मिक झुकाव, लेकिन भौतिक कमी

शनि महादशा ➔ देरी, संघर्ष और जिम्मेदारियाँ, मानसिक दबाव, पर अंत में स्थिर सफलता

मंगल महादशा ➔ क्रोध, विवाद और जल्दबाजी से नुकसान, स्वास्थ्य या दुर्घटना का जोखिम

अंतर्दशा (Antardasha) प्रभाव

राहु + चंद्र: मानसिक तनाव

शनि + बुध: कार्य में बाधा

मंगल + राहु: विवाद और दुर्घटना

शनि साढ़ेसाती ➔ जब शनि चंद्र से 12, 1, 2 भाव में हो मानसिक दबाव, देरी और संबंधों में दूरी

राहु-केतु गोचर ➔ चंद्र या लग्न पर भ्रम, तनाव और अचानक परिवर्तन

गुरु का अशुभ गोचर ➔ 6, 8, 12 भाव से खर्च, स्वास्थ्य समस्या और अवसर में देरी

महत्वपूर्ण आयु संकेत

28-32 वर्ष: करियर की नींव

35-40 वर्ष: बड़ा परिवर्तन या धन लाभ

42-48 वर्ष: स्थिरता और सम्मान

50 वर्ष के बाद: आध्यात्मिक

नक्षत्र की अवधि में किए जाने योग्य और वर्जितकार्य (Activities to Do & Avoid during Transit)

अश्लेषा नक्षत्र की ऊर्जा सूक्ष्म, अंदर की ओर खींचने वाली, बाँधने वाली और मनोवैज्ञानिक होती है। यह समय बाहरी शुरुआत से अधिक, अंदरूनी प्रक्रिया के लिए उपयुक्त माना जाता है।

अश्लेषा नक्षत्र की अवधि में किए जाने योग्य कार्य

प्रथम चरण (1st Pada) (धनु नवांश) ➔ नए कार्य, शिक्षा, शोध, आध्यात्मिक अभ्यास, जीवन में स्थिर निर्णय के लिए शुभ।

द्वितीय चरण (4th Pada) (मीन नवांश) ➔ पूजा, ध्यान, यात्रा, उपचार कार्य, विवाह चर्चा, नए व्यवसायिक विचार में सफलता देता है।

मानसिक और भावनात्मक शुद्धिकरण के कार्य ➔ यह नक्षत्र भावनात्मक विष को बाहर लाने में सहायक होता है। ध्यान (मौनध्यान), भावनाओं पर आत्मचिंतन (मन की बातें लिखना), पुरानी स्मृतियों को समझना, अपराध बोध, डर, लगाव पर काम करना, आंतरिक बाल-चिकित्सा यह समय "खुद को समझने" का है, न कि खुद को साबित करने का।

शोध, जाँच और गहराई से सोचने वाले कार्य ➔ अश्लेषा की बुद्धि सतही नहीं, गहराई में काम करती है। रिसर्च, केस स्टडी, जांच, योजना बनाना, रणनीति तय करना, गोपनीय मामलों पर काम जो काम शांति और गोपनीयता माँगते हैं, उनके लिए यह समय श्रेष्ठ है।

गुप्त या परदे के पीछे होने वाले कार्य ➔ दस्तावेज़ों की जाँच, पुराने मामलों की समीक्षा, लंबित फाइलें, छिपी हुई समस्याओं को समझना, वैकल्पिक योजनाएँ बनाना यह नक्षत्र "जो दिखता नहीं, वही महत्वपूर्ण है" का संकेत देता है।

आध्यात्मिक साधना (लेकिन संयम के साथ) ➔ अश्लेषा नाग-ऊर्जा से जुड़ा है।, शिव-साधना, मंत्र जप, मौन व्रत, श्वास-साधना, चंद्र से जुड़े उपाय, जल तत्व से जुड़े अभ्यास तीव्र तंत्र या कुंडलिनी प्रयोग बिनामार्गदर्शन न करें।

शुद्धिकरण और सफ़ाई ➔ घर की गहरी सफ़ाई, पुराने सामान हटाना, मानसिक अव्यवस्था कम करना, डिजिटल डिटॉक्स अश्लेषा "बंधनतोड़ने" का समय भी देता है।

अश्लेषा नक्षत्र की अवधि में वर्जित कार्य

प्रथम चरण (1st Pada) (मकर नवांश - गंडमूल) ➔ आर्थिक निर्णय, नए भागीदारी, उधार लेन-देन, विवाह, नए गृह प्रवेश के लिए अत्यंत प्रतिकूल।

तृतीय चरण (3rdPada) (कुंभ नवांश) ➔ परिवार में विवाद, मानसिक तनाव, अचानक स्वास्थ्य समस्या, आध्यात्मिक भ्रम, मित्रों/साथियों से दूरी का योग देता है।

विवाह, सगाई और नए संबंधों की शुरुआत ➔ अश्लेषा की ऊर्जा रिश्तों में अत्यधिक पकड़, असमान सत्ता-संबंधी समीकरण, भविष्य में भावनात्मक कसावट ला सकती है। इसलिए विवाह, सगाई, नए प्रेम-संबंध शुरू करना वर्जित माना जाता है।

गृह प्रवेश और नए घर से जुड़े शुभ-संस्कार ➔ अश्लेषा नक्षत्र में घर की ऊर्जा भारी होती हैं मानसिक असंतुलन, पारिवारिक तनाव बढ़ सकता है।

लंबी यात्रा ➔ शारीरिक-मानसिक थकावट बढ़ सकती है।

बच्चे का नामकरण/शुभ संस्कार ➔ विशेषतः अश्लेषा गंडमूल के पूर्वार्ध में।

संबंधों में महत्वपूर्ण निर्णय ➔ भावनाओं की लहरें तेज रहती हैं तर्क नहीं।

बड़े आर्थिक निर्णय ➔ निवेश, साझेदारी, उधार, बड़ी खरीदारी इस समय निर्णय भावनाओं और भय से प्रभावित हो सकते हैं।

कानूनी विवाद शुरू करना ➔ मुकदमा, झगड़ा, टकराव, आरोप प्रत्यारोप अश्लेषा में बात उलझती है, सुलझती नहीं।

क्रोध या आवेग में लिए गए निर्णय ➔ रिश्ते तोड़ना, नौकरी छोड़ना, कठोर शब्द बोलना, अंतिम चेतावनी देना अश्लेषा में कही गई बात लंबे समय तक असर करती है।

शरीर को जोखिम में डालने वाले कार्य ➔ तेज़ वाहन चलाना, आग, धारदार वस्तुओं से काम, जोखिम भरा रोमांच, ऑपरेशन (यदिटालाजासके) अश्लेषा में शरीर विषाक्तता को जल्दी ग्रहण करता है।

अत्यधिक नियंत्रण या चालबाज़ी ➔ किसी को बाँधने की कोशिश, भावनात्मक दबाव, अपराधबोध पैदा करना यह ऊर्जा बाद में उलटी पड़ सकती है।

विशेष सावधानी अश्लेषा गण्डमूल (2nd चरण) के दिन ➔ यदि चंद्रमा कर्क 20°-23°20' में हो कोई भी नया शुभ कार्य न करें, विशेष पूजा-पाठ या शांति कर्म करें, माता के स्वास्थ्य का ध्यान रखें, मन को शांत रखें

अश्लेषा नक्षत्र की अवधि का मूल संदेश ➔ यह समय बाहर कुछ बनाने का नहीं, भीतर से कुछ खोलने और छोड़ने का है। जो व्यक्ति इस अवधि में शांत रहता है, सुनता है, समझता है, प्रतिक्रिया नहीं करता वही अश्लेषा की कठिन ऊर्जा को शक्ति में बदलता है।

उपाय (शास्त्रीय और व्यवहारिक)

नाग देवता की पूजा, नाग पंचमी, नाग मंत्र, नाग आराधना, शिव पूजा अश्लेषा की विष शक्ति को संतुलित करता है।

चंद्रमा उपाय ➔ चंद्र अश्लेषा का स्वामी भी है (कर्क राशि), इसलिए सोमवार व्रत, चंद्र मंत्र, दूध/चावल का दान शांति देता है।

शिव उपाय सबसे प्रभावी ➔ अश्लेषा नक्षत्र का सबसे बड़ा रक्षक:"ॐ नमः शिवाय" और रुद्राभिषेक इनकी मानसिक विषाक्तता और भय शांत करता है।

पन्ना (Emerald) यदि बुध शुभ हो ➔ पन्ना अश्लेषा जातक की मानसिक शक्ति और स्पष्टता बढ़ाता है।

जल-उपाय ➔ क्योंकि यह जल नक्षत्र है समुद्र/नदी किनारे ध्यान, पानी से जुड़े उपाय, नमक स्नान, जल दान शुद्धिकरण करते हैं।

मानसिक एवं भावनात्मक शुद्धिकरण की प्रक्रियाएँ ➔ ऊर्जा-बंधन विच्छेदन (कॉर्डकटिंग), रोकर भावनात्मक मुक्ति, श्वास-साधना, आंतरिक बाल-चिकित्सा (इनर चाइल्ड हीलिंग) अश्लेषा जातकों के लिए अत्यंत आवश्यक।

गंडमूल शांति (विशेषतः द्‌वितीय चरण के लिए) ➔ यदि जातक अश्लेषा के द्‌वितीय चरण में जन्मा हो गंडमूल शांति अवश्य करनी चाहिए। यह जीवनभर मानसिक आर्थिक बाधाएँ दूर करता है।

चारों चरणों का विस्तृत विश्लेषण

अष्लेषा 4 चरणों में विभाजित है हर चरण व्यक्ति के स्वभाव को पूरी तरह बदल देता है।

प्रथम चरण (1st Pada) 16°40' to 20°00' कर्क== धनु नवांश (Sagittarius), स्वामी--बृहस्पति (Jupiter) यह अश्लेषा का सबसे उन्नत और तुलनात्मक रूप से "सॉफ्ट" चरण है।

व्यक्तित्व ➔ बुद्धिमान, उदार, गंभीर, सच्चा, अपने लक्ष्यों के प्रति समर्पित, बातों को दिल से लेने वाला, कम हानिकारक और कम नियंत्रित करने वाला बुध की तीक्ष्णता + बृहस्पति की उदारता इन्हें संतुलित बना देती है।

मानसिक प्रकृति ➔ उच्च सोच, ज्ञान की ओर आकर्षण, गहराई से विश्लेषण, साहस और सीखने की प्रवृत्ति, दूसरों के प्रति मार्गदर्शक प्रवृत्ति

संबंध और प्रेम ➔ वफादार और समर्पित लेकिन भावनात्मक दूरी कभी-कभी रह जाती है, साथी के लिए संरक्षणात्मक, संबंधों में नैतिक दृष्टिकोण

परिवार ➔ परिवार में आदर, बड़ों की सेवा, परिवार का मार्गदर्शक बनना, कभी-कभी माँ से दूरी या मानसिक अलगाव

करियर ➔ शिक्षा, प्रबंधन, साहित्य, कानून, शोध, प्रशासन, अध्यात्म, योग, दर्शन

स्वास्थ्य ➔ यकृत और पेट संबंधी समस्याएँ, वजन बढ़ने की प्रवृत्ति, अम्लता/एसिडिटी, पाचन की गति धीमी होना

आध्यात्मिक विकास ➔ ईश्वर-विश्वास, ज्ञान-उन्मुख आध्यात्मिकता, उच्च अंतर्ज्ञान, आध्यात्मिक गुरु बनने की क्षमता यह चरण जीवन में सफल, सम्मानित, अपेक्षाकृत कम समस्याग्रस्त और ज्ञानवान बनाता है।

द्वितीय चरण (2nd Pada) --20°00' to 23°20' कर्क ➔ मकर नवांश (Capricorn) | स्वामी- शनि (Saturn) इसे सबसे कठिन और सबसे गहन चरण माना जाता है। यह गंडमूल चरण भी है।

व्यक्तित्व ➔ अत्यधिक महत्वाकांक्षी, अत्यधिक व्यवहारिक, भावनात्मक कठोरता, गहरी दृढ़ता, नियंत्रण की प्रवृत्ति, बहुत मजबूत अतिशय व्यवहार, दूसरों का उपयोग करने की प्रवृत्ति

मानसिक स्थिति ➔ असुरक्षा, अपराध-बोध, खो देने का भय, संदेहपूर्ण स्वभाव, गहरे/भारी भावनात्मक पैटर्न यह चरण मानसिक रूप से बहुत प्रबल बनाता है।

संबंध और प्रेम ➔ स्वामित्व-भाव, बहुत गहरी पकड़, साथी से उच्च अपेक्षाएँ, ईर्ष्या से जुड़ी समस्याएँ, रिश्ते में खिंचाव, संबंधों में नियंत्रण और निर्भरता अधिक।

परिवार ➔ बचपन में भावनात्मक दर्द, माँ के साथ कर्मजनित समस्याएँ, परिवार में विवाद, परिजनों को आर्थिक हानि, परिवार में वर्चस्व

करियर ➔ सुरक्षा बल, प्रशासन, राजनीति, प्रबंधन, वित्त, अनुसंधान, गुप्त सेवाएँ/खुफिया सेवाएँ लेकिन करियर में अचानक विच्छेद भी हो सकते हैं।

स्वास्थ्य ➔ दीर्घकालिक रोग, कमज़ोर प्रतिरक्षा शक्ति, विषैले तत्वों का जमाव, त्वचा संबंधी समस्याएँ, पाचन विकार, जोड़ों में दर्द

आध्यात्मिक मार्ग ➔ आंतरिक संघर्ष, बहुत, गहरी छाया-कार्य (अवचेतन के छिपे पहलुओं पर) की ज़रूरत, सर्प ऊर्जा अत्यधिक सक्रिय आध्यात्मिकता तभी विकास करती है जब व्यक्ति अहं छोड़े यह चरण जीवन में सबसे अधिक कर्मजनित चुनौतियाँ और उथल-पुथल देता है लेकिन इससे आध्यात्मिक शक्ति भी सबसे अधिक मिलती है।

तृतीय चरण (3rd Pada) 23°20’ to 26°40’ कर्क ➔ कुंभ नवांश (Aquarius) | स्वामी शनि (Saturn) यह चरण द्वितीय चरण जैसा कठिन है, लेकिन मन और बुद्धि अधिक सक्रिय रहती है। इसका स्वभाव बौद्धिक + चालाक होता है।

व्यक्तित्व ➔ अत्यंत बुद्धिमान,गोपनीय/रहस्यप्रिय, विश्लेषणात्मक, रणनीतिकार, भावनात्मक रूप से अलग-थलग, योजना बनाने और षड्यंत्र रचने की प्रवृत्ति, यह चरण अश्लेषा को “मानसिक सर्प” (तीक्ष्ण, चालाक और रणनीतिक बुद्धि का प्रतीक) बनाता है मन की गहराई का उपयोग दूसरों को पढ़ने में।

मानसिक स्वभाव ➔ असंतोष, अप्रत्याशित मनोदशाएँ, दबा हुआ क्रोध, अकेलापन, अति-चिंतन, विश्लेषणात्मक संदेहग्रस्तता

प्रेम और संबंध ➔ बौद्धिक स्तर पर बने रिश्ते, भावनात्मक दूरी, साथी को समझने में कठिनाई, गहन जुड़ाव, लेकिन छिपे हुए संघर्ष

परिवार ➔ माँ का स्वास्थ्य प्रभावित, भाई-बहन के साथ कर्मजनित समस्याएं, परिवार से दूरी, भावनात्मक गलत फहमियां

करियर ➔ अनुसंधान, विज्ञान, मनोविज्ञान, प्रौद्योगिकी, साइबर सुरक्षा, खुफिया एजेंसियाँ और फॉरेंसिक विज्ञान यह चरण असाधारण प्रतिभा (ब्रिलियंस) प्रदान करता है।

स्वास्थ्य ➔ तंत्रिका तंत्र से जुड़ी समस्याएँ, चिंता, नींद संबंधी समस्याएँ, तनाव से संबंधित विकार

आध्यात्मिक विकास ➔ मन-आधारित आध्यात्मिकता, गहन ध्यान लाभकारी, मानसिक/आध्यात्मिक दर्शन, गूढ़ विद्या में रुचि यह चरण व्यक्ति को मानसिक रूप से शक्तिशाली बनाता है, लेकिन भावनात्मक अस्थिरता बढ़ा देता है।

चतुर्थ चरण (4th Pada) 26°40' to 30°00' कर्क) ➔ मीन नवांश (Pisces), स्वामी- बृहस्पति (Jupiter) यह अश्लेषा का सबसे रहस्यमय, भावनात्मक और आध्यात्मिक चरण है।

व्यक्तित्व ➔ बेहद अंतर्ज्ञानी, स्वप्निल, रोमांटिक, संवेदनशील, कलात्मक, द्वैत स्वभाव वाला तथा दूसरों की ऊर्जा को शीघ्र अवशोषित करने वाला।

मानसिक स्थिति ➔ गहरी कल्पना शक्ति, भ्रम (इल्यूज़न), द्वैत चिंतन, मोह-माया और भावनात्मक पलायन यह व्यक्ति दुनिया को कल्पनाओं की दृष्टि से देखता है।

प्रेम और संबंध ➔ तीव्र रोमांटिक स्वभाव, गहरा भावनात्मक जुड़ाव, त्याग की प्रवृत्ति साथी के लिए स्वयं को समर्पित कर देना कभी-कभी गलत लोगों पर भरोसा कर लेना।

परिवार ➔ परिवार से गहरे भावनात्मक संबंध, लेकिन साथ ही गलतफ़हमियाँ भी पिता को आर्थिक हानि की संभावना और घर के वातावरण में भावनात्मक उतार-चढ़ाव।

करियर ➔ कला, संगीत, उपचार (हीलिंग), ज्योतिष, आध्यात्मिकता, मीडिया और रचनात्मक लेखन।

स्वास्थ्य ➔ शरीर में जल-धारण (वॉटररिटेंशन), हार्मोनल असंतुलन, लत की प्रवृत्ति, कमज़ोर प्रतिरक्षा तंत्र।

आध्यात्मिक विकास ➔ सबसे तीव्र आध्यात्मिक विकास, मंत्र-साधना में उच्च सफलता, क्लेयरवॉयन्स/मानसिक शक्तियाँ स्वाभाविक रूप से, पूर्वजन्म की स्मृतियाँ, स्वप्नों के माध्यम से संदेश इन सबके साथ भावनात्मक शुद्धिकरण की गहरी आवश्यकता रहती है। यह चरण जातक को अत्यधिक अंतर्ज्ञानी, रहस्यमय और भावनात्मक बनाता है, परंतु "भ्रम बनाम सत्य" की लड़ाई जीवनभर चलती रहती है।

महिलाएँ - संपूर्ण विश्लेषण

अश्लेषा नक्षत्र की महिलाएँ सर्प-ऊर्जा, गहरी भावनाओं, रहस्य, आकर्षण, मानसिक शक्ति और तीव्र अंतर्ज्ञान का अद्भुत मिश्रण होती हैं। इनका व्यक्तित्व सामान्य महिलाओं जैसा नहीं होता इनमें एक "छिपीआग" और "गहराई की परतें" होती हैं, जिन्हें केवल संवेदनशील लोग ही समझ पाते हैं।

बाहरी व्यक्तित्व (Outer Persona) ➔ अश्लेषा महिलाएँ देखने में गंभीर, शांत, अंतर्मुखी और थोड़ी असमंजसपूर्ण लगती हैं। उनके चेहरे पर एक रहस्य छिपा होता है।

सबसे खास पहचान उनकी आँखें ➔ उनकी आँखें गहरी, सम्मोहित करने वाली, भेदन-शील, भावनाएँ पढ़ने वाली प्रकार की होती हैं। लोग कहते हैं कि अश्लेषा महिला की आँखों में "कुछ तो है" और सच में है।

मानसिक स्वभाव (Mental Nature) ➔ अश्लेषा महिलाएँ मानसिक रूप से अत्यंत तीव्र होती हैं।

विश्लेषणात्मक और भावनात्मक मिश्रण ➔ हर बात का विश्लेषण, भावनाओं को भी तरही भीतर प्रक्रिया, दूसरों के व्यवहार तुरंत समझ लेना, झूठ पकड़ लेना, दूसरों के मन को भाँप लेने की क्षमता, तीक्ष्ण निरीक्षण शक्ति इनके लिए किसी को समझना मुश्किल नहीं होता लेकिन स्वयं को कोई समझ पाए यह दुर्लभ है।

भावनात्मक स्वभाव (Emotional Nature) ➔ इनका भावनात्मक जीवन बहुत गहरा होता है भावनाएँ अंदर जमा करना, पुरानी चोट नहीं भूलना, इंसानों से जल्दी जुड़ाव न होना लेकिन जुड़ाव हो जाएँ तो गहराई तक असुरक्षा छोड़ दिए जाने का डर वे प्यार चाहती भी हैं और उससे डरती भी हैं।उनके भीतर एक भावनात्मक ज्वालामुखी होता है जो बाहर से शांत लगता है।

रहस्यमयी और आकर्षक (Mysterious & Magnetic) ➔ अश्लेषा महिलाएँ अपने आसपास एक "magnetic aura" बनाए रखती हैं। लोग उनसे प्रभावित होते हैं उनकी उपस्थिति में लोग सच बोल देते हैं वे बिना बोले भी प्रभाव छोड़ती हैं उनकी ऊर्जा सर्प जैसी शांत लेकिन शक्तिशाली।

प्रेम और संबंध (Love & Relationships) ➔ अश्लेषा महिलाएँ अत्यंत वफादार, गहराई से प्रेम करने वाली, साथी की भावनाओं को समझने वाली लेकिन अत्यधिक स्वामित्व भाव रखने वाली, न छोड़ने वाली, साथी को जिंदगी में गहराई से शामिल करना, अत्यधिक संरक्षण करने वाला, ईर्ष्या की प्रवृत्ति देखी जाती है। वे अपने साथी से सिर्फ प्यार नहीं, संपूर्ण भावनात्मक समर्पण चाहती हैं।यदि उन्हें धोखा मिले तो उनका दर्द गहरा और लंबा होता है।

विवाह और दांपत्य जीवन (Marriage Life) ➔ अश्लेषा महिलाओं का दांपत्य जीवन सामान्य नहीं होता। वेघर की "भावनात्मक शक्ति" होती हैं,पति पर मनोवैज्ञानिक प्रभाव रखती हैं, बच्चों पर बहुत अधिकार और सुरक्षा, परिवार को जोड़ कर रखने की क्षमता, परिवार में मजबूत स्तंभ का रोल लेकिन कभी-कभी उन्हें नियंत्रण करने वाला माना जाता है, ससुराल पक्ष से टकराव, पति पर निर्भरता + नियंत्रण, भावनात्मक हस्तक्षेप देखने को मिल सकती है। इनका शादी में उद्देश्य होता है गहरी स्थिरता + सुरक्षा लेकिन वे इसे कभी-कभी नियंत्रण से संयोजित कर देती हैं।

माता होने का स्वभाव (Motherhood) ➔ अश्लेषा महिलाएँ माँ के रूप में बच्चों को बहुत संरक्षित करती हैं, हर गतिविधि पर नज़र रखती हैं, बच्चों में असुरक्षा न आए, इसकी चिंता, बच्चों की भावनाएँ समझ

लेती हैं, बलिदान देती हैं लेकिन बच्चे को बहुत बाँध लेती हैं उसे अपने करीब रखने की इच्छा, अत्यधिक आसक्ति जैसे व्यवहार भी दिखते हैं। कभी-कभी बच्चों को स्वतंत्रता कम मिलती है।

परिवारिक जीवन (Family Dynamics) ➔ अश्लेषा महिला परिवार में परिवार की रीढ़, संरक्षक, देखभाल करने वाली, निर्णय लेने वाली और भावनात्मक केंद्र होती है।

यदि उनके बचपन में माँ की ओर से भावनात्मक कमी रही हो, तो वे परिवार में "अति-मातृ" (सुपर-मदर) की भूमिका अपनाने लगती हैं।

इस भूमिका के कारण वे अक्सर थक जाती हैं, फिर भी अपना दायित्व छोड़ती नहीं हैं और परिवार को संभाले रखती हैं।

करियर और पेशा (Career Strengths) ➔ अश्लेषा महिलाएँ उन क्षेत्रों में विशेष रूप से उत्कृष्ट होती हैं जहाँ गहराई, भावनाओं का अध्ययन, मनोविज्ञान, उपचार (हीलिंग), विश्लेषण, अनुसंधान, प्रबंधन, गोपनीयता और अंतर्ज्ञान का सक्रिय उपयोग होता है।

उपयुक्त करियर ➔ मनोवैज्ञानिक, परामर्शदाता, उपचारक (हीलर), ज्योतिषी, लेखक, संचरणक, जासूसी/डिटेक्टिव भूमिकाएँ, मानव संसाधन प्रबंधन (HR), प्रशासन, नर्सिंग, अनुसंधान, समुद्री क्षेत्र से जुड़े कार्य (मरीन जॉब्स)

स्वास्थ्य (Health) ➔ अश्लेषा महिलाओं की विशेष कमजोरियाँ. पाचन संबंधी समस्याएँ, हार्मोनल असंतुलन, विषैले तत्वों के प्रति संवेदनशीलता (एलर्जी, चकत्ते, त्वचा की संवेदनशीलता), तंत्रिका तनाव, चिंता, भावनात्मक थकान नमी या ठंड से स्वास्थ्य समस्याएँ प्रजनन संबंधी परेशानियाँ।

इनकी भावनाएँ सीधे शरीर पर प्रभाव डालती हैं।

आध्यात्मिक क्षमता (Spiritual Power) ➔ अश्लेषा महिलाएँ जन्म से ही अत्यंत अंतर्ज्ञानी, मानसिक/अलौकिक अनुभूति, स्वप्नों को समझने वाली, आभा (Aura) के प्रति संवेदनशील, उपचार क्षमता से युक्त तथा गूढ़ विद्या की ओर झुकाव रखने वाली होती हैं।

इनमें कुंडलिनी जागरण की क्षमता भी उच्च होती है, किंतु इसके लिए भावनात्मक शुद्धिकरण (इमोशनल डिटॉक्स) अत्यंत आवश्यक होता है।

सबसे अधिक आने वाली समस्याएं → अश्लेषा नक्षत्र की महिलाएँ मुख्यतः इन आंतरिक समस्याओं से संघर्ष करती हैं, भावनात्मक अपूर्णता, असुरक्षा, अपराधबोध, त्याग दिए जाने का भय, नियंत्रण बनाम प्रेम का द्वंद्व, भावनाओं का दमन, ईर्ष्या, अत्यधिक त्याग, मातृ-घाव (Mother Wound) और अकेलापन।

इनका वास्तविक विकास इन्हीं गहरे घावों के उपचार (हीलिंग) में निहित होता है।

अश्लेषा महिला की असली शक्ति तब प्रकट होती है, जब वह स्वयं को उपचारित करती है। जब अश्लेषा महिला नियंत्रण छोड़ती है, अपनी भावनाओं को गहराई से समझती है, अपराध-बोध से मुक्त होती है और आंतरिक बाल-चिकित्सा (Inner Child Healing) करती है तो वह एक शक्तिशाली अंतर्ज्ञानी, उपचारक ऊर्जा का स्रोत, भावनात्मक रूप से स्थिर, आत्मनिर्भर, अत्यंत आकर्षक और आध्यात्मिक रूप से जाग्रत स्त्री बन जाती है। ऐसी अश्लेषा महिला जीवन में असाधारण उपलब्धियाँ प्राप्त करती है।

सूर्य नक्षत्र अश्लेषा (Sun in AshleshaNakshatra)

सूर्य जब अश्लेषा नक्षत्र में आता है तो व्यक्ति का "अहं", "स्व-छवि", "जीवन-दिशा", "आत्मिक उद्देश्य" और "व्यक्तिगत शक्ति" सर्प-ऊर्जा, बुध-चंद्रमा की मनोवैज्ञानिक गहराइयों और रहस्यमय प्रकृति से प्रभावित हो जाते हैं।

सूर्य = आत्मा

अश्लेषा = सर्प, विष, नियंत्रण, गहराई

फल = एक रहस्यमयी, मनोवैज्ञानिक रूप से तीव्र और शक्ति-केन्द्रित आत्मा

जीवन पर प्रभाव (Impact on Life) ➔ जन्म उद्देश्य नियंत्रण, संरक्षण, भावनात्मक शक्ति जीवन में मुख्य लक्ष्य होता है अपने वातावरण को नियंत्रित करना, सुरक्षा बनाना, दूसरों को भावनात्मक प्रबंधित करना, अपनी शक्ति स्थापित करना, कमजोरियों को छुपाना

जीवन में चुनौतियाँ ➔ आत्म-अहं पर चोट, परिवार में जटिल संबंध, वर्चस्व की लड़ाई, ईर्ष्या से जुड़े कर्म, पिता से भावनात्मक दूरी

जीवन दिशा ➔ इनका जीवन "प्रकाश" से अधिक "गहराई" में चलता है। "वे सतह नहीं, मूल तक देखते हैं"।

व्यक्तित्व (Personality)

रहस्यमयी और गहरे ➔ लोग इन्हें समझ नहीं पाते इनके चेहरे पर एक "मुखौटा " होता है।

तीक्ष्ण बुद्धि ➔ बातों को तुरंत पकड़ लेना, दूसरों की नीयत समझ जाना, किसी से सच निकलवाने की क्षमता

अधिकार रखने वाला स्वभाव ➔ नियंत्रण, अधिकार-भाव, सीमाएँ (Boundaries) बनाना, मनोवैज्ञानिक शक्ति के साथ नेतृत्व

दोहरा स्वभाव ➔ बाहरी रूप से शांत, भीतर से भयंकर मजबूत और भावनात्मक रूप से गहन। आत्मविश्वास अंदर से आता है लेकिन कई बार असुरक्षा भी छिपी रहती है।

मानसिक और भावनात्मक स्वभाव (Mental & Emotional Nature)

विश्लेषणात्मक सोच + भावनात्मक गहराई ➔ वे हर चीज़ का सूक्ष्म/ विभाजित विश्लेषण करते हैं।

छिपा हुआ गुस्सा ➔ गुस्सा अंदर जमा रहता है और अचानक उग्र रूप से प्रकट होने वाला हो सकता है।

छोड़ दिए जाने का डर (abandonment fear) ➔ इसलिए लोग और स्थितियों को अपने नियंत्रण में रखना चाहते हैं।

अपराधबोध + अत्यधिक ज़िम्मेदारी ➔ दूसरों की समस्याएँ अपने ऊपर ले लेना और बाद में मानसिक बोझ व थकान महसूस करना।

भरोसे की कमी ➔ यह सूर्य स्थिति भरोसा करने में कठिनाई देती है।

प्रबल भावनात्मकता ➔ इनके भावनात्मक उतार-चढ़ाव गहरे होते हैं।

करियर और पेशा (Career & Profession) ➔ अश्लेषा में सूर्य व्यक्ति को "मनोवैज्ञानिक नेतृत्व" प्रदान करता है। ऐसे लोग किसी भी क्षेत्र में परदे के पीछे से संचालन करने वाले (Hidden Controller) बन जाते हैं।

उपयुक्त करियर ➔ खुफिया एजेंसियाँ, जांच (CID, RAW), मनोविज्ञान एवं परामर्श, सम्मोहन (हिप्नोसिस), मानव संसाधन प्रबंधन (HR) एवं प्रशासन, वित्त प्रबंधन, राजनीति, सचिवालय/गोपनीय पद, अनुसंधान, उपचार (हीलिंग), ज्योतिष, गूढ़ विद्या, समुद्र से जुड़े कार्य, फ़ार्मास्यूटिकल्स

कार्य करने की शैली ➔ गहरी योजना, रणनीति, गोपनीयता, नियंत्रित भावनात्मक संलग्नता, आदेशात्मक/प्रभावशाली आभा

आर्थिक स्थिति (Financial Status) ➔ धन कमाने की क्षमता मजबूत होती है विश्लेषणात्मक बुद्धि, गोपनीयता, और रणनीतिक योजना के कारण।

धन का उतार-चढ़ाव ➔ कभी-कभी अचानक नुकसान, विशेषकर 35-36 आयु के आसपास।

छिपा धन ➔ ये लोग गुप्त निवेश और गोपनीय बचत करते हैं।

दूसरों पर आर्थिक नियंत्रण ➔ कभी-कभी परिजनों पर आर्थिक दबाव भी डालते हैं।

गलत संगतसे नुकसान ➔ साथी या मित्रों की वजह से पैसा फँस सकता है।

प्रेम, विवाह और दांपत्य जीवन (Love, Marriage & Married Life) ➔ सूर्य अश्लेषा जातक प्रेम में अपने साथी पर अत्यधिक अधिकार, गहरी पकड़, हमेशा निकटता चाहना, वफ़ादारी की मांग चाहते हैं ये लोग धोखा सहन नहीं कर सकते।

नियंत्रण कारी साथी (Controlling Partner) ➔ कभी-कभी साथी को भावनात्मक रूप से बाँध कर रखते हैं।

भावनात्मक गहराई (Emotional Depth) ➔ गहरा प्रेम, लेकिन उसके साथ जटिलता भी।

दांपत्य चुनौतियाँ ➔ ईर्ष्या, संदेह, साथी पर प्रभाव/नियंत्रण, सीमाओं (Boundaries) से जुड़े मुद्दे।

दांपत्य की शक्तियाँ ➔ गहरा भावनात्मक जुड़ाव, तीव्र यौन आकर्षण, परिवार की सुरक्षा, भावनात्मक समर्पण।

पारिवारिक जीवन (Family Life)

परिवार में प्रभावशाली भूमिका ➔ ये घर के भीतर शक्ति का केंद्र बन जाते हैं।

पिता से कर्मिक मुद्दे ➔ भावनात्मक दूरी, गलतफ़हमियाँ, और तनाव।

माँ से गहरा लेकिन जटिल संबंध ➔ लगाव, अपराधबोध, और भावनात्मक निर्भरता।

भाई-बहनों पर प्रभाव ➔ उनके जीवन-निर्णयों पर गहरा प्रभाव डालते हैं।

परिवार को बाँधकर रखना ➔ कभी-कभी अत्यधिक संरक्षण करने वाले हो जाते हैं।

स्वास्थ्य और शारीरिक संरचना (Health & Physical Build) ➔ संवेदनशील पेट, अम्लता, IBS, गैस्ट्राइटिस

विषाक्तता (Toxins) ➔ त्वचा संबंधी समस्याएँ, एलर्जी, चकत्ते

मानसिक तनाव ➔ चिंता, नींद संबंधी विकार, छाती में भारीपन

शारीरिक बनावट ➔ सम्मोहक आँखें, तीखे चेहरे के नैन-नक्श, हल्का झुका हुआ आसन, शरीर में जल-धारण (वॉटर रिटेंशन)

मानसिक-आध्यात्मिक विकास (Spiritual & Psychological Growth) ➔ सूर्य + अश्लेषा = "छाया से प्रकाश की यात्रा (Shadow to Light Journey) "

आध्यात्मिक उन्नति तभी संभव होती है जब व्यक्ति नियंत्रण छोड़ता है, भावनात्मक शुद्धिकरण (Emotional Cleansing) करता है, छोड़ना (Letting Go) सीखता है और आंतरिक बाल-चिकित्सा (Inner Child उपचार) करता है।

आध्यात्मिक शक्तियाँ ➔ मानसिक अंतर्ज्ञान (Psychic Intuition), सम्मोहक ऊर्जा, कुंडलिनी जागरण की क्षमता, स्वप्नों के माध्यम से संदेश, गहन ध्यान की क्षमता।

मनोवैज्ञानिक विकास ➔ यह अपने अपराध-बोध, असुरक्षा, ईर्ष्या, नियंत्रण, और खो देने के भय को रूपांतरित (Transform) करने पर निर्भर करता है।

चारों चरणों (Padas) में सूर्य का प्रभाव

प्रथम चरण (1st pada) (धनु - गुरु) ➔ उदार, सत्यनिष्ठ, आध्यात्मिक, नेतृत्व क्षमता, माँ से जुड़े मुद्दे मध्यम, उच्च शिक्षा, वैवाहिक स्थिरता बेहतर।

द्वितीय चरण (2nd pada) (मकर - शनि) ➔ सबसे कठिन आर्थिक संघर्ष, अत्यधिक अधिकार-भाव, नियंत्रण की प्रवृत्ति, भारी कर्मफल, पिता से जुड़े मुद्दे, भावनात्मक शीतलता।

तृतीय चरण (3rd pada) (कुंभ - शनि) ➔ प्रतिभाशाली/जीनियस मस्तिष्क, विश्लेषणात्मक, गोपनीय, मानसिक अशांति, अप्रत्याशित व्यवहार, माँ के स्वास्थ्य पर प्रभाव।

चतुर्थ चरण (4th pada) (मीन - गुरु) ➔ अंतर्ज्ञानी, आध्यात्मिक, भावनात्मक, भ्रम (इल्यूज़न), प्रेम की गहरी चाह, त्याग की प्रवृत्ति।

अश्लेषा सूर्य की महिला

व्यक्तित्व ➔ गंभीर, रहस्यमयी, आकर्षक, गहरी भावनात्मकता से युक्त।

संबंध ➔ साथी से गहरा जुड़ाव, ईर्ष्या, भावनात्मक पकड़, तीव्र यौन आकर्षण।

परिवार ➔ नियंत्रणकारी बेटी, संरक्षण देने वाली पत्नी, अत्यधिक लगाव रखने वाली माँ।

करियर ➔ परामर्शदाता, उपचारक, मनोवैज्ञानिक, शोधकर्ता, जासूसी/डिटेक्टिव भूमिकाएँ।

स्वास्थ्य ➔ हार्मोनल असंतुलन, चिंता, त्वचा संबंधी समस्याएँ, पेट की कमजोरी।

आध्यात्मिकता ➔ मजबूत अंतर्ज्ञान, गूढ़ विद्या की ओर झुकाव, स्वप्नों के माध्यम से संदेश।

लग्न नक्षत्र अश्लेषा (AshleshaNakshatra as Ascendant)

लग्न शरीर, जीवन-दिशा, व्यक्तित्व और दुनिया आपको कैसे देखती है यह सब बताता है। जब लग्न अश्लेषा में हो, तब संपूर्ण जीवन पर सर्प-ऊर्जा, बुध, चंद्रमा और गहरे अवचेतन की छाप छा जाती है। इनका जीवन "जल + मन + रहस्य + नियंत्रण + गहराई + मनोविज्ञान" से संचालित होता है।

जीवन पर प्रभाव (Impact on Life) ➔ अश्लेषा लग्न वाले लोगों का जीवन भावनात्मक उतार-चढ़ाव, कर्मिक संबंधों, छिपे हुए संघर्षों, पारिवारिक जटिलताओं, गहरे रिश्तों, शक्ति-संतुलन (Power Dynamics) और आत्म-परिवर्तन से भरा होता है। इनके जीवन में कई बार बड़े परिवर्तन अचानक और गहरे भावनात्मक झटकों के रूप में आते हैं, परंतु हर परिवर्तन अंततः इन्हें और अधिक मजबूत बनाता है।

जीवन का मुख्य उद्देश्य ➔ सुरक्षा का निर्माण करना, मानसिक शक्ति का विकास, भावनात्मक उपचार (Emotional उपचार), अपने भय को रूपांतरित करना, दूसरों की मनोवैज्ञानिक गहराई को समझना, अपनी वास्तविक शक्ति को पहचानना

व्यक्तित्व (Personality)

रहस्यमयी स्वभाव ➔ लोग इन्हें आसानी से समझ नहीं पाते। ये अपनी परतें केवल उन्हीं के सामने खोलते हैं जिन पर भरोसा हो।

तीव्र दृष्टि ➔ इनकी आँखें अत्यंत भेदनशील (penetrating) होती हैं, मानो सामने वाले की आत्मा तक देख रही हों।

संयमित लेकिन शक्तिशाली ➔ ऊपर से शांत दिखाई देते हैं, भीतर गहरी आग और शक्ति होती है। शत्रु इनके सामने अधिक समय तक टिक नहीं पाते।

नियंत्रणकारी आभा (Controlling Aura) ➔ बोलें या न बोलें, किसी भी स्थान पर इनकी उपस्थिति अपना प्रभाव छोड़ती है।

कूटनीतिक एवं रणनीतिक ➔ हर कार्य योजना के साथ करते हैं आवेग में निर्णय नहीं लेते।

रक्षात्मक स्वभाव (Defensive Nature) ➔ स्वयं को सुरक्षित रखने के लिए मजबूत सीमाएँ (Boundaries) बनाकर रखते हैं।

मानसिक और भावनात्मक स्वभाव

गहन मनोवैज्ञानिक सोच ➔ हर बात को बहुत गहराई से देखने और समझने की प्रवृत्ति।

छिपी हुई भावनाएँ ➔ अपनी भावनाएँ भीतर रखते हैं, आसानी से व्यक्त नहीं करते।

त्याग दिए जाने का भय (Abandonment Fear) ➔ प्रेम की तीव्र चाह भी होती है और उसी से डर भी लगता है।

ईर्ष्या ➔ जुड़ाव जितना गहरा होता है, ईर्ष्या भी उतनी ही तीव्र हो सकती है।

स्मरण शक्ति अत्यंत प्रबल ➔ पुरानी बातें और पुराने घाव जल्दी भूलते नहीं अतीत का दर्द लंबे समय तक प्रभाव डालता है।

हेरफेर की प्रवृत्ति ➔ जानबूझकर नहीं, बल्कि भावनात्मक अस्तित्व बनाए रखने का एक स्वाभाविक तंत्र (Survival Mechanism) बन जाता है।

करियर और पेशा (Career & Profession) ➔ अश्लेषा लग्न वाले जातकों को ऐसे क्षेत्रों में सफलता मिलती है जहां विश्लेषण, रहस्य, गुप्त कार्य, भावनाओं की समझ, प्रशासन, अनुसंधान, नेतृत्व, रणनीति, मनोविज्ञानकी आवश्यकता हो।

उपयुक्त करियर ➔ मनोविज्ञान/परामर्श, ज्योतिष/उपचार (हीलिंग), अनुसंधान एवं विश्लेषण, खुफिया सेवाएँ/पुलिस/RAW/CBI, शल्य-चिकित्सा/फ़ार्मास्यूटिकल्स, समुद्री क्षेत्र से जुड़े कार्य, प्रशासन, वित्त/बैंकिंग, संचरणन/लेखन, हिप्नोसिस/NLP, राजनीति एवं शक्ति-आधारित

भूमिकाएँ। अश्लेषा लग्न वाले जातक प्राय "मन के डॉक्टर" और "परदे के पीछे काम करने वाले रणनीतिकार" बनते हैं।

आर्थिक स्थिति (Financial Status)

धन कमाने की क्षमता मज़बूत ➔ विशेषकर रणनीति और प्रबंधन (Management) से जुड़ी भूमिकाओं में।

अचानक हानि व लाभ ➔ कई बार आर्थिक परिस्थितियों में अप्रत्याशित उतार-चढ़ाव।

गोपनीय बचत ➔ ये लोग अपनी धन-संपत्ति को सार्वजनिक नहीं करते।

विरासत से जुड़े मुद्दे ➔ कभी-कभी मातृ या पितृ पक्ष में धन-संबंधी विवाद।

मध्य आयु में आर्थिक हानि ➔ लगभग 35-36 वर्ष के आसपास चुनौतियाँ इसके बाद पुनर्प्राप्ति (Recovery) ।

40 के बाद लाभ ➔ "बिना अर्जित धन" या अचानक आर्थिक लाभ की संभावनाएँ।

प्रेम, विवाह और दांपत्य जीवन ➔ अश्लेषा लग्न के लिए प्रेम = गहराई + सुरक्षा + भावनात्मक पकड़

प्रेम संबंध ➔ तीव्र, निष्ठावान, अधिकार-भाव से युक्त, भावनात्मक रूप से गहरे साथी पर मज़बूत प्रभाव डालने वाले।

विवाह ➔ साथी को भावनात्मक रूप से बाँधने की प्रवृत्ति, नियंत्रण की चाह, ईर्ष्या, संरक्षण-भाव, और साथी को अपने दायरे में सुरक्षित रखने की इच्छा।

दांपत्य चुनौतियाँ ➔ गलतफ़हमियाँ, असुरक्षाएँ, गोपनीय स्वभाव, अत्यधिक हस्तक्षेप, भावनात्मक निर्भरता।

दांपत्य की शक्तियाँ ➔ गहरा प्रेम, स्थिरता, तीव्र भावनात्मक जुड़ाव, और साथी के लिए त्याग।

पारिवारिक जीवन (Family Life) ➔ परिवार में प्रभावशाली/प्रधान भूमिका अधिकांश निर्णयों पर इनका असर।

माता से कर्मिक जुड़ाव, भावनात्मक दूरी, बचपन के घाव, अत्यधिक संरक्षण, और अपराध-बोध से बंधन (Guilt Bonding) ।

पिता से संघर्ष विशेषकर अधिकार (Authority) को लेकर टकराव।

भाई-बहनों पर नियंत्रण ➔ छोटी-छोटी बातों में मार्गदर्शन।

परिवार को बाँधकर रखना ➔ परिवार की एकता का आधार बनते हैं लेकिन कभी-कभी खुद को त्यागना पड़ता है।

स्वास्थ्य और शारीरिक संरचना

शारीरिक लक्षण ➔ भेदनशील (पैनी) आँखें, तीखे चेहरे के नैन-नक्श, जल-प्रधान शरीर संरचना, निचले पेट में भारीपन, संवेदनशील त्वचा, हल्का झुका हुआ कंधों का आसन।

स्वास्थ्य समस्याएँ ➔ अम्लता, IBS, शरीर में विषैले तत्वों का जमाव, एलर्जी, त्वचा विकार, हार्मोनल असंतुलन, चिंता, नींद संबंधी परेशानियाँ, जल-धारण (Water Retention) । इनका स्वास्थ्य प्रायः भावनाओं द्वारा संचालित होता है।

मानसिक-आध्यात्मिक विकास (Spiritual & Psychological Growth) ➔ अश्लेषा लग्न का आध्यात्मिक मार्ग

शैडो हीलिंग (Shadow उपचार) ➔ अपनी गहराइयों और भय को पहचानना।

भावनात्मक शुद्धिकरण (Emotional Cleansing) ➔ दबी हुई भावनाओं को मुक्त करना।

कुंडलिनी क्षमता (Kundalini Potential) ➔ सर्प-ऊर्जा के सक्रिय होने की प्रबल संभावना।

मानसिक विकास(Psychic Development) ➔ टेलीपैथी, अंतर्ज्ञान, स्वप्न-संदेश, आभा-संवेदनशीलता।

लेटिंग गो अभ्यास (Letting Go Practices) ➔ मुख्य सीख नियंत्रण छोड़ना। इसे सीख लेने के बाद जातक अत्यंत शांत, गहन और संवेदनशील बन जाते हैं।

चारों चरणों में लग्न होने पर प्रभाव

प्रथम चरण (1st pada) (धनु) ➔ सकारात्मक दृष्टिकोण, आध्यात्मिक मन, सत्य की खोज करने वाला स्वभाव, मददगार प्रवृत्ति, भावनात्मक स्थिरता अपेक्षाकृत बेहतर।

द्वितीय चरण (2nd pada) (मकर) ➔ सबसे कठिन चरण, नियंत्रणकारी, व्यावहारिक, महत्वाकांक्षी, प्रारंभिक जीवन में आर्थिक अस्थिरता, माँ से जुड़े मुद्दे प्रबल।

तृतीय चरण (3rd pada) (कुंभ) ➔ बुद्धिमान, मानसिक रूप से बेचैन, गोपनीय, भावनाओं में अनिश्चितता, पारिवारिक संघर्ष।

चतुर्थ चरण (4th pada) (मीन) ➔ अंतर्ज्ञानी, स्वप्निल, भावनात्मक, कलात्मक, भ्रम (इल्यूज़न), गहरी रोमांटिक प्रवृत्तियाँ।

अश्लेषा लग्न की महिलाएँ (Women with Ashlesha Ascendant)

व्यक्तित्व ➔ गहन, रहस्यमयी, आकर्षक, संयमित (Reserved), विश्लेषणात्मक सोच वाला, स्वाभाविक रूप से सम्मोहक आभा से युक्त।

संबंध ➔ भावनात्मक रूप से तीव्र, अधिकार-भाव रखने वाला, साथी पर मज़बूत प्रभाव, ईर्ष्या की प्रवृत्ति, निष्ठा (Loyalty) की उच्च अपेक्षा।

परिवार ➔ परिवार में नियंत्रणकारी आभा, बच्चों और जीवन-साथी के प्रति अत्यधिक सुरक्षा, मदर वाउंड सामान्य, पारिवारिक संघर्ष प्रायः छिपे हुए रहते हैं।

करियर ➔ मनोविज्ञान, उपचार/हीलिंग, गूढ़ विद्या, प्रबंधन, लेखन, मानव संसाधन प्रबंधन (HR), अनुसंधान।

स्वास्थ्य ➔ प्रजनन संबंधी समस्याएँ, हार्मोनल असंतुलन, तनाव जनित विकार, पित्त-कफ का मिश्रित प्रभाव।

आध्यात्मिकता ➔ मानसिक/अलौकिक अनुभूति, अंतर्ज्ञानी, स्वप्न-उपचारक, कुंडलिनी के प्रति संवेदनशीलता भावनात्मक परिपक्वता समय के साथ विकसित होती है।

www.ingramcontent.com/pod-product-compliance
Lightning Source LLC
LaVergne TN
LVHW100250210926
848480LV00003B/880
* 9 7 9 8 9 0 4 7 9 1 1 1 7 *